reverie

LOVE POETS SOCIETY

VON

Mounia Jayawanth • Gabriella Santos de Lima
Marina Neumeier • Sophia Como • Anabelle Stehl
Valentina Fast • Marie Weis • Ruby Braun
Rabia Doğan • Jennifer Wiley
Tina Köpke · Leandra Seyfried · Janine Ukena

reverie

1. Auflage 2025
Originalausgabe

Valentinskamp 24 · 20354 Hamburg
info@harpercollins.de
Gesetzt aus der Adobe Caslon Pro
von GGP Media GmbH, Pößneck
Druck und Bindung von GGP Media GmbH, Pößneck
Printed in Germany
ISBN 978-3-7457-0483-9
www.reverie-verlag.de

Druckprodukt mit finanziellem
Klimabeitrag
ClimatePartner.com/15109-2009-1001

MIX
Papier
FSC FSC® C014496

Playlist

01 Paris
(Anabelle's Version)

02 Begin Again
(Mounia's Version)

03 Seven
(Leandra's Version)

04 the last great american dynasty
(Marina's Version)

05 You Are in Love
(Marie's Version)

06 I Can Do It With a Broken Heart
(Ruby's Version)

07 ivy
(Sophia's Version)

08 Red
(Gabriella's Version)

09 The Archer
(Rabia's Version)

10 Shake It Off
(Tina's Version)

11 Midnight Rain
(Janine's Version)

12 Wildest Dreams
(Valentina's Version)

13 How You Get the Girl
(Jennifer's Version)

Für alle Swifties.
Auf den Zauber, den wir geschaffen haben.

PARIS – *Taylor Swift*
(Anabelle's Version)

Hast du die Fotos gesehen?

»Miss Brooks!«

Ich zucke so stark zusammen, dass ich gegen den Kaffeebecher des Mädchens neben mir stoße, das mir einen genervten Blick zuwirft.

»Ja?«

Professor Dr. Grant sieht mich mit zusammengekniffenen Augen über seine Brille hinweg an. Ziemlich sicher, dass sein Ausdruck weniger mit seiner Sehschwäche zu tun hat als sehr viel mehr mit der Tatsache, dass ich mal wieder in der Vorlesung gepennt habe. Wortwörtlich. Denn bis eben ruhte mein Kinn auf meinem Handgelenk, und ich habe keine Ahnung, was in den letzten fünf Minuten passiert ist.

»Gern wiederhole ich meine Frage noch einmal für Sie, womöglich möchten Sie sie in dem Zuge auch direkt beantworten.«

Ich höre das Mädchen neben mir leise lachen und spiele mit dem Gedanken, noch einmal gegen ihren Becher zu kommen – dieses Mal absichtlich.

»Wie beeinflussen bakterielle Biofilme die Entstehung und das Fortschreiten von Parodontalerkrankungen?«

»Sie, ähm …« Oh Gott, ich hätte mehr als vier Stunden schlafen sollen. Ich mache mir eine gedankliche Notiz, die Bildschirmzeit auf meinem Handy wieder zu kürzen. Weniger Instagram und TikTok, mehr Biologiebücher. »Sie sind schlecht für das Zahnfleisch?«

Dr. Grant sieht aus, als würde er mich am liebsten aus dem Fenster des Hörsaals schmeißen. Ich kann es ihm nicht verübeln, ich spiele selbst mit dem Gedanken, hinauszuspringen, allerdings befindet sich der Hörsaal im fünften Stock, und ich glaube, den Sturz auf den New Yorker Gehweg würde ich nicht überleben.

»So weit waren wir schon, danke sehr für die freundliche Auffrischung, Miss Brooks.« Er wendet sich von mir ab und dem restlichen Kurs zu. »Wenn Sie Ihre Pflichtlektüre im Reader besser gelesen haben als Ihre Kommilitonin, sollten Sie wissen, dass die Bakterien Toxine und Stoffwechselprozesse freisetzen, die …«

Es liegen immer noch einige Blicke auf mir, doch ich schalte mit leisem Seufzen wieder ab. Wieso sitze ich eigentlich in der letzten Reihe des Hörsaals, wenn ich trotzdem drangenommen werde? Und wieso verdammt noch mal bin ich ständig so müde?

Sollte ich mich mit neunzehn schon so müde fühlen? Nicht die Art von müde, die ich durch Koffein bekämpfen könnte, eher die, die einen überfällt, wenn man sich zu lange auf der gleichen Stelle bewegt. Wie in einem Traum, in dem man rennt und rennt und doch keinen Zentimeter vorankommt. Doch leider ist das hier kein Traum, zumindest bin ich davon überzeugt, dass meine Fantasie sich niemals beige, rissige Wände ausgedacht, sondern dem Hörsaal zumindest einen frischeren Anstrich verpasst hätte.

Durch die geöffneten Fenster dringt der typische Lärm New Yorks zu uns: ein Gemisch aus Hupen, vorbeirauschenden Autos und Radklingeln. Zusammen mit der monotonen Stimme meines Professors bildet es den täglich gleich klingenden Soundtrack meines Lebens. Kein fröhlicher Popsong mit belebendem Beat, wie es in meinen Lieblingsfilmen der Fall ist, sondern langweilige Hintergrundgeräusche. So altbekannt, dass mir schon wieder die Augen zufallen. Entgegen meinem Vorsatz zur Reduzierung meiner Screentime ziehe ich mein Handy aus der Tasche hervor und entsperre es möglichst unauffällig unter dem Tisch.

Es ist nicht so, dass Dentologie mich nicht interessiert, aber … doch, gut, es interessiert mich nicht. Zumindest nicht mehr, als sich jede beliebige Person für Zähne interessiert. Warum ich dennoch hier sitze, dem Vortrag zuhöre und am Wochenende brav zum Lernen in die Bibliothek gehen werde?

Weil ich genau weiß, dass ich dankbar sein sollte, dass ich es an die City University of New York geschafft habe. Die CUNY brüstet sich damit, dass sie Studierende ungeachtet ihres Hintergrunds unterstützt und dass sechzig Prozent ihrer Graduierenden die Ersten in ihren Familien sind, die es aufs College schaffen – so auch ich. Eine Tatsache, die meine Nan jedem erzählt, ob er es hören will oder nicht: der Friseurin, den Leuten auf dem Markt, letztens sogar einem Touristen, der sich lediglich nach dem Weg erkundigt hat. Alle sind so verdammt stolz auf mich.

Daisy Brooks, der Stolz und die Hoffnung der gesamten Familie. Dass ich nicht lache. In Wahrheit würde ich nichts lieber tun, als aus diesem Saal zu fliehen, mich in meinem Zimmer zu verkriechen, weiter Gitarre zu üben und Songs zu schreiben. Nur leider ist das nichts, was mir mein Leben finanziert. Damit hatten meine Eltern recht.

Mein Blick wandert zurück zu meinem Smartphone, das einige neue Nachrichten im Gruppenchat anzeigt. *Six in the City* – Mittlerweile tut es weh, unseren Gruppennamen zu lesen, denn gerade wäre *All by myself in the City* sehr viel passender. Die Nachrichten zu sehen, hilft auch nicht gerade, das aufkommende Gefühl der Einsamkeit zu verdrängen. Gina, Mali, Dareene und Jill haben Fotos vom Lake Louise geschickt. Sie sehen ebenso schön aus wie die von den Niagara-Fällen vor einigen Tagen.

Gina

Wir denken an euch. xx

»Ich denke auch an euch«, schreibe ich zurück. *Die ganze verdammte Zeit.* Den letzten Teil behalte ich für mich.

Zoey hat mal wieder nichts dazu geschrieben. Sie ist, genau wie ich, ebenfalls nicht mit nach Kanada gefahren. Allerdings nicht, weil sie, wie ich, kein Geld hatte, sondern weil sie stattdessen in Paris abhängt, um ihr Modestudium dort zu absolvieren. Ich freue mich für sie. Wie könnte ich auch nicht, wenn sie seit Jahren davon träumt? Dennoch versetzt es mir einen Stich, da wir uns eigentlich geschworen haben, immer füreinander da zu sein. Laut Zoey ändert Distanz nichts an einer Freundschaft, doch mein Chatverlauf mit ihr sagt etwas anderes.

Daisy

Hey, wie geht's dir? Ich hoffe, deine Seminare heute waren spannender als meine. 🖤

Daisy

Hab auf Instagram gesehen, dass du dir heute das Moulin Rouge angeguckt hast. Gab's Absinth wie im Film? 😄

Daisy

Hab einen neuen Song auf YouTube hochgeladen und eine Zeile genutzt, die du letztens vorgeschlagen hast. Vielleicht magst du mal reinhören? 🖤

Daisy

Erde an Zoey?

Zoey

Sorry, viel zu tun, melde mich noch. 😘

Das Ganze ist jetzt eine Woche her. Mit einem merkwürdigen Gefühl im Bauch scrolle ich durch den Chat, der noch fünf weitere Nachrichten von mir anzeigt – und keine weitere von Zoey. Dabei gab es immer nur uns zwei, schon von klein auf. Die anderen vier sind ebenfalls zu engen Freundinnen geworden, doch Zoey und ich, wir sind schon immer unzertrennbar wie Zwillinge gewesen. Eine Weile haben wir sogar die gleiche Kleidung getragen. Da wir uns mit den braunen Locken und den hellblauen Augen so ähnlich sahen, haben wir uns oft einen Spaß daraus gemacht, uns für die jeweils andere auszugeben. Das alles fühlt sich nun an wie in einem anderen Leben.

Ich schließe den Chat und öffne Instagram. Mehr aus Instinkt, als dass ich wirklich möchte. Manchmal verstecke ich das App-Icon vor mir selbst, weil meine Finger die Stelle auf dem Display von allein öffnen. Ich weiß nicht wieso. Was ich weiß, ist, dass es mir danach wieder schlechter gehen wird, dennoch kann ich es nicht abschalten.

Während unser Prof ein Foto an die Wand projiziert, das die Auswirkungen von bakteriellen Biofilmen noch einmal bildlich verdeutlicht – zu bildlich –, scrolle ich mich durch Bilder, die sehr viel schöner sind, in mir jedoch noch mehr Ekel hervorrufen. Vor mir selbst. Weil einfach alle es geschafft zu haben scheinen. Wie kann jeder Mensch sein Leben so viel besser im Griff haben als ich? Tolle Reisen, ausgefallene Outfits, Partys, während ich abends einfach nur erschöpft ins Bett falle. In einem Zimmer, in dem sich die Wäsche auf dem Schreibtischstuhl stapelt, den ich seit Teenagertagen besitze. Schicke Büro-Optik? Fehlanzeige.

Ich scrolle weiter und halte dann, wie vom Blitz getroffen, inne.

»Was …«, flüstere ich. Zoey hat ein neues Bild gepostet. Sie sieht wunderschön darauf aus. Glücklich. Ihre kastanienbraunen Haare glänzen in der Sonne, auf dem Kopf trägt sie ein Paar schwarze Micky-Maus-Ohren. Das Mädchen neben ihr hat ebenfalls welche, sie bilden einen starken Kontrast zu ihrem honigblonden schulterlangen Haar. Disney-Land. Noch so ein Ding, das auf unserer Bucketlist stand. *Meiner* Bucketlist, wie es scheint. Denn Zoey hat sich diesen Traum bereits erfüllt.

»Every Brownie needs a Blondie«, murmle ich die unten stehende Beschreibung mit. Hinter dem Satz sind zwei Hashtags zu sehen: #besties und #dreamscometrue. Jedes einzelne Wort, jeder Pixel des Fotos sind Schläge in meine Magengrube. Wie von selbst gleitet mein Blick zu meinem Handgelenk, zu dem Freundschaftsarmband mit den Lettern *Zaisy*. Zoey und Daisy. Weil wir immer unzertrennlich waren. Bis heute anscheinend, denn Zoeys Armband ist nirgends zu sehen. Ihre Handgelenke sind völlig Daisy-frei. Ich sperre das Handy, lege es zu fest auf den Tisch des Hörsaals, sodass meine Kommilitonin neben mir unglücklich mit der Zunge schnalzt. Doch es ist mir egal. Mein Herz schlägt zu schnell, und ich weiß nicht, auf wen ich wütender bin: auf Zoey, dass sie mich so schnell abgeschrieben hat, dass sie mich einfach so ersetzt, oder auf mich, dass mir all das so nahgeht. Dass ich ihr die gute Zeit nicht gönnen kann, genauso wenig wie den anderen ihren Trip durch Kanada.

Die Folie am anderen Ende des Hörsaals verschwimmt vor meinen Augen. Meine Handinnenfläche brennt, und erst jetzt merke ich, dass ich die Finger zur Faust geballt habe und meine Nägel sich ins Fleisch bohren.

Ich muss hier raus.

Eilig werfe ich meinen ohnehin noch geschlossenen Block in den Rucksack. Mein Handy hinterher. Dann stehe ich auf, wobei der Sitz ein lautes Knarzen von sich gibt. Mein Blick trifft den der Kommilitonin – ich hab mir nie die Mühe gemacht, ihren Namen zu lernen. Oder irgendeinen. Wozu auch, ich war mir so sicher, meine Freundesgruppe fürs Leben bereits gefunden zu haben. Mit einem Nicken bedeute ich ihr, dass ich durchmöchte. Ich muss wirklich fertig aussehen, denn sie rollt weder mit den Augen noch erhalte ich eine schnittige Bemerkung. Stattdessen nimmt ihr Blick beinahe etwas Sorgenvolles an, während sie aufsteht und mir Platz macht.

»Ist alles okay?«, wispert sie, als ich mich an ihr vorbeischiebe, doch ich antworte nicht, sondern eile nur aus dem Hörsaal.

Nichts ist okay.

Meine Schicht beginnt erst in drei Stunden, dementsprechend überrascht blickt mein Bruder mir entgegen, als ich die Tür zu seinem Laden aufdrücke. Der vertraute Geruch von Kunststoff, Metall und Kaffee umhüllt mich, doch heute vermag er nicht, mich zu beruhigen.

»Hi«, grüßt Liam mich über das helle Läuten der kleinen Glocke hinweg, die neue Besucher ankündigt. Er mustert mich mit zusammengezogenen dunklen Brauen. »Was machst du denn schon hier?«

»Frag nicht«, murmle ich, schmeiße meinen Rucksack hinter die Theke und hole mein Namensschild aus der Schublade unter der Kasse hervor. Hier hinten ist der Kaffeegeruch stärker, und ich bücke mich, um meine Lieblingstasse zu suchen und mir ebenfalls ein paar Schlucke aus der kleinen Küche zu holen. Vielleicht hebt Koffein ja meine Stimmung. Unwahrscheinlich, aber einen Versuch ist es wert.

»Okay«, erwidert mein Bruder gedehnt. »Aber gut, dass du da bist. Eben kam jemand und hat seinen PC abgegeben, Expressauftrag. Ihm ist die SD durchgebrannt, und ich schau mal, was für Daten ich retten kann und …« Er bricht ab, als er meinen Gesichtsausdruck sieht. Im Gegensatz zu ihm habe ich keine Ahnung von Technik, und brenne vor allem kein Stück dafür. Ich bin nur hier, um mir ein wenig was dazuzuverdienen. Mit einer flinken Bewegung schnappt Liam sich meine Tasse und fährt sich durch das schwarze Haar, das einen Besuch beim Friseur vertragen könnte. »Ich hol dir mal Kaffee. Wenn du magst, kannst du die Post auspacken und die neue Ware einräumen.«

Ich nicke ergeben, wechsle den Radiosender von Rock zu aktuellen Charts und mache mich an die Arbeit. Die altbekannten Aufgaben bringen meine rasenden Gedanken zwar nicht zum Erliegen, beschäftigen aber immerhin meine Hände, sodass ich nicht schon wieder das Foto von Zoey und ihrer neuen besten Freundin betrachten kann. Ich bin so vertieft, dass ich nur am Rande mitbekomme, wie mein Bruder den Kaffee auf dem Tresen abstellt. Erst das erneute Klingeln der Glocke reißt mich aus der Arbeit.

»Hey.«

Mein Herz stolpert, noch bevor ich den Blick zur Tür richten kann. Muss ich auch gar nicht, ich würde diese Stimme unter Tausenden erkennen. Sie hat betrunken und schief mit mir Karaoke gesungen, mich mehr als einmal aufgezogen, aber auch getröstet, zum Beispiel, als ich mir beim Volleyball den Zeigefinger gebrochen habe. Diese Stimme war immer da, immer Teil meines Lebens. Und an einem Tag wie heute, da alles auseinanderzubrechen droht, klammere ich mich mit jeder Faser an sie. Eilig streiche ich mir durchs Haar und sortiere einige verirrte Strähnen.

»Hi.« Verdammt, ich klinge genauso atemlos, wie ich mich fühle.

Andrew tritt in den Laden. Sein Lächeln will mich glauben lassen, dass die Welt doch irgendwie okay ist. In seinen braunen Augen liegt ein Funkeln, seine Züge sind mir so vertraut wie meine eigenen. Die kleine Narbe an seiner Schläfe, der kantige Kiefer, die geschwungenen dunklen Brauen, die ihn immer ein wenig nachdenklich wirken lassen. Eilig sehe ich weg und widme mich wieder den Ladegeräten, die ich eines nach dem anderen einsortiere. Ich weiß nicht, wann genau es begonnen hat, dass mich seine Anwesenheit so nervös macht. Irgendwann vor zwei Jahren vermutlich, als mein Bruder ausgezogen ist und Andrew nicht mehr jeden Tag bei uns zu Hause rumhing. Erst als er fehlte, merkte ich, was für ein fester Bestandteil meines Lebens er geworden war.

Die Kurzschlussreaktion, die er in meinem Gehirn ausgelöst hat, scheint sich auf meine Finger auszuwirken, und das Ladegerät landet mit einem lauten Knall vor mir auf dem Boden.

»Mist.«

»Alles okay bei dir, Ivy?«

Ivy ist seit Jahren Andrews Spitzname für mich, da Daisy – Gänseblümchen – zu harmlos für mich sei und der giftige Efeu in seinen Augen besser zu mir passe. Wie immer, wenn er mich so nennt, rolle ich mit den Augen. Dabei mag ich es mittlerweile. Nicht, dass ich mir das jemals anmerken lassen würde.

»Bestens«, erwidere ich eine Spur zu fröhlich. Andrew scheint es ebenfalls zu bemerken, denn anstatt nach hinten zu meinem Bruder zu gehen, tritt er neben mich. Er greift nach dem Ladegerät und platziert es mit sicheren Fingern im Regal.

»Du trägst dein Armband nicht.« Ich zucke zusammen, als seine Hand meine berührt. Zwischen seinen Brauen entsteht eine senkrechte Linie, als er mein Handgelenk mustert.

»Hab ich wohl vergessen.« Ich versuche, gleichgültig zu klingen, was mir nicht ganz gelingen mag. Vermutlich kann er die Lüge in meinen Augen sehen, denn ich habe das Armband bisher nie vergessen. Es befindet sich in meinem Unirucksack. Nachdem Zoey es abgenommen hat, fühlte es sich falsch an, es weiter zu tragen. Es ist nun nur ein weiterer Hinweis darauf, dass sich alles verändert – und nichts zu meinem Vorteil.

»Liam ist hinten«, sage ich, als Andrew keine Anstalten macht, zu gehen.

»Ivy.« Seine Stimme ist so verflucht sanft, dass ich kurz davor bin, alles rauszulassen. Meine Wut, die Enttäuschung, das verdammte Gefühl der Einsamkeit, das sich einfach nicht abschütteln lässt, egal, was ich tue.

Ich beiße die Zähne so fest zusammen, dass es wehtut. Doch kein Laut dringt über meine Lippen. Ich kann es ihm nicht sagen. Nichts von dem, was in mir vorgeht. Er ist die einzige Konstante in meinem Leben. Ich kann ihn nicht auch noch verlieren. Also setze ich ein Lächeln auf und mache mich ohne weitere Worte wieder an die Arbeit.

»Hey, Andrew!« Aus dem Augenwinkel kann ich sehen, wie Liam auf die Verkaufsfläche tritt. »Na? Kommst du, um mir die guten News zu erzählen?«

Ohne mich umzudrehen, horche ich auf. *Gute News?*

»Falls ja: Zu spät. Deine Mom hat meine Mom begeistert angerufen, und diese dann mich.«

»Buschfunk«, murmelt Andrew und klingt nicht allzu froh darüber.

»Also geht's für dich im Herbst nach London? Zahlen die deinen Umzug?«

»London?« Nun rede ich doch, und ich erkenne meine eigene Stimme kaum wieder. Sie klingt so schwach und ängstlich, genau so, wie ich mich in diesem Moment fühle. *Umzug?*, ist das Wort, das ich nicht ausspreche, obwohl es mir sehr viel schwerer auf der Zunge liegt.

Ich kann ihn nicht auch noch verlieren.

Tja. Sieht aus, als wäre mein Stoßgebet nicht erhört worden. Das Blut rauscht in meinen Ohren, als Liam mit einem Lächeln nickt, völlig ahnungslos, was für Gefühle gerade durch meinen Körper jagen. »Ja, Andrew hat ein Jobangebot dort! Kaum mit der Uni fertig, schon geheadhuntet worden. Also streng dich an, Daisy, jetzt erwartet Mom das sicher auch von dir.« Er lacht freudig und klopft Andrew auf die Schulter.

Ich möchte mitlachen, wenn auch bloß, um den Schein zu wahren, doch der Laut erstickt in meiner Kehle, und es dringt kein Ton hervor. Stattdessen beiße ich die Zähne so fest zusammen, dass es wehtut, und drehe mich wieder zu dem Regal um.

Du bist ein furchtbarer Mensch.

Ich will so nicht sein. Ich will in der Lage sein, mich für ihn zu freuen. Für die anderen. Sogar für Zoey, so weh es auch tut. Doch das Gefühl, von allem und jedem abgehängt zu werden, frisst mich innerlich auf. Es schluckt die Teile von mir, die Freude für andere empfinden, und lässt nur hässliche, missgünstige Reste zurück.

Andrew brummt etwas in meinem Rücken. Ich verstehe die Worte nicht, aber sie klingen nicht gerade glücklich. Obwohl alles in mir danach schreit, blicke ich nicht über die Schulter, als er mit meinem Bruder nach hinten geht.

Still an meiner Seite im Schatten

»Oh Gott«, stoße ich leise unter zwei stechenden Atemzügen aus. Ich weiß wieder, warum ich nie joggen gehe. Weil ich es nicht kann. Das Runner's High, von dem immer alle sprechen? Muss eine Lüge sein. Ich fühle mich mehr nach Runner's Bye, weil ich mit Sicherheit in drei Minuten abkratze. Dass alle anderen im Central Park ein Lächeln im Gesicht und einen Sixpack auf dem Bauch tragen, hilft nicht gerade dabei, mir ein gutes Gefühl zu geben. Mein Gesicht glüht vor Hitze und macht den warmen Sonnenstrahlen Konkurrenz, die New York langsam, aber sicher zu der Sauna verwandeln, die es jeden Sommer ist. Als eine rotblonde Frau im Hamilton-Shirt und ein viel zu gut aussehender Typ mit schwarzen Haaren mich überrunden und mir einen lieben, aber mitleidigen Blick zuwerfen, jogge ich an den Rand des Wegs und lasse mich schnaufend auf die Wiese unter einen Baum fallen. Das dichte Blätterdach spendet ein wenig Schatten, immerhin.

Joggen war Punkt zwei auf der Liste mit dem fragwürdigen Titel »Zehn starke Wege, deine Gedanken zu transformieren«, die ich auf Pinterest gefunden habe. Punkt eins »Konzentriere dich auf das Positive in deinem Leben« war nur mäßig erfolgreich. Ich stoppe die Musik auf meinem Handy und öffne die Liste erneut. »Tagebuch führen« ist Schritt Nummer drei. Es wäre eine Ausrede, mir ein neues Notizbuch zu kaufen. Das wiederum würde meine Stimmung tatsächlich heben. Ich richte mich gerade rechtzeitig auf, um zu sehen, wie ein Jogger auf mich zukommt. Er ist dunkelblond, groß gebaut und grinst mich an, als müssten wir uns kennen. Eilig gehe ich die Gesichter meiner Kommilitonen durch und verfluche mich, dass ich sie mir nicht doch besser eingeprägt habe. Er kommt zum Stehen und streckt mir eine Hand entgegen.

»Na, hübsche Lady? Ganz allein unterwegs? Brauchst du vielleicht noch jemanden, der dir etwas Ansporn für den Rest der Strecke gibt?« Sein Lächeln nimmt einen süffisanten Zug an. »Ich kenne da eine Abkürzung.«

Hübsche Lady? Was hat es eigentlich damit auf sich, dass ich immer genau dann von Typen angegraben werde, wenn ich so aussehe wie jetzt? Und dann auch noch von solchen. Kein Wunder, dass ich das Dating aufgegeben habe.

»Nein, danke.«

»Komm schon, ein bisschen Unterstützung tut dir sicherlich gut. Du siehst aus, als könntest du sie gebrauchen.« Er lacht über seinen Witz, der eigentlich keiner ist.

»Dein Ernst? Hast du das bei einem Training für Pick-up-Artists gelernt? Wenn du so in Form bist, dann jogg weiter. Schnell. Und möglichst weit bitte.«

Der Typ lässt die Hand sinken und schnaubt. Von seinem Lächeln ist nichts mehr übrig, stattdessen starrt er mit zusammengezogenen Brauen auf mich hinab. In seinen hellblauen Augen liegt ein wütendes Funkeln. »Bildest dir ein, was Besseres zu sein, was? So gut bist du nicht, also …«

»Hey, Daisy!«

Mein Atem verfängt sich in meiner Lunge. Andrew. Genau wie gestern im Laden reicht seine bloße Anwesenheit, um mein Herz heftig zum Pochen zu bringen, dabei dachte ich nicht, dass es nach der Runde durch den Park überhaupt noch schneller schlagen kann. Mein Blick schnellt von dem Typen nach links, wo Andrew gerade über die Grünfläche auf uns zusteuert. Sein schwarzes Shirt betont seine muskulöse Statur, die er dem jahrelangen Basketballtraining zu verdanken hat – im Gegensatz zu mir liebt er Sport. Ich stehe auf und klopfe mir eilig Gras und Erde von der engen Laufhose, doch Andrew widmet mir nicht einmal einen Seitenblick. Seine Brauen sind ebenfalls zusammengezogen, allerdings konzentriert sich seine Wut nicht auf mich, sondern auf den Kerl vor mir.

»Zieh Leine.« Seine Stimme ist ruhig, aber schneidend. Kurz öffnet der Typ den Mund, als wolle er etwas erwidern, dann jedoch scheint er es sich anders zu überlegen. Vermutlich besser so, denn Andrew überragt ihn um einen halben Kopf und sieht nicht gerade aus, als wäre er bereit, sich auf ein Gespräch einzulassen. Sein Blick ist unheilvoll und weicht nicht von seinem Gegenüber. Selbst dann nicht, als dieser entschuldigend die Hände hebt.

»Hättest ja auch einfach sagen können, dass du ’nen Freund hast«, murmelt er und joggt endlich weiter.

Hitze schießt mir in die Wangen, die nur noch verstärkt wird, als Andrew mich endlich ansieht. Im Gegensatz zu mir scheint ihn die Erwähnung, dass er mein Freund sei, völlig kaltzulassen.

Natürlich tut es das. Schlag ihn dir endlich aus dem Kopf. Bald ist er weg.

»Unfassbar.« Andrew schüttelt den Kopf.

»Die Vorstellung, einen Mann wie ihn abzulehnen, obwohl ich keinen Partner habe?« Ich sehe ihn mit einem bemüht lässigen Grinsen an. »Wirklich unfassbar.«

Er schnaubt und blickt dem Typen noch einmal hinterher, ehe dieser hinter dem Bethesda Fountain verschwindet. Ich mustere sein Profil. Die Sonnenstrahlen lassen sein Gesicht kantiger wirken, und ich schlucke, weil mein Hals plötzlich trocken wird. Niemand sonst hat eine solche Wirkung auf mich, niemand. Zoey war immer der Ansicht, dass es der Reiz des Verbotenen ist – immerhin hat mein Bruder sowohl seinem besten Freund als auch dem Rest des Basketballteams in meiner Anwesenheit eingeschärft, die Finger von mir zu lassen. Aber ich weiß, dass es mehr ist als das. Leider weiß ich auch, dass ich es dennoch unterdrücken muss. Der Freundschaft zu Andrew aber auch meinem Bruder zuliebe. Die beiden sind seit frühester Kindheit unzertrennlich, genau wie Zoey und ich es waren. Der Gedanke an sie tut weh. Ich könnte mir niemals verzeihen, Andrew und Liam einen solchen Schmerz zuzufügen. Außerdem sind diese Gedankenspiele nun, da er nach Europa auswandert, ohnehin unnütz.

»Du hast mich Daisy genannt.« Die Worte sind raus, ehe ich darüber nachdenken kann. Sie gleiten über meine Lippen, weil Reden besser ist als Schweigen oder diesem Schmerz schon wieder nachzuhängen.

»Ja, so faul, wie du auf der Wiese herumlagst, passt das gerade besser zu dir als Ivy.«

Ich rolle mit den Augen. »Schön, dass du wieder ganz der Alte bist. Als du mir gerade zur Hilfe geeilt kamst, hätte man ja denken können, du magst mich.«

Andrew verspannt sich sichtlich, und ich unterdrücke ein Seufzen. Ist selbst die Vorstellung, in mir mehr als die kleine Schwester seines Freundes zu sehen, so ekelerregend für ihn?

»Keine Sorge.« Ich tätschle ihm den Arm, und seine Muskulatur verkrampft noch weiter. »Ich weiß es natürlich besser.«

»Gut«, erwidert er und räuspert sich. »Was machst du überhaupt hier? Du hasst Sport.«

»Hättest du mir das nicht zwei Stunden früher sagen können? Du hättest mir einiges erspart.«

Andrews tiefes Lachen jagt Schauer über meinen gesamten Körper. Es ist melodisch und ansteckend und schöner als jedes meiner Lieblingslieder. »War das ein verspäteter Neujahrsvorsatz?«

»Nein, Punkt zwei meiner Liste, um mich abzulenken.«

»Von?«

Mist. Ich hätte den Mund halten sollen.

»Dingen.«

»Ivy …« Andrews Blick ist bohrend, und mir ist klar, dass ich jetzt ohnehin verloren habe. Er ist viel zu neugierig, um die Sache auf sich beruhen zu lassen.

»Heute Mittag geht ein neuer Song online«, sage ich ausweichend.

»So wie jeden Samstag. Warst du letzte Woche auch joggen?«

»Glaubst du mir, wenn ich Ja sage?«

»Nein.« Andrews Mundwinkel zucken.

Ich seufze und lasse mich wieder auf die Wiese fallen. Andrew sinkt daneben und lehnt sich an den breiten Baumstamm. Er sieht mich abwartend an, beinahe geduldig, was ihm so gar nicht ähnlich sieht. »Also?«

»Du bist ganz schön nervig, weißt du das?«

Er zuckt mit den Schultern. »Besser als geheimnisvoll zu tun. Also, erzähl.«

»Ich tu gar nicht …«, beginne ich zu protestieren, dann schüttle ich den Kopf. »Egal. Wenn du es unbedingt wissen willst: Ich hab keine Lust, zu Hause zu sitzen, ständig die Website zu aktualisieren und zu schauen, ob Zoey das Video kommentiert.«

Andrews Brauen ziehen sich zusammen, nicht wütend wie vorhin, sondern irritiert. »Aber sie kommentiert doch immer als Erste.«

»Normalerweise«, murmle ich. Das typische *Erster!*, mit dem Zoey jedes einzelne meiner Videos versehen hat, war ein Running Gag, da sie jeden Song vorab hören durfte. Ihr Kommentar stand, bevor das Video online ging, und die kleine Community, die sich mittlerweile auf meinem Kanal gebildet hat, hat seit einer ganzen Weile einen Wettbewerb am Laufen, wer es schafft, *Zweiter!* zu schreiben. Die Tatsache, dass einer von ihnen heute den ersten Kommentar tippen wird, beschäftigt mich mehr, als es sollte. Womöglich, weil es dann offiziell ist, dass ich gerade meine beste Freundin verliere.

Andrew mustert mich immer noch. »Was meinst du mit normalerweise?« Sein Blick sinkt zu meinem Handgelenk. Die Stelle, an der sonst mein Armband zu sehen ist, hebt sich weiß von meiner leicht gebräunten Haut ab.

Ich presse die Lippen zusammen und lasse mich wortlos tiefer auf die Wiese sinken, bis mein Kopf im kühlen, leicht feuchten Gras landet. Als Andrew nicht aufhört, mich mit fragendem Blick zu durchbohren, schließe ich die Augen.

»Ivy …« Etwas, vermutlich sein Finger, piekst mich in die Taille. »Komm schon, irgendwas ist los. Du siehst so angefressen aus wie sonst nur an einem Montagmorgen. Was ist zwischen dir und Zoey vorgefallen?«

»Nichts«, bringe ich unter zusammengebissenen Zähnen hervor. Die Sonnenstrahlen, die Muster auf meine geschlossenen Lider malen, stehen in krassem Kontrast zu meiner düsteren Stimmung, die sich gerade mit jeder Millisekunde verschlechtert.

Ich kann ihn seufzen hören. »Du schmollst genauso wie damals mit dreizehn, als du nicht mit Liam und mir ins Kino konntest, weil der Film erst ab sechszehn war.«

»Hör auf.« Meine Stimme klingt flach.

»Weißt du noch? Du warst so lange angefressen, du wolltest ihn danach nicht mal auf DVD schauen, du bist noch genauso stur wie …«

»Hör auf!« Ruckartig setze ich mich auf, mein Herz rast in meiner Brust. Ich weiß, er will mich nur aufmuntern und ablenken, aber es tut so verdammt weh: dass er in mir immer noch dieses dreizehnjährige, kleine Mädchen sieht. Dass sich das nie ändern wird. Dass es nun ohnehin egal ist, weil auch er bald weg ist. Genau wie alle anderen. »Kannst du einmal aufhören, mich wie ein Kind zu behandeln? Ich bin neunzehn verdammte Jahre alt.«

»Dann benimm dich nicht wie eines, und rede mit mir.«

Ich lache auf, mein Puls rast, und meine Atmung geht zu schnell. Was glaubt Andrew, wer er ist? »Denkst du, mich ein Kind zu nennen, führt dazu, dass ich dir irgendwas erzähle?«

Ich springe auf, meine Kleidung ist feucht vom Gras. Andrew tut es mir gleich, und ich hasse, dass ich den Kopf in den Nacken legen muss, um seinen Blick zu halten. Er funkelt mich trotzig an.

»Auf die sanfte Art gestern hat es ja nicht geklappt«, gibt er umgehend zurück.

»Ah, und da dachtest du, Beleidigungen sind der bessere Weg?«

»Wenn du mich anders nicht einlässt …«

»Warum sollte ich?«, schnappe ich zurück. »Wozu? Du bist doch ohnehin bald weg.« Ich blinzle, weil meine verräterischen Augen zu brennen beginnen. Ich will mir nicht die Blöße geben und vor ihm losheulen, als wäre ich wirklich das kleine Kind, für das er mich hält. »Warum also die Sorge?«

»Wovon redest du?«

»Von London.«

»Was hat das mit Zoe …«, er hält mitten im Satz inne. Als er weiterspricht, ist seine Stimme ebenfalls lauter. »Darum geht es hier?«

Sichtlich frustriert fährt Andrew sich durch das dunkle Haar, das im Sonnenlicht fast schwarz glänzt. Ich ringe die Schuldgefühle nieder. Er hat kein Recht, wütend zu sein, er ist bald nur ein weiterer

Eintrag auf der Liste der Menschen, die es hier rausgeschafft haben. Er kann nicht verstehen, dass es um *alles* geht.

»Ich geh nicht nach London.«

»Was?«

»Ich hab das Jobangebot abgelehnt. Deshalb bin ich überhaupt hier in der Gegend, ich hab mich mit meinen Eltern zum Frühstück getroffen, um es ihnen mitzuteilen.«

Erleichterung. Sie flutet meinen Körper, dicht gefolgt von heißer, brennender Scham.

Ich will weinen. Ich sollte fragen warum. Ich sollte irgendwas tun, was man nach einer solchen Offenbarung eben so tut. Stattdessen mache ich das genaue Gegenteil: Ich beweise Andrew, dass ich tatsächlich noch ein Kind bin, und laufe weg.

Eine Karte an der Schlafzimmerdecke

Es ist bereits dunkel, als ich endlich nach Hause komme. Im Haus ebenfalls, Mom und Dad sind bei meiner Tante zum Essen eingeladen. Liam wird später auch hingehen, doch ich habe mich mit der Ausrede, lernen zu müssen, abgemeldet. Dieselbe Ausrede habe ich schon benutzt, um mich den Rest des Wochenendes in meinem Zimmer zu verkriechen. Andrew hat mir zweimal geschrieben und gefragt, ob alles okay ist und wir reden wollen, doch ich habe nicht geantwortet. Was auch? Alles, was ich ihm sagen könnte, würde meine Gefühle nur zu deutlich zeigen. Also habe ich das Wochenende damit verbracht, neue Songs aufzunehmen und die Kommentare unter dem aktuellen Video zu lesen. Es gab ein *Erster!*, und es war nicht von jemandem aus der Community.

Mein Herz klopft schneller bei der bloßen Erinnerung. Es war Andrew. Ich habe keine Ahnung, ob er es tatsächlich geschafft hat, das Video als Erster zu kommentieren, oder ob er sich zunutze gemacht hat, dass die anderen es schon gar nicht mehr versuchen. Aber er hat den Song gehört – und er hat mich trotz allem, was gerade vor sich geht, zum Lächeln gebracht.

Ich schalte das Licht im Flur ein und kicke die Sneakers von meinen Füßen, dann nehme ich die Treppe nach oben. Jedes Knarzen der Dielen ist mir vertraut, ebenso die Rillen des hölzernen Geländers. Sosehr ich die Veränderungen in meinem Leben gerade stoppen möchte, sosehr wünsche ich sie mir hier. Ich wäre am liebsten direkt zu Beginn des Studiums ausgezogen, doch selbst mit meinem Stipendium sind die Mietpreise unmöglich zu zahlen. Nicht mit dem wenigen Geld, das ich bei Liam und beim Kellnern verdiene. Meine YouTube-Videos und TikToks werfen ein bisschen was ab, doch das reicht gerade einmal, um meinen Gitarrenunterricht zu finanzieren. Also wird das vertraute Knarzen der Dielen mich auch noch die nächsten Jahre begleiten.

Die Hand bereits an der Klinke, will ich gerade die Tür zu meinem Zimmer öffnen, als ich innehalte. Irgendetwas ist anders. Doch nicht auf diese altbekannte und vertraute Art. Ich brauche einen Moment, um zu registrieren, was es ist: Das Schild an meiner Tür, das ich vor Jahren gebastelt habe, damit mein Bruder aufhört, einfach so mein Zimmer zu betreten, ist herumgedreht. Es steht nicht wie sonst auf »Come in«, stattdessen steht in roten fetten Lettern »Privacy« dort. Dabei habe ich diese Seite seit Liams Auszug nicht mehr genutzt. Irritiert drehe ich es herum, dann stoße ich endlich die Tür auf – und stutze schon wieder.

»Was zur …?«

Sanftes Licht, leise Musik, der Geruch von Duftkerzen und frischer Farbe – und Andrew, der auf meinem Boden kniet. Sein Blick trifft meinen, und mein Herz setzt für einen Moment aus. Andrew war seit Ewigkeiten nicht mehr in meinem Zimmer. Und wenn, dann um mich aufzuziehen, mir zu sagen, dass ich dringend aufräumen soll, oder mich mit sonst irgendetwas zu nerven. Das Bild hier, er inmitten der Kerzen, das passt nicht zusammen.

»Du bist früher da, als ich dachte.« Andrew wedelt wie wild mit der Hand, sodass das brennende Streichholz zwischen seinen Fingern erlischt. Der Duft nach verbranntem Holz und Schwefel, der mich an Weihnachten erinnert, vermischt sich mit den anderen. Andrew steht auf und macht einen Schritt auf mich zu. Ich hingegen verharre immer noch stocksteif in der Tür, unsicher, was ich tun soll. Er wischt die Hände an der Jeans ab und wirkt seltsam nervös. Wider Erwarten muss ich auflachen, weil das Szenario zu abstrus ist. Ich hab ihn noch nie nervös erlebt, normalerweise ist er das Selbstbewusstsein in Person. Nun jedoch liegt in seinen braunen Augen ein beinahe fragender Ausdruck, dabei bin ich diejenige mit den etlichen Fragezeichen im Kopf.

»Was machst du hier?« Ich lasse den Blick durch den Raum schweifen, der definitiv mein Zimmer ist, aber so viel gemütlicher aussieht, als ich ihn verlassen habe. Die Vorhänge sind zugezogen, überall sind Kerzen verteilt und meine Lichterkette am Bett ist eingeschaltet, sodass warmes Licht den Raum erhellt. Auf meinem Nachttisch … Ich runzle die Stirn. »Ist das ein Beamer?«

»Ja.«

Ich hebe die Brauen, warte, dass er weiterspricht, doch er tut es nicht.

»Okay, ich formuliere es um: Warum steht da ein Beamer? Was ist das? Warum die Kerzen?«

Seine Miene wird ernst, und ich meine, Unsicherheit darin zu erkennen. Seltsam. Andrew mag vieles sein, aber unsicher? Ob es an meiner Aktion gestern lag?

»Ich hab Zoeys Post gesehen«, sagt Andrew. Seine Stimme ist sanft, sein Blick weich. Ich habe das Gefühl, ich sollte das Mitleid darin hassen, doch ich tue es nicht. Ich habe keine Lust mehr, kleinzureden, wie beschissen sich alles anfühlt. Also nicke ich nur.

»Es tut mir leid, dass du nicht mit ihr nach Paris konntest. Oder mit den anderen nach Kanada.«

Erneutes Nicken, weil ich keine Ahnung habe, was ich sagen soll – und noch weniger, was hier gerade passiert. Ich spüre mein Herz heftig in meiner Brust pochen, als wolle es all das Zögern und die Angespanntheit zerschlagen. Halluziniere ich vielleicht? Ich habe echt wenig geschlafen, denkbar wäre es.

»Ich weiß, es ist nicht dasselbe, aber ich dachte …« Er hebt die Schultern, und auch in dieser Geste und der Art, wie er den Blick durch mein Zimmer schweifen lässt, liegt Unsicherheit. Es verwirrt mich, ihn so zu sehen. Kein flapsiger Spruch, kein Witz, um der Situation die Tiefe zu nehmen. Stattdessen räuspert er sich, geht zu meinem Schreibtisch und holt eine Flasche Weißwein aus einem Kühler. Ich blinzle, doch das Bild verändert sich nicht. Andrew schraubt den Korken aus der Flasche, bis er sich mit einem lauten Plopp löst.

»Champagner?« Ich muss lachen, da der kleine orange Aufkleber mit dem Preis darauf verrät, dass es sich definitiv nicht um Champagner handelt, doch ich spiele mit.

»Gern, wollte ich schon immer mal probieren.«

Andrews Mundwinkel heben sich. »Hervorragend.« Er gießt etwas Wein in die beiden Sektgläser, die er aus der Küche geholt haben muss, und reicht mir eines davon. »Cheers.«

Ich stoße mit ihm an und probiere einen Schluck. »Witzig. Wer hätte gedacht, dass Champagner genauso schmeckt wie mein Lieblingswein aus dem 7-Eleven.«

»Lustiger Zufall«, erwidert Andrew und schafft es im Gegensatz zu mir, seine ernste Miene zu wahren. »Aber es ist definitiv Champagner. Importiert aus Frankreich. Gemeinsam mit diesen hier.« Er deutet auf ein kleines Tablett, auf dem sich eine Packung Macarons befindet.

»Andrew … was wird das hier?«, frage ich und schwanke zwischen ungläubigem Lachen und – schon wieder – Heulen. Ich entscheide mich für Variante Nummer eins, denn ich habe verdammt noch mal genug geweint in den letzten Tagen.

»Ich dachte, wenn du nicht nach Paris kannst, holen wir Paris eben zu dir. Und Kanada.« Er zückt eine kleine Fernbedienung aus seiner Jeanstasche und schaltet den Beamer ein. Im nächsten Augenblick befindet sich der Eiffelturm in meinem Zimmer, direkt auf meinen weißen Vorhängen, deren Enden ich schon seit Monaten kürzen will.

»Wenn du dich bitte setzen würdest, wir haben Programm.«

»Programm?«, hake ich nach, doch Andrew antwortet nicht, sondern deutet nur mit ausladender Geste auf mein Bett. Immer noch zu perplex, um irgendetwas zu hinterfragen, folge ich der Aufforderung und lasse mich darauf fallen. Andrew schnappt sich das Tablett, dann kommt er ebenfalls herüber und setzt sich, mit etwas Abstand, auf die Matratze.

Andrew ist in meinem Bett. Mit mir.

Holy shit.

Mein Herz klopft nicht länger in meiner Brust, sondern in meinem gesamten Körper. Jede einzelne Zelle vibriert vor Aufregung,

Atmen, Daisy.

Ich zwinge mich, einen zittrigen Atemzug zu nehmen. Durch den Nebel in meinem Kopf dringt erneut der Geruch von Farbe. Stärker nun. Irritiert sehe ich mich um, bis mein Blick nach oben gleitet.

»Was …«, murmle ich schon wieder und schüttle den Kopf. An meiner Zimmerdecke befindet sich eine gezeichnete Weltkarte. In Beige- und Rosatönen gehalten passt sie farblich perfekt in mein Zimmer. Ich stelle mein Sektglas auf meinem Nachttisch ab und klettere auf das Bett, um die Karte besser betrachten zu können. Die Länder sind farblich voneinander abgehoben. Mein Blick gleitet über Europa, über Frankreich, wo Zoey in diesem Moment ist. Dann zu Kanada, wo der Rest unserer Clique verweilt – und dann nach unten, abgelenkt von etwas Schimmerndem. Auf New York, wo wir uns gerade befinden, klebt ein kleiner goldener Punkt. Ich streiche mit dem Finger darüber. Er ist nicht gemalt, sondern tatsächlich aufgeklebt. Ich entdecke noch einen, ganz im Westen, in Oregon. Und dann einen weiteren in Washington. »Du hast die Orte markiert, an denen ich schon war«, flüstere ich so leise, dass ich mir nicht sicher bin, ob Andrew es überhaupt hören kann. Doch irgendetwas muss er gehört haben, denn ich spüre am Nachgeben der Matratze, dass er sich aufrichtet, noch bevor er sich neben mich stellt.

»Hast du das gemalt?«

»Ja. Und keine Sorge, ich hab weiße Farbe gekauft, wenn du sie nicht magst und …«

»Ich liebe sie«, sage ich leise und will mit dem Finger den Rest der Karte nachfahren – als mein Atem plötzlich stockt. Andrew hält meine Hand. Ich schlucke, mein Blick fliegt zu ihm, trifft auf dunkelbraune Augen, und Hitze schießt mir in den Bauch, die Wangen, überall hin.

»Die Farbe ist noch feucht.«

»Oh.« Ich blinzle. Als Andrew meine Hand loslässt, fühlt sie sich seltsam kalt an. »Natürlich.«

Eine Weile stehen wir beide schweigend nebeneinander und blicken in Richtung Decke. »Sie ist so leer.«

»Noch«, erwidert Andrew, da ist so viel Zuversicht in seiner Stimme, dass es in meiner Brust zieht. Ich wünschte, ich könnte sie ebenso empfinden. Er bringt mich ins Wanken, indem er zu meinem Schreibtisch läuft, während mein Blick weiter über die einzelnen Länder schweift. Ich kann nicht glauben, dass Andrew sie gemalt hat. Nicht, weil er nicht malen kann – das konnte er schon immer –, sondern weil das bedeutet, dass er heute in meinem Zimmer war, sich die Zeit genommen hat.

»Hier.« Etwas Schimmerndes schiebt sich in mein Sichtfeld. Noch mehr Sticker. Als ich sie Andrew aus der Hand nehme, muss ich lachen. »Das sind drei Packungen. Gab's Mengenrabatt?«

»Du wirst sie alle brauchen.«

Ich seufze, aber es ist keiner dieser schweren, finalen Seufzer. Gerade fühlt sich alles okay an. »Wohl kaum.«

»Ivy …«

Etwas berührt mich am Oberarm. Warm, sanft. Mein Körper reagiert wie auf Kommando und beginnt zu prickeln.

»Du bist neunzehn.«

»Wenn das jetzt wieder ein Vortrag darüber wird, dass ich mich wie ein Kind verhalte, habe ich keine Hemmungen, noch ein weiteres Mal wegzulaufen.«

»Kein Ding, dann bleib ich. Dein Zimmer ist sowieso gemütlicher als meine Wohnung.«

Wider Erwarten muss ich schon wieder lachen. Mit jedem Laut, der sich aus meiner Brust löst, wird der Druck darin weniger.

»Was ich sagen will: Du bist neunzehn. Dein Leben fängt gerade erst an. Unser Leben fängt gerade erst an. Du hast noch so viel Zeit, all diese Orte zu erkunden. Vielleicht wirst du wirklich Zahnärztin, behandelst nur Privatpatienten, machst deine Praxis mit 35 dicht und eine Weltreise. Vielleicht geht einer deiner Songs auf TikTok viral und du gibst Konzerte in Europa.« Ich lache wieder, halte jedoch inne, als er nicht mit einsteigt. »Ich meine das ernst. Dir steht die gesamte Welt offen. Irgendwann wirst du auf diese Karte gucken und neue Sticker brauchen.«

»Na ja, das hier sind dreihundert Aufkleber und es gibt nur rund zweihundert Länder auf der Welt, also …«

Andrew rollt mit den Augen, so wie ich es sonst bei ihm tue. »So verpeilt wie du bist, verlierst du zwei Packungen, die anderen sind Back-up.«

»Hey!«, protestiere ich und setze an, ihn zu schubsen, doch Andrew schnappt sich erneut meine Hand. Dieses Mal lässt er nicht los. Mein Protest erstirbt auf meiner Zunge, und meine Kehle wird trocken, als mir klar wird, wie nah wir beieinanderstehen.

Reiß dich zusammen.

Ich wiederhole die drei Worte wie ein Mantra, so wie ich es immer tue, doch sie werden schwächer und schwächer mit jeder Sekunde, die seine raue Hand meine berührt. Sein Blick ist intensiv und weicht nicht von meinem, und plötzlich beginne ich wie von selbst zu reden.

»Es tut so verdammt weh, wenn alle anderen dich überholen und du zurückbleibst.« Die Worte brennen heiß in meiner Kehle, dennoch bin ich froh, dass sie heraus sind. »Ich will es den anderen ja gönnen, mich für sie freuen, aber …« Ich hebe die Schultern. »Ich hab einfach das Gefühl, alle kommen voran, und ich dreh mich einfach nur im Kreis.«

Andrew bleibt stumm, hält weiter meine Hand und gibt mir den Raum, all das, was sich viel zu lange in mir angestaut hat, rauszulassen.

»All meine Freundinnen sind weg. Sie erleben Abenteuer, wachsen, lernen neue Länder kennen, neue Menschen …« Wie von selbst schiebt sich das Bild von Zoey mit der blonden Frau vor mein inneres Auge. »Meine weiteste Reise war nach Oregon. Dort über uns sind nur drei Punkte. Als ich noch klein war, dachte ich immer, das ändert sich einmal. Klar, wir hatten kein Geld zum Reisen, aber ich hab fest daran geglaubt, dass ich irgendwann erwachsen bin und arbeite und alles sich ändert. Jetzt hab ich immer mehr das Gefühl, dass das nur eine Lüge ist, die wir uns erzählen, um weiterzumachen. Ich studiere etwas, das ich nicht mag, und dann? Arbeite ich in einem Job, den ich nicht mag. All das, was du eben genannt hast? Die Weltreise, Konzerte in anderen Ländern …« Ich lächle, und die Wehmut brennt ein Loch in meine Brust. »Denkst du, davon träume ich nicht jede Nacht? Dabei ist es genau das: ein Traum.«

»Daisy.« Mein Name, mein echter. Andrews Finger streicht sanft über meine Handfläche. »Du hast Zeit. Gib sie dir.«

Ich dachte, ich wüsste alles über Andrew. Was ich jedoch nicht wusste, war, wie sich seine Haut anfühlt, wenn es mehr als eine flüchtige Berührung ist. Ich wusste nicht, dass in seinen dunkelbraunen Augen noch dunklere Sprenkel sind. Ich wusste nicht, dass mein Herz noch heftiger pochen kann, als es das ohnehin schon tut, wenn er den Raum betritt.

Andrews Blick hält meinen gefangen, und ich kann beobachten, wie sein Adamsapfel hüpft, als er schluckt. Dann unterbricht er den Blickkontakt und räuspert sich.

»Und sei verdammt noch mal nicht so streng mit dir, sonst hab ich bald Hemmungen, dich aufzuziehen, wenn du dich selbst schon so fertigmachst.« Seine Hand sinkt, meine mit ihr, dann lässt er sie los und läuft zu seinem Laptop, der anscheinend mit dem Beamer verbunden ist. Ich bleibe auf dem Bett stehen und sehe ihm dabei zu, wie er auf der Tastatur herumtippt. Normalerweise sollte ich froh sein, dass er die Situation mit einem lockeren Spruch entspannt hat, doch ich fühle mich seltsam.

Gut, endlich alles ausgesprochen zu haben.

Leer, weil in mir so lange nur angestaute Wut war.

Hoffnungsvoll, wenn auch nur ein wenig. Denn wenn Andrew diese Wege sieht – was, wenn sie wirklich existieren?

Wir waren in Paris

»Bereit?«, fragt Andrew, als wir kurz darauf wieder nebeneinandersitzen. Sekt und ein Pistazien-Macaron auf meinem Schoß, der Laptop auf Andrews. Ich versuche, einen Blick darauf zu erhaschen, doch er dreht ihn eilig zur Seite. »Vergiss es! Kannst du nicht einmal eine Überraschung genießen?«

»Es war schon Überraschung genug, dich in meinem Zimmer zu sehen, stell dir vor, ich hätte nicht aufgeräumt oder Unterwäsche herumliegen gehabt.«

Für einen Moment wirkt Andrew perplex, so als sei ihm dieser Gedanke gar nicht gekommen. Bilde ich mir das ein, oder röten sich seine Wangen?

»Ich kenne ja deinen Ordnungstick, also …« Er macht eine wegwerfende Handbewegung, doch seine Stimme klingt jetzt rauer. Ist ihm die Vorstellung unangenehm oder … Ich betrachte sein Profil. Jap, seine Wangen sind eindeutig gerötet.

Da ist schon wieder dieses leise, hoffnungsvolle Gefühl in meiner Brust.

Was, wenn …

»Mach dich bereit für Reise Nummer eins«, unterbricht Andrew meine Gedanken. »Wir starten in Vancouver.«

Bevor ich nachhaken kann, was er damit meint, erklingt Jills Stimme. »Daisy!« Mein Kopf schnellt nach vorn in Richtung Fenster, wo Jills Gesicht zu sehen ist. Durch die Falten der Gardine ist es leicht verzerrt, trotzdem krampft mein Herz, als ich die vertrauten, sommersprossigen Züge erblicke. »Wir sind gerade in Vancouver angekommen!« Sie dreht die Kamera so, dass ich die Skyline sehen kann. Offensichtlich ist sie gerade in einem Hotel oder Hostel.

»Und wir haben dir schon etwas gekauft!« Gina drängt sich ins Bild und reckt eine kleine Papiertüte in die Höhe. Ihre sonst so blasse Haut hat etwas Farbe abbekommen.

»Verrat ihr das doch noch nicht«, tadelt Jill, und ihre grünen Augen funkeln verärgert.

»Ich sag doch nicht, was drin ist.« Bei Ginas trotzigem Tonfall muss ich lachen.

Jill positioniert sich so, sodass auch Dareene und Mali zu sehen sind. Die beiden winken in die Kamera. »Gott, mein Arm ist zu kurz«, meint Jill, die sichtlich Mühe hat, alle vier gleichzeitig im Bild zu behalten.

»Und zu schwach«, sagt Mali. »Du wackelst voll.«

Gott, ich vermisse sie alle. Ich habe gar nicht bemerkt, wie sehr mir unsere Schlagabtausche und Kabbeleien, die seltsamen Gespräche und die durchgemachten Nächte in den letzten Wochen gefehlt haben.

»Ein Grund mehr, warum es noch viel besser wäre, wenn du dabei wärst, Daisy«, sagt Dareene und wirft sich das dunkle Haar über die Schulter. »Du hättest sicher ein Stativ mitgenommen.«

»Du fehlst uns!«, sagt Jill ebenfalls, und die Worte sind Balsam für meine Seele. Die vier geben mir eine kurze Zusammenfassung der letzten Tage, und auch wenn sie mich die gesamte Reise über mit Bildern versorgt haben, ist es irgendwie etwas anderes, das Ganze aus ihren Mündern zu hören. Bilder zeigen nur Momentaufnahmen, nicht die lustigen Erlebnisse dazwischen, die neue Insider schaffen, aus denen ich mich sonst mit Sicherheit ausgeschlossen gefühlt hätte.

»Ich hoffe, du passt gut auf New York auf«, sagt Gina nach einigen Minuten. »Wenn wir wieder da sind, feiern wir unsere Reunion ganz groß im Stammcafé.«

»Es ist super weird, das aufzunehmen, ohne dass du antwortest«, meint Jill. »Keine Ahnung, wie du das bei TikTok und YouTube immer hinkriegst. Aber na ja. Andrew hat versprochen, er schneidet es, wenn wir es zwischendrin verkacken, von daher … viel Spaß damit. Bis bald!«

»Wir lieben dich!«, ruft Mali und wirft mir eine Kusshand zu. Dann endet das Video. Ich starre noch einige Sekunden auf die Gardine, auf der aktuell ein Standbild von Vancouver zu sehen ist, dann erst drehe ich mich zu Andrew um, dessen Blick bereits auf mir ruht. Wie lange schon?

»Du hast die vier kontaktiert?«, frage ich, und meine Stimme ist kaum mehr als ein Flüstern.

Er nickt. Und ich weiß nicht, was ich sagen soll.

»Danke.«

Ein guter Anfang und doch lange nicht genug.

»Du kannst dich am Ende bedanken.«

»Da ist noch mehr?«

Anstelle einer Antwort öffnet Andrew ein weiteres Video. Als ich den Eiffelturm im Hintergrund sehe, schießen Tränen in meine Augen, noch bevor Zoey im Bild erscheint. Meine Finger krallen sich wie von selbst in die Bettdecke unter mir.

»Hey, Süße.« Sie klingt so glücklich. Selbst bei diesen beiden kurzen Worten. Mein Herz wird schwer, weil ich all das beim Betrachten der Fotos und Nachrichten nicht bedacht habe. Wie gut es ihr damit gehen muss, dass sie ihren Traum wahr gemacht hat. »Ich hoffe, dir geht's gut. Ich wünschte, wir könnten gerade gemeinsam hier stehen. Vor allem, weil ich es vermisse, Englisch mit jemandem zu reden, mein Französisch ist so viel schlechter, als ich dachte. Als ich mit den anderen essen war und was von Food Baby meinte, dachten alle, ich wäre schwanger.«

Ich lache auf, weil ich mir Zoey in diesem Szenario nur zu gut vorstellen kann.

»Ich habe natürlich nicht verstanden, warum alle so schockiert geguckt haben, und so hat sich das Gerücht eine Woche lang gehalten –

und verbreitet. Eine Kommilitonin hat mir die Tage schockiert den Rotwein aus der Hand geschlagen, als wir abends weg waren.« Sie schmunzelt bei der Erinnerung, und ich lächle mit. Es tut nach wie vor weh, nicht Teil dieser Momente sein zu können. Aber immerhin verpufft die glühende Wut nach und nach. »Na ja, ich hab mittlerweile alles aufgeklärt, hoffe ich, und mich noch mal für einen Auffrischungskurs an der Uni angemeldet, kann nicht schaden.« Sie kommt ein Stück näher an die Kamera heran. »Es tut mir leid, dass ich mich gerade so wenig melde. Lass uns unbedingt facetimen. Es war nur so viel zu tun und … Ich vermisse dich ganz schrecklich.« Sie beißt sich auf die Lippe. »Andrew schneid das raus, wenn es noch 'ne Überraschung sein soll, aber …« Ihre Mundwinkel heben sich, und ich sehe von ihr zu Andrew, der mir mit einem Nicken bedeutet, Zoey weiter zuzuhören. »… wir sehen uns vielleicht früher wieder, als du dachtest.«

Ihr Grinsen ist das Letzte, was ich sehe, bevor das Video endet. Vor mir ist der Eiffelturm. Dieses Mal kein Standbild, sondern ein Video. Er funkelt im Halbdunkel.

»Was meint sie?«, frage ich und drehe den Kopf langsam zu Andrew. Er hat den Laptop weggestellt. Wortlos reicht er mir einen weißen Umschlag. Es steht nichts darauf, und er ist nicht zugeklebt. Als ich den Inhalt daraus hervorziehe, weiten sich meine Augen. Ich lese die Worte darauf mehrmals und habe doch Schwierigkeiten zu begreifen, was ich in den Händen halte.

»Das … sind Flugtickets«, sage ich, wie um mich zu vergewissern, dass ich mich nicht täusche. »Echte?«

»Nein. Ich mach das hier alles, um dir eins auszuwischen, und hab sie gefälscht.«

»Das ist einer dieser Momente, die du nicht mit deinen Sprüchen kaputt machen kannst«, sage ich leise und streiche über das Papier, nach wie vor fassungslos. Ich habe ein Flugticket. Nach Paris. Ich kontrolliere das Datum auf dem Rückflug. Zehn Tage.

»Freust du dich?« Andrews Stimme ist sanft, vorsichtig.

»Wie … Sind die von Zoey?« Er schüttelt den Kopf. »Von dir?«

Ich lese die Antwort noch vor seinem Nicken in seinen Augen. »Aber warum? Die sind viel zu teuer.«

»Sieh es als Entschuldigung dafür, dass ich damals deinen Plattenspieler kaputt gemacht habe.«

»Das Teil hat dreißig Dollar gekostet und war vom Flohmarkt. Das ist …« Ich schüttle den Kopf. Ich werde Zoey wiedersehen. Ich werde den Eiffelturm besuchen. Den Louvre. Ich werde zum ersten Mal in meinem Leben den Kontinent verlassen. »Danke.« Das Wort kommt erstickt aus meinem Mund, und Andrew lächelt.

»Ich hoffe, das macht alles ein wenig besser.«

Meinen Lungen entweicht ein ungläubiges, atemloses Geräusch, und ich senke den Blick wieder auf das Ticket. New York nach Paris. JFK nach CDG. In nur zwei Wochen. Ich kann nicht glauben, dass er das getan hat. Nicht nur wegen des Geldes, sondern wegen des ganzen Drumherums. Denn dass er meine Freundinnen kontaktiert hat, dass er geschafft hat, wofür ich zu feige war, sie gebeten hat, mich mit auf ihre Reisen zu nehmen, mir das Gefühl zu geben, ihnen nicht egal zu sein – all das bedeutet mir viel, viel mehr als die Flugtickets.

Und all das weckt in mir erneut diesen einen Verdacht. Stark genug, dass ich beschließe, auch endlich mutig zu sein.

»Warum hast du den Job in London abgelehnt?«

Ich mustere Andrew, suche die Antwort in seinen dunklen Augen.

»Ist das nicht offensichtlich?«

Seine Stimme ist tief, klar und doch liegt ein leichtes Zögern darin. Als wäre er sich ebenso wie ich bewusst, dass ein falscher Schritt alles kaputt machen könnte. Das gesamte Fundament, auf dem wir stehen. Doch zum ersten Mal ist es mir egal. Dann fallen wir eben. Selbst wenn alles einstürzt, erscheint mir das gerade leichter, als auch nur eine Sekunde länger regungslos dazusitzen.

Ich beuge mich nach vorn, und im nächsten Moment finden meine Lippen Andrews.

Endlich.

Unser Kuss startet sanft wie eine Frage. Dann legt Andrew die Hände an meine Wangen und zieht mich zu sich. Alles um uns herum wird unwichtig, selbst Paris und die Reise. Andrews Atem mischt sich mit meinem, sein Geruch ist vertraut und neu zugleich. Mein Körper ist wie elektrisiert, jede einzelne Faser steht unter Strom. Meine Finger zittern, als ich sie in seinem Haar vergrabe und den Kuss vertiefe, bis er nicht mehr sanft ist, sondern hungrig. In ihm liegen all die Jahre des Wartens und Zögerns, all die Fragen und angestauten Gefühle. Ich habe so lange darauf gewartet, mir diese Gedanken so oft verboten – und merke jetzt, dass es ohnehin egal war. Denn keine meiner Vorstellungen wäre an das Gefühl herangekommen, Andrew Foster zu küssen.

Mein Leben lang habe ich immer nur weggewollt. Doch jetzt, in diesem Moment, bin ich zum ersten Mal genau da, wo ich sein will. Und das, ohne einen einzigen Schritt zu gehen.

Mit Andrew bin ich bereits in Paris.

BEGIN AGAIN – *Taylor Swift*
(Mounia's Version)

1

Immer wenn ich am *Crimson* vorbeikomme, muss ich daran denken. An ihn und die kurze Zeit, die wir zusammen hatten. Ich glaube immer noch nicht an das Schicksal, aber der Abend erinnert mich daran, wie willkürlich das Leben ist. Dass man nichts planen kann, weil eine Entscheidung die nächste beeinflusst. Alles wäre anders gekommen, wenn mein Flug an diesem Tag nicht ausgefallen und ich nicht in einer fremden Stadt gestrandet wäre, um einen Nachtzug nach London zu nehmen.

Oder – wenn man noch weiter zurückgeht – ich nicht so besessen davon gewesen wäre, zum Geburtstag meines Ex-Feundes zu fahren, der mich erst betrogen und dann abserviert hatte, nur um mir am Ende indirekt auch noch die Schuld für beides zu geben, weil ich nicht mit ihm zum Studieren weggezogen war. Dadurch hatte er sich von mir »entfremdet«, und obwohl die Trennung inzwischen fast ein Jahr zurücklag, saß der Schmerz noch tief.

Das Problem war, dass er mir gar nicht erst die Möglichkeit gab, über ihn hinwegzukommen. Ich wollte den Kontakt abbrechen, er schrieb mir trotzdem. Wenn er an mich dachte. Wenn ihn etwas an mich erinnerte. Wenn er einen Rat brauchte. Manchmal rief er mich sogar an. Und jetzt wollte er mich tatsächlich wieder zurück.

»Ich habe einen Fehler gemacht, Wend. Die Monate ohne dich haben mir klargemacht, wie sehr ich dich vermisse. Kannst du uns noch eine Chance geben?«

Und als wäre seine Liebeserklärung nicht schon genug, hatte er mich sogleich mit dem nächsten Brocken überrollt.

»Komm zu meinem Geburtstag. Seit ich denken kann, warst du immer dabei. Ich kann mir gar nicht vorstellen, den Tag ohne dich zu verbringen.«

Tief in mir wusste ich, dass sich irgendwas nicht richtig anfühlte. Es kam alles so spontan, wie aus einer Laune heraus. Aber das konnte und wollte ich mir nicht eingestehen, und die Hoffnung auf eine Versöhnung zerschlug ohnehin jedes rationale Denken. Joey und ich waren seit der Schulzeit zusammen gewesen, sechs Jahre, in denen wir uns eine gemeinsame Zukunft ausgemalt hatten, unser Haus, unsere zukünftigen Kinder. Er hatte mich verletzt, ja, und vielleicht stimmte es, was alle sagten, und ich hatte etwas Besseres verdient. Aber so unemanzipiert es auch klang: Ich wollte ihn trotzdem zurück.

Mein Ziel war die Party, doch das Glück war nicht auf meiner Seite. Alles, was an diesem Tag schiefgehen konnte, ging schief. Mein Taxi geriet in einen Stau, und am Edinburgh Airport angekommen, wurde mein Flug wegen einer Sturmwarnung abgesagt. Die Züge waren ebenfalls ausgebucht, und so blieb mir nur der Bus, der mich nach Glasgow bringen sollte, damit ich von dort in den Zug nach London umstieg. Doch der Bus hatte Verspätung, und als ich endlich ankam, verpasste ich den Zug ganz knapp.

Jeder vernünftige Mensch mit einem Funken Selbstachtung wäre spätestens jetzt wieder nach Hause gefahren. Aber ich war nicht vernünftig. Und was meine Selbstachtung anging … Nun, ein Betrug hinterlässt Wunden. Nicht nur wegen dem Vertrauensbruch, sondern dem »ersetzt« werden. Als wäre man nicht mehr ausreichend gewesen. *Nicht genug.* Und wenn man lange in diesem Zustand verweilt, beginnt man irgendwann selbst daran zu zweifeln. So viel also zu meiner Selbstachtung.

Ich beschloss also zu warten. Der nächste Zug würde in zwei Stunden kommen. Zwei Stunden, die mein Leben in eine ungeplante Richtung lenkten und auf einen völlig anderen Kurs brachten.

Denn wie sagt man? Es kommt immer anders, als man denkt.

2

Aus dem Himmel schoss die Art von Regen, die einem diagonal ins Gesicht peitschte. Ich musste meinen Schirm schräg halten und mit beiden Händen umklammern. Der Wind hatte ihn an den Speichen geknickt, er bot nur noch halben Schutz, während ich über die schief gewinkelten Straßen lief und den vielen Pfützen auswich, in denen sich die Lichter der Laternen spiegelten. Eigentlich war es noch nicht spät, doch die Wolkendecke stand so tief, dass sie die Nacht früher herbeigeläutet hatte. Wir hatten Mitte Juli, um diese Jahreszeit gab es eigentlich keine spontanen Stürme. Vermutlich war das noch ein Omen, um mich von meinem Vorhaben abzuhalten, aber der verpasste Zug hatte einen kindlichen Trotz in mir entfacht, weshalb ich inzwischen einfach nur noch aus Prinzip zu dieser Geburtstagsparty wollte.

Mir blieben noch zwei Stunden, bis meine Bahn fuhr. Unter anderen Umständen wäre ich ein bisschen durch die Stadt geschlendert, doch bei dem Wetter war an Sightseeing nicht zu denken, und mit meinem Schirm kam ich sowieso nicht mehr weit.

Google Maps lotste mich von der Buchanan Bus Station über eine schmale Gasse vorbei an kleinen Bars und Restaurants. Bis zur Glasgow Central waren es noch fünfzehn Minuten. Ich wollte gerade die Straße überqueren, als ich plötzlich daran vorbeikam:

einem Café, das so einladend und gemütlich aussah, dass ich mitten im Regen stehen blieb. Es befand sich in einem schwarzen Backsteinhaus und hatte hohe Erkerfenster mit grünen Fensterläden. Warmes Licht strahlte auf den gepflasterten Gehweg, über der Tür hing ein kleines handgemaltes Schild, auf dem in geschwungener Schrift *Crimson Corner* geschrieben war. Blumenkästen mit Geranien schmückten die Fensterbänke, verströmten trotz des Regens einen frischen, herben Duft.

Ich schaute zurück zur Straße. Bis zum Bahnhof war es nicht mehr weit, und vermutlich war es bequemer, in einem Café auf den Zug zu warten. Ich überlegte nicht weiter und klemmte mir den Schirm unter den Arm, während ich nach der Türklinke griff.

Das sanfte Bimmeln einer Klingel kündigte mein Eintreten an, vermischte sich mit der leisen Musik, die im Hintergrund lief. Der Duft von Kaffee und frischem Gebäck lag in der Luft, und die wohlige Wärme des Raumes legte sich augenblicklich auch auf mich. Nur langsam spürte ich, wie die Kälte von mir wich. Wasserperlen tropften von allen Seiten an mir herab, meine Ohren glühten, in meinen Fingerspitzen kribbelte es. Mit tauben Händen schloss ich den Schirm und ließ den Blick durch den Raum schweifen. Die Wände waren aus rotbraunem Backstein. Alte Holztische waren dicht aneinandergestellt, bei denen auf jedem eine abgebrannte Kerze stand. Die geblümten Sitzkissen kontrastierten mit dem vielen Braun, gaben dem Ambiente etwas Verspieltes. Es war ein wunderschönes Café. Ich fragte mich nur, warum niemand hier war.

Die Antwort schoss mir fast augenblicklich entgegen.

»Wir haben geschlossen«, dröhnte eine laute Stimme vom Tresen.

Ich zuckte zusammen und entdeckte erst jetzt den Mann, der, ohne aufzuschauen, einen silbernen Krug polierte. Mein Puls verlangsamte sich, als seine Worte in meinem Kopf widerhallten.

»Wir haben geschlossen.«

Mir sank das Herz. Erst der Flug, dann der Zug, und jetzt er. Unter anderen Umständen hätte ich gefasster reagiert, doch ich hatte schlichtweg keine Kraft mehr für eine weitere Zurückweisung.

Und jetzt musste ich schon wieder raus in den kalten Regen. Mein Magen zog sich schmerzhaft zusammen, als der letzte Rest meiner Fassung verpuffte.

»Ach so, tut mir leid«, murmelte ich, die Stimme so belegt, dass ich die Worte kaum rausbekam. Hastig fuhr ich herum und spürte hinter meinen Lidern bereits das verräterische Prickeln. Meine Sicht verschleierte, als ich versuchte, nach der Türklinke zu greifen. Ich hatte sie fast erreicht, da rutschte ich mit dem linken Fuß aus und knallte mit der Stirn gegen etwas Hartes. Ein kurzer Moment der Verwirrung, dann wurde alles schwarz.

3

Als ich wieder zu mir kam, spürte ich eine sanfte Hand auf meiner Wange. Langsam öffnete ich die Lider und blickte in große haselnussbraune Augen, die mich besorgt musterten. War das der Typ vom Tresen? Er war etwa in meinem Alter, trug ein schwarzes T-Shirt und darüber eine farblich passende Schürze.

Er sah gut aus, dachte ich. Große Augen, lange Wimpern, kantige Wangenknochen, goldbraune Haut. Auf den ersten Blick hatte er etwas von Zayn Malik, nur mit Locken. Ich fragte mich, ob er es öfter hörte. Ich fragte mich, ob es ihn genauso störte, wie, wenn man mich mit Ayo Edebiri verglich.

»Hey.« Der Fremde lächelte, seine Stimme war sanft und tief. »Alles okay?«

»Ja?« Doch es klang mehr wie eine Frage. Die Kälte, die von meinen feuchten Kleidern ausging, vermischte sich mit dem dumpfen Pochen an meiner Stirn. Wie ein nasser Sack lag ich da und wusste nicht, ob ich lachen oder weinen sollte. Beides schien zu anstrengend. Selbst schämen konnte ich mich an diesem Punkt nicht mehr.

»Warte«, sagte er, als ich versuchte, mich aufzurichten. Mit der einen Hand umfasste er meinen Oberarm, mit der anderen stützte er meinen Rücken, ehe er mir langsam aufhalf. Seine Berührung war warm, ganz leicht stieg mir sein Parfum in die Nase, ein angenehmer Duft, holzig-herb mit einer weichen Note.

Als ich wieder stand, ließ er mich los und reichte mir meine Baker-Boy-Mütze, die mir vom Kopf gerutscht war. In seinem Blick stand weiterhin Sorge.

»Tut es weh?«

»Meine Stirn?« Ich hob die Hand und widerstand dem Drang, die pochende Stelle über meiner linken Augenbraue zu berühren. »Ein bisschen, aber es geht schon, danke.«

»Setz dich trotzdem lieber kurz.« Er führte mich zum Tisch am Fenster. »Ich glaube, wir haben irgendwo noch ein Kühlpack. Bin gleich wieder da.«

Und schon war er weg. Blinzelnd sah ich ihm nach, wie er hinter der Tür neben dem Tresen verschwand und nur wenige Augenblicke später wieder herauskam. In der einen Hand hielt er ein Kühlkissen, in der anderen eine Packung … Pflaster?

»Blute ich?«, fragte ich, als er auf dem Stuhl mir schräg gegenüber Platz nahm.

»Ein bisschen.« Er legte die kalte Kompresse zur Seite und kippte die schmalen Streifen vor uns auf dem Tisch aus. Sie waren kleiner als übliche, ziemlich bunt und mit allerlei Tiermotiven verziert.

»Wir hatten nur noch die für Kinder.« Er hob den Blick und grinste schief. Irgendwas an diesem Lächeln ließ meinen Magen flattern. »Welchen willst du?«

»Ähm.« Ich riss den Blick los und ignorierte mein plötzliches Herzklopfen. »Mir egal, such du aus.«

»Okay, dann kriegst du den Tiger.« Er zog das Papier ab und lehnte sich zu mir vor. Erneut stieg mir sein Duft in die Nase, mein Herz geriet kurz aus dem Takt, als die plötzliche Nähe meine Sinne überforderte. Ich blickte auf seine Brust und hielt den Atem an, während er das Pflaster vorsichtig auf meiner Stirn platzierte.

»Wir hatten leider nichts zum Desinfizieren, aber ich hoffe, das wird reichen.« Ein spöttischer Zug lag um seine Mundwinkel. »Du hättest auch einfach sagen können, ob wir was trinken wollen. Ehrlich, diese Sturznummer war gar nicht nötig.«

Ich lachte schwach. »Hätte ich das nur vorher gewusst.«

»Brauchst du irgendwas, um deinen Kreislauf wieder anzukurbeln? Vielleicht einen Saft?«

»Wer will jetzt was trinken gehen?«, scherzte ich und nahm das Kühlpack entgegen, das er mir reichte. »Ich dachte, du wolltest den Laden schließen?«

»Das kann ich auch ein paar Minuten später tun.«

»Wirklich? Du musst nicht extra meinetwegen …«

Lächelnd überging er meine Worte. »Was kann ich dir bringen?«, wiederholte er, immer noch freundlich, aber diesmal mit mehr Nachdruck in der Stimme.

Erneut wollte ich etwas einwenden, doch dann fiel mein Blick auf den strömenden Regen und ich kapitulierte. »Okay, dann einen schwarzen Tee vielleicht?« Vermutlich war etwas Kaltes besser für meinen Kopf, doch meine kalten Glieder sehnten sich nach etwas Warmem.

Er nickte und stand auf. »Kommt sofort.«

Beklommen sah ich ihm nach. Es fühlte sich seltsam an, dass er sich so um mich kümmerte, obwohl er das gar nicht musste. Irgendwie unausgewogen.

»Du kannst dich gern zu mir setzen«, platzte ich heraus.

Ich wusste selbst nicht, woher die Worte kamen. Vielleicht hatte mich der Schlag doch stärker getroffen, als ich dachte.

Der Fremde drehte sich zu mir und hob überrascht die Augenbrauen. Hitze schoss in meine Wangen, und ganz kurz fürchtete ich, er würde es für eine Anmache halten. Ich wollte nicht, dass er das dachte. Ich wollte einfach nur … Meine Schultern sackten herab, weil ich es selbst nicht wusste.

Der Fremde musterte mich forschend. Nicht lang, vielleicht für ein oder zwei Sekunden. Schließlich lächelte er. »Alles klar. Dann mache ich uns eine Kanne.«

4

Ich hatte meinen Mantel und meine Mütze über die Heizung gelegt. Darunter trug ich ein kurzes schwarzes Kleid mit Puffärmeln, das glücklicherweise vom Regen verschont geblieben war. Der Fremde – ich kannte immer noch nicht seinen Namen – hatte sich von seiner Cap und Schürze befreit, nun trug er einen locker sitzenden schwarzen Rippstrickpulli über einem weißen Hemd. Der Kragen und das Ende des Hemdes schauten heraus, und in der Kombination mit der schwarzen Jeans wirkte sein Outfit lässig und elegant zugleich. Es machte einen ganz anderen Typen aus ihm.

»Magst du Apple Crumble?«, rief er mir vom Tresen zu. »Es ist noch was übrig, das bis morgen wegmuss.«

»Gern. Wie heißt du eigentlich?«

»Sam. Eigentlich Sami. Aber mir ist Sam lieber. Und du?«

»Wendy. Nur Wendy.«

»Freut mich, dich kennenzulernen, nur Wendy.«

Ich lächelte. »Freut mich auch.«

»Brauchst du noch Milch für den Tee?«

»Nicht unbedingt. Kann ich dir vielleicht was abnehmen?«, fragte ich, als er mit einem Tablett voller Tassen und Untertassen an den Tisch trat.

»Gern.«

Ich legte das Kühlkissen zur Seite und nahm ihm vorsichtig das Tablett ab. Dabei schoben sich meine Finger über seine, und ein winziges Kribbeln durchzuckte mich. Mein Puls schoss in die Höhe, doch ich ließ mir nichts anmerken, während ich das Teezubehör über den Tisch verteilte und Sam wieder zurücklief. Kurz darauf kehrte er mit einer aufgebrühten Kanne und einem Teller mit einem riesigen Stück Apple Crumble zurück. Das Dessert hatte keine feste Konsistenz mehr, sah mehr aus wie zerpflückter Streuselkuchen, der in Vanillesoße getränkt war. Warmer Dampf stieg aus dem Gebäck, der süßliche Duft nach Apfel und Zimt ließ meinen Bauch knurren.

Sam setzte sich an denselben Platz wie vorhin. Mein Blick fiel auf seinen Hemdkragen. Dann auf mein Kleid. Wir sahen aus, als wären wir auf einem Date. Und wir hatten bloß einen Teller. Ich fragte mich, warum Sam nur einen genommen hatte. Es fühlte sich unerwartet intim an. *Susi & Strolch*-mäßig. Vielleicht wollte er aber auch nur weniger spülen?

Er füllte unsere Tassen mit Tee, während ich mir die erste Gabel in den Mund schob. Eine süße Geschmacksexplosion entfaltete sich auf meiner Zunge, nur mit Mühe schaffte ich es, ein genüssliches Seufzen zu unterdrücken. Mir war nicht klar gewesen, wie sehr sich mein Körper nach Zucker gesehnt hatte.

»Richtig gut«, sagte ich, nachdem ich runtergeschluckt hatte.

Sam lächelte, nun ebenfalls mit vollem Mund. »Das wird meine Chefin freuen. Sie war so unsicher, weil er sich heute kaum verkauft hat.«

»Vielleicht wegen der Saison? Am Geschmack kann es bestimmt nicht liegen.«

»Vielleicht.«

»Richte ihr auf jeden Fall mein Lob aus«, sagte ich und griff nach der Tasse. Vorsichtig nahm ich einen Schluck, und ein Gefühl der Ruhe und Zufriedenheit überkam mich, während ich aus dem Fenster blickte. Noch immer goss es in Strömen, doch hier im Warmen hatte der gedämpfte Klang etwas Atmosphärisches.

»Wie geht's deiner Stirn?«, erkundigte sich Sam.

»Sehr gut, danke. Aber du hast auch tolle Erste Hilfe geleistet. Machst du das beruflich?«

»Ha, jetzt schmeichelst du mir aber.«

»Nein, wirklich. Du hattest ganz ruhige Chirurgenfinger.«

Moment, was tat ich hier? Es klang beinahe wie flirten.

Ein amüsierter Funke blitzte in Sams Augen auf. »Wenn du es so sagst, die Idee mit dem Pflaster kam mir einfach so.« Er deutete eine Geste an, als würde er etwas aus dem Nichts fangen.

»Genial.« Ich nickte anerkennend. »Die Intuition eines geborenen Arztes.«

Wieder überraschte es mich, wie schnell ich zum Scherzen ansetzte. In der Regel dauerte es etwas, bis ich vor Fremden locker wurde. Vielleicht lag es ja an der Erschöpfung des Tages, der Tatsache, dass ich zu müde war, um nur aus Prinzip höfliche Distanz zu wahren.

Sam lachte laut auf, der Klang war so spontan und ehrlich, dass ein Kribbeln meine Wirbelsäule hinunterrann. Joey hatte meinen Humor nie gemocht.

»Du bist einfach nicht lustig, Wend. Bei dir lachen die Leute nur aus Mitleid. Lass es einfach.«

»Vielleicht sollte ich das Fach wechseln«, scherzte Sam.

»Unbedingt. Wer braucht schon …«

»Soziale Arbeit«, half er mir auf die Sprünge.

Überrascht sah ich ihn an. »Wirklich? Das studiere ich auch.«

Sam hielt mit der Gabel im Mund inne. »Im Ernst? Auch an der GCU?«

»Äh, nein, in Edinburgh.« Mein Herz geriet ins Stolpern, als ich mich schlagartig wieder daran erinnerte, warum ich überhaupt hier war. »Ich wohne da«, setzte ich einen Hauch leiser hinterher. »Eigentlich bin ich nur auf Durchreise.«

»Ah.« Eine winzige Regung verfing sich in Sams Zügen. *Vielleicht Enttäuschung?* »Wohin geht's?«

»Nach London.« Mein Blick glitt zu meiner Reisetasche, in meiner Brust zwickte etwas.

»London.« Sams Augenbrauen sprangen leicht in die Höhe. »Mit dem Zug?«

»Genau.« Unsicher strichen meine Finger über den Saum meines Kleides, als wollten sie sich an etwas festhalten. »Zu einem Geburtstag. Mein Flug ist leider ausgefallen, deshalb musste ich umplanen.«

»Wow. Mit dem Zug nach London. Muss wohl ein wichtiger Geburtstag sein.« Er lächelte, doch in seinem Tonfall schwang eine Leerstelle. Als wartete er darauf, dass ich sie mit mehr Informationen füllte.

Doch das tat ich nicht.

Glücklicherweise hakte er nicht weiter nach. »Wann fährst du denn?«

»Um acht.«

Sam spähte an mir vorbei zur Wanduhr. »Dann haben wir ja noch ein bisschen.«

Wir. Hieß das, dass ich bleiben durfte? Er hatte doch Feierabend. Und es war Samstag.

»Ich will dich aber nicht von deinen Plänen abhalten«, setzte ich an.

Sam drehte den Kopf in meine Richtung, etwas Verschmitztes trat in seinen Blick. »Vielleicht will ich das ja.«

Prickelnde Hitze stieg in meinen Wangen auf. Es war lange her, dass jemand so was zu mir gesagt hatte, selbst aus Spaß. Meine Gedanken gerieten ins Stocken, und es brauchte einen Moment, bis mein Sprachzentrum wieder ansprang.

»Ähm, dann tue ich dir gern den Gefallen«, gab ich ein wenig holprig zurück.

Sams Lächeln wurde breiter. Ein paar Sekunden sahen wir einander an. Ein merkwürdiges Flirren lag in der Luft, das mit jeder verstreichenden Sekunde tiefer in meine Haut zu dringen schien. Ich wusste nicht, ob es Einbildung war, aber als wir uns zeitglich voneinander abwandten, fragte ich mich, ob er es auch gespürt hatte.

5

Ich half Sam beim Abräumen. Anfangs protestierte er ein wenig, aber ich gab nicht nach, und so ließ er sich breitschlagen. Gemeinsam brachten wir das Geschirr in die Küche. Sam spülte per Hand, ich trocknete ab. Im Anschluss gingen wir zurück in den vorderen Bereich des Lokals. Sam fegte den Raum, ich ging mit einem Lappen um die Tische. Sanfter Jazz lief im Hintergrund, während wir durch das Café huschten und uns über alles Mögliche unterhielten – über unsere Studiengänge, wie sehr uns das Thema am Herzen lag, und über unsere Eltern, die gleichermaßen nicht begeistert waren, als wir uns für soziale Berufe entschieden hatten. Auch Sam war das Nesthäkchen der Familie, und ähnlich wie bei mir wurde ihm mehr erlaubt als seinen Schwestern – er hatte ebenfalls zwei. Es war absurd, wie viele Gemeinsamkeiten wir auf Anhieb fanden. Vielleicht war es genau das, was die Stimmung zwischen uns so gelöst und locker machte.

»Meine Eltern haben uns nach ihren liebsten satirischen Komödien benannt«, erzählte ich, als Sam und ich über unsere Lieblingsserien sprachen. »Meine jüngste Schwester nach Lisa von den *Simpsons* und Summer von *Rick und Morty.*«

»Im Ernst?« Sam lachte, doch es klang belustigt und nicht abwertend. »Nach wem haben sie dich benannt?«

»Wendy Testaburger aus *Southpark.*«

Wieder lachte er. »Deine Eltern haben sich ziemlich coole Figuren rausgesucht.«

Ziemlich coole Figuren. Plötzlich musste ich daran denken, wie Joey reagiert hatte, als ich ihm zum ersten Mal davon erzählt hatte. Er fand es verstörend und schräg.

»Ja, aber tatsächlich bereuen sie es jetzt, weil sie uns alle nach Weißen Charakteren benannt haben«, gestand ich. »Rückblickend hätten sie lieber welche mit mehr Vielfalt genommen.«

Ich sah, wie Sams Lächeln erlosch. Langsam nickte er, ein stummes Verstehen, das keine weiteren Worte benötigte. Auch das hätte Joey nicht verstanden, dachte ich, und verfluchte mich innerlich dafür, dass ich die beiden schon wieder miteinander verglich. Warum tat ich das überhaupt?

»Meine Mutter bereut die Namenswahl auch«, sagte Sam und umklammerte mit beiden Händen den Besenstiel. »Sie war ein Migrationskind der zweiten Generation. Als sie uns unsere Namen gab, wollte sie, dass sie leicht auszusprechen sind, damit wir, anders als sie, nicht in der Schule gehänselt werden. Sami, Dina und Nadja.« Er zögerte, ehe er weitersprach. »Aber jetzt denkt sie, dass sie damit unbewusst das System unterstützt hat, weil es eine Form der

Anpassung war, die unsere kulturelle Identität in den Hintergrund gerückt hat.«

Perplex hielt ich inne. Das Thema war so ruckartig auf eine tiefere Ebene gerutscht, dass ich kurz nicht wusste, was ich sagen sollte.

»Und wie seht ihr Kinder das?«, wagte ich schließlich zu fragen.

»Wir machen ihr natürlich keinen Vorwurf. Die Schule damals muss bestimmt hart für sie gewesen sein. Ich verstehe, dass sie uns damit schützen wollte. Sie war ja selbst ein Opfer des Systems. Na gut, Opfer klingt ein bisschen hart …«

Doch ich verstand, was er meinte, und als sich unsere Blicke über den Raum hinweg trafen, wusste er, dass ich es wusste. Wieder waren keine weiteren Worte nötig, und plötzlich musste ich daran denken, was meine Schwester Summer während einer ihrer vielen Interventionen zu mir gesagt hatte. Dass Kommunikation und Ehrlichkeit das Wichtigste in einer Beziehung waren und ich bei Joey weder das eine noch das andere finden würde.

Ich spürte einen Kloß im Hals, als mich eine Woge der Dankbarkeit überkam. Für dieses Gespräch mit Sam, die Offenheit und das gegenseitige Vertrauen. Es war nicht selbstverständlich.

6

Als das Café fertig geputzt war, verschwand Sam hinter dem Tresen, um uns was zur Stärkung zu holen. Dadurch würde er die eben gereinigten Geräte im Anschluss wieder säubern müssen, aber Sam schien nichts dagegen zu haben.

Ich setzte mich zurück an den Tisch und löste meine Haare aus meinem strengen Zopf. Das Haargummi hatte die ganze Zeit über so fest gesessen, dass mein Kopf sich augenblicklich entspannte, sobald der Druck nachließ. Meine Locken sprangen frei, der Afro breitete sich voluminös in alle Richtungen aus, fühlte sich weich und leicht an. Ich zupfte ein paar Locken wieder in Form, während ich zu Sam blickte, der hinter dem Tresen hantierte. Hitze durchströmte mich. Selbst aus der Ferne spürte ich die Anziehung, die von ihm ausging. Das Gefühl war ungewohnt, und ich verstand nicht genau, woher es kam. Lag es an seinem Aussehen? Gab es Menschen, zu denen man sich einfach hingezogen fühlte? Oder lag es an seiner Art? Vielleicht war es auch die Mischung aus beidem?

Plötzlich sah Sam in meine Richtung. Mein Herz machte einen ertappten Satz. Beiläufig lächelte ich ihm zu und griff dann nach meinem Handy, um mich beschäftigt zu geben.

Erst in diesem Moment dachte ich wieder an Joey. Er war überhaupt nicht mehr in meinem Kopf gewesen. Ob er mir inzwischen geschrieben hatte? Zögernd wischte ich über meinen Homescreen, aber mir blinkte nur eine neue Nachricht von Summer auf.

Wie geht es dir? <3

Mein Magen zog sich zusammen. Meine Schwester wusste, dass heute Joeys Geburtstag war, dennoch hatte ich ihr nicht erzählt, dass er mich zu seiner Party eingeladen hatte und ich quasi auf dem Weg dorthin war. Erst kürzlich hatte sie mich mit Lobeshymnen überschüttet, wie stolz sie war, dass ich seinen Bemühungen standhielt, obwohl er immer wieder ankam. Ich wollte sie nicht anlügen, aber ich wollte sie auch nicht enttäuschen. Vor allem nicht, nachdem sie und der Rest meiner Familie mir erst kürzlich gestanden hatten, dass sie Joey eigentlich nie wirklich gemocht hatten. Ihnen gefiel nicht, wie herablassend er mich behandelte, und ich wusste, was sie meinten. Seine Art war trocken und zynisch, manchmal auch ein bisschen grob. Aber er hatte auch andere Seiten.

»Nein! Du nimmst ihn nicht wieder in Schutz«, hallte die Stimme von Summer in meinem Kopf wider. *»Der Typ hat dich betrogen, Wendy! Betrogen!«*

Er hatte einen Fehler gemacht, dachte ich schwach. Er bereute es.

»Er bereut, dass er dich verloren hat, aber bereut er es auch, dich verletzt zu haben? Hat er jemals einen Scheiß auf deine Gefühle gegeben?

Sieh ihn dir an! Nicht einmal jetzt schafft er es, Rücksicht auf dich zu nehmen. Oder hat er dir inzwischen geantwortet?«

Nein, das hatte er nicht. Schon vor Stunden hatte ich ihm geschrieben, dass mein Flug ausgefallen war und ich mich jetzt nach Zugverbindungen umsehen musste. Und er hatte die Nachricht noch nicht einmal geöffnet. Dabei war ich mir sicher, dass er sie gelesen hatte.

Mein Daumen schwebte über der Tastatur, während mein Stolz und meine Selbstbeherrschung innerlich miteinander rangen. Ich wollte ihm nicht schon wieder schreiben, genauso wenig wollte ich aber um ein Uhr morgens am King's Cross stranden. Würde er mich überhaupt abholen?

»Und seine eigene Party verlassen? Klar, das klingt total noch ihm«, kommentierte Summer in einem sarkastischen Tonfall.

»Sieh es ein, du bist den Bad Boys entwachsen«, meldete sich meine andere Schwester Lisa zu Wort, sanfter als Summer, wenn auch nicht weniger bestimmt. *»Als du fünfzehn warst, habe ich deine Obsession noch ein bisschen mehr verstanden. Aber jetzt bist du zweiundzwanzig. Findest du es wirklich noch heiß, wenn sich ein Typ wie ein Arschloch benimmt?«*

Plötzlich erlosch mein Bildschirm. Im Spiegelbild sah ich, wie ich den Kiefer angespannt hatte. Ich sah wütend aus, und mir wurde klar, dass ich auch wütend war. Aber nicht auf meine Schwestern oder Joey. Sondern auf mich. Was tat ich hier eigentlich? Joey wollte doch *mich* zurück. Warum war ich es wieder, die ihm hinterherrennen musste? Seit heute Morgen war ich unterwegs, und er hatte es nicht einmal für nötig befunden, mir zurückzuschreiben? Warum ließ ich das immer wieder mit mir machen?

Wenig später kam Sam zu unserem Tisch zurück. In beiden Händen hielt er jeweils eine Tasse mit heißer Schokolade.

»Willst du die mit vielen Marshmallows oder ganz vielen Marshmallows?«

»Ganz viele, bitte«, sagte ich und legte mein Handy zur Seite, innerlich hoffend, ebenso meinen Frust beiseitezuschieben.

Sam schmunzelte, schob mir die linke Tasse zu und setzte sich neben mich.

»Danke.« Ich blickte auf die kleinen weißen Kissen, die die gesamte Oberfläche verdeckten. Das waren in der Tat sehr viele Marshmallows.

»Sehr gern.« Sam zögerte, aus dem Augenwinkel spürte ich seinen Blick auf mir. »Deine Haare sind offen.«

Ohne den Kopf zu heben, schaute ich auf. »Gut erkannt.«

Nun war er es, der ein wenig verlegen wirkte. Einen Moment lang schwieg er, als wüsste er nicht, was er sagen sollte. »Sieht … schön aus«, fügte er hinzu, diesmal etwas leiser, unsicherer.

Wärme kroch in meine Glieder. Eigentlich machte ich mir nicht viel aus optischen Komplimenten, aber dieses kam so holprig und ehrlich daher, dass es etwas in mir berührte.

»Danke.«

Joey hatte es nie gemocht, wenn ich meinen Afro trug.

»Du hast einfach zu viele Haare, Wend. Das ist nicht rassistisch gemeint, sondern eine Tatsache. Kann doch nicht sein, dass ich neben dir sitze und deine Locken ständig im Gesicht hab. Glätte sie doch einfach. So stehen sie dir sowieso besser.«

Ein schaler Geschmack erfasste meine Zunge. Ich hob die Tasse an, um ihn wegzuspülen, doch die Bitterkeit wanderte nur tiefer in meinen Rachen. Das Gefühl war nicht neu, seit der Trennung wurde ich immer wieder von negativen Erinnerungen heimgesucht. Nach Joeys Geständnis hatten sie stillgestanden. Und jetzt waren sie plötzlich wieder da.

»Das ist so random, oder?«

Sams Worte rissen mich aus meinen Gedanken. Benommen hob ich den Kopf.

»Ich meine, du und ich, hier.« Er blickte von mir zu unseren Getränken. »Wie auf einem Date.«

Das Wort »Date« ließ mein Herz ein wenig schneller schlagen. »Das habe ich vorhin auch gedacht. Weil wir so herausgeputzt sind.«

»Sprich bitte nur für dich.« Er zupfte sich den Kragen zurecht und setzte ein gespielt arrogantes Gesicht auf. »Ich sehe immer so fabelhaft aus.«

Ein kleines Lachen verließ meine Lippen. »Normalerweise trage ich oversized Pullis, schwarze Leggins und flauschige Socken, die aus den Boots herausschauen. Auch im Sommer.«

»Klingt heiß.« Grinsend lehnte er sich vor, sein Knie stieß gegen meines, ich wusste nicht, ob es Absicht war, doch niemand von uns wich zurück. Mein Puls schoss in die Höhe.

»Warte, bis du mich in meiner Oma-Strickjacke siehst«, sagte ich stockend. »Sie hat Blümchen und Katzen drauf.«

»Mmh, Blümchen und Katzen.« Sam schloss kurz die Augen, brummte, als würde er sich ganz der Vorstellung hingeben. »Die besten Strickjacken sind die, die aussehen wie Gardinen.«

Ich prustete los. »Großmutter-Fetisch?«, zog ich ihn auf.

»Hey, der Style der Siebziger kommt zurück.«

»Stimmt auch wieder.« Mit den Händen umklammerte ich meine Tasse. Sie war beinahe zu heiß, doch ich ließ nicht los. »Findest du, man sollte beim ersten Date einen gewissen Dresscode halten?«

Sam fischte zwei Marshmallows mit dem Löffel aus seinem Becher und dachte einen Moment nach. »Kommt drauf an. Wenn man in die Oper geht, vielleicht. Aber eigentlich nicht.«

»Sehe ich auch so«, sagte ich, obwohl ich nicht sicher war, ob ich jemals ein richtiges erstes Date gehabt hatte. Joey und ich hatten uns in der Schule kennengelernt, an unsere erste Begegnung konnte ich mich gar nicht mehr erinnern.

»Bist du eigentlich Team ›Nach dem ersten Date küssen‹ oder ›Nicht küssen‹?«, fragte Sam plötzlich.

Hitze stieg in meinen Wangen auf. Das kam … unerwartet.

»Ähm, ich bin Team ›Das ergibt sich aus dem Moment‹«, sagte ich und trank hastig einen Schluck. »Und du?«

Sam sah nachdenklich zur Decke. Anders als ich wirkte er keineswegs peinlich berührt, und sofort fühlte ich mich etwas prüde. »Ich theoretisch auch. Aber das erste Date ist ja oft ein wenig verkrampft, weil man versucht, sich von der allerbesten Seite zu zeigen und so.«

»Nur unseres nicht«, wandte ich ein, und wusste an diesem Punkt selbst nicht, ob ich noch scherzte oder es ernst meinte. Sam sah mich an, als würde er sich dasselbe fragen.

»Stimmt.« Seine Mundwinkel hoben sich leicht, in seinen Augen flackerte etwas. »Die Chancen stehen also gut.«

7

Von da an fühlte es sich wirklich an wie ein Date. Eng beieinander saßen wir in der gemütlichen Fensternische und nippten an unseren Kakaos, während wir uns über alles und nichts unterhielten. Der viele Zucker hatte uns aufgedreht; unsere Stimmen waren lauter, unser Lachen freier und ungezwungener. Ich spürte ein seltsames Gefühl von Trunkenheit, ein kribbelndes Gefühl, das meinen Körper durchströmte und mich in freudige Leichtigkeit hüllte.

Später standen wir vor dem Tresen, die beiden Tassen noch immer in unseren Händen, als im Radio die ersten Töne von *The Way You Look Tonight* erklangen. Sam und ich wippten synchron mit dem Kopf und ließen unsere Hüften im Rhythmus des Liedes schwingen.

»Kannst du Foxtrott?« fragte ich, als ich Sams Schrittfolge wiedererkannte.

»Ja, ich hab mal einen Tanzkurs belegt. Du auch?«

»Ein bisschen. Ich hab meiner Cousine damals vor ihrer Hochzeit geholfen, für ihren ersten Tanz zu üben. Sie haben sich lustigerweise genau diesen Song rausgesucht.«

»Der Klassiker.« Sam griff nach meiner Hand und zog mich zu sich heran.

»Nein!«, protestierte ich lachend. »Ich bin total eingerostet.«

»Das ist doch nicht schlimm.« Er grinste und legte eine Hand an meinen oberen Rücken. Dann machte er die ersten Schritte. Ein sanftes Gleiten vorwärts – Schritt, Schritt – dann zur Seite, gefolgt von einer leichten Drehung. Zu meiner Überraschung erinnerte ich mich noch an die Abfolge, doch beim Üben mit meiner Cousine war ich immer der Mann gewesen, weshalb ich kurz durcheinanderkam.

»Ich führe«, raunte mir Sam zu. Die sanfte Bestimmtheit in seinem Ton ließ meinen Nacken kribbeln.

»Sorry!« Es brauchte einen Moment, um das Ruder abzugeben, doch dann ließ ich los. Durch die vielen Tische im Raum hatten wir nicht viel Bewegungsfreiheit, sodass wir eigentlich nur um dieselbe Stelle kreisten. Aber das machte den Tanz nur noch intimer. Bis auf unsere Hände hielten wir Abstand voneinander, dennoch spürte ich die Hitze seines Körpers, die in Wellen auf mich überschwappte. Mein Inneres bebte, mein Herz klopfte im Takt der Melodie, und als wir uns bei ›*Cause I love you*‹ durch Zufall in die Augen sahen, musste ich mich abwenden. Es war einfach zu viel.

»Tanzen beim ersten Date ist schon ein bisschen klischeehaft, findest du nicht?«, platzte ich nervös heraus.

Sam hob überrascht die Augenbrauen. »Warum?«

»Weil … na ja, dadurch lernt man sich ja nicht wirklich kennen.«

»Echt? Ich finde schon. Zum Beispiel Taktgefühl.« Seine Mundwinkel verzogen sich zu einem Lächeln. »Aber auch Geduld und Vertrauen. Beim Tanzen müssen sich beide Partner aufeinander verlassen können. Man lernt, auf die Feinheiten des anderen zu achten, seine Bewegungen zu spüren und zu verstehen.« Er zog mich ein wenig enger an sich, meine Füße stolperten, mein Herz auch. »Es geht aber nicht nur um die Schritte oder die Technik.« Seine Stimme wurde leiser. »Es geht um den Rhythmus, in welchem Einklang man zusammen tanzt. Ob es … passt.«

Mein Hals wurde trocken, meine Finger schmiegten sich ein wenig fester an ihn. Schweigend wiegten wir uns hin und her. Unsere Bewegungen wurden langsamer, in meinem Kopf drehte es sich umso schneller. Sams Nähe machte mich schwindelig.

Als das Lied endete, hielten wir uns noch immer fest. Mein Herz wummerte, meine Hand fühlte sich klamm in seiner an.

»Hast du das Gefühl, du kennst mich jetzt besser?« Ich wollte ironisch klingen, doch der Kloß in meinem Hals blockierte jeden Sarkasmus.

»Ein bisschen schon.« Sam lächelte und wieder war da dieses Flirren in der Luft. »Und du?«

»Ein bisschen«, bestätigte ich, und dachte: *Ziemlich.*

8

Die Musik im Radio wurde von einer Waschmittel-Werbung unterbrochen. Danach ertönte *Footloose*, ein Song mit schnellem Beat, der gute Laune verströmte und die aufgeheizte Stimmung zwischen uns ein wenig abdämpfte.

»Foxtrott war mein liebster Tanz aus dem Kurs«, sagte Sam, während wir uns zurück an unseren Tisch setzten. Erst als ich mein eigenes Spiegelbild im Fenster erblickte, dämmerte mir, dass ich beim Tanzen gar nicht daran gedacht hatte, ob uns jemand sehen konnte. Vermutlich war bei dem Regen sowieso niemand unterwegs, dennoch überraschte es mich, wie schnell ich meine Umgebung ausgeblendet hatte und einfach nur im Moment gewesen war.

»Obwohl die lateinamerikanischen es mir auch angetan hatten«, sprach Sam weiter.

»Mit wem hast du den Kurs gemacht?«, fragte ich und tippte meinen Handybildschirm kurz an. Noch immer keine neue Nachricht von Joey. Ich presste die Lippen zusammen. Die Party sollte bald losgehen. Fragte er sich denn nicht, wo ich blieb?

»Mit meinen Schwestern und meiner Freundin«, sagte Sam, und für einen Moment war ich so stark von meinem Frust eingenommen, dass seine Worte verzögert zu mir durchdrangen. Dann erstarrte ich.

Meiner Freundin?

Die Worte hallten in meinem Kopf wider wie ein Echo, tapezierten jede Gehirnwand, brannten sich in meine Netzhaut. Von jetzt auf gleich fühlte sich mein Herz tonnenschwer an. Dick und träge pumpte das Blut durch die Herzkammern, meine Muskeln spannten sich an, während sich ein Engegefühl in meiner Brust breitmachte.

»Sorry. Meine Ex.« Sam zog eine Grimasse. »Ist noch nicht so lange her. Manchmal rutscht es mir noch raus, entschuldige.«

Und mit einem Schlag löste sich der Druck hinter meinem Brustkorb. Wie ein Korsett, das wieder aufgeschnürt wurde.

»Alles gut, ich kenn das«, sagte ich und ignorierte die Welle der Erleichterung, die meinen Körper durchflutete. Seine Ex. Er hatte keine Freundin. Er war … zu haben? Oder hing er noch an ihr? Mein Kiefer verkrampfte sich bei dieser Vorstellung. Ich verstand nicht, warum. Wieso interessierte es mich überhaupt?

Vielleicht, weil er den ganzen Abend über mit dir geflirtet hat und du dir was darauf eingebildet hast?, sagte eine leise Stimme in meinem Kopf.

»Wie lang ist es bei dir her?«, fragte Sam und lächelte mitfühlend.

»Ähm, schon eine Weile«, gestand ich. »Aber wir waren sechs Jahre lang zusammen gewesen.«

»Sechs Jahre?« Sam riss die Augen auf. »Krass, dann wart ihr ja wahrscheinlich schon während der Schulzeit ein Paar.«

Ich nickte nur.

»Wie ist es auseinandergegangen?«

»Ach, das Leben.« Ich hob eine Schulter. »Die Schule war vorbei und er ist zum Studieren weggezogen.« *Und dann hat er mich betrogen.* »Es war seine Entscheidung. Die Ferne war nichts für ihn.« *Und außerdem hat er sein Ding in eine andere gesteckt.* »Und für mich eigentlich auch nicht.«

»Na, Glück für mich, dass Glasgow und Edinburgh nur eine Stunde auseinanderliegen.« Sam tat, als würde er sich Schweiß von der Stirn wischen, und wieder kribbelte es überall in mir.

»Stimmt.« Ich räusperte mich und versuchte, nicht zu breit zu lächeln. »Wie war es bei euch?«

»Bei uns war es auch das Leben. Es, na ja, hat einfach nicht mehr gepasst.« Er zuckte die Schultern, als wollte er unterstreichen, dass es genauso banal war, wie es klang. »Trotzdem war es traurig, weil die Gefühle füreinander ja nicht plötzlich weg waren.«

Die Gefühle füreinander …

»Glaubst du, es gibt eine Aussicht auf Versöhnung?«, fragte ich, bevor ich es verhindern konnte.

Sam schüttelte den Kopf, und wieder verstand ich nicht, warum ich so erleichtert war. »Egal, wie traurig Trennungen auch sein mögen, sie sind kein Grund, um denselben Fehler erneut zu machen.«

Das saß.

»Nicht alle Trennungen müssen Fehler sein«, warf ich etwas spitz ein.

Sam schürzte argwöhnisch die Lippen. »Ganz ehrlich? Ich glaube, Menschen, die es immer wieder aufs Neue miteinander versuchen, haben solche Angst davor loszulassen, dass sie gar nicht mehr sehen, woran sie eigentlich festhalten. Und ich versteh's. Neuanfänge sind gruselig. Aber ist es wirklich besser, in einer Beziehung zu bleiben, die einem langfristig nicht guttut?«

»Du glaubst also nicht an zweite Chancen?«

»Doch klar, aber in dem Fall denke ich, dass es wichtig ist, den Grund für die Trennung richtig aufzuarbeiten. Da weitermachen, wo man aufgehört hat, bringt einen vermutlich nur wieder an denselben Punkt.«

Wieder an denselben Punkt … Ein scharfer Stich zog sich durch meine Mitte, als mir dämmerte, dass Joey nach einer Versöhnung vermutlich nicht an sich arbeiten würde. Er war einfach zu stur. Aber wollte ich, dass alles wieder wie vorher war? Die Jahre unserer Beziehung waren mehr Talfahrt als Wanderweg gewesen, die rosarote Phase lag längst hinter uns. Schon vor seinem Umzug waren wir als Paar ein wenig eingesessen gewesen, hatten kaum noch was zusammen unternommen, keine ernsten Gespräche mehr geführt, eigentlich nur noch viel zu viel gestritten. Unsere Beziehung war nicht perfekt gewesen, ich hatte es nur vergessen, weil der Betrug und die Trennung so viel schlimmer waren.

Mein Blick flog zu meinem Handy. Noch immer keine neue Nachricht.

Wieder an denselben Punkt …

Woran hing ich eigentlich noch? An der Vergangenheit? An den Menschen, die wir einmal waren? Verliebte Fünfzehnjährige, die sich geschworen hatten, für immer zusammenzubleiben? War es, wie Sam gesagt hatte? Fürchtete ich mich bloß davor, ihn ganz loszulassen?

»Sorry, war das zu hart?«, fragte Sam, als ich eine Weile schwieg.

»Nein.« Ich stützte den Kopf auf meine Handflächen und blickte auf meine Tasse. »Vermutlich hast du recht.«

»Ich hab ein bisschen projiziert«, schob er dennoch ein. »Die Trennung meiner Eltern hat sich ewig hingezogen und auch uns Kinder belastet. Aber ich hab ja selbst gesehen, wie schwer den beiden dieser Schritt fiel. Trennungen sind hart, wenn die Liebe noch im Spiel ist.«

Auch wenn sie es nicht ist, dachte ich und fragte mich zum ersten Mal, ob ich Joey überhaupt noch liebte.

Drückende Stille hallte in meinen Gedankenwänden wider.

»Vielleicht habe ich auch nur deshalb leicht reden, weil mir die Entscheidung abgenommen wurde«, fuhr Sam fort.

Ich horchte auf. »*Sie* hat Schluss gemacht?«

Er nickte.

Unruhig setzte ich mich etwas gerader hin. »Würdest du sagen, dass du über sie hinweg bist?«

Sam blickte auf sein Getränk, als befände sich die Antwort zwischen den umherschwebenden Marshmallows. »Ich denke schon.«

Mein Puls beschleunigte. »Woran hast du das gemerkt?«

»Ist tatsächlich gar nicht so lange her.« Er pustete auf sein Getränk und sah flüchtig in meine Richtung. »Da war mal eine Frau, die hier nach Ladenschluss reingeplatzt ist und mich ziemlich heftig angebaggert hat. Du hättest sie sehen müssen. Sie ist extra mit der Tür zusammengestoßen, nur damit ich sie …« Er formte die Finger zu Gänsefüßchen. »Verarzte.«

Lachend stieß ich gegen seinen Arm. »Du Blödmann. Ich dachte, jetzt kommt was Richtiges.«

»Tut es auch, wenn du mich nicht weiter unterbrichst. Also, wo war ich? Ach ja, sie wollte mir an die Wäsche.«

Wieder musste ich lachen.

»Jedenfalls hat es zwischen uns ziemlich schnell Klick gemacht. Du weißt schon, derselbe Humor, gute Gespräche, ein und dieselbe Wellenlänge.« Er hob eine Hand und zog eine unsichtbare Linie. »Später stand ich am Tresen und habe uns noch einen Kakao gemacht.« Sein Blick veränderte sich, seine Stimme wurde leiser. »Eigentlich hatte ich schon alle Geräte ausgeschaltet. Aber ich wollte unbedingt, dass sie noch blieb.« Kurz hielt er inne. »Da wusste ich es.«

Das Herz rutschte mir in die Kniekehlen. Mit brennenden Wangen erwiderte ich seinen Blick, suchte nach einem Hinweis, dass er mich wieder aufzog, doch da war nichts, das seine Worte Lügen strafte. Meine Brust wurde eng, Überforderung schlug mir gegen die Rippen. Chaos pochte gegen meine Stirn. Ich wusste nicht, wohin mit seinen Worten, wusste nicht, wohin mit meinen Gefühlen. Und als hätte sich der Ballen meiner Emotionen statisch entladen, blitzte es in diesem Moment draußen grell auf. Ein gewaltiger Donner folgte, der durch den Raum rollte. Kurz flackerten über uns die Lichter, ehe sie schlagartig erloschen und das Café in tiefe Dunkelheit getaucht wurde.

9

Meine Augen brauchten einen Moment, um sich an die Finsternis zu gewöhnen. Noch immer brannte die Kerze auf unserem Tisch, doch nun bot das Fenster einen noch besseren Blick nach draußen. Es stürmte so stark, dass die Blumenkästen neben dem Eingang wie ein Windspiel gegen die Hauswand klirrten. Ohne die Musik drang das Geräusch des Regen viel lauter zu uns hindurch.

»Oh Mann, das passiert bei so einem Wetter ständig, tut mir leid.« Sam schob den Stuhl zurück, die Holzbeine scharrten in der Stille laut gegen den Boden. »Ich muss kurz die Sicherung wieder reindrehen. Kannst du mitkommen und mit deiner Handytaschenlampe leuchten?«

»Klar.« Ich nahm seine Hand und ließ mich von ihm hochziehen. Sein Druck war warm und fest, und etwas in mir rebellierte, als wir uns wieder losließen. »Oder … wir könnten es noch eine Weile auslassen?«

Sam drehte sich zu mir. Das Licht der Kerze flackerte über seine überraschten Züge.

»Dann kann man den Regen besser beobachten«, setzte ich stolpernd hinterher.

»Okay, klar.« Zögernd trat er neben mich. Wir setzten uns nicht wieder hin, standen einfach da und sahen aus dem Fenster. Der Wind riss an den Markisen, Regentropfen tanzten auf den Pflastersteinen, Pfützen wuchsen zu kleinen Bächen heran, die Straßenlaternen warfen geisterhafte Schatten.

»Du würdest also sagen, dass man erst dann weiß, dass man über jemanden hinweg ist, sobald man Interesse an einer neuen Person zeigt?«, brach ich das Schweigen. Vielleicht war es die Dunkelheit, die mich mutiger machte. Worte, die sich nur in der Finsternis hervortrauten, weil sie vom Licht zu sehr geblendet wurden.

Sams Blick huschte kurz in meine Richtung. »Nicht unbedingt. Aber du hast gefragt, wann es *mir* klar geworden ist.«

Hitze schoss in meinen Bauch. »Ich weiß bei dir nie, ob du scherzt oder es ernst meinst.«

»Ich verrat dir ein Geheimnis.« Sam stieß mit seiner Schulter sanft gegen meine. Mit klopfendem Herzen drehte ich mich zu ihm. Obwohl er lächelte, war sein Blick ernst. »Ich scherze nie.«

Ein warmer Schauer lief über meinen Rücken. Seine Worte klangen aufrichtig, dennoch blieb in mir ein Rest Zweifel. Der ganze Abend hatte sich mehr nach Traum als nach Realität angefühlt. Und jetzt wollte er mir sagen, dass das alles echt war? Ein Spaßdate, das im Laufe der Stunden zu einem richtigen geworden war?

Noch immer hielten sich unsere Blicke fest wie zwei ineinander verschlungene Fäden. Ich wusste nicht, dass bloßer Augenkontakt so viel in einem auslösen konnte, doch je länger wir einander ansahen, desto benommener fühlte ich mich. Ein tranceartiges Gefühl ergriff von mir Besitz. Sam schien es ähnlich zu gehen, sein Gesichtsausdruck wurde dunkler, tiefer.

Inzwischen war die Spannung zwischen uns fast greifbar. Meine Härchen stellten sich auf, mein Innerstes glühte.

»Woran denkst du gerade?«, fragte ich, als die Luft zwischen uns so aufgeladen war, dass man sie vermutlich bald überall auf meiner Haut knistern hören könnte.

Sam schluckte, seine Augen wurden glasig. »Abschiedskuss.«

Ein kleines Wort, das meinen Körper durchfuhr wie heißer Funkenregen, jeden Zentimeter in mir zum Glühen brachte.

»Das ist aber noch kein Abschied.« Meine Stimme klang kratzig.

»Was, wenn wir ihn vorziehen?« Sein Gesicht kam näher, ich war nicht sicher, ob er sich vorgelehnt hatte oder ich. Oder wir beide.

»Du willst dich jetzt schon verabschieden?« Durch das Rauschen in meinen Ohren konnte ich meine eigene Stimme kaum noch hören.

»Ich will dich jetzt schon küssen.«

Mein Mund wurde trocken, mein Herz schlug Saltos.

»Dann verabschieden wir uns jetzt«, sagte ich heiser.

Trotz der Dunkelheit sah ich, wie sich Sams Pupillen weiteten. Ein Lächeln huschte über seine Züge, dann trat er einen Schritt vor, zögerlich, als wollte er mir die Möglichkeit geben, zurückzuweichen. Doch ich blieb, wo ich war, hielt ganz still, während er eine Hand an meine Wange legte und mich näher zu sich zog. Ein kleiner Blitzstoß jagte durch mich, als sein Körper auf meinen traf. Ein paar Sekunden standen wir einfach so da, im Café, in der Dunkelheit. Sein Atem strich über mein Gesicht, und Gänsehaut kroch meinen Hals hinauf.

Im nächsten Moment spürte ich seine Lippen auf meinen, ganz sanft, und doch so gefühlvoll, dass mein Inneres zerfloss. Nach über einem Jahr küsste ich wieder jemanden, und zum ersten Mal war es ein anderer als Joey.

Ich schlang die Arme um seinen Hals, während meine Sinne von etlichen Eindrücken überflutet wurden. Das Gefühl seiner weichen

Lippen, die zarten Stoppeln auf seiner Wange, die dichten Haare unter meinen Fingern, der Duft seines Parfums, der mir noch intensiver in die Nase stieg. Nichts Vertrautes lag in dieser Berührung, alles an diesem Kuss war neu und aufregend. Sam strich mit seinen Fingern über meinen Nacken und löste ein Kribbeln aus, das sich durch meinen ganzen Körper zog. Leicht neigte er den Kopf, veränderte den Winkel, küsste mich tiefer. Meine Knie wurden weich, ein leises Seufzen löste sich aus meinem Mund. Irgendwo ertönte ein vibrierender Laut. Ich nahm es nur am Rande wahr, während alles um mich herum in den Hintergrund trat. Da waren nur er und ich und dieser Kuss, der nie enden durfte.

Doch dann, von jetzt auf gleich löste Sam sich von mir. Blinzelnd öffnete ich die Lider, mir war so schwummerig, dass ich taumelte.

»Wendy?« Sam stützte mich mit einem Arm.

»Ja?« Meine Stimme klang benommen, ich fühlte mich wie aus einem Traum erwacht.

»Ich glaube, dein Handy hat gerade geklingelt.«

Mein Handy …

Und mit einem Schlag wich sämtliche Hitze aus meinem Körper. Kälte durchfuhr mich, als ich den Kopf zu meinem Telefon drehte und Joeys Namen auf dem Display las.

10

Joey

Hey Wend, sorry, hab's erst jetzt gelesen. Bin noch mitten bei den Vorbereitungen, hier geht alles drunter und drüber. Tut mir leid, dass dein Flug ausgefallen ist. Aber wie krass ist das von dir, dass du trotzdem kommst??? Ein größeres Geschenk könntest du mir echt nicht machen. Ich freue mich auf dich. Wann genau kommst du an? Du schläfst bei mir, oder? :)

Joey hatte mir also endlich geantwortet. Und dann auch noch so lieb und wertschätzend. Sogar mit einem Smiley. Ganz anders als üblich. Er wusste eben genau, welche Knöpfe er drücken musste, um mich wieder an sich zu binden. Das Timing war ebenfalls gruselig. Es war, als hätte er irgendwo in mir einen Sensor eingepflanzt, der ihm sofort ein Signal gab, wenn ich dabei war, mich emotional von ihm zu distanzieren.

Doch seine Nachricht kam trotzdem zu spät. Joey hatte meine Nachricht auf jeden Fall gelesen, und vermutlich war es etwas kleinkariert von mir, aber dass er so lang mit seiner Antwort gewartet hatte, unterstrich nur, wie nebensächlich ihm *meine* Gefühle waren. Und vermutlich auch immer sein würden.

»Shit, dein Zug fährt gleich.«

Ich hob den Kopf und sah zu Sam, der meine Sachen von der Heizung genommen hatte und überprüfte, ob sie noch nass waren. Mein Blick glitt zu seinen Lippen, die gerade eben erst meine berührt hatten. Innerlich wartete ich auf das Hereinbrechen von Schuldgefühlen. Aber da war nichts. Nur der Wunsch, seinen Mund erneut auf meinem zu spüren.

Der Abschiedskuss hatte wahrhaft den Abschied eingeläutet. Nur nicht so, wie ich erwartet hatte. Ich wusste nicht, ob an Sams Worten etwas dran war. Dass man erst dann wusste, dass man über jemanden hinweg war, wenn man sein Herz wieder für jemand Neuen öffnete. Was ich jedoch wusste, war, dass ich mit niemandem zusammen sein wollte, der nicht mein ganzes Herz hatte. Und der es nicht genug zu schätzen wusste.

Das war's, dachte ich. Joey und ich würden nicht mehr zusammenkommen. Unsere Geschichte hatte ihr Ende erreicht. Die Erkenntnis tat weh, loszulassen tat weh, aber ich konnte und wollte mich nicht selbst in einem weiteren Kapitel verlieren, das keine neue Handlung versprach. Es war an der Zeit, unser Buch zu schließen.

»Wir haben total die Zeit vergessen.« Sam drückte mir den Kleiderhaufen gegen die Brust, in seiner Stimme schwang Hektik mit.

»Wenn wir Glück haben, hat dein Zug vielleicht Verspätung, aber wir müssen uns beeilen.«

Wir. Er wollte mich begleiten. Es war nur eine Kleinigkeit, dennoch berührte sie mich tief.

Ich drehte den Kopf zum Fenster. Der Regen hatte aufgehört.

»Wollen wir spazieren gehen?«, fragte ich aus einem Impuls heraus.

Sam, der gerade in den Ärmel seiner Jacke schlüpfte, hielt verdutzt inne. »Jetzt?«

»Ja, ich meine … für den Fall, dass du dich doch noch nicht verabschieden willst?« Ich lächelte schüchtern.

»Nein! Ich meine … will ich nicht.« Er runzelte die Stirn. »Aber meintest du nicht, dein Zug geht um acht?«

Ich schüttelte den Kopf. »Ich gehe nicht mehr zu dem Geburtstag.«

Er blinzelte. »Nicht?«

»Nein.«

Sam sah mich an, als würde ich ihn mit jeder meiner Antworten nur noch mehr verwirren. »Wie kommt's?«

Ein kleines Lächeln trat auf meine Lippen. »Ich glaube, ich bin bereit für einen Neuanfang.«

SEVEN – *Taylor Swift*
(Leandra's Version)

Kapitel 1

»Ich kann nicht glauben, dass du in sieben Tagen schon weg sein wirst.«

Ich löste meinen Blick von der Meeresoberfläche und sah zu Heather, die mich aus großen dunkelblauen Augen musterte. Der Sonnenuntergang zeichnete ihre weichen Gesichtszüge noch sanfter, ihre honigfarbenen Haare noch wärmer. Die letzten Sonnenstrahlen spiegelten sich in den goldenen Muschelohrringen, die sie jeden Tag trug … und in den Tränen, mit denen sich ihre Augen jetzt füllten. »Im Ernst, Lesley«, krächzte sie und ergriff meine Hand auf der sandigen Picknickdecke. »Wir kennen uns, seit wir sieben sind. Ich kann mich nicht erinnern, jemals länger als drei Wochen ohne dich gewesen zu sein.« Schniefend wischte sie sich mit dem freien Handrücken übers Gesicht. »Was soll ich ohne meine beste Freundin hier machen?« Sie wies auf die Gegend um uns herum: Ihr Elternhaus mit den weiß gestrichenen Fensterläden, dem Steinweg, der sich im Sand verlor und beinahe bis vor zum Meer reichte. Doch ihre Handbewegung schloss nicht nur das Haus, sondern auch die Stadt ein, die dahinter lag. Unsere Heimat und all das, was wir in den letzten elf Jahren hier gemeinsam erlebt, gewonnen und verloren hatten.

Ich schloss für einen Moment die Augen. »Mir geht es nicht anders.« Ich hatte geglaubt, dass wir uns großartig fühlen würden, sobald wir unseren Highschool-Abschluss in der Tasche hatten. Doch dann war alles so schnell vorbei gewesen – man bekam die Zeugnisse an einem willkürlichen Dienstag und alles, was man das letzte Jahrzehnt über als Alltag bezeichnet hatte, gehörte der Vergangenheit an. Seitdem fühlte sich mein Inneres seltsam leer an. Der Sommer, der anfangs vor uns gelegen hatte wie eine scheinbar endlose Aneinanderreihung ineinander übergehender Tage, war uns durch die Finger geronnen wie feinkörniger Sand.

Nun hatten wir den zehnten September und der Anfang des Spätsommers bedeutete ein Ende all dessen, was wir noch an Zeit übrig gehabt hatten. Nächste Woche würde Heathers Studium losgehen. Ich würde ihre Mutter nicht als streng bezeichnen, nur war es schon immer ihr Traum gewesen, dass ihre Tochter ebenfalls Jura studierte – etwas, das sie Heather jeden Tag deutlich spüren ließ. Heather wollte das auch, allerdings brachte sie es nicht über sich, ihrer Mutter zu sagen, dass sie sich aktuell noch nicht bereit fühlte. Wir hatten gerade erst unseren Abschluss gemacht – sollte es da normal sein, sich direkt in die nächste akademische Herausforderung zu stürzen?

Ich für meinen Teil konnte das nicht, weshalb sofort klar gewesen war, dass ich diese Stadt nach dem Abschluss für eine Weile verlassen würde. Ich brauchte Abstand. Vor allem von meinem Vater, aber auch von der Stadt, die mit jedem vorbeiziehenden Jahr immer kleiner geworden war. Ein Mikrokosmos aus unerfüllten Erwartungen, den immer selben Straßennamen und gleichen Gesichtern.

Mein Plan war, ein Jahr lang mit meinem rostigen Truck an der Westküste entlangzufahren. Nicht, um etwas zu suchen, sondern um zu *verlernen*. Zu verlernen, was die Gesellschaft so hartnäckig versucht hatte, mir beizubringen. Immer mehr zu leisten, immer höher zu steigen, mich anhand meiner Erfolge und Zahlen zu messen. Mich mit anderen zu vergleichen, mit ihnen zu konkurrieren und mich zu fragen, wer schneller seine Ziele erreichen würde.

Ich wollte das nicht mehr …

… also ging ich.

Das Einzige, was dabei jedoch beinahe körperlich schmerzte, war der Gedanke, Heather hier zurückzulassen. Wenn man miteinander aufwuchs, zählte man nur die Tage, die man sich bereits kannte – nicht die, die einem noch blieben. Alles fühlte sich unendlich an … bis es das irgendwann nicht mehr tat und der Abschied in eine Zahl passte. Abschied. Acht Buchstaben, sieben Tage und Trennungsschmerz, der schon jetzt an meinem Herz zog.

»Darf ich ehrlich sein?«, fragte ich. Eine nach Salzwasser riechende Brise strich über die langen Grashalme, die auf den Dünen vor Heathers Haus wuchsen.

»Das bist du doch immer.«

»Du willst das nicht, oder? Jetzt schon studieren.«

Sie wich meinem Blick aus. »Doch. Ich meine, klar wäre es schön, etwas mehr Zeit zu haben. Durchzuatmen und eine Weile mal einfach nur zu *sein*. Der Sinn des Lebens liegt sicher nicht darin, so schnell es geht irgendeine Karriereleiter hochzuklettern und dann festzustellen, dass man auf dem Weg nach oben nicht einmal die Landschaft um sich herum bemerkt hat.« Sie seufzte. »Aber das ist nun mal der sinnvollste Weg. Früher oder später würde ich es sowieso machen.« Sie lächelte, doch in ihrem sonst so offenen Lachen lag wie so oft in letzter Zeit eine unterschwellige Traurigkeit. Ich vermisste ihr lautes, sorgloses Lachen. Was, wenn ich sie hier allein zurückließ und sie nie wieder so lachen würde? Wenn sich alles nur noch um Paragrafen, erwachsene Freundschaften und Verantwortung drehte?

»Okay«, sagte ich leise. »Aber hey«, ich stieß mit der Schulter gegen ihre, wodurch mir ihr vertrautes, süßes Parfum in die Nase stieg, »wir haben noch sieben Tage. Das ist eine Menge.«

»Ist es nicht.« Nun sah sie doch wieder zu mir auf. »Und ich hab Angst, Les. Jeden einzelnen Tag. Vor der Zukunft, den Anforderungen an mich, und der Zeit, in der wir getrennt voneinander sein werden.« Ihre Unterlippe begann zu zittern und sie ließ sich rückwärts auf die Decke fallen, wodurch sich ihre Haare um sie herum ausbreiteten wie ein Fächer. »Was würde ich geben, um nur einen einzigen Tag furchtlos zu sein? Ich frage mich, was ich alles tun und sehen würde. Wohin ich gehen würde, wenn die Angst mich nicht mit ihren eiskalten Fingern zurückhalten würde.«

Ohne ihre Hand loszulassen, legte ich mich neben sie und blickte in die rosafarbenen Wolken im Himmel über uns. »Ist es nicht ironisch, dass man die ganze Zeit älter werden will, um mehr zu wissen und zu können, und dabei das Allerwichtigste verlernt?«

»Und das wäre?«

»Hoch hinauszuwollen und nicht ein einziges Mal an die Fesseln zu denken, die einen am Boden zurückhalten. Oder wie man auf Bäume klettert. Wie man laut schreit – ohne Angst, gehört zu werden. Wie man träumt. Glücklich ist.« Kurz hielt ich inne. »Und furchtlos. Genau wie damals, als wir uns kennengelernt haben.«

Ich spürte, wie Heather ihren Kopf zu mir drehte, und tat es ihr nach. Meine dunkelbraunen Haare vermischten sich mit ihren hellen. »Mit sieben hat man keine Angst davor«, fuhr ich fort. »Man rennt über Wiesen und lässt sich hinunterrollen, ohne darüber nachzudenken, was unten ist. Es gibt kein Gestern, kein Morgen, kein *in einem Jahr*. Damals gab es nur das Jetzt und in diesem Jetzt waren wir furchtlos.«

Heather schloss die Augen. Sonnenlicht verfing sich in ihren hellen Wimpern. »Findest du das nicht traurig? Dass wir irgendwann das allerletzte Mal auf einen Baum geklettert sind und nicht gewusst haben, dass wir es nie wieder tun würden?«

»Das war doch das Schöne daran«, sagte ich mit etwas leiserer Stimme, die beinahe in dem Rauschen des Meeres und dem Kreischen der Möwen unterging. »Wir haben imaginäre Monster durch den Wald gejagt und sind von Schaukeln gesprungen, als wäre es das, woraus das Leben immer bestehen würde.« Ich zog mit dem Daumen kleine Kreise auf ihrem Handrücken.

Heathers Mundwinkel hoben sich – die Augen noch immer geschlossen, als würde sie genau diesen Erinnerungen nachhängen und für einen Sekundenbruchteil wieder dort sein. Es war das erste Mal seit Langem, dass ihr Lächeln wieder aufrichtig wirkte.

Und das war der Moment, in dem mir die Idee kam. Ich stützte mich auf dem Ellbogen ab, Heather öffnete blinzelnd die Lider. »Lass uns doch genau das machen«, schlug ich vor.

Sie runzelte die Stirn. »Was meinst du?«

»Wir nutzen die verbliebenen Tage, um alles zu machen, was wir als Kinder gemacht haben. Sind wieder mutig. Springen von Schaukeln, bauen Sandburgen, vergessen das Morgen, die Zukunft, das Erwachsensein.«

Heather richtete sich auf und setzte sich, anscheinend gepackt von neuer Energie, vor mir in den Schneidersitz. »Wirklich? Meinst du, das können wir einfach so machen?«

Ich lachte und ergriff ihre Hand. Strich mit dem Daumen über die weiche Haut zwischen ihren Knöcheln. »Natürlich! Es gibt keine Regeln, die uns davon abhalten, oder nicht?«

Sie nickte erst langsam, dann immer enthusiastischer. »Okay, ja, wir … wir machen das!«

»Okay, am besten erstellen wir eine Liste«, meinte ich und konnte die Aufregung in meiner Stimme nicht verbergen.

Das hier war vielleicht meine letzte Chance, ihr ein selten gewordenes Lächeln auf die Lippen zu zaubern. Ihr zu zeigen, dass sie das mutige Kind von damals noch immer in sich hatte.

Und wenn ich dann ging, würde sie das auch hoffentlich nie wieder vergessen.

Kapitel 2

Als ich am nächsten Nachmittag vor Heathers Einfahrt parkte, trommelte mein Herz genauso nervös in meiner Brust wie meine Finger auf dem Lenkrad des Trucks. Es war ein roter Ford F-150, der meinem Dad gehört hatte. Als er vor einem halben Jahr seinen Firmenwagen bekommen hatte, wollte er ihn an seinen Arbeitskollegen verkaufen. Es hatte einiges an Überredung gekostet, ihm den Truck abzuschwatzen. Andererseits hatte alles, was meinen Vater betraf, *immer* viel Überredung gekostet – er tat niemals etwas aus reiner Liebe zu mir.

Als das glockenhelle Klimpern des Muschelornaments an der Tür erklang, sah ich auf. Heather schloss die Tür hinter sich und lief mit federnden Schritten auf mich zu. Sie trug ein luftiges beiges Sommerkleid mit dunkelroten Blumen darauf, ihre Haare hatte sie zu einem kompliziert aussehenden Zopf geflochten.

Sie war wunderschön. Aber das war ja nichts Neues.

»Wie lange wartest du schon?«, fragte sie, während sie schwungvoll in den Wagen hüpfte. Sie umarmte mich sanft und ich schloss die Augen, als meine Wange gegen ihre strich.

Gestern Abend hatten wir eine Liste mit all den Dingen erstellt, an die wir uns aus unserer Kindheit mit gutem Gefühl zurückerinnerten. Heute stand das auf dem Plan, womit wir besonders zu Beginn unserer Freundschaft unsere Sommer verbracht hatten: In den Park fahren und auf Bäume klettern, um einen besseren Überblick über die Landschaft zu haben.

»Bereit?«, fragte ich und hielt am Anlasser inne.

Sie grinste. »Wenn nicht jetzt, dann nie.«

Ich ließ den Motor an und fuhr los. Der Fahrtwind ließ den dünnen Stoff ihres Kleides tanzen, als wir über die weitläufigen Straßen vorbei an Steinstränden, hellblau gestrichenen Seafood-Restaurants und ins Meer hineinragenden Klippen fuhren. Je näher wir dem Wald am Stadtrand kamen, desto mehr verlangsamte sich mein

Herzschlag. Bevor ich gemeinsam mit meinem Dad hierhergezogen war, hatten wir in Seattle gelebt. In den ersten Wochen in unserer neuen Heimat hatte ich besonders die dichten Wälder vermisst – so sehr, dass Heather vorgeschlagen hatte, mit dem Fahrrad bis zum Forst zu fahren. Ich konnte mich noch genau erinnern, dass ich mich damals das erste Mal gefühlt hatte, als wäre ich wirklich angekommen: sechs Wochen nach unserem Umzug, gemeinsam mit Heather auf einem Baumstumpf im Wald. Genau wie damals empfing uns dieser nun mit seiner nach Harz und Nadelholz riechenden Luft, die durch die offenen Fenster ins Wageninnere strömte.

»Gott, ich war eine halbe Ewigkeit nicht mehr hier«, seufzte Heather.

»Ich weiß nicht, wie es dir geht, aber ich hab in letzter Zeit einige Dinge nicht mehr gemacht, die mir eigentlich Freude bereiten.« Ich lenkte den Wagen auf einen fast leeren Parkplatz am Waldrand, auf dem nur zwei weitere Autos standen. »Irgendwie hat die Highschool alles in mir … kalt werden lassen. Pragmatisch.«

»Ich weiß genau, was du meinst«, gab sie leise zurück.

Wir stiegen aus und ich schloss den Wagen ab.

»Finden wir den Parkplatz wieder?«, fragte Heather.

»Ich finde den Weg immer, weißt du doch«, sagte ich und zwinkerte ihr zu, woraufhin sie sich bei mir einhakte und grinsend ihre Wange an meinen Oberarm schmiegte.

* * *

»*Das* ist der Baum?«, fragte Heather mit Unglauben in der Stimme. »Ich dachte, man behält Dinge als Kind eher größer und nicht kleiner in Erinnerung. Der war doch damals niemals auch schon so hoch.«

Ich grinste. »Angst?«

»Ähm, ja?«

»Du bist da mit sieben schon raufgeklettert.«

»Mit sieben war ich offenbar furchtlos und hatte keine Angst vor einer Gehirnerschütterung.«

Ich fasste meine dunkelbraunen Haare zu einem Pferdeschwanz

zusammen. »Genau das ist der Grund, aus dem wir das hier machen. Du wirst sehen, dass du genau so mutig bist wie damals.« Ich musterte ihre zarten Finger, die an dem Stoff ihres Kleides herumnestelten. »Okay, zumindest wieder werden kannst«, fügte ich hinzu, woraufhin sie mich grinsend an der Schulter wegschob.

»Kannst du vorgehen?«, hörte ich ihre sanfte Stimme in meinem Ohr, als wären wir tatsächlich wieder sieben.

Ich musste zugeben, dass es wirklich etwas seltsam war. Man gewöhnte es sich ab, auf Bäume zu klettern. Wieso sollte man auch? Nun vor einem zu stehen und in der Rinde nach Kuhlen zu suchen, fühlte sich … ungewohnt an. Ungewohnt schön. Als würde man eine Regel brechen, die es nie gegeben hatte. »Okay, dann mal los«, murmelte ich, hievte mich nach oben und zog mich auf den untersten Ast. Danach reichte ich Heather meine Hand. Ihre Finger schlossen sich so selbstverständlich um meine, als hätten wir nie etwas anderes gemacht. Als hätte sie blindes Vertrauen in mich. Ich zog sie neben mich, wo sie mich aus strahlenden Augen ansah. Mein Inneres wurde warm, ich räusperte mich und wies weiter nach oben.

Wir brauchten garantiert doppelt so lange wie damals – der beste Beweis dafür, wie sehr Angst einen zurückhielt. Sobald wir den letzten großen Ast erreichten, hielt ich nicht mehr inne, sondern zog mich einfach zwischen den Blättern hindurch nach oben. Als ich mich aufrichtete und die Aussicht sah, stockte mein Atem. Wir befanden uns auf einer Anhöhe – Hunderte Baumkronen gingen von hier nach unten, umgaben uns wie ein Meer aus Grün. Wann immer der Wind durch die Blätter strich, erinnerte es mich an Wellen auf einer rauen Wasseroberfläche. »Es ist genau wie damals«, keuchte Heather von weiter unten. »Du bist die Mutige von uns beiden.«

»Ach was, komm her! Du kannst das genauso.« Ich reichte ihr meine Hand.

»Ich soll ganz hoch, ja?«

»Jap.«

»Du willst doch nur, dass ich runterfalle und mein Studium verschieben muss.«

»Klar«, gab ich zurück. »Dann stecke ich dich mitsamt deinen hundert Bandagen in meinen Wagen und nehme dich einfach mit auf meine Tour entlang der Küste.«

Heather wurde still, ich beugte meinen Kopf durch die Blätter zu ihr herunter. Sie sah zu mir hoch. »Wenn das gehen würde, wäre das wunderschön«, flüsterte sie, was in dem Rauschen der Blätter und dem Vogelzwitschern beinahe unterging.

Dann mach es, lag mir auf der Zunge. *Verschieb dein Studium um ein Semester und komm mit mir.* Aber sie hatte selbst gesagt, dass das keine Option war. Und ich wollte die Zeit, die uns blieb, nicht damit verschwenden, mir Szenarien auszumalen, die nie stattfinden würden.

Das war noch eine der Sachen, die ich verlernt hatte, je älter ich geworden war: tagträumen und fest daran glauben, dass es wahr werden könnte.

»Was hältst du davon, wenn ich dir aus jedem noch so kleinen Fischerort eine Postkarte schicke?«, fragte ich, nahm ihre Hand, stützte mich mit der anderen am Ast über mir ab und zog sie mit aller Kraft zu mir nach oben.

Mit einem Mal waren sich unsere Gesichter so nah, dass ich innehielt und leise die Luft einzog. Für die Dauer zweier wild flatternder Herzschläge ertappte ich mich, wie ich auf ihre leicht geöffneten Lippen sah. Der herzförmige Lippenbogen, der zarte Rosaton …

Ich riss meinen Blick gewaltsam davon los. *Was zum Teufel wird das, Lesley?* Ich räusperte mich. Bildete ich es mir ein, oder röteten sich Heathers Wangen?

»Oh wow«, flüsterte sie nun, den Blick auf die Landschaft gerichtet. »So schön hatte ich es gar nicht mehr in Erinnerung.« Sie lächelte. »Wer weiß, vielleicht verlernt man zwar vieles, gewinnt aber auch einiges dazu. Zum Beispiel, wie man eine Aussicht richtig wertschätzt.«

Typisch Heather – zumindest typisch Heather vor einem Jahr; sie würde immer das Positive sehen.

Sie schloss die Lider und atmete tief ein. »Das ist wunderschön.

Ich sollte jedes Wochenende herkommen und –« Plötzlich rutschte sie mit dem Fuß ab. Sofort griff ich nach ihrer Taille und hielt sie fest, während sie nach dem nächstbesten Ast griff und sich mit großen Augen daran festhielt. »Ach du Scheiße, war das knapp.«

»Vielleicht kommst du doch lieber nicht jedes Wochenende her«, überlegte ich schmunzelnd.

»Nein, lieber nicht. Ohne dich macht das eh keinen Spaß.«

Ich ignorierte die Wärme, die sich erneut in meinem Bauch ausbreitete, sich dann aber sofort mit eisiger Kälte mischte. *Duwirstgehen, duwirstgehen, duwirstgehen.*

»Wollen wir weitermachen?«, fragte ich eilig. »Bevor wirklich noch eine von uns fällt.«

»Oder bevor der Ast abbricht, weil wir inzwischen viel schwerer sind als damals.«

Ich grinste und stupste mit dem Zeigefinger gegen ihre Nase. »Guter Punkt. Ich gehe vor und suche uns einen Weg nach unten. Nächster Halt: die Schaukel im Bradford Park.«

* * *

»Wusstest du das?«, fragte Heather mit einem Stirnrunzeln und stemmte die Hände in die Hüften.

Privatgrundstück – Betreten verboten, leuchtete uns in Großbuchstaben von dem Schild entgegen, das an dem Zaun auf der Wiese angebracht worden war.

»Nein, ich hatte keine Ahnung.« Früher hatte man nur über das Feld gehen müssen, um den kleinen Spielplatz zu erreichen. Dass es nun abgesperrt war, war neu.

»Vielleicht gibt es die Schaukel ja auch gar nicht mehr?«, überlegte sie und blies sich eine Haarsträhne aus dem Gesicht, die sich aus ihrer Frisur gelöst hatte. Kleine Fliegen schwirrten um uns herum, die Flügel einer Libelle blitzten orangerot im Sonnenlicht auf. »Oder sie ist inzwischen total alt, knarzig und zerfallen.« Sie stupste mich mit der Schulter an. »So wie du.«

»Frech. Besonders da du einen Monat und drei Tage älter bist als ich.«

Sie schmunzelte. »Und das wirst du mich nie vergessen lassen, hab ich recht?«

»Jetzt erst recht nicht«, gab ich zurück und streckte ihr die Zunge raus. »Und jetzt komm.« Ich formte eine Kuhle mit beiden Händen, ging etwas in die Knie und nickte in Richtung des Zauns.

Heathers Augen weiteten sich. »D-du willst da echt rüber?«

»Klar, was soll schon passieren?«

Heather holte Luft.

»Halt«, unterbrach ich sie. »Bevor du dir sämtliche mögliche Horrorszenarien einfallen lassen kannst, steig einfach über den Zaun. So hätten wir es früher gemacht.«

»Auch wieder wahr«, murmelte sie, stieg mit einem Fuß in meine Hände und hielt sich mit der anderen an meiner Schulter fest. Ihre Zungenspitze blitzte aus ihrem Mundwinkel hervor, so, wie sie es immer tat, wenn sie sich konzentrierte. Meine Hand stützte sie am Oberschenkel, ihr Kleid rutschte ein klein wenig hoch und entblößte ihre Beine. Mein Herz klopfte heftig gegen meine Rippen – ob wegen dem Stück nackter Haut oder der Tatsache, dass wir etwas Verbotenes taten, wusste ich nicht.

Letzteres, ermahnte ich mich. *Es ist Letzteres. Heather ist deine beste Freundin.*

Nachdem auch ich es mit Anlauf und Heathers stützender Hand über den Zaun geschafft hatte, wischte ich mir den Dreck von der ausgewaschenen Jeans und richtete mein weißes T-Shirt gerade. »Okay. Schaukel. Lass uns gehen, bevor uns noch jemand sieht.« Ich hielt Heather meine Hand hin, die sie mit leuchtenden Augen nahm. Dann rannten wir über das Feld, wobei sich unsere Schritte in den hohen Gräsern und unser Lachen in der sirupähnlichen Spätsommerwärme verlor.

* * *

»Okay, die sieht *wirklich* alt aus«, merkte ich an. Das dunkle Holz der Schaukel war moosbewachsen und an einigen Stellen abgesplittert. Die Seile, die an die beiden Sitzflächen gebunden waren, waren ausgefranst. Etwa einhundert Meter weiter stand ein leer wirkendes Herrenhaus, dessen hellgelbe Fassade langsam, aber sicher von der Natur zurückgeholt wurde. Als würde der umliegende Wald es zu sich hineinziehen wollen.

Heather rümpfte die Nase. »Vielleicht sollten wir umdr-«

»Nein!«, rief ich sofort. »Der Sinn des Ganzen war, sich unseren Ängsten zu stellen, nicht wahr? Hätten wir uns als Kinder davon abhalten lassen?«

»Du nicht, ich schon«, gab sie trocken zurück.

»Und ich hätte dich umgestimmt, es doch zu machen«, setzte ich hinzu, berührte vorsichtig ihren Arm und führte sie zu der Schaukel, die im Gegensatz zum Herrenhaus nicht aussah, als würde sie jeden Moment zusammenfallen. Sie setzte sich mit skeptischem Gesichtsausdruck darauf, wodurch das Holz leise quietschte und sie aus halb amüsiertem, halb ängstlichem Blick zu mir hochsah. Ich ließ mich auf die Sitzfläche neben ihr nieder, atmete einmal tief aus und nahm dann Schwung. Zunächst waren wir vorsichtig, aber sobald wir merkten, dass es hielt, erlaubten wir uns, höher zu schaukeln. Direkt in Richtung der Baumkronen, durch die goldenes Sonnenlicht fiel und flackernde Muster auf unsere Gesichter zeichnete. Der Wind in meinen Haaren, das Zwitschern der Vögel, das schlingernde Gefühl in meinem Magen, das durch die Höhe ausgelöst wurde … für einen Moment fühlte sich das Leben plötzlich unbeschwerter an als noch vor einer Woche. Als würde keine Last in Form von Erwartungen, Vergleichen oder Unsicherheit auf meinen Schultern liegen.

»Siehst du«, rief ich. »Halb so schl-« Ich würde meinen Satz nie beenden, da in diesem Moment das Seil auf meiner Seite beinahe lautlos riss – und ich auf meine Knie in den Kies fiel.

»Oh Gott, Les!« Ich hörte, wie Heather mit den Sohlen ihrer Sandalen die Schaukel stoppte, und spürte kurz darauf ihre warme

Hand an meiner Schulter. Ich setzte mich und betrachtete mein blutendes Knie, in dem einzelne Kiessteine steckten. Heather hockte sich vor mich. »Scheiße, geht's?«

»Kein Abenteuer ohne aufgeschürfte Knie, richtig?«, fragte ich und beobachtete mit belustigtem Gesichtsausdruck, wie beunruhigt sie aussah. Es war genau wie damals.

Sie lachte angespannt. »Ich kann mich nicht erinnern, wann ich das letzte Mal aufgeschürfte Knie hatte.«

»Eben«, sagte ich und verzog das Gesicht, als Heather vorsichtig begann, den Kies aus der Wunde zu holen. »Weil man das nicht mehr hat, sobald man erwachsen ist. Aber es macht auch keinen Spaß, immer verantwortungsbewusst zu sein. In den großen Dingen ja, klar. Aber in all den Momenten dazwischen muss man hin und wieder etwas Irrationales tun. Sonst verlernt man es, wird übervorsichtig und denkt nur noch an das, was man tun *sollte*. Nicht an das, was man eigentlich will.«

»Das ist auch wieder wahr.« Nachdem sie alle Steine entfernt hatte, nahm sie ein blütenweißes Taschentuch aus der Verpackung in ihrer Korbumhängetasche und drückte es sanft auf die nun kaum mehr blutende Wunde. »Es ist echt genau wie damals«, sprach sie meinen Gedanken von vorhin aus. Sie schüttelte lächelnd den Kopf und sah mir dann in die Augen. Eine goldblonde Haarsträhne war in ihrem rosafarbenen Lipgloss hängen geblieben. Vorsichtig streckte ich meine Hand aus und strich ihr das Haar aus dem Gesicht, hielt dabei etwas länger an ihrer Wange inne als nötig. Alles an Heather war weich: ihre Lippen, ihre Haut, ihre Stimme, ihre Kurven. Sie glich dem Sonnenglitzern auf der Oberfläche eines verborgenen Waldsees kurz vor der Dämmerung. Mit einem Mal verspürte ich das überwältigende Bedürfnis, meine Hand in ihren Haaren zu vergraben, sie an mich zu ziehen und ihre Lippen auf meinen zu spüren. Mich in ihrer samtigen Weichheit zu verlieren, ihren Duft in der Nase zu haben, die Finger über ihre Hüften gleiten zu lassen …

Oookay. Das war neu. Was war nur los mit mir?

Ich riss mich von den Gedanken los und ließ mir von Heather

aufhelfen. Ihre Hand war warm, vertraut und tröstlich in meiner. Wie um alles in der Welt sollte ich sie in ein paar Tagen für eine viel zu lange Zeit zum letzten Mal loslassen?

Kapitel 3

»Noch vier Tage«, merkte Heather mit belegter Stimme an, als ich sie am nächsten Nachmittag abholte und wir gemeinsam auf der Cornelia Street in Richtung unserer alten *Elementary School* fuhren.

»Deine Lieblingszahl«, fügte sie gedankenverloren hinzu.

Die Anzahl der Leberflecke auf deiner Hüfte, dachte ich, behielt es aber für mich.

Ich parkte den Wagen auf dem Feldweg unter einer großen Eiche, schnappte mir Heathers Tasche von der Rückbank und stieg aus. Die Luft hier roch beinahe süßlich; nach überreifen Früchten, Gräsern und der nach Laub duftenden Brise, die aus dem angrenzenden Wald hinübergeweht kam.

Jedes Mal, wenn mir einfiel, dass sich unsere Wege in wenigen Tagen trennen würden, überkam mich das starke Bedürfnis, sie zu berühren. Als könnte ich dadurch buchstäblich an ihr festhalten. Als würde sie dadurch nicht durch meine Finger rinnen. Genau wie jetzt, während ich ihre Hand hielt und wir gemeinsam das Feld durchquerten, wobei Heathers beigefarbenes Kleid über die Weizenhalme glitt. Es dauerte nicht lange, da erreichten wir den kleinen Wald, den wir gemeinsam mit dreizehn Jahren nach der Schule entdeckt hatten. Damals hatte ich mich nicht einmal verloren gefühlt, wenn ich mich verlaufen hatte – heute kannte ich den Weg immer und fühlte mich dennoch die meiste Zeit entwurzelt.

Als der silbrig glitzernde See in Sicht kam, in dem wir oft unsere freien Nachmittage nach der Schule verbracht hatten, zupfte Wehmut an meinem Herzen. War damals wirklich alles so leicht gewesen, wie es sich jetzt im Nachhinein anfühlte? Oder war Nostalgie ein Trugbild, das alle dunklen Schattierungen wegließ und nur das Helle in den Vordergrund rückte?

»Okay, das hier hatte ich tatsächlich größer in Erinnerung«, meinte Heather, als sie einen letzten Schritt über den Waldboden hinweg machte und das dichte Gestrüpp beiseiteschob. Dahinter tat sich die von kleineren Bewegungen durchbrochene Oberfläche des Wassers auf, umgeben von dicken Baumstämmen, hellgrünem Farn und Wildblumen mit weißen Köpfen, die wie Tautropfen aus dem Moos ragten.

Ich trat neben Heather, ein Ast knackte unter der Sohle meines Sneakers. »Wieso haben wir das damals See genannt?«, fragte ich. »Das ist höchstens ein Teich.«

Sie drehte sich zu mir. Heute trug sie ihre Haare offen – einzelne Strähnen hatte sie zu kleinen Zöpfen geflochten und winzige Blüten hineingesteckt. »Wenigstens ist das Wasser relativ klar.«

Sie hatte recht. Man konnte die durch die Baumkronen fallenden Sonnenstrahlen beinahe bis zum Grund verfolgen. »Na dann«, meinte ich und legte ihre Tasche ab. »Worauf warten wir noch?«

Heather grinste. »Dieses Mal musst du mich nicht einmal überreden.« In einer fließenden Bewegung zog sie sich ihr Kleid über den Kopf, warf es achtlos auf einen Baumstumpf und schlüpfte aus ihren Sandalen. Nun stand sie nur noch in einem altrosafarbenen Bikini bekleidet vor mir und hielt mir ihre Hand hin. »Komm schon!«

Ich zog mir erst das Shirt über den Kopf, danach die Hotpants, rückte meinen dunkelblauen Bikini zurecht und ließ mich von ihr in den See hineinziehen wie von einer Wassernymphe.

»Das Wasser ist so weich«, merkte Heather an, sobald sie zur Hälfte im Teich stand. Sie tauchte ihre Arme ein und strich darüber, wodurch ein leises Plätschern ertönte. Sämtliche Geräusche wurden sofort von der dichten Moosdecke um uns herum geschluckt, als wäre das hier eine sichere Blase, in der die Außenwelt Hausverbot hatte.

»Hier fühlt es sich an, als würde sich die Welt ein klein wenig langsamer drehen«, sagte ich leise. »Findest du auch?«

Sie nickte sofort und ließ sich ganz hineingleiten. Ich tat es ihr nach – das kühle Nass schmiegte sich tatsächlich erstaunlich geschmeidig um meinen Körper.

»Keine Nachrichtentöne, keine roten Zahlen über Mailprogrammen, die einem entgegenblinken, bis man sie öffnet. Keine Apps. Keine … Vergleiche.«

Ich sah auf. »Vergleiche? Wie meinst du das?«

Sie zuckte mit den Schultern. Das Zwitschern der Vögel vermischte sich mit dem Summen der Insekten, zwischen uns hüpfte ein Wasserläufer über die Oberfläche des Teichs. »Irgendwie ist das, was ich tue, niemals genug«, seufzte sie. »Vielleicht kurz, aber dann sehe ich jemand anderen, der weiter ist als ich, und schon fühlen sich meine Errungenschaften nicht mehr so bedeutend an.«

»Aber muss es das denn sein? Bedeutend?«, fragte ich.

»Na ja, ich muss ja etwas erreichen, oder nicht?«

»Was bedeutet für dich *etwas erreichen*? Einen gewissen Notenschnitt? Einen angesehenen Job? Manchmal frage ich mich, ob es das ist, was die Gesellschaft uns weismachen will: Dass wir nur dann etwas wert sind, wenn wir uns in Zahlen messen können. Aber ist das wirklich der *Sinn*? Geht es nicht darum, einfach glücklich zu sein? Ganz egal, ob es ein gut bezahlter Job oder ein Nachmittag in einem verlassenen Waldsee ist? Ist das eine denn mehr wert als das andere?«

Sie seufzte. »Na ja. Einerseits denke ich mir das auch, aber dann … ich weiß nicht. Ich kann einfach nicht ausblenden, was andere über mich denken. Als wäre mein Leben nur dann etwas wert, wenn es durch die Augen anderer als gut bezeichnet wird. Und was noch schlimmer ist – ich habe immer wieder das Bedürfnis, mich selbst in ein bestimmtes Licht zu rücken.«

Ich runzelte die Stirn. Als sie sich bewegte, schwappte das Wasser bis unter mein Kinn. »Wie meinst du das?«

»Es fühlt sich an, als müsste ich mich dauernd erklären, dass andere mich so sehen, wie ich wirklich bin. Ich will nicht, dass sie mich als unfreundlich, faul oder arrogant wahrnehmen. Will nicht, dass sie etwas denken, was nicht stimmt. Aber es ist so verdammt anstrengend, immer wieder Dinge zu sagen und zu tun, damit andere mich genau so sehen, wie ich bin. Ohne Missverständnisse.«

»Heather«, begann ich. »Das ist nicht deine Aufgabe. Die richtigen Menschen sehen ohnehin dein wahres Ich. Ganz ohne, dass du dich anstrengen musst. Du bist nicht das, was andere in dir sehen – lass sie dich missverstehen.«

Sie senkte den Blick auf ein Blatt, das von einem der Bäume gefallen war und vor ihr hertrieb. »Lass sie dich missverstehen«, wiederholte sie leise und nickte dann. »Ja, das ist … das ergibt so viel Sinn.« Sie sah auf und lächelte so offen wie lange nicht mehr. »Genau deshalb bist du meine beste Freundin. Du bist eben einfach weise.«

Ich zuckte mit den Schultern. »Ich weiß«, sagte ich scherzhaft und fiel dann in ihr Grinsen ein. »Wollen wir zur anderen Seite?«, fragte ich und nickte zu der im Schatten liegenden Wildblumenwiese am anderen Ufer.

»Ja, lass uns – ihhhh«, rief Heather mit einem Mal so laut, dass sämtliche Vögel aus den Bäumen um uns herum aufstoben und mit flüsternden Schwingen davonflogen. »Was war das? Irgendwas hat mich am Fuß berührt«, sagte sie hektisch.

Ich presste mir eine Hand auf den Mund, um das Lachen zurückzuhalten, verlor den Kampf jedoch schnell und legte den Kopf in den Nacken. »Du hast dich nicht verändert.«

»Das war wirklich *eklig*, Les«, gab sie mit verzogener Miene zurück.

»Komm, ich trage dich rüber«, meinte ich und wies mit einem Nicken auf meinen Rücken.

Sie zögerte nicht, schlang ihre Arme um meinen Hals und ihre Beine von hinten um meine Hüften. Ihre Haut war seidig glatt im Wasser und fühlte sich unter meinen Fingerspitzen besser an, als sie vermutlich sollte.

Gott, was ist nur los mit mir? Das war früher nie so. Ich hatte nie zuvor daran gedacht, sie zu küssen, hatte sie nie so oft berühren wollen wie jetzt. Wann hatte sich das geändert? *Hatte* sich denn etwas geändert? Oder war das einfach eine Reaktion darauf, dass sich unsere Wege bald trennen würden?

»Danke«, keuchte Heather an meinen Hals, und eine Gänsehaut überzog meinen ganzen Körper.

»Na klar. Ich würde alles tun, um sämtliche Gefahren des gruseligen Waldsees von dir fernzuhalten. Selbst, wenn es nur ein winzig kleiner Fisch ist.«

»Der war *riesig*!«

Ich schmunzelte. »Klar war er das.«

Sie lachte auf und ich spürte die Vibration an meinem Rücken. Es war schön, sie wieder so unbekümmert und frei lachen zu hören. Als würden mit jedem Tag, den wir unsere Abenteuer erlebten, immer mehr Druck und Erwartungen von ihr abfallen.

»Und nein, im Ernst«, sagte sie, als wir das andere Ufer erreichten und ich sie dort, wo der Boden etwas weniger schlammig war, wieder von mir runterließ. »Du hast wirklich viel von mir ferngehalten. Gehässige Kommentare von anderen, den Prüfungsstress, wenn ich mal wieder gedacht habe, es nicht auszuhalten. Bei alldem warst du immer da und hast es irgendwie … leichter gemacht.« Tränen glitzerten in ihren Augen – dunkelblau umgeben von dunklem Waldgrün.

»Dafür sind Freunde da, oder?«

»Hm«, machte sie. »Es gibt Freunde und es gibt *Freunde*. Menschen, die nur vorn herum nett zu dir sind, und Menschen, die es *wirklich* gut mit dir meinen. Die dich gewinnen, nicht fallen sehen wollen. Davon gibt es leider nicht so viele.« Sie wischte sich über die nassen Wangen, eine Träne tropfte ins Wasser. Salztränen in Süßwasser. »Du bist die beste Freundin, die ich jemals haben werde«, brachte sie erstickt hervor. »Du wirst wiederkommen, richtig?« Von der Wasseroberfläche reflektiertes Licht glitzerte auf ihrem Dekolleté.

»Natürlich werde ich das«, sagte ich eilig und wischte ihr die restlichen Tränen vom Gesicht. »Irgendwann werde ich zurückkehren und die Stadt durch andere Augen betrachten. Sie war nie schuld daran, dass ich mich eingeengt fühle.«

»Ohne dich wird sich diese Stadt wie eine leere Hülle ohne Herzschlag anfühlen, Les«, flüsterte sie nun.

»Ich komme wieder«, sagte ich erneut. »Ich lasse dich nicht zurück – ich muss nur für eine Weile weiterziehen.« *Weil ich sonst keine Luft mehr bekomme.*

Sie stieß nickend den Atem aus, wischte sich übers Gesicht und tauchte einmal unter. Als sie wieder nach oben kam, rann Waldseewasser ihren Hals hinunter zwischen ihren Brüsten hindurch. »Ich weiß, dass wir das alles hier machen, um Spaß zu haben und mutig zu sein, aber … ich bin so verdammt traurig, Les.«

»Und das ist okay. Das haben nahende Abschiede so an sich.«

»Ich hasse Abschiede.«

»Ohne sie gibt es keine Neuanfänge.«

»Ich will keinen Neuanfang, wenn du nicht Teil davon bist.« Ihre Stimme war nun nicht mehr als ein Flüstern. Mit einem Mal schlang sie ihre Arme um meinen Hals, ich erwiderte die Umarmung. Wir standen bis knapp über dem Bauchnabel im Wasser, Tropfen glitten an unseren Körpern hinab, und ich spürte ihren Herzschlag an meinem. Ich hielt sie fest, legte in die Umarmung alle Empfindungen, die ich nicht in Worte fassen konnte … und vielleicht auch niemals würde.

Erst da wurde mir bewusst, dass ich mir all die Zeit etwas vorgemacht hatte. Dass sich irgendwann in den letzten Monaten etwas verändert hatte. Und dass ich sie auf mehr als nur eine Art vermissen würde.

Kapitel 4

Mit jedem Punkt, den wir in den nächsten Tagen von unserer Liste abhakten, wurde Heathers Lachen freier und die Last auf meiner Brust leichter.

Wir machten die neue Adresse von Heathers ehemaligem Crush Jackson ausfindig, klingelten genau wie damals an seiner Tür und rannten dann kichernd davon. Wir gingen zum nächsten *7-Eleven*, kauften *Reese's Peanut Butter Cups*, *Twizzlers*, *Almond Joys* und *Nerds* und fuhren damit an den Strand. Wie mit vierzehn machten wir ein Picknick direkt am Wasser – mit nichts als den Süßigkeiten und einer Limonadenflasche, die wir hin und her reichten.

Hin und wieder gelang es mir, auszublenden, dass wir nicht mehr viel Zeit zusammen hatten. Tagsüber, wenn ihr Duft in meiner Nase und ihre Hand in meiner lag, war das leichter. Abends jedoch, wenn ich allein nach Hause zurückkehrte, an dem Arbeitszimmer meines Dads vorbeiging und jedes Mal hoffte, dass er aufsehen würde, war es beinahe unmöglich zu ignorieren. Es kostete mich einiges an Überwindung, meinen Koffer aufzuklappen und die ersten Sachen einzupacken. Morgen würde unser letzter gemeinsamer Tag sein. Ich betete, dass unsere unterschiedlichen Lebensstile nicht dazu führen würden, dass wir uns voneinander entfernten. Sie würde ein Leben voller Zeitpläne, Regeln, Vorlesungen haben, während meines aus in den Tag hineinleben, Spontanität und Freiheitsgefühl bestehen würde. Hörte man das nicht oft genug? Dass Freundschaften nicht hielten, sobald man keinen gemeinsamen Nenner wie Schule oder Studium mehr hatte? Heather würde neue Menschen kennenlernen, genau wie ich. Was, wenn sie merkte, dass diese Personen besser in ihren Alltag passten? Besser zu ihr?

Was, wenn sie sich verliebte?

Ich warf meinen Pullover in den offenen Koffer und vergrub das Gesicht in den Händen. Sie *sollte* sich verlieben. Menschen kennenlernen, neue Freunde finden. Die Vorstellung, dass sie vermutlich immer weniger an mich denken würde, tat zwar weh, aber am Ende des Tages wollte ich, dass sie glücklich war. Das war alles, was zählte. Ich würde nicht egoistisch sein und glauben, dass sie das nur mit mir sein konnte. Wenn unsere Freundschaft für die Ewigkeit bestimmt war – woran ich fest glaubte –, dann würde sie auch das überstehen. Übermorgen würde ich in meinen Truck steigen, diese Stadt hinter mir lassen und darauf vertrauen, dass Heather mich nicht vergessen würde.

* * *

Ausgerechnet an unserem letzten gemeinsamen Tag entschied sich der Himmel dazu, von strahlend blau zu hellgrau zu wechseln. Ich sah mit skeptischem Blick durch die Windschutzscheibe nach oben, ehe ich einen Blick auf die Temperaturanzeige meines Trucks warf. Siebenundzwanzig Grad. Immerhin.

Immer wieder schielte ich zu Heathers Eingangstür, trommelte mit den Fingern auf dem Lenkrad herum und biss mir nervös auf die Unterlippe. Heute musste perfekt werden. Ein letzter makelloser Tag, damit Heather mich mit einem Lächeln in Erinnerung behielt.

Als die Haustür aufging und sie meinen Truck entdeckte, breitete sich ein Lächeln auf ihrem Gesicht aus. Heute trug sie ein kurzes weißes Strickkleid und ihre welligen Haare fielen ihr sanft über die Schultern. Sie sah atemberaubend aus. Eilig warf ich einen Blick in den Rückspiegel und überprüfte ein letztes Mal, ob meine Wimperntusche saß.

»Sorry! Ich hoffe, du wartest noch nicht allzu lange?«, keuchte sie, lehnte sich zu mir herüber und umarmte mich fest. In all ihren Bewegungen lag so viel mehr Energie als noch vor ein paar Tagen.

»Nein, gar nicht«, meinte ich, strich ihr sanft über den Rücken und schenkte ihr dann ein Lächeln. »Ich bete nur, dass das Wetter hält. Ausgerechnet an unserem Strandtag zieht der Himmel zu.«

Ausgerechnet an unserem *letzten* Tag, hatte ich sagen wollen. Ich sprach es nicht aus, aber die Worte und die dazugehörige Schwere hingen dennoch zwischen uns im Wagen.

»Das hält uns nicht ab, oder?«, sagte Heather und klang wieder ganz wie ihr stets optimistisches Selbst. Sie klopfte auf die Tasche auf ihrem Schoß. »Ich habe Snacks – dieses Mal auch ein bisschen Obst, mir ist immer noch schlecht von den ganzen Süßigkeiten – Erdbeerlimonade, Wasser und Handtücher.«

»Dann kann uns ja nichts mehr aufhalten«, sagte ich, startete den Motor und fuhr aus Heathers Einfahrt.

Der Strand war aufgrund des Wetters bis auf ein paar Kitesurfer in der Ferne und wenigen Spaziergängern mit Hunden angenehm leer. Eine Brise trug den Geruch nach Meerwasser und Algen zu uns, fuhr mir durch die Haare und ließ mich aufatmen. Neben einer Sanddüne breiteten wir Heathers gestreifte Picknickdecke aus und legten unsere Taschen am Rand ab, damit sie nicht wegflog. »Okay, womit fangen wir an?«, fragte ich und verlor mich mit dem Blick in der endlosen Weite des tosenden Meers.

Heather blickte mit verzogenem Gesicht in den Himmel und hielt prüfend eine Handfläche nach oben. »Ich denke, wir sollten die Sandburgen bauen, solange wir noch können.«

Ich lachte auf. »Ich hätte nicht gedacht, dass ich dich diesen Satz noch mal sagen hören würde.«

Wann immer ich mich mit meinem Dad gestritten hatte und mir zu Hause alles zu viel geworden war, waren wir an den Strand gekommen, um schiefe Sandburgen zu bauen. Wir hatten uns vorgestellt, dass sie Piraten anlocken würden, die hier anlegen und uns dann mit auf ihre Abenteuer nehmen würden. Wenn ich es mir recht überlegte, hatte ich wohl schon immer davon geträumt, von hier wegzukommen.

Im Sand zu knien und eine Burg zu bauen hatte etwas Meditatives. Dennoch war es nicht dasselbe wie damals, da mir die Vorstellungskraft und die unerschütterliche Zuversicht fehlten. Ich konnte nicht daran glauben, dass Piraten kommen und uns hier wegbringen würden. Noch lieber wäre ich selbst eine Piratin, würde mir Heather über die Schulter werfen und in meinem Schiff entführen. Sie mit mir nehmen, da ich sie bei meinen Abenteuern an meiner Seite haben wollte, statt allein zu gehen. Nur leider wäre das an Egoismus nicht zu überbieten und ich würde es ihr nicht schwerer machen wollen, als es ohnehin schon war. Ich würde stark bleiben – für sie.

Ich beobachtete, wie Heather mit konzentriertem Blick am äußeren Turm der Burg arbeitete, als hätte sie in ihrem Leben nie eine wichtigere Aufgabe gehabt. Und das war der genaue Moment, in dem mir bewusst wurde, dass ich keinen Menschen auf dieser Welt mehr liebte als sie. Keine Ahnung, wieso es mir erst jetzt klar wurde – vielleicht, weil mir unsere nahende Trennung vor Augen führte, wie sehr ich sie tatsächlich vermissen würde. Wäre es unfair, ihr so kurz vor meiner Abreise die Wahrheit zu sagen? Wäre es egoistisch, sie mit dem Wissen zurückzulassen, dass ich sie liebte? Vielleicht sollte ich es ja einfach mal mit der Wahrheit versuchen. »Heather, ich …«

Sie hielt mit einer rot geränderten Muschel in der Hand inne und sah mich abwartend an. Plötzlich ertönte ein ohrenbetäubend lautes Donnergrollen. Wir zuckten heftig zusammen, die Muschel fiel aus Heathers Hand und wir sahen uns aus großen Augen an.

»Oh Shit«, stieß sie im selben Augenblick hervor, in dem ich »Fuck«, sagte. Wir ließen die Sandburg stehen – Heathers Seite war einhundertmal schöner als meine – und rannten zu unserer Picknickdecke, wo wir eilig unsere Sachen einpackten. Nicht lange danach startete der Regen – kein leichtes Tröpfeln, sondern ein aus dem Nichts kommender Platzregen, der uns sofort bis auf die Knochen durchnässte.

»Scheiße, beeil dich«, brachte ich unter Lachen hervor. Nasse Strähnen hingen in Heathers Gesicht, als sie die letzte Wasserflasche in die Tasche steckte. Ich nahm sie ihr ab, griff nach ihrer Hand und rannte los in Richtung Truck. Unser Lachen verlor sich im Rauschen des Regens und dem nassen Sand unter unseren nackten Füßen.

Am Truck angekommen machte ich eilig die Beifahrertür auf. »Schnell, steig ein.« Bevor ich die Tür wieder schloss, sah ich Heathers nasses, leuchtendes Gesicht. Wie ein Stück blauen Himmels, das sich zwischen dichten Wolken hindurchkämpfte.

Nachdem auch ich eingestiegen war und die Tasche auf den Rücksitz geworfen hatte, hielten wir zwei Herzschläge lang inne … und brachen dann in lautes Gelächter aus.

»Scheiße, das war knapp«, sagte ich, rieb mir mit dem Handtuch vorsichtig das Gesicht trocken und scherte mich mit einem Mal nicht mehr darum, dass meine Wimperntusche verlaufen war. Ein Blitz erhellte die dämmergraue Szenerie vor uns, über dem Meer flossen Wolken in verschiedenen Schattierungen ineinander.

Heather strich sich die nassen Strähnen aus dem Gesicht und grinste mich an. »Das wäre fast unsere letzte Sandburg gewesen – dieses Mal wirklich.«

Ich warf das Handtuch auf die Rückbank. »Tut mir leid, dass wir den Strandtag nicht mehr genießen konnten.«

»Machst du Witze? Ich hatte den Spaß meines Lebens.« Sie ergriff meine Hand, wie sie es Hunderte, nein Tausende Male zuvor getan hatte … nur, dass es sich seit Neuestem anfühlte, als würde ich bei lebendigem Leib brennen – ohne den Schmerz zu spüren. »Überhaupt, diese ganze Woche … ohne dich wäre sie zu einer der dunkelsten der ganzen letzten Jahre geworden. Und jetzt ist es eine, an die ich noch Jahre lang mit warmem Gefühl in der Brust zurückdenken werde.«

Ich lächelte leise. »Mir geht es auch so. Es war wunderschön mit dir.« Ich holte schwerfällig Luft, als mir bewusst wurde, dass ich damit nicht nur diese Woche meinte, sondern unsere Kindheit, Jugend, gemeinsame Vergangenheit.

Nur das entfernte Donnergrollen und das Prasseln des Regens an den Scheiben des Trucks füllte die Stille zwischen uns.

»Ich wäre gern mehr wie du«, sagte Heather. »Du triffst Entscheidungen ohne Angst vor Zurückweisung. Setzt dich selbst an erste Stelle, ohne dabei egoistisch zu sein. Kennst deine Grenzen und hast kein Problem damit, Nein zu sagen. Du hast keine Angst vor Konflikten, gehst keiner Konfrontation aus dem Weg, und bleibst trotzdem immer ruhig.« Sie seufzte. »Ich werde nie so sein wie du, aber zumindest hast du immer auf mich abgefärbt. Ich hoffe, dass ich diese Stärke auch dann noch in mir habe, wenn in zwei Tagen dieser neue Abschnitt beginnt.«

Ich drehte ihre Hand um und fuhr mit den Fingerspitzen über ihre Handinnenfläche. »Glaub mir – du hast alles in dir, was du brauchst, um es zu schaffen. Schau, wie mutig du diese Woche warst.

Und wenn du mal das Gefühl hast, dass dir mit der Uni alles zu viel wird, weißt du ja jetzt, was du zu tun hast.«

Sie schüttelte den Kopf. »Dieses Freiheitsgefühl habe ich nur mit dir.« Ich sah auf unsere Hände hinab und bemerkte, dass ihre zitterten.

»Hier, zieh das an«, sagte ich, griff nach hinten und nahm meinen beigen Cardigan vom Rücksitz.

»Brauchst du ihn nicht?«

»Nein, zieh ihn an.« *Mir ist auch so schon warm genug.*

Sie zog sich die Strickjacke über und vergrub ihre Finger in dem Strickstoff. »Danke, Les.«

Mein Blick verlor sich in den Tropfen, die die Scheibe hinabglitten. Es fühlte sich an, als wären wir die einzigen Menschen auf dieser Welt. »Ich hatte Angst, dass du mich nicht gut in Erinnerung behältst, wenn dieser Tag nicht perfekt wird«, gab ich zu, meine Stimme verlor sich beinahe im Geräusch des auf das Autodach prasselnden Regens.

»Spinnst du?«, fragte Heather und klang ernsthaft schockiert. »Ich hätte dich genauso gut in Erinnerung behalten, wenn wir die ganze Woche nur Filme in meinem Bett geschaut hätten. Oder wenn du mir jeden Tag diesen ekligen Smoothie gemacht hättest, den du so liebst.«

»Hey, Gerstengras ist gesund, okay?«

Sie verzog das Gesicht. »Wieso schmeckt es dann, als würde es einen umbringen?« Sie lachte auf und nahm dann erneut meine Hand. »Schau mich an.«

Ich tat, was sie sagte. Verlor mich in dem endlosen Blau ihrer Augen. »Du bist mein Lieblingsmensch. Das wird sich niemals ändern, okay?«

»Okay«, hauchte ich.

Ich wusste nicht, was genau es war, doch irgendetwas in der Luft im Wagen änderte sich schlagartig. Heather bemerkte es ebenfalls; ich sah es an ihren leicht geöffneten Lippen und der Art, wie sich ihre Augen verdunkelten, die Lider leicht senkten. Sie drückte meine Hand, sog leise die Luft ein. Hauchte meinen Namen, den ich Tausende Male aus ihrem Mund gehört hatte, nur noch nie … so. Flehend. Erwartend.

In einem Moment hielten wir beide inne – im nächsten lag ihr Mund auf meinem. Sie schmeckte nach Erdbeerlimonade, ihre Lippen waren weich, süß und nass vom Regen. Automatisch griff ich in ihre Haare, zog sie näher zu mir heran, wodurch ihr ein leises Stöhnen entkam, das nach einem Aufatmen klang. Ich gab ebenfalls nach, strich mit dem Daumen über ihren Kieferknochen.

Sie zog sich den Cardigan aus, ohne ihre Lippen von meinen zu lösen. Sofort fuhr ich sanft an ihrer Taille entlang, strich über die erhitzte Haut an ihren Oberschenkeln. Sie auf diese Art zu berühren war aufregend und neu, gleichzeitig aber so … vertraut. Noch nie zuvor war ich mir meiner Berührungen so sicher gewesen. Noch nie zuvor hatte sich jemand so gut unter meinen Fingerspitzen angefühlt. Meine Wangen wurden warm von all der Hitze, die sich mit einem Mal einen Weg nach draußen bahnte, meine Knie wurden weich. Die Scheiben beschlugen, und als erneut Donner grollte, zuckte keine von uns zusammen.

Es kam mir vor, als spielten wir das erste Mal ein Theaterstück auf einer Bühne, dessen Skript wir zuvor immer nur in unseren Köpfen durchgegangen waren. Unsere Körper kannten jede Bewegung auswendig, ohne sie zuvor geprobt zu haben. Das hier war die erste Aufführung – ohne Generalprobe.

Ihre Finger fanden mein Shirt und zogen es mir über den Kopf, danach spürte ich ihren heißen Atem an meinem Hals und schloss flatternd die Augen. Wie von selbst trafen unsere Lippen wieder aufeinander, ich tastete nach dem Saum ihres Kleides. Sie reagierte sofort auf meine Berührung, zog es sich unter dem Geräusch unseres atemlosen Luftholens über den Kopf. Ihre Unterwäsche bestand aus lavendelfarbener Spitze und zeichnete sich wie ein Gedicht auf ihrer Haut ab.

Ich fuhr den Sitz bis ganz nah hinten, berührte sie an der Taille und zog sie auf meinen Schoß. Sie legte beide Hände an meine

Wangen und küsste mich, bis ich aus nichts als Wärme in meiner Brust und Hitze zwischen meinen Beinen bestand. Meine Finger strichen bedächtig über ihre Taille, ihre Hüfte, ihre weichen Kurven und all die Stellen, die von lilafarbener Spitze bedeckt waren wie geschwungene Schrift auf weißem Papier.

Vorsichtig tastete ich nach dem Verschluss ihres BHs, zog ihn ihr aus und warf ihn auf den nun leeren Beifahrersitz. Als ich mit den Händen ihre erhitzte Haut an den Seiten erkundete, erbebte sie leicht und atmete erst dann auf, als ich über ihre Brüste strich.

Wieso fühlte es sich an, als wäre all das unvermeidbar gewesen? Das Regenprasseln wurde lauter, die Welt um uns herum dunkler … und wir leuchteten heller als je zuvor.

Ich küsste ihren Hals, hatte den süßen Geruch ihres Rosenshampoos in meiner Nase und strich mit der Zunge an ihrem Hals entlang bis zu ihrem Schlüsselbein. Setzte einen Kuss darauf und hielt erst wieder inne, als ich an ihrem Nippel angekommen war. Ihre Haut schmeckte nach Lilien, und als ich mit der Zunge um die weiche Haut an ihrer Brust strich, wurden meine eigenen schwer, die Hitze zwischen meinen Beinen drängender.

»Fuck, ich will nichts so sehr wie dich«, keuchte sie mit geschlossenen Augen, schob meinen BH nach unten und umfasste meine Brust, streichelte darüber. Mein Griff um ihre Hüfte verstärkte sich und ich fuhr am Saum ihrer Spitzenunterwäsche entlang, bis ich zu ihrer taufeuchten Mitte gelangte. Strich ein paar Mal darüber, schob dann den Stoff beiseite und tauchte mit den Fingern ein.

Heathers leises Stöhnen in meinem Ohr mischte sich mit dem rauschenden Gewitter. Da wurde mir bewusst, dass wir wie der Sturm um uns herum waren: Wenn Heather die schwerelosen Wolken war, war ich das tosende Meer. Bei einem Sturm wurde alles eins – Regen tropfte in den Ozean, Wind wirbelte Gischt auf, Dunst stieg in den Himmel. Es war ein natürlicher Kreislauf. Der Punkt, an dem sich zwei Naturgewalten trafen … und eins wurden.

* * *

»Wir hatten so viel Zeit«, flüsterte Heather in derselben Nacht an meinen Lippen, nachdem ich in ihrer Einfahrt geparkt hatte. »So viele Jahre gemeinsam. Und jetzt ist nichts mehr davon übrig, um herauszufinden, was das zwischen uns sein könnte.« Sie strich mir eine dunkle Strähne hinters Ohr. »Das ist irgendwie grausam, findest du nicht?«

Ich lehnte meine Stirn gegen ihre, legte meinen Daumen an ihre Wange und streichelte darüber. »Besser so, als es nie herausgefunden zu haben, oder?«

Der Sturm war inzwischen vorbeigezogen – in meinem Herzen jedoch blieb ein kleiner Teil davon zurück.

»Wenigstens hatten wir diese Nacht. Das kann uns niemand nehmen, Heather.«

Sie lächelte traurig und atmete dann tief und lang aus. »Du gehst morgen«, stellte sie bitter fest.

Ich nickte. »Und du startest übermorgen dein Studium.«

»Fährst du noch mal bei mir vorbei, bevor du gehst?«

»Natürlich«, flüsterte ich, löste mich von ihr und musterte ihr Gesicht, wollte jeden Zentimeter davon in Erinnerung behalten. »Du bist der Anfang und das Ziel jeder Reise. Immer.«

Ich stieg aus, um sie bis zur Tür zu begleiten. Dort stahlen wir einander einen letzten Kuss, bevor sie die Tür aufschloss. Und dann *wirklich* den letzten, nachdem sie mich erneut geküsst und mit feuchten Augen und sandigen Füßen im Haus verschwunden war.

Erst im Wagen ließ ich die Tränen zu, die meine Wangen hinabglitten wie schmelzendes Eis.

Wie konnten Freude und Trauer so nah beieinanderliegen?

Mir meine Gefühle für Heather einzugestehen – und sie von ihr erwidert zu bekommen, war das Aufregendste und Schönste, das ich je erlebt hatte.

Die Gewissheit jedoch, dass es genau einen Tag vor meiner Abreise geschah und ich nicht wusste, wann ich sie wiedersehen würde, stach mir einen Dolch in die Brust.

Ich konnte nicht hierbleiben.
Aber zu gehen?
Das würde mir das Herz auf der Stelle in Stücke reißen.

Kapitel 5

Ich hievte die Reisetasche neben den Koffer auf die Rückbank des Trucks und fragte mich, wie all meine wichtigsten Gegenstände in diese zwei Taschen passen konnten. Ich schloss die Tür und ließ den Blick ein letztes Mal über die Fassade des Hauses schweifen. Als ich gesagt hatte, dass ich ging, hatte Dad von seinem Bildschirm aufgeblickt und mir nach langer Zeit wieder in die Augen gesehen. »Du machst das also wirklich?«, hatte er gesagt. »Ziehst wie ein Hippie an der Westküste entlang? Hast du wenigstens ein Ziel?« Ich hatte mich nicht auf die Diskussion eingelassen, ihm lediglich gesagt, dass ich weiterhin erreichbar war und wiederkommen würde.

Er hatte nicht nachgefragt, wann das sein würde.

Ich seufzte tief und setzte mich hinters Steuer. Unwillkürlich dachte ich an den gestrigen Abend. Mein Herz wurde schwer in meiner Brust. Die letzte Woche hatte mir vor Augen geführt, dass wir niemals feststeckten – ganz egal, wie lange es sich schon so anfühlte. Es gab viel weniger Regeln, als wir dachten, wenn wir die Erwartungen der Gesellschaft außen vor ließen, uns durch unsere eigenen Augen betrachteten und jeden Tag etwas Neues probierten. Immer wieder dachte ich an Heathers Lachen in meinem Ohr. Wie wir die Stadt aus einer anderen Perspektive betrachtet und andauernd die Nähe des anderen gesucht hatten. Erst unterbewusst, gestern ganz gezielt. Ich schmeckte noch immer die Erdbeerlimonade auf ihren Lippen, spürte ihre weiche Haut unter meinen Fingerspitzen. Es gab niemanden auf dieser Welt, dem ich so sehr vertraute wie Heather …

… und jetzt startete ich den Motor, um sie in unserer Heimatstadt zurückzulassen und mich mit jeder Stunde weiter von ihr zu entfernen.

Es war absurd.

Es war falsch.

Es tat weh.

Ich ertappte mich dabei, wie ich langsamer fuhr als sonst. Normalerweise benötigte ich genau drei Minuten zu ihr – heute waren es sieben.

Als ich in ihre Straße einbog, wurde ich noch langsamer, bis ich mitten auf dem Asphalt nur fünfzig Meter von ihrer Einfahrt entfernt stehen blieb. Die Nachmittagssonne schmiegte sich an die pastellfarbenen Häuserfassaden, tauchte die weißen Zäune in goldenes Licht.

Diese Stadt hatte sich noch nie wie ein Zuhause angefühlt … aber *Heather* hatte es. Jemanden wie sie zu treffen war eine einmalige Sache – es wäre ein gravierender Fehler, anzunehmen, dass man noch genügend Menschen wie ihr begegnete. Wenn man eine Person wie sie traf, musste man an ihr festhalten. Wertschätzen, was man hatte, bevor es zu spät war und man bereute, dass man sie gehen lassen hatte.

Ich wollte nicht mein Leben lang auf diesen Moment zurückblicken und mich fragen, was wohl passiert wäre, wäre ich geblieben. Ich hatte *Heather* – ganz egal, wie beengt sich diese Stadt anfühlte –, mit ihr empfand ich grenzenlose Freiheit, die ich in diesem Ausmaß auf keinem Roadtrip der Welt finden würde.

Ich konnte sie nicht hier zurücklassen.

Nein – ich *würde* es nicht.

Nun, da ich mir meiner romantischen Gefühle für sie bewusst war, musste ich bleiben. Ich konnte mir auch hier ein neues Leben aufbauen – weg von meinem Dad und mehr in Richtung Eigenständigkeit. Die Entscheidung nahm mir innerhalb von Sekunden eine tonnenschwere Last von den Schultern und ich gab wieder Gas.

Ich hatte gerade meinen Wagen in Heathers Einfahrt abgestellt, da wurde die Haustür aufgerissen und sie lief mir entgegen. Honigblondes Haar, eine hellblaue Bluse und ein hübscher Jeansrock, der auf der Mitte ihrer Oberschenkel endete. Es war mir ein Rätsel, wie sie darin rennen konnte.

Ich zog den Schlüssel ab, öffnete die Wagentür und joggte ihr entgegen. Musste ihr so schnell es ging sagen, dass ich sie nicht zurücklassen würde. Wir trafen uns in der Mitte der Einfahrt.

»Ich bleibe«, brachte ich hervor – im selben Moment, in dem Lesley keuchte: »Ich gehe mit dir.«

Ich runzelte die Stirn, als mir bewusst wurde, was sie gerade gesagt hatte. »Warte, was?«

Sie holte aufgeregt Luft. »Ich hab die ganze Nacht wach gelegen, Les. Ich kann noch nicht studieren. Ich hab nach dem Schulabschluss ja kaum Zeit zum Luftholen gehabt – das hat mir die Woche mit dir gezeigt. Ich will lernen, was im Leben wirklich wichtig ist. Will frei sein und mich selbst kennenlernen, bevor ich mich wieder von einem Schulsystem formen lasse.« Ihr Lächeln war so ansteckend, dass ich es automatisch erwiderte. »Und ich kann dich nicht gehen lassen. Nicht jetzt, da alles … noch schöner ist, obwohl ich dachte, dass das gar nicht möglich ist. Ich möchte wissen, wo das mit uns hinführt.« Sie holte Luft. »Ich hab mit meiner Mum gesprochen. Ich starte mein Studium ein – oder auch zwei – Semester später und … wenn du mich mitnimmst, dann … würde ich meine Sachen packen.«

Ich blinzelte, Tränen sammelten sich in meinen Augen. »Heather, bist du sicher?«

Sie nickte eifrig. »Ja, und wie. Ich sollte diese Stadt eine Weile verlassen. Etwas anderes sehen, bevor ich mich festlege und jahrelang ohnehin nicht wegkann. Und klar.« Ihre Stimme wurde etwas leiser und ihre Hand verflocht sich mit meiner. »Ein Grund ist dabei auch, dass ich einfach bei dir sein will. Du glaubst doch nicht, dass mein Lieblingsmensch einen aufregenden Roadtrip ohne mich machen kann?« Sie schnaubte belustigt, aber ihre Augen glitzerten verräterisch.

Wir fielen uns gleichzeitig um den Hals, ihre Haare kitzelten an meiner Wange und ich presste die Augen so fest zusammen, dass sich eine Träne daraus löste.

So war es manchmal im Leben: Man dachte, sich zwischen dem einen oder dem anderen entscheiden zu müssen … und bekam beides. Vielleicht musste man hin und wieder einfach an das Gute glauben.

»Bist du denn überhaupt bereit?«, fragte ich, als wir uns voneinander lösten. »Du hast dich gar nicht darauf eingestellt und –«

»Das muss ich nicht«, sagte sie eilig. »Wenn mir diese Woche eines beigebracht hat, dann, dass man manchmal einfach spontan sein muss. Wieso sollte ich alles planen, wenn ich mutig sein und mich der Herausforderung einfach stellen kann?«

Ich gab ihr einen Kuss auf die Nasenspitze, sie ergriff meine Hand und zog mich mit sich. »Du musst mir packen helfen. Was braucht man für so einen spontanen Roadtrip ins Ungewisse?«

* * *

Wir brauchten zwei Stunden, um Heathers Koffer zu packen, uns von ihrer Mutter zu verabschieden und in den Truck zu steigen. Kurz nachdem wir uns gesetzt hatten, hielten wir gleichzeitig inne und tauschten einen wissenden Blick – ohne Zweifel in Gedanken an den gestrigen Abend. Ich senkte mit einem schüchternen Lächeln den Kopf, startete den Wagen und fuhr rückwärts aus der Ausfahrt. Um den Roadtrip zu starten, den ich mir schon immer gewünscht hatte – gemeinsam mit Heather!

Ich öffnete die Fenster und ließ frische Abendluft ins Wageninnere strömen. Heather hielt meine Hand, während wir unsere Kleinstadt durchquerten und stumm an all den Straßen, Erinnerungen und Menschen vorbeifuhren, die sich in den letzten Jahren zu unserer Komfortzone entwickelt hatten. Es war an der Zeit, auszubrechen. Über uns selbst hinauszuwachsen. Etwas Neues zu sehen – gemeinsam.

Kurz bevor ich auf die Küstenstraße abbog, warf ich einen letzten fragenden Blick zu Heather. Sie nickte mit einem selbstsicheren Lächeln, in ihren glitzernden Augen spiegelte sich der Sonnenuntergang. *Dann mal los.*

Ich bog auf die Küstenstraße ab in Richtung Süden und fuhr geradewegs auf eine Zukunft zu, die heller strahlte als je zuvor. Noch nie war Ungewissheit so schön gewesen.

THE LAST GREAT AMERICAN DYNASTY – *Taylor Swift*
(Marina's Version)

Kapitel 1

Becca Hawthorne is back

Die Luft riecht nach Salz, Seetang und der Sehnsucht nach einer Zeit, als meine Welt noch heil und voller Zuversicht war. Als würde ich die Nase in eine alte Schatulle stecken, die bis oben hin mit Erinnerungen gefüllt ist und gerade das erste Mal nach langer Zeit wieder geöffnet wurde. Das ist mein erster Eindruck, als ich in Watch Hill aus einem Uber steige und prompt mitgerissen werde; wie von den Wellen, die gegen die perlweißen Sandstrände der Halbinsel rollen. Seit Tagen versuche ich mich darauf vorzubereiten, hierher zurückzukehren – heute Morgen, als ich voll bepackt meine Wohnung im West Village verlassen habe, um mit dem Zug von New York City nach Rhode Island zu fahren, war ich mir noch relativ sicher, diesen Trip ganz cool und abgeklärt meistern zu können. Erwachsen. Doch mit jeder Stunde Fahrt hat mein Herz heftiger gepocht, das nervöse Rumoren in meiner Magengrube unruhiger gewütet und als der Zug in Westerly angekommen ist, musste ich erst mal zehn Minuten in der Bahnhofshalle meine Nerven in den Griff kriegen, ehe ich mir eine Fahrt rüber nach Watch Hill buchen konnte.

Es ist normal, von seinen Gefühlen überwältigt zu werden, wenn man nach knapp zehn Jahren an einen Ort zurückkehrt, der die schönsten, aber auch bittersten Momente seines Lebens vereint, nicht wahr? Und ich habe gerade nur so damit zu kämpfen, weil ich dazu erzogen wurde, meine Emotionen immer eisern im Griff zu behalten und sie unter keinen Umständen nach außen zu zeigen. Eine Hawthorne hat vor den Augen der Welt jederzeit würdevoll und beherrscht zu sein – schließlich sind diese Augen immer auf uns gerichtet. Weil meine Familie nicht irgendeine ist, sondern seit Generationen in einer Liga mit Dynastien wie den Rockefellers und Vanderbilts spielt. Old Money, Glanz, Gloria, Mythos und ganz viel falscher Schein. Was mit dem Ölkonzern meines Ur-Ur-Großvaters Hector Hawthorne am Ende des 19. Jahrhunderts begann, ist heute ein milliardenschweres Energieunternehmen und ein Clan, der fest verwoben ist mit den höchsten Rängen der Politik, Gesellschaft und Kultur dieses Landes. Einer meiner Onkel ist Senator, meine Großtante war Gouverneurin von New York, eine meiner Cousinen hat einen Kennedy-Erben geheiratet. Und so weiter und so fort.

Tja, und dann bin da noch ich: Becca Hawthorne, fünfundzwanzig und frisch gescheiterte Primaballerina, die ein einziger Quell der Enttäuschungen für ihre Eltern ist. Es hat mir nie genügt, nur Tochter aus bestem Hause zu sein; ich habe eine eigene Karriere im Ballett angestrebt und mich kein bisschen für die verstaubten Debütantenbälle und Kuppelversuche meiner Mutter interessiert. Es war nie mein höchstes Ziel, möglichst früh eine perfekte Partie zu machen, *meinesgleichen* zu heiraten und dann den Rest meines Lebens als Society Lady in New York zu verbringen. Mein Traum waren die Bühnen, das Tanzen, sogar die zerstörten, blutigen Füße, die damit einhergehen.

Die einzige Person, die mich darin erkannt und immer unterstützt hat, war meine Großmutter Rebecca, nach der ich benannt wurde. Sie saß mit leuchtenden Augen in der ersten Reihe, als ich vor einigen Jahren mein Debüt in meiner ersten Ballett-Kompanie gegeben habe – anders als meine Eltern, die nur anwesend waren, weil es sonst Gerede gegeben hätte, wenn sie diesen Moment im Leben ihrer Tochter verpasst hätten. Granny war es, die mich von klein auf dazu ermutigt hat, meiner Leidenschaft zu folgen, die meine Tränen nach jedem verpatzten Vortanzen getrocknet und mir unaufhörlich Mut gemacht hat. Ohne sie hätte ich es niemals bis auf den Thron geschafft, von dem ich vor einigen Wochen so grandios gestürzt bin: einen, der den Haupttänzerinnen im New York City Ballet gehörte, ehe mein linkes Knie mir einen Strich durch die Rechnung gemacht hat. *Mein Meniskus macht nicht mehr mit.* Wie schon Hunderte Male zuvor spiele ich mit dem Daumen an dem Ring herum, den mir Granny nach meiner Debütvorstellung beim Governors Ballet Essemble geschenkt hat und den ich seitdem wie einen Talisman an meiner rechten Hand trage. Dieses schmale, mit winzigen Diamanten besetzte Schmuckstück fühlt sich wie die letzte greifbare Verbindung zu meiner Großmutter an, nachdem sie vor fünf Jahren gestorben ist. Fünf Jahre. Sie hat nie die Chance bekommen zu erfahren, wie ich mich von den Solisten zur Principal Dancer hochgearbeitet habe. Wie ich allen Zweifeln zum Trotz brilliert habe, ehe alles zerbrochen ist. Was mein endgültiges Scheitern angeht, bin ich durchaus froh, dass sie es nicht mehr miterlebt hat, auch wenn ein Teil von mir weiß, dass ihr Trost der einzige gewesen wäre, der hätte helfen können, um mich wieder aufzurichten. Sie hätte die richtigen Worte gefunden, damit ich mich nicht länger wie eine bodenlose Versagerin fühle, die alles verloren hat, wofür sie jahrelang gekämpft hat. Die einzige Sache, die sie je wollte. Und sich jetzt verdammt verloren fühlt, da sich ihr Leben ohne den Tanz und die Bühnen wie eine endlose, dröge graue Leinwand ohne Fixpunkte oder Ziele vor ihr ausbreitet.

»Miss, räumen Sie Ihr Gepäck aus dem Kofferraum, damit ich weiter kann? Hab die nächste Buchung anstehen.« Die ungeduldige

Stimme des Uber-Fahrers, der sich vom Fahrersitz zu mir nach hinten wendet, wo ich mehrere Minuten lang reglos an der offenen Tür verharrt bin, reißt mich aus meinen Gedanken. Hastig blinzelnd erinnere ich mich daran, dass ich zwar durch meinen Besuch in Watch Hill dabei bin, in die versiegelten Katakomben meiner Vergangenheit hinabzusteigen, aber mich nicht in ihnen verlieren darf. Eine Entschuldigung murmelnd eile ich um den Hyundai herum und wuchte meinen Koffer aus dem Laderaum – ich habe nicht vor, länger als nötig hierzubleiben, dennoch wiegt mein Gepäck eine Tonne. Beim Packen konnte ich mich noch nie aufs Nötigste beschränken und das rächt sich jedes Mal, wenn ich allein reise und mir durch die Schlepperei beinahe einen Bandscheibenvorfall beschere. *Hättest du dein Leben so gestaltet, wie Mum es für dich wollte, würdest du jetzt ausschließlich mit Personal reisen und in Fünf-Sterne-Hotels logieren, wo dir all das abgenommen wird.* Tja, aber dann hätte ich wohl auch mit fünfundzwanzig eine Vorliebe für Martini-Valium-Cocktails entwickelt, weil ich mein inhaltsloses Leben nicht anders ertragen könnte. Da habe ich lieber meine Träume gejagt und bin gescheitert, als es nie versucht zu haben und verpasste Chancen zu betrauern.

Erst als das Uber mit röhrendem Motor davonbraust, wage ich es, mich zu dem Ort umzuwenden, der das Ziel meines Trips ist. Der einzige Grund, warum ich zurück in diesem elitären, zum Kotzen pittoresken Urlaubsort bin, gegen den die Hamptons wie eine überfüllte Wohnwagensiedlung wirken: Vacation Villa. Das geliebte Ferienhaus der Hawthornes, um das seit Grannys Tod ein erbitterter Erbstreit geherrscht hat. Als wäre der Tod unserer Matriarchin nicht schlimm genug gewesen, war in den letzten Jahren unklar gewesen, wer das Haus bekommen würde – da ein Testament existierte, das lange unauffindbar war. Und absolut alle wollten es haben; aus Prinzip. Wer Vacation Villa besitzt, dem gehört das Herz der Hawthorne-Dynastie, so war es schon immer. Und als die Geschwister meines Vaters gewittert haben, dass sie es Onkel Hector IV, der als Ältester der Haupterbe ist, wegschnappen könnten, ist es richtig dreckig geworden. Umso überraschter waren alle – mich selbst inbegriffen –, als vor einigen Wochen, kurz nach meiner niederschmetternden Diagnose, Grannys Testament aufgetaucht ist, in dem ausgerechnet ich als Alleinerbin des Hauses genannt werde. *Ich.* Neben vier Kindern, elf Enkeln und Dutzenden anderen Verwandten ist die Wahl ausgerechnet auf mich gefallen. Ich schätze, es ist wenig überraschend, dass ich seitdem noch mehr der Buhmann der Familie bin als ohnehin schon. Niemand versteht, warum Granny ihre Söhne und Töchter übergangen hat, um das Haus mir zu überlassen, weshalb mein Handy seit dem Tag der Bekanntmachung von einem nicht endenden Strom an Nachrichten diverser Verwandter geflutet wird. Manche fallen dabei mehr, andere weniger offen missgünstig und ungläubig aus. Mein einziger Trost ist, dass meine Eltern irre selbstzufrieden über mein Erbe sind und darüber sogar vergessen, mir wegen meines Karriere-Aus auf die Nerven zu gehen.

Ein letztes Mal tief durchatmend umfasse ich den Griff meines Trolleys, schiebe die Handtasche auf meiner Schulter zurecht und trete dann durch das heckengesäumte Zugangstor zum Anwesen. Vacation Villa sitzt auf einer leichten Anhöhe direkt an der Küste; ein Weg aus verblichenen Holzplanken schlängelt sich vom Garten, der nahtlos in grasbewachsene Dünen übergeht, bis zum Strand hinunter. Das Haus selbst könnte in einem Wörterbuch neben dem Begriff *Ostküsten-Strandhaus* abgebildet werden: in einem satten, maritimen Dunkelblau gestrichene Holzverkleidung, eingerahmt von weißen Akzenten rund um die Giebel, Fenster und Türen. Weite Sprossenfenster, verschachtelte Giebeldächer mit Gauben und ein Meer aus weißen Hortensienbüschen ringsum. Säulen, die eine Veranda stützen, auf der ich so gerne lange, laue Abende verbracht habe, und eine gepolsterte Bank, die dort an Ketten befestigt hing. Mein Lieblingsort. Mein sicherer Hafen, der mir entrissen worden ist.

Zumindest war das das Haus meiner Erinnerungen. Denn der Anblick, der sich mir nun bietet, scheint einem meiner Albträume entsprungen zu sein. Mit jedem Schritt über die zerklüftete, mit Unkraut überwucherte Auffahrt wird deutlicher, dass Vacation Villa nichts mehr mit dem Anwesen von damals zu tun hat. Es ist verfallen; genauso wie ich.

Ich weiß nicht, was ich erwartet habe – vielleicht einen schmerzhaften Flashback der Erinnerungen oder das Gefühl, als Fremde zurückzukehren – aber definitiv nicht *das*: Verwilderung, abblätternde Farbe, in den Angeln hängende Fensterläden und reihenweise fehlende Dachschindeln. Entgeistert wandert mein Blick über das ehemals liebevoll gepflegte Anwesen, das … wirklich genauso zerbrochen aussieht, wie ich mich fühle. Ich hatte schon immer eine tiefe, emotionale Verbundenheit zu Vacation Villa, aber diese Parallele zu mir selbst zu fühlen, ist schon beinahe gruselig. Als wäre der Zustand des Hauses ein direktes Spiegelbild meines Inneren.

Meine Schritte werden zögerlicher, je weiter ich mich nähere; fast so, als würde ich ans Bett eines Schwerverletzten treten, unsicher, wie ich reagieren soll und mit welcher Reaktion ich am besten helfen könnte. Ängstlich, mir das volle Ausmaß der Zerstörung aus nächster Nähe anzusehen und doch sicher, es tun zu müssen.

Fünf Jahre. Fünf Jahre sind seit Grannys Tod vergangen, aber so lange die Erb- und Besitzrechte nicht geklärt werden konnten, hat sich keiner der Hawthornes verantwortlich gefühlt. Trotzdem hatte ich keine Ahnung, dass das Grundstück komplett sich selbst überlassen worden ist, um zu verrotten, während sich die Familie im Ringen um den Nachlass lieber gegenseitig die Köpfe eingeschlagen hat. Niemand hat es dem anderen gegönnt, herzukommen, solange nicht klar war, wessen Name schlussendlich auf der Besitzurkunde stehen würde. Kindisch. Und fatal.

Das Haus scheint verlassen, als ich meinen Koffer am Fuß der Veranda stehen lasse und die morschen Holzstufen hinaufsteige. Sie knarzen so sehr unter meinen Schritten, dass ich fürchte, sie könnten jeden Moment einbrechen. All die Mitarbeitenden, die früher rund um das Anwesen damit beschäftigt waren, es in Schuss zu halten, sind fort und nicht einmal Mrs. Westbrook, die langjährige Haushälterin, die auf dem Gelände gewohnt hat, scheint noch hier zu sein.

Hat irgendjemand aus der Familie eine Ahnung, wie es hier aussieht?

Shit, das hier ist ein schlimmerer Scherbenhaufen, als ich befürchtet habe.

Kapitel 2
4th of July

»Du hättest mich ruhig vorwarnen können, wie es um das Haus steht.« Anklagend betrachte ich die Frau, von der ich bisher dachte, dass sie meine Freundin ist: Amber Carlyle, wie ich Tochter einer namhaften Familie, deren Feriendomizil nur einige Hundert Meter von unserem entfernt steht. Als Kinder haben wir jeden Sommer zusammen verbracht und auch, nachdem ich nicht mehr kommen durfte, haben wir stets Kontakt gehalten. Bis heute betrachte ich sie als eine meiner wenigen echten Freundinnen. Unsere Leben in New York und Boston sind zu stressig, um einander häufig zu sehen, daher ist es ein schöner Zufall, dass Amber wie ich diesen Sommer in Watch Hill verbringt. Sie hat sich vor Begeisterung förmlich überschlagen, als ich ihr von meinen Plänen erzählt habe. Jetzt streicht sie sich mit einem *zu* unschuldigen Lächeln das rotblonde Haar hinter die Ohren und schenkt mir einen Bambi-Blick. »Dir sagen, dass es inzwischen eine Bruchbude ist, und riskieren, dass du deinen Besuch hier direkt absagst? Niemals!« Sie nippt an ihrem Drink und ergänzt: »Ich versuche seit Jahren, dich dazu zu bewegen, mal wieder hierherzukommen, und wir wissen beide, wie schwer es ist, dich von etwas zu überzeugen, wenn du dich querstellst. Schau dir heute Abend an; ich hatte zwischenzeitlich schon aufgegeben, dich überreden zu wollen, und eigentlich bin ich der überzeugendste Mensch der Welt!«

Mit einem kleinen, zerknirschten Lächeln muss ich ihr widerwillig recht geben. Ich *kann* ein verdammt harter Brocken sein, und

Amber musste unglaublich hartnäckig sein, um mich besonders heute Abend aus meinem Schneckenhaus zu locken. Es ist der vierte Juli, Nationalfeiertag, und ich hätte mich am liebsten komplett verkrochen, während der Rest des Landes vergnügt Apple Pies verspeist und Feuerwerke bewundert. Mir war nicht nach feiern, weil mein Kopf bevölkert war von Erinnerungen an die Feiertage, die ich in der Vergangenheit mit meiner Familie in dem Haus verbracht habe, das heute ein trauriges Gerippe ist. Mir war nach Selbstmitleid. Stattdessen hat es Amber irgendwie bewerkstelligt, mich zu einer abendlichen Party im schicksten Jachtclub der Stadt zu schleifen. Und zugegebenermaßen ist es hier auch nicht so übel, wie ich dachte. Die Lichter unzähliger Lampions, die über unseren Köpfen baumeln, tanzen auf dem Wasser, Musik webt sich zwischen die Unterhaltungen ringsum, und überall werden köstliche Häppchen gereicht. Ich bin umgeben von einer Wolke aus Menschen, unter denen mir manche Gesichter vage bekannt vorkommen, die meisten aber wohltuend unbekannt wirken – niemand hat einen zweiten Blick für mich übrig. Vielleicht hat es doch sein Gutes, seit zehn Jahren nicht mehr hier gewesen zu sein – die Leute kennen vielleicht meinen Namen und tratschen darüber, dass ich zurück bin, aber es wird eine Weile dauern, bis sie mein Gesicht mit dem linkischen Mädchen von damals verknüpfen werden. Bis dahin genieße ich es, einen Abend lang einfach nur eine unter vielen zu sein und mich von der guten Laune wegtragen zu lassen.

»Wie konnte es mit dem Haus überhaupt so weit kommen?«, knüpfe ich wieder an unser ursprüngliches Gesprächsthema an. »Vacation Villa stand fünf Jahre lang leer; aber es sieht aus, als wäre dreimal so viel Zeit vergangen.«

Amber zuckt mit den Schultern. »Die letzten paar Winter haben hier ziemlich heftige Blizzards gewütet, die gewaltige Schäden angerichtet haben. Und weil nach dem Tod deiner Großmutter alle Angestellten entlassen worden sind und niemand sich zuständig gefühlt hat, gab es niemanden, der was hätte reparieren können.«

Kopfschüttelnd lehne ich mich gegen die Reling des Bootsstegs und nippe an meinem Drink. Wenn Granny ahnen würde, was mit ihrem geliebten Haus passiert ist, das nun in meinen überforderten Händen liegt … »Ich weiß nicht, was ich damit machen soll«, gestehe ich schließlich ein. »Meine Familie sitzt mir im Nacken und geht auf die Barrikaden, weil niemand versteht, warum ich es geerbt habe. Und für mich ist es schwer, überhaupt dort zu sein, geschweige denn zu überlegen, wie ich es wieder in Stand setzen könnte. Seit gestern denke ich … Wahrscheinlich wäre es das beste, Vacation Villa zu verkaufen. Dann besitzt es keiner der Hawthornes mehr, und der Streit darum hört endlich auf.«

»Das kannst du nicht ernsthaft vorhaben!«

Überrascht wirbele ich herum, als eine unüberhörbar angespannte männliche Stimme hinter mir erklingt. Im ersten Moment bin ich irritiert, wer da so dreist unser Gespräch belauscht und denkt, sich ungefragt einmischen zu müssen, aber jegliche Genervtheit verpufft in dem Augenblick, in dem ich sehe, wer da wenige Schritte entfernt steht.

Ich erkenne ihn auf den ersten Blick, obwohl zehn Jahre vergangen sind, seit wir uns das letzte Mal gesehen haben. Zehn Jahre, in denen ich mein Bestes gegeben habe, um die Erinnerungen an ihn auszumerzen, weil sie zu schmerzhaft waren. Ich habe mir sogar verboten, an ihn zu denken, als ich Vacation Villa gestern betreten habe, obwohl er für mich untrennbar mit diesem Ort verbunden ist. Aber jetzt, da er ohne Vorwarnung aufgetaucht ist, sucht es mich heim; die Bilder eines grinsenden Jungen mit sonnengebleichten Haaren, schlaksig und gerade dabei, erwachsen zu werden. Sommersprossen auf der Nase und lachende blaue Augen mit einem braunen Rand um die Iris, die meinem jüngeren Selbst verlässlich die Knie haben weich werden lassen. Ein Junge, von dem allerhöchstens Spuren in dem Mann überdauert haben, der mir jetzt gegenübersteht. Trotzdem finde ich sie auf Anhieb. Da sind weiterhin sonnengeküsste Strähnen in seinem hellbraunen Haar und diese Augen … das schelmische Funkeln ist aus ihnen gewichen, dennoch bohren sie sich mit derselben Intensität wie damals in meine und sorgen dafür, dass mein Inneres Kopf steht. Er ist älter geworden, ja, aber wie es scheint, hat er nichts von der unerklärlichen, anziehenden Wirkung verloren, die er von jeher auf mich ausgeübt hat. Ich bin immer noch nicht immun gegen ihn; so was von gar nicht.

Und dennoch … Mir gegenüber steht der Grund, warum mich meine Eltern mit fünfzehn von Vacation Villa verbannt und nicht erlaubt haben, meine Sommer weiterhin dort zu verbringen. *Weil er ein schlechter Einfluss für mich war. Weil er mich von dem Weg abgebracht hat, den sie seit meiner Geburt sorgsam für mich ausgelegt hatten. Weil er niemals gut genug für eine Hawthorne sein könnte.*

All das ist Will Westbrook; Sohn der ehemaligen Haushälterin des Anwesens, der mit seiner Mutter dort gelebt hat. Mit dem ich Jahr für Jahr, jeden Sommer meiner Kindheit und Jugend, aufgewachsen bin. Der erste und letzte Junge, in den ich mich je Hals über Kopf verliebt habe, und obwohl so viel Zeit vergangen ist, rast mein Herz bei seinem Anblick genauso sehr wie früher. Phantomgefühle wallen in mir auf, während ich zu begreifen versuche, dass er es wirklich ist. Ich will … ihm um den Hals fallen, ihn an mich drücken, irgendwie den Beweis dafür erfühlen, dass ich mir das hier gerade nicht einbilde, doch sein Gesichtsausdruck hält mich davon ab, ihn zu umarmen, wie ich es als Teenager noch wie selbstverständlich getan hätte. Sein attraktives, fein gezeichnetes Gesicht wirkt kühl, regelrecht distanziert, als wäre es für ihn kein fucking krasser Moment mich wiederzusehen. Nichts, wovon er, wie ich, jahrelang vergeblich geträumt und fantasiert hat, nachdem unser Kontakt unterbunden worden ist. Als würde es nichts bedeuten, der Frau gegenüberzustehen, der er als Mädchen Dinge versprochen hat … alles und noch viel mehr. Scheint so, als hätten seine Versprechen mit der Zeit an Gültigkeit verloren, oder die Maßnahmen meiner Eltern haben sie ausradiert.

Will starrt mich regelrecht feindselig an. »Sorry, dass ich euch belauscht habe, aber ist das dein Ernst? Du tauchst hier auf, nachdem deine Familie das Anwesen über Jahre vor die Hunde hat gehen lassen. Nachdem dein Onkel meine Mutter aus dem einzigen Zuhause, das sie je hatte, geworfen hat; einen Job gekündigt hat, der alles war, was sie hatte, weil ein verdammter *Milliardär* nicht für den Unterhalt des Hauses zahlen wollte, solange es ihm nicht offiziell gehörte? Und jetzt willst du es verkaufen?« Er bebt vor Wut, und ich weiche unwillkürlich einen Schritt zurück. Ja, ein winziger Teil von mir hat aller Vernunft zum Trotz darauf gehofft, Will möglicherweise wiederzusehen, während ich hier sein würde. Dass er vielleicht noch in Watch Hill lebt und ich eine Gelegenheit bekommen könnte, ihm all die Dinge zu sagen, die mir seit Jahren auf der Seele brennen. Weil mir die Möglichkeit genommen wurde, das zwischen uns vernünftig abzuhaken, mich zu erklären oder eine Entschuldigung zu finden. Dass er mich ansehen könnte, als wäre ich für ihn das Schlechte in Person, habe ich nicht erwartet, vielleicht gerade deshalb vermischen sich genau in dem Moment bodenlose Enttäuschung mit leiser Wut.

»Es ist nicht meine Schuld, dass das Haus in diesem Zustand ist«, entgegne ich knapp. »Glaub mir, ich hatte keine Ahnung, und es hat mir das Herz gebrochen, als ich gestern angekommen bin und den Zustand mit eigenen Augen gesehen habe. Ich hab schon überlegt, in ein Hotel zu gehen, weil kaum ein Raum richtig bewohnbar ist.« Tatsächlich kampiere ich aktuell auf einem Chesterfield-Sofa im alten Lesesalon meines Großvaters, weil alle Teile des Hauses, die Richtung Küste liegen, beschädigt sind. Und tja, irgendwer hat die besitzerlose Zeit ausgenutzt und große Teile der Möbel weggeschafft – unter anderem so gut wie alles an Einrichtung aus den Gästezimmern im ersten Stock. Ich verdächtige Tante Dido, die schon vor Grannys Tod auffällig oft davon gesprochen hat, welche Erbstücke sie sich sichern möchte, und versucht hat, sie ihr zu Lebzeiten abzuschwatzen. Ungewöhnlich, dass sie Boxspringbetten und Kommoden dazuzählt. Aber womöglich musste ihr neues Ferienhaus an der Côte d'Azur eingerichtet werden, und von reichen Leuten kann man bekanntlich das Sparen lernen.

Will wirkt nicht im Geringsten besänftigt. Weiter brodelnd verschränkt er stattdessen die Arme vor der Brust, dabei fällt mir auf, wie sehr sich sein Look inzwischen verändert hat – sein ganzes Auftreten; alles an ihm. Ich will nicht snobby wirken, aber er war immer ein simpler Typ, der aus einer völlig anderen Welt als ich kam und dem der Reichtum, mit dem ich aufgewachsen bin, nichts bedeutet hat. Heute allerdings … steckt er in einem meisterhaft geschnittenen dunkelblauen Anzug, mit dem er sich perfekt unter das schicke Publikum auf dieser Party mischt. Akkurat gestylte Haare mit kurz rasierten Seiten, schicke Armbanduhr, selbstbewusste Körperhaltung, die verströmt, dass er sich an diesem Ort pudelwohl fühlt. Ich glaube, Letzteres überrascht mich am meisten. Denn den Will Westbrook, den ich kannte, hätten keine zehn Pferde in diesen elitären Yachtclub gebracht, selbst wenn er es sich hätte leisten können. Er hat nie Wert auf die Society gelegt, wollte gar kein Teil derjenigen werden, die jeden Sommer in diesen Küstenort strömen und ihn mit Glamour und Oberflächlichkeiten anreichern. Lieber hat er mich in die einheimischen, rustikalen Ecken von Watch Hill entführt, mir sein Leben gezeigt, wie es aussieht, wenn wir anderen nach dem Labour Day zurück in die Stadt verschwinden und diesen Ort für den Rest des Jahres vergessen – wobei es mir nie möglich gewesen ist, *ihn* zu vergessen. William August Westbrook hat 24/7 eine Rolle in meinen Gedanken gespielt; ob ihm das nun bewusst gewesen ist oder nicht. Selbst dann, als er meine Mails nach diesem Sommer vor zehn Jahren nicht mehr beantwortet hat.

»Es ändert trotzdem nichts daran, dass du es verkaufen willst.« Seine Stimme ist ein unversöhnliches Grollen, das sich mit Leichtigkeit über die Musik und das Gesprächsgewirr um uns herum hebt. »Bedeutet dir dieser Ort denn gar nichts mehr? Willst du es wirklich an einen der Immobilienhaie verscherbeln, die seit Jahren ihre Kreise um das Grundstück ziehen? Zufällig weiß ich, dass Richard Lundirk bereits Pläne für einen Hotelkomplex hat, den er dort errichten möchte. Euer Land ist ein Filetstück, das sich ein Mogul wie er liebend gerne krallen und verschandeln würde.«

Ein Kloß wandert meine Kehle hinauf, und egal wie viele Schlucke ich von meinem Drink nehme, er verschwindet einfach nicht. Die

Möglichkeit, die Will da gerade aufzeigt, lässt alles in mir schmerzhaft eng werden. Weil mir klar ist, dass ich bei einem Verkauf auf so eine Option zusteuern könnte und mich nur die Vorstellung, was aus diesem besonderen Ort meiner Kindheit werden könnte, niederschmettert. Aber die Arbeit, mit der ich mich am Anwesen ausgesetzt fühle, überfordert mich mindestens genauso. Wahrscheinlich könnte ich es mir dank meines Trust Funds leisten, die Kosten für eine Komplettsanierung zu stemmen, aber was dann? Sollte ich allein in diesem Haus sitzen, das früher der geliebte Hort einer ganzen Dynastie war? Von denen jetzt keiner mehr herkommen würde, weil wir uns über das elendige Erbe so dermaßen zerstritten haben? Ich weiß ja nicht mal, was ich mit meiner Zukunft anfangen soll, nachdem gerade erst meine Traumkarriere zerbrochen ist; ganz zu schweigen davon, mir eine renovierungsbedürftige Villa ans Bein zu binden.

»Ich weiß nicht, wie«, platzt es deswegen emotionaler, als es in diesem Moment womöglich angebracht wäre, aus mir heraus. Aber genun, Will hat beschlossen, nach jahrelanger Funkstille in mein Gespräch mit Amber zu platzen und mich mit seiner Wut über mein Vorhaben zu überschütten. *Er* hat darauf verzichtet mich wie eine alte Freundin zu begrüßen und erst mal Small Talk zu halten, sondern stattdessen kaum verhohlene Vorwürfe losgelassen. »Vacation Villa ist in einem desolaten Zustand, und ich habe keine Ahnung, wo ich überhaupt beginnen sollte. Dieser Ort löst so viel in mir aus, und das wenigste davon ist positiv. Mein Leben liegt in Scherben, Will, wovon du keine Ahnung hast, also bitte lass mich mit diesen Vorwürfen in Ruhe, wenn ich hiermit so dermaßen überfordert bin und gerade keine andere Lösung für mich sehe.«

Innerlich brodelnd starre ich ihn an, die Luft zwischen uns ist aufgeladen und dicht, als würde sich in diesem kleinen Raum einer der Blizzards zusammenbrauen, der das Haus meiner Großmutter an seine Grenzen gebracht hat. Ähnlich fühle ich mich. Als würden Sturmwellen und Böen an mir reißen, Blitze durch mich zucken und nur ein kräftiger Regenstoß fehlen, um mich einstürzen zu lassen.

Will schluckt sichtlich, für einen Moment unverkennbar von meinem emotionalen Ausbruch, der absolut untypisch für mich ist, aus dem Konzept gebracht. Dabei hat er früher immer an mich appelliert, mutiger zu werden und meine Emotionen zu teilen, als ich noch so viel mehr ein folgsames, zurückhaltendes Mäuschen war. Als ich mich so sehr an die Regeln meiner Familie, die nach Contenance und Würde verlangt haben, geklammert habe und nie für mich selbst eingestanden bin. Eine Weile mustert er mich schweigend, rollt nachdenklich die Lippen aneinander und lässt dann den Blick über das Wasser im Hafenbecken wandern. »Ich helfe dir.«

Einigermaßen verblüfft öffne ich den Mund, aber es kommt nur Gestammel heraus. »W-was?«

Als müsste er eine Verspannung loswerden, rollt Will mit den Schultern. »Ich hab inzwischen mein eigenes Architekturbüro, direkt in Westerly. Eigentlich hatte ich vor, den Sommer über weniger zu arbeiten, aber für die Villa bin ich bereit, eine Ausnahme zu machen. *Jede.*«

Damit wäre wohl geklärt, wie er nach all der Zeit zu mir steht. Die Villa, das Heim seiner Kindheit, bewegt ihn dazu, seinen Sommer zu opfern. Was ist es nur mit diesem Haus, dass es allen so viel mehr zu bedeuten scheint als die Menschen in ihrem Inneren?

»Das musst du wirklich nicht«, protestiere ich deswegen lahm. »Ernsthaft, wir beide haben nichts mehr miteinander zu tun, und es würde sich nicht richtig anfühlen …«

»Papperlapapp.« Amber, die sich in Luft aufgelöst zu haben scheint, seit Will zu uns gestoßen ist, feiert ihre grandiose Rückkehr und fällt mir jetzt energisch ins Wort. »Was Becca eigentlich sagen will, ist: Sie wäre wirklich sehr dankbar über deine Hilfe, Will-Liebling. Keine Ahnung, warum ich selbst nicht direkt darauf gekommen bin, dich vorzuschlagen. Watch Hills Star-Renovierer!«

Aufgebracht funkele ich meine Freundin an, die aktuell die Mission zu verfolgen scheint, mich in Teufels Küche zu bringen. Stumm versuche ich ihr zu verstehen zu geben, dass es katastrophal wäre, mich und Will noch einmal einen Sommer lang auf engstem Raum zusammenzubringen. Allein diese kurze Begegnung mit ihm wirft alles in mir durcheinander, dabei habe ich schon einmal zu lange gebraucht, um über ihn hinwegzukommen. Irgendwas sagt mir, dass mir exakt dasselbe wieder drohen könnte, nur dass es diesmal mit einem Mann wäre, der dazugelernt hat und womöglich noch katastrophaler für mein Herz sein könnte, als er es als Teenager gewesen ist.

Genau in diesem Moment zerreißt ein ohrenbetäubender Knall den Himmel über uns und ein bunter Lichterschauer durchbricht die nächtliche Schwärze. Rote, weiße und blaue Funkenschauer explodieren über unseren Köpfen. Die Musik wird leiser gedreht und die Aufmerksamkeit aller Partygäste richtet sich auf das feierliche 4th-of-July-Feuerwerk, das über dem Hafen von Watch Hill in die Luft geht. *Alle Gäste*; bis auf ein paar braun umrandeter, blauer Augen, die ich während des ganzen Spektakels einzig auf mir ruhen spüre – auch, wenn ich es nicht wage, meinerseits zu ihm rüberzusehen.

Heute wie damals ist der Independence Day mein Startschuss für einen Sommer mit Will. Mit dem winzigen Unterschied, dass wir inzwischen beide erwachsen sind und ich genau einschätzen kann, wie gefährlich er mir immer noch werden kann. Fragt sich nur, ob mein Herz das auch kapiert.

Kapitel 3

Fixer Upper

Am Montag, drei Tage nach dem Independence Day am Freitag, bin ich zu der Überzeugung gekommen, dass die Begegnung mit Will und sein störrisches Angebot nichts weiter als ein Traum gewesen sein müssen. Eine nette Einbildung vielleicht, weil dieser Kerl für mich untrennbar mit Watch Hill verknüpft ist und es nur eine Frage der Zeit war, bis ich an ihn denken würde.

Zumindest ist das die einzig logische Erklärung dafür, dass ich seit dem Wochenende nichts mehr von ihm gehört habe. Dabei wäre er am Zug. *Ich* habe keine Ahnung, wo er inzwischen wohnt, und werde sicher nicht so weit gehen, sein Architekturbüro zu suchen, obwohl mich dieses Detail wirklich interessiert. Will war schon immer handwerklich und gestalterisch begabt gewesen und hat sich bei meiner Familie beliebt gemacht, indem er rund um das Haus kleinere Reparaturarbeiten übernommen hat. Lose Zaunlatten fixen, den Fensterläden einen neuen Anstrich verpassen, den streikenden Aufsitzrasenmäher wieder in Gang bringen. Es interessiert mich brennend, ob er studiert, wann und warum er sich für diesen Karriereweg entschieden hat und wie ihm das alles gelungen ist. *Ein eigenes Architekturbüro mit sechsundzwanzig, irre.* Egal, wie viel Zeit vergangen ist oder wie er mir inzwischen gegenübersteht; mich interessiert noch immer alles an ihm, und mein Herz schmerzt, wenn ich daran denke, was ich verpasst habe. Wie viel ich nicht mehr von ihm weiß, obwohl es doch einmal eine Zeit gab, in der ich dachte, alles von ihm zu kennen. Die Erkenntnis, was wir hätten teilen können, wenn wir andere Menschen gewesen wären, tut verdammt weh. Wenn ich so frei gewesen wäre, ihn zu wählen, wie ich es damals wollte.

Um diese niederdrückenden Gedanken zu vertreiben, schwinge ich mein linkes Bein auf das Geländer der Veranda – die hüfthohe Brüstung ist morsch, aber hier, direkt am Eingang, noch stabil genug, um meinen Dehnübungen standzuhalten. Ich mag mir vielleicht das Knie ruiniert haben, wodurch ich meine professionelle Ballettkarriere aufgeben musste, doch eine Invalidin bin ich noch lange nicht. Auf brutal anspruchsvollem Profiniveau kann ich nicht mehr mithalten, im Alltag komme ich allerdings bestens zurecht und auch mein persönliches Training kann ich durchziehen – damit könnte ich niemals aufhören. Weil ich das Tanzen brauche wie die Luft zum Atmen und momentan mehr denn je auf das Ventil angewiesen bin, das es mir für meine Emotionen bietet. Deswegen mache ich mich an mein Barre-Work-out, um warm zu werden, dehne meine überspannten Muskeln und versinke vollkommen in der vertrauten Abfolge der Bewegungen.

»Wusste ja gar nicht, dass ein Stretch-Out nötig ist, bevor es ans Renovieren geht.«

Ich halte inne, ein Bein für die *Grand Battement*-Übung von mir gestreckt, und obwohl es meinem Körper gelingt, die Balance zu halten, sieht es in meinem Inneren völlig anders aus. Alles in mir gerät ins Wanken, als Wills Stimme fröhlich und leicht neckend hinter mir ertönt. *Das* ist der Kerl von früher, nicht die Version von ihm, die ich am Freitag im Jachtclub getroffen habe. Er schlendert über die Zufahrt auf mich zu; in sportliche schwarze Shorts und ein graues Funktionshirt gekleidet, inklusive einer Vintage-Sonnenbrille, die ihn entschieden zu cool aussehen lässt. Smart und stylish und unfassbar heiß. Daneben fühle ich mich in meinem babyrosa Tanz-Body und dem Messy Bun entschieden zu verlottert.

Noch immer ziemlich überrumpelt von seinem Auftauchen, puste ich mir eine kastanienbraune Strähne aus der Stirn. »Meine Kurse beginnen erst ab elf. Du bist zu früh dran.«

An den Stufen zur Veranda bleibt Will stehen und schaut zu mir hoch – trotz der getönten Gläser vor seinen Augen spüre ich seinen Fokus überdeutlich auf mir. »Perfekt. Dann bleiben uns noch zwei Stunden, um uns einen ersten Überblick zu verschaffen und zu überlegen, welche Maßnahmen wir wann und wie angehen.«

Ich zwinge meinen festgefrorenen Körper, die gespannte Tanzpose aufzugeben, was sich ein wenig so anfühlt, als müsste ich angerostete Metallrohre auseinanderbiegen. Möglichst locker lehne ich mich dann mit der Hüfte an die Brüstung. »Was genau wird das hier, Will?«

Er runzelt die Brauen. »Ich hab dir doch am Freitag angeboten, bei der Renovierung zu helfen. Das war ernst gemeint.«

Immer noch nicht überzeugt, ob das wirklich eine gute Idee sein könnte, ziehe ich die Unterlippe zwischen die Zähne. »Am Freitag hatte ich nicht den Eindruck, du wärst besonders gut auf mich zu sprechen.«

»Weil es mir den Boden unter den Füßen weggezogen hat, dich so unvermittelt wiederzusehen. Zehn fucking Jahre, Becca! Und das Erste, was ich von dir höre, ist, dass du überlegst, dieses Haus zu verkaufen. Das war …« Er schüttelt den Kopf, den Blick zu Boden gerichtet. »Es tut mir leid. Meine Reaktion war nicht fair oder rational und unser Wiedersehen nicht so, wie ich es mir immer ausgemalt habe.«

Mein närrisches, unkaputtbares Herz legt einen kleinen Looping hin, als er das sagt. Heißt das … er hat sich genauso wie ich gewünscht, dass wir uns eines Tages wiedersehen? Immer wieder, über all die Jahre hinweg? »Wie hätte dieses Wiedersehen deiner Meinung nach denn eigentlich ablaufen sollen?« Keine Ahnung, woher ich die Courage finde, das wirklich auszusprechen.

Sofort schnellt seine Aufmerksamkeit zurück zu meinem Gesicht und sein rechter Mundwinkel hebt sich zu einem halben Lächeln. »Ich glaube nicht, dass du mit sämtlichen Details aus meinen Vorstellungen einverstanden wärst, aber ungefähr so …« Mit großen, ausholenden Schritten springt er die Stufen hoch und ehe ich michs versehe, zieht er mich in eine feste Umarmung. Eine Will-Umarmung. Und wie damals überkommt mich auch jetzt wieder, da sich seine Arme um mich schließen und ich gegen seine Brust gedrückt werde, dieses unumstößliche Gefühl von Richtigkeit. Mein Herzschlag beruhigt sich, meine Atemzüge werden tiefer, und ich kann mich dem Fakt nicht entziehen, dass es sich wie ein Nachhausekommen anfühlt. Und ich ziemlich gerne auch von seinen anderen Vorstellungen erfahren würde, mit denen ich seiner Meinung nach nicht einverstanden sein könnte.

Als er schließlich zurücktritt, schlinge ich automatisch die Arme um meinen Oberkörper, weil ich mich plötzlich ein wenig schutzlos und leer fühle. Doch da ich mich mit der Zeit an dieses Gefühl gewöhnt habe, schaffe ich es auch jetzt irgendwie, ihm ein tapferes Lächeln zu schenken. »Du bist also wirklich hier, um mit mir an diesem Haus zu arbeiten?«

Er nickt – ernst und aufrichtig. »Es ist deines, Becca. Und du solltest es nicht verkaufen, nur weil du dich überfordert fühlst. Das hätte deine Gran nicht gewollt.«

Irgendwie habe ich vergessen, dass er meine Familie genauso gut kennt wie ich. Granny hat ihn immer besonders gemocht und uns mehr als einmal ein Alibi verschafft, wenn wir uns als Teenager rausgeschlichen haben, um eine Strandparty mit seinen Freunden zu besuchen. Darum bemüht, die Erinnerungen an früher abzuschütteln, straffe ich meine Haltung – ganz die trainierte Ballerina. »Okay, wenn es dir wirklich ernst ist, dann bin ich dabei. Wüsste sonst sowieso nichts mit mir anzufangen.« Denn das ist die deprimierende Wahrheit. Mein Sommer in Watch Hill ist eine Flucht aus New York, wo exakt gar nichts auf mich wartet. Meine Karriere war so lange alles für mich gewesen, und nachdem sie so ein abruptes Ende gefunden hat, begreife ich erst in diesem Moment, wie sehr ich eine Aufgabe gebraucht habe. Egal, wie überfordernd sie wirkt. Vacation Villa könnte für die nächste Zeit meine *life line* sein, bis ich alles in mir sortiert und geordnet habe, um meine nächsten Schritte zu planen. Ehe meine Eltern auf den Plan treten, meine momentane Schwäche ausnutzen und mich endgültig davon überzeugen, dass es von Anfang an eine bessere Wahl gewesen wäre, auf sie zu hören: den Finance Bro zu heiraten, mit dem sie mich seit Ewigkeiten verkuppeln wollen, und mir eine Charity suchen, deren Schirmherrschaft ich zu meinem Lebensinhalt mache. Ich bin selbstkritisch genug, um zu wissen, dass ich mich an einem Punkt der ultimativen Schwäche in meinem Leben befinde und mich womöglich von einem Versprechen von Sicherheit und Struktur einlullen lassen könnte. Also lieber hierbleiben, mir mit Will die Hände schmutzig machen – wirklich nur die – und auf diesem Weg meine Prioritäten ordnen.

Kapitel 4
Ace of Hearts

Mit Will einen Rundgang durchs Haus zu unternehmen, um uns einen Überblick über die Schäden und nötigen Maßnahmen zu machen, ist gelinde gesagt … seltsam. Für uns beide. Ich spüre ganz genau, wie uns Sentimentalität überkommt, in jedem Raum, den wir durchqueren, weil jede Ecke so vollgepackt ist mit Erinnerungen und Details. Für ihn, weil das hier so lange sein Zuhause war; für mich, weil alle wichtigen Einschnitte meines Lebens hier stattgefunden haben.

Meine ersten wackeligen Tanzvorstellungen für Granny auf dem Teppich im großen Wohnzimmer.

Die Küchentheke, auf der ich mit dreizehn gesessen und das erste Mal dieses unerklärliche Kribbeln im Bauch gespürt habe, als Will mir neckisch eine der Kirschen in den Mund gesteckt hat, die er für den berühmten Cherry Pie seiner Mutter eigenhändig entkernt hatte.

Der Einbauschrank unter der großen Haupttreppe, in dem ein zehnjähriger Will seine persönlichsten Schätze in einem Schuhkarton versteckt hatte und mir eines Abends feierlich präsentiert hat – und aus der ich mir irgendwann eine der Spielkarten aus dem abgegriffenen Vintage-Deck gemopst habe, das zu seiner Sammlung gehört hat. Das Design ist von Salvador Dalí entworfen worden, hat er mir stolz erklärt, und ich war sofort fasziniert. Ich bezweifle, dass ihm je aufgefallen ist, dass die Herz-Ass-Karte fehlt, genauso wenig, wie er nie erfahren wird, dass sie bis heute im hintersten Fach meines Geldbeutels steckt. Nachdem er mir schon als Kind das Herz gestohlen hatte, kam es mir nur fair vor, sein *Ace of Hearts*-Blatt zu nehmen und es wie einen Talisman zu verwahren.

Wir treten nach draußen, auf den Teil der Veranda, die in Richtung Meer zeigt und in ein großzügiges Sonnendeck inklusive Pool übergeht. Und wie schon bei meinem eigenen Rundgang kurz nach meiner Ankunft, sinkt mein Herz, als ich die kaputte Schaukelbank sehe. Einer der Blizzards muss die Ketten, an denen sie hing, aus der Verankerung gerissen haben, weshalb sie jetzt als trauriger Haufen zu meinen Füßen liegt. Inklusive etlicher Bodenlatten, die morsch, angeknackst oder komplett eingebrochen sind.

Will steht so nah neben mir, dass sein bloßer Unterarm meinen streift. Der Kontakt mit den rauen Härchen bereitet mir eine Gänsehaut.

»Die Bank müssen wir wohl entsorgen«, resümiere ich ein wenig geknickt und teste gleich darauf die Stabilität einiger Planken mit dem Fuß. »Muss man den Boden hier komplett neu machen oder genügt es, die kaputten Teile zu ersetzen?«

»Äh, was?« Meine Frage scheint ihn aus seinen Gedanken gerissen zu haben, weshalb ich sie wiederhole.

Mit Expertenblick schaut er sich um, die Sonnenbrille inzwischen auf den Kopf geschoben, und gibt ein nachdenkliches Brummen von sich. »Denke, hier hinten auf der Seeseite wirst du nicht umhin kommen, die Veranda grundlegend zu erneuern. Vorne sieht es besser aus. Aber das ist alles machbar.« Ermutigend drückt er kurz meine Schulter – seine Berührung glüht wie ein Brandmal auf meiner Haut – und wendet sich dann ab, um die Holzverkleidung und Fenster zu inspizieren. Irgendwann höre ich ihn leise fluchen. »Ich lebe davon, die Häuser der reichen Säcke hier in der Gegend wieder auf Vordermann zu bringen, aber *damn*, sie sind alle gleich.« Er wirft mir einen entschuldigenden Blick zu, doch ich nehme es ihm nicht übel – ich kann nicht leugnen, zu den *reichen Säcken* zu gehören. Inklusive aller Vor- und Nachteile.

»Bilden sich weiß Gott was auf ihre Küstengrundstücke in Watch Hill ein und fahren mit den größten Karren und Jets vor, sind aber jedes Mal zu geizig, um rechtzeitig mit Instandhaltungsmaßnahmen zu beginnen. Dieses Haus hätte fünf Jahre Leerstand viel besser weggesteckt, wenn dein Onkel schon zu Lebzeiten deiner Großmutter ein wenig Geld in die Hand genommen hätte. Das Wetter hatte leichtes Spiel mit all dem morschen Holz, das er Jahr für Jahr nur mit einer neuen Schicht Farbe überdeckt hat.«

Ja, Onkel Hector und sein Geiz sind legendär. Weswegen es mich plötzlich umso mehr befriedigt, dass das Haus an mich gegangen ist. Zwar bin ich mir weiterhin etwas unsicher, was die ganzen Restaurierungen angeht, dennoch bin ich entschlossen, Vacation Villa die Liebe zu geben, die sie verdient.

»Sag mal.« Fünf Minuten später, auf dem Weg unters Dach, um uns die Schindel-Situation anzusehen, wage ich mich zu einem Thema vor, das mir ungemein auf der Zunge brennt. »Hast du studiert? Wo? Und seit wann bist du dein eigener Boss?«

Von den Treppenstufen über mir wirft er mir angesichts des hemmungslosen Fragenstroms ein verschmitztes Lächeln zu. »Neugierig, Miss Hawthorne?«

Ein Prickeln läuft meinen Nacken hinunter, weil er … entschieden flirty klingt. Und ich feststellen muss, dass ich nichts dagegen habe. So was von gar nicht. Diese Selbstsicherheit, die er mit den Jahren dazugewonnen hat, verwebt sich nahtlos mit dem unwiderstehlichen Charme, den er schon immer besessen hat. Gefährliche Mischung.

Will hält mich mit seinen Antworten hin; begutachtet zunächst fachmännisch von innen die Schäden am Dach, und mir bleibt nichts anderes übrig, als ihn fasziniert dabei zu beobachten. Wie er durch die Lichtstreifen der schmutzigen Gaubenfenster schreitet, in denen dicke Staubflocken tanzen. Und dabei Gefühle in mir rumoren, die ich so lange vergessen glaubte. Ich will … die Hand ausstrecken und eine Fluse wegzupfen, die sich in seinem glänzenden Haar verfangen hat. Die sonnengebleichten Strähnen durch meine Finger gleiten lassen und mir vorstellen, wie es wäre, ihn daran zu einem Kuss an mich zu ziehen. Ein Kuss, um meine Wunden zu kitten. Ein Kuss, um mich daran zu erinnern, dass in meinem Leben noch mehr auf mich wartet und ein Ende nicht immer den Ruin bedeuten muss.

Aber ich beherrsche mich, weil sich Will zum Abschluss seiner Inspektion mit einer Miene zu mir umwendet, die mir unerklärlicherweise das Herz schwer werden lässt. Er sieht aus wie an diesem letzten Abend auf der Schaukelbank vor zehn Jahren; brennende Augen, aus denen Sehnsucht brüllt, die jedoch von einer Verzagtheit um seine schönen Lippen gebremst wird, die den Sieg davontragen wird. Der Sommer, in dem ich fünfzehn wurde, hat alles verändert, und ich spüre die Konsequenzen bis heute.

»Du willst wissen, warum ich es geschafft habe?« Will macht über knarzende Holzdielen einen Schritt auf mich zu. »Warum ich mir in den letzten beiden Jahren auf der Highschool den Arsch aufgerissen habe, um die bestmöglichen Noten und damit ein Vollstipendium für die UCLA zu bekommen? Warum ich jeden einzelnen Tag härter gearbeitet habe und es doch nie genug war? Nie sein wird?« Er steht jetzt so nah vor mir, dass ich den Kopf in den Nacken legen muss, um ihm in die Augen zu sehen, und der Orkan, der in ihnen tobt, reißt mich mit. Wenn ich mich nicht ganz irre, trägt dieses Sturmtief meinen Namen. Becca.

»Du bist der Grund.« Wills Stimme ist fast nur ein Wispern, aber er muss nicht schreien oder toben, um mir seine Worte ins Herz zu rammen. »Oder besser gesagt dein Vater. Er hat mich … kurz nachdem sie uns erwischt haben, zur Seite genommen. Direkt, nachdem sie dich in den Wagen gesetzt haben und ich zuschauen musste, wie sie dich wegschicken, und ich da schon wusste, dass es für immer sein würde.«

Die Erinnerung an diesen Tag zerreißt mich noch immer. Meine Mutter hatte uns ertappt; eng umschlungen im hohen Dünengras am Strand, verloren in einem Kuss, der uns unvorsichtig hat werden lassen. Es waren die ersten Küsse meines Lebens in diesem Sommer mit Will und sie haben dafür gesorgt, dass die Hölle über mir zusammengebrochen ist. Weil meine Eltern komplett ausgerastet sind, als sie erfahren haben, dass ich mich *mit dem Sohn einer Bediensteten* eingelassen habe und ich so naiv war, darauf zu beharren, dass ich niemand anderen außer Will wollte. Dass er meine große Liebe gewesen ist und sie sich ihre Pläne für mich sonst wohin stecken konnten. Als Konsequenz wurde ich von Vacation Villa verbannt, jeglicher Kontakt zu Will unterbunden und *natürlich* ist er genauso wenig ungeschoren davongekommen. Eigentlich bin ich mir ziemlich sicher, dass es nur Granny zu verdanken war, dass Dad in seinem Zorn nicht dafür gesorgt hat, dass Mrs. Westbrook und ihr Sohn in hohem Bogen rausgeworfen wurden. Zumindest nicht zum damaligen Zeitpunkt.

»Will …«, wispere ich schmerzerfüllt, doch er schüttelt den Kopf.

»Dein Vater hat mir schonungslos klargemacht, was und wer ich in seinen Augen bin – in dieser Welt, die das Geld regiert: ein Arbeiterkind, dazu geboren, um in der Schicht zu bleiben, der ich entstamme. Ein Versager ohne Ressourcen oder Möglichkeiten, der niemals in deiner Liga spielen würde. Niemals gut genug für dich. Er wollte mich brechen, dabei hat er das genaue Gegenteil bewirkt. Okay, ich war am Boden, nachdem sie dich von hier weggerissen haben und ich keinen Kontakt mehr zu dir haben durfte, aber dieser Schmerz hat meine Wut genährt. Meine Entschlossenheit, ihm und allen anderen das Gegenteil zu beweisen. Ich bin noch lange nicht am Ziel und wahrscheinlich wird es mir nie ganz gelingen, weil ich ein Emporkömmling bin, aber ich weiß, was ich wert bin. Und dass ich das alles aus eigener Kraft geschafft habe.«

Ich hatte nie auch nur den geringsten Zweifel an ihm. Daran, wie klug und begabt und fähig er ist. Das war einer der Gründe, warum ich mich als junges Mädchen Hals über Kopf in ihn verliebt habe und ihm jeden Sommer mehr verfallen bin. Und obwohl ihm von meiner Familie und so vielen anderen Menschen das Gefühl vermittelt wurde, minderwertig zu sein, ist es doch er, neben dem wir mit unserem geerbten Reichtum die Loser sind. Was gibt meinem Vater, für den sein Job als Investmentbanker nie mehr war als ein Zeitvertreib, das Recht, auf ihn herabzusehen? Dad hat keine Sekunde seines Lebens auch nur einen Finger krumm gemacht, aber verurteilt andere Menschen, die keine andere Wahl haben. Ja sogar mich, weil ich mich für eine ernsthafte Karriere im Ballett entschieden habe, statt Socialite zu werden.

Ermutigt von Wills rohem Eingeständnis, hebe ich eine Hand und streife sanft seine Wange. Das Gefühl, ihn wirklich und wahrhaftig zu berühren, flutet mich als reines, elektrisierendes Hochgefühl. Und wieder ist da diese Überzeugung, dass das hier richtig und ein Nachhausekommen ist. Er ist das Herz-Ass, das ich immer wieder aus einem Kartendeck ziehen möchte, um mein Spiel zu gewinnen.

Ich möchte den Mund öffnen und ihm genau das erklären – dass er *mir* all das nie beweisen musste, weil ich ihn ungeachtet aller Umstände wollte –, will die verschwindend geringe Distanz zwischen uns überbrücken und mich zu seinem Mund hochrecken, doch Will macht einen Schritt von mir weg. Er entzieht sich meiner Berührung, ein gezwungenes Lächeln auf den Lippen, das ich ihm nicht ganz abnehmen kann. Und der Ausdruck in seinen Augen bestätigt mir unmissverständlich, dass das hier eine Zurückweisung ist. Dass er genauso wie ich gespürt hat, dass dieser Kuss zwischen uns für eine Millisekunde eine Möglichkeit gewesen ist. Er war zum Greifen nah, doch der Moment ist zerplatzt, und ich finde keine Worte, um Will zu sagen, dass er wegen mir nicht weiterkämpfen muss. Dass er für mich immer gut genug war, egal was er erreicht hat, egal wie erfolgreich er ist.

Doch der Mut zu dieser Erklärung verlässt mich, als er sich weiter entfernt, sich mit einer energischen Geste über den Mund wischt und mich dann mit seinem erzwungen heiteren Grinsen ansieht.

»Wir haben einiges an Arbeit vor uns diesen Sommer.«

Kapitel 5

Porch Swing Promises

Die Nachricht, dass Will Westbrook und Becca Hawthorne über den Sommer Vacation Villa gemeinsam renovieren, verbreitet sich in Watch Hill wie ein Lauffeuer. Und natürlich dauert es keine Woche, bis die Flüsterpost auch meine Eltern erreicht, die daraufhin mein Handy mit Nachrichten und Anrufen bombardieren. Ich ignoriere sie alle. Nach dem, was ich von Will über die Ansage meines Vaters erfahren habe, bin ich noch weniger geneigt als ohnehin schon, mit ihnen zu sprechen, und lasse sie lieber meine Mailbox vollspamen. Ich wünschte, ich hätte schon mit fünfzehn einen Weg gewusst, um mich ihren Einmischungen in mein Leben zu widersetzen, aber spätestens jetzt bin ich an einem Punkt, an dem ich sie konsequent aus meinen Angelegenheiten verbanne.

Außerdem bin ich gerade viel zu glücklich, um mich von ihren Meckereien runterziehen zu lassen. Als ich in Watch Hill angekommen bin, war ich am Boden. Meine Karriere in New York ein scharfkantiger Scherbenhaufen, den ich mit gebrochenem Herzen zurückgelassen habe, ohne Plan, wie meine Zukunft aussehen könnte. Gut, dahingehend bin ich noch nicht schlauer geworden, aber ich habe eine Ablenkung gefunden, die mich rasant aus meinem Loch gehievt hat. Und diese Ablenkung heißt Will Westbrook, der tagein, tagaus mit mir an der Villa schuftet. Wir schleifen, lasieren und streichen unermüdlich Holz, ersetzen morsche Planken, hangeln uns auf das Dach, um fehlende Schindeln zu ersetzen, und verbringen quasi keine Minute, ohne miteinander zu reden. Ein Jahrzehnt Kontaktabbruch steht zwischen uns, und wir schließen die Lücken mit einem unablässigen Strom aus Erzählungen. Ich vertraue ihm so gut wie alles an – abgesehen von der Verletzung, die mein Karriereende bedeutet, weil es einfach noch zu schmerzhaft ist, darüber zu reden. Ansonsten füllen wir jeden Moment mit Details und kleinen Anekdoten, die mir das Gefühl zurückbringen, diesen Menschen bis ins Mark zu kennen. Da ist die Tatsache, dass er noch immer Slushies liebt, die seinen ganzen Mund blau färben, weiterhin alle Ballettstücke aufsagen kann, die ich je aufgeführt habe, und sich daran erinnert, wie ich in seinen Armen geweint habe, nachdem ich auf der Schaukelbank *Ein ganzes halbes Jahr* ausgelesen habe. Will kapert mich genauso mühelos wie früher; mit jedem verschmitzten Lächeln. Jedem langen Blick. Und ich muss mir ohne den geringsten Zweifel eingestehen, dass ich ihn will. So sehr, dass es wehtut und ich nachts wach liege und mir den Kopf darüber zerbreche, wie ich auch nur einen weiteren Tag neben ihm arbeiten soll, ohne endlich über ihn herzufallen. Es wird durchaus nicht besser, sobald er sich um die Mittagszeit sein Shirt auszieht, weil es zu heiß wird. Und ich mir regelmäßig beinahe über den Finger hobele oder von einer Leiter falle, weil mich der Anblick seines schweißglänzenden, wie gemeißelten Oberkörpers aus dem Konzept bringt.

In diesen Tagen, während der Juli voranschreitet und die Strände voller werden, spüre ich deutlicher denn je einen Unterschied zu früher. Will hat damals einer ahnungslosen, hoffnungslos romantischen Becca das Herz gestohlen. Mit flüchtigen Blicken und scheuen Berührungen, von denen wir beide noch nicht so richtig wussten, was sie bedeuteten. Und sobald es uns dann klar geworden war, schwebte die ganze Zeit der Schatten des Verbotenen über uns. Ob ich es damals nun wissen wollte oder nicht – einem Teil von mir ist jeden Sommer klar gewesen, dass meine Schwärmerei für Will keine Zukunft haben würde –, was sie nur umso süßer und verlockender gemacht hat. Damals befanden wir uns in einer Sackgasse, und in meiner Magengrube lag die ganze Zeit dieses ungute, bedrohliche Gefühl, das in dem Moment hochgegangen ist wie eine Ladung Dynamit, als meine Mutter uns erwischt hat. Heute dagegen … ist die einzige Person, die mich aufhält, ich selbst. Und vielleicht Will, dessen Signale ich nicht wirklich deuten kann. Er macht keine Anstalten, sich mir zu nähern, auch wenn ich ganz deutlich seine Blicke auf mir spüre. Die Art, wie seine Aufmerksamkeit immer wieder zu meinen Lippen wandert oder er mich förmlich mit dem schwelenden Ausdruck in seinen Augen auszieht, wenn ich ihm morgens die Tür öffne und er mein Outfit des Tages sieht, das ich jeden Abend sorgsam zusammenstelle, um ihn vielleicht *damit* zu knacken. Ich *weiß*, dass ich tief sinke, wenn ich versuche, ihn mit knappen Shorts und Tanktops um den Verstand zu bringen, aber ich brauche eine Reaktion! Irgendeinen unmissverständlichen Hinweis, um den nächsten Schritt zu wagen.

Die Sommernacht liegt wie eine schwere, betäubend warme Decke über Vacation Villa, als ich an diesem Freitagabend Ende Juli vor dem Haus parke. Ich habe mich nach den Arbeiten mit Amber getroffen, um bei Betty's Cove die besten Lobster Rolls der Gegend zu essen, und als ich jetzt zurückkomme, sehe ich jemanden auf den Stufen zur Veranda sitzen. Wir sind noch nicht dazu gekommen, die Außenbeleuchtung vor dem Haus zu erneuern, dennoch brauche ich kein elektrisches Licht, um zweifelsfrei Will zu erkennen, der die Ellenbogen auf die gespreizten Knie gestützt hat und mit gesenktem Kopf zu Boden schaut. Er wollte noch bleiben, um ein paar Fensterläden zu reparieren, aber ich habe damit gerechnet, dass er längst fort sein würde, sobald ich von meiner Verabredung heimkehre. Wir verbringen nie die Abende miteinander, weshalb mein Herz prompt energischer zu pochen beginnt. Bevor ich aus dem Mietwagen steige, den ich mir über den Sommer geholt habe, schnappe ich mir meine Handtasche und ein Wachspapierpäckchen vom Beifahrersitz.

Will hebt den Kopf, als er mich über den Schotter auf sich zukommen hört. Selbst in der Dunkelheit spüre ich seinen aufmerksamen Blick auf mir. Wie intensiv er mich betrachtet, genau wie bei meinem Aufbruch, als er mich das erste Mal seit Wochen geschminkt und in einem leichten Sommerkleid anstelle von Sportkleidung gesehen hat. Seine Augen auf mir hätten Stahl zum Schmelzen bringen können, dennoch hat er mir nur murmelnd einen schönen Abend mit Amber gewünscht und sich dann abgewandt, um mit jaulendem Akkubohrer ein paar Schrauben in eine Läde zu jagen. Dass er jetzt noch hier ist …

»Ich hab dir eine Lobster Roll von Betty's mitgebracht.« Die Worte platzen aus mir heraus, weil ich keinen anderen Weg finde, um das Schweigen zwischen uns zu brechen. Mit einem aufgeregten Kribbeln im Bauch bemerke ich, wie einer seiner Mundwinkel zuckt. »Hast du Hunger?«

Will schluckt, schaut unverwandt zu mir auf und sagt dann mit rauer Stimme: »Ja.« Unternimmt aber keine Anstalten, das Päckchen mit dem Hummer-Sandwich, das ich ihm hinhalte, entgegenzunehmen. Stattdessen steht er auf und bedeutet mir mit einem Kopfnicken, ihm ins Innere des Hauses zu folgen.

Wir durchqueren das große Wohnzimmer und treten über die großen Sprossentüren hinaus auf die hintere Veranda, wo uns … ein warmer Lichtschein erwartet. Mein Mund klappt auf, als ich nach draußen trete und sehe, dass zwischen den frisch gestrichenen weißen Stützpfosten Lichterketten gespannt sind, die sanft in der Meeresbrise schaukeln. Blitzartig drehe ich mich zu Will um, der sich verstohlen über die Haare streicht und mir ein jungenhaftes Lächeln schenkt.

»Du hast gesagt, dass du dir hier draußen Lichterketten wünschst, und ich habe es ausgenutzt, dass du mal ein paar Stunden aus dem Haus warst, um dich damit zu überraschen.«

Stumm schüttle ich den Kopf, weil ich nicht ganz weiß, wohin mit mir und meinen Gefühlen. Ich habe genau einmal in einem Nebensatz fallen lassen, dass ich diese Beleuchtung gerne hätte, und Will hat lediglich mit einem Brummen reagiert. Dass er das jetzt einfach so getan hat … und nicht nur das. Als ich mich andächtig umschaue, um sein Werk zu bewundern, landet mein Blick auf der kaputten Hängebank – die er anscheinend *nicht* wie angekündigt entsorgt hat. Stattdessen sieht sie wie neu aus und baumelt in alter Pracht von der Überdachung! Er hat meine Bank repariert! Heimlich, still und leise.

Ich kann nichts dagegen tun, dass mir Tränen in die Augen steigen und ich jeden einzelnen Herzschlag in der Kehle spüren kann. Übervoll, überfordert, überglücklich.

»Will …«, hauche ich, während ich mich wie ferngesteuert auf die weiß-blau gestreiften Polster sinken lasse, die er ebenfalls ersetzt hat. Er lässt sich neben mir nieder, stößt uns sanft mit den Füßen an, während ich die Beine an die Brust ziehe und das schwerelose Schaukeln genieße. Weiter nicht ganz glauben kann, dass er das wirklich gemacht hat.

»Ich weiß nicht, wie ich dir danken soll.«

»Das musst du nicht.«

»Aber ich möchte. Du hast dir so viel Arbeit gemacht und extra an mich gedacht.« *So was Aufmerksames hat noch nie jemand für mich getan. Und wenn, dann warst es immer du.*

Knapp schüttelt er den Kopf. »Ich war ziemlich egoistisch, als ich diese Bank wieder aufgebaut habe. Weil sie mir mindestens genauso viel bedeutet wie dir.« Stockend atmet er durch. »Keine Ahnung wie oft ich hier gesessen habe, in den Monaten des Jahres, die du nicht hier warst, und während der ich auf eine neue Mail von dir gewartet habe. Ich hab hier gesessen, wenn das Haus verlassen war, nur Mum, ich und der Gärtner da waren und ich in jedem Knarren der Ketten das Echo deines Lachens gehört habe. Deinen Duft in den Kissen gerochen habe. Die Sehnsucht nach dir in jedem Schaukelschwung gespürt habe.«

Mein Atem stockt, weil meine Kehle so eng wird, während ich dem gebrochenen Klang seiner Worte lausche. Ihn genau vor mir sehen kann, wie er als Teenager an einem grauen Herbsttag oder verregneten Frühlingsmorgen hier draußen saß und an den Sommer gedacht hat. Im Stadthaus meiner Eltern habe ich mindestens genauso oft am Fenster meines Zimmers gesessen und mich zurück nach Watch Hill geträumt. Genau hierher, wo mein Herz gewartet hat; bei ihm versteckt, wie all seine Schätze in der Box unter der Treppe.

Ich strecke die Beine aus und Will überrascht mich, indem er mich an den Knöcheln packt, näher rutscht und meine Waden auf seinen Schoß legt; eine Hand erstaunlich besitzergreifend um mein lädiertes Knie geschlungen. Er weiß nichts von meiner Verletzung, sein Griff an genau dieser Stelle ist garantiert rein zufällig, und doch fühlt es sich an wie eine Mahnung, ihm endlich davon zu erzählen. Dieses letzte bisschen von mir für ihn zu öffnen, weil ich ihm auch diese niederschmetternde Wahrheit über mich anvertrauen will.

Er räuspert sich. »Auf dieser Bank hab ich mich in dich verliebt. Oder genauer gesagt: Während wir eines Abends hier gesessen haben, ist es mir so richtig klar geworden. Die Erkenntnis hat mich wie ein Blitz getroffen und ist nie verschwunden, egal, wie sehr ich mich bemüht habe. Ich … fuck Becca, ich weiß nicht weiter.« Gemächlich streichelt er mein Bein auf und ab; bis zum Saum meines Kleides und wieder nach unten. Für einen Moment komplett in Gedanken verloren. »Du bist zurück, und obwohl mich jede meiner Fasern anschreit, dort weiterzumachen, wo wir vor zehn Jahren aufgehört haben, kann ich nicht. Ich habe nichts getan, egal, wie wahnsinnig mich deine Nähe macht, weil ich genau weiß, dass sich die Geschichte wiederholen wird. Du bist wieder nur einen Sommer lang hier; dein Leben spielt sich in New York ab, am Ballett, und egal wie sehr ich mich anstrenge; unsere Welten sind immer noch getrennt und nichts, was sich so leicht vereinen lässt. Ich habe angeboten, mit dir das Haus zu renovieren, und dachte, das sei eine gute Idee, aber ich kann das nicht noch mal: dich lieben und dann zusehen, wie du gehst. In ein Leben verschwindest, in das ich dir nicht folgen kann, weil mein Platz hier ist.«

Einige Hundert Meter von uns entfernt krachen die Wellen gegen den Strand, die laue Nachtluft trägt den Geruch von Salz zu uns herüber, das ich zu oft auf meinen Lippen geschmeckt habe. Weil ich geweint habe um eine Liebe, die nicht sein durfte, und keine Ahnung hatte, dass Will auf mich gewartet hat. Die ganze Zeit. Mit derselben Sehnsucht und unzerstörbaren Hoffnung. Seine Worte machen mir klar, dass ich ihm während der Arbeiten vielleicht eine Menge von mir erzählt habe, aber um einen Punkt einen großen Bogen gemacht habe, weil diese Tatsache immer noch zu sehr schmerzt. Aber in diesem Moment drängt sie aus mir heraus; so sehr, dass ich mich seinem Griff entziehe, mich aufrichte und auf den Knien zu ihm rutsche.

»Es gibt kein Ballett, zu dem ich zurückkehren könnte.«

Seine Lippen öffnen sich, verwundert und ohne zu verstehen, also vertraue ich ihm meine schmerzhafteste Wahrheit an. Ihm, der schon immer der beste Hort für all meine Gefühle gewesen ist, weil er sie sicher und treu verwahrt hat. »Ich muss meine Karriere beenden, mein Knie macht nicht mehr mit. In New York wartet rein gar nichts auf mich und ich glaube, Granny wusste das ganz genau, als sie mich zur Erbin von Vacation Villa gemacht hat. Sie hat mir den Weg bereitet, endlich hierher zurückzukehren. Zu dir.« Auch wenn fünf Jahre Aufschub dazwischenlagen, die ich im Nachhinein verfluche, aber vielleicht hatte selbst das seinen Grund. Erst jetzt bin ich an einem Punkt angelangt, der mir sämtliche Illusionen genommen und mich an die wirklich wichtigen Dinge erinnert hat. Und die sind kein Job oder familiäre Erwartungen.

Will sieht noch immer wie vom Donner gerührt aus. »Deine Karriere beenden? Aber das Ballett war doch immer alles für dich …«

»Das *Alles* in meinem Leben sollten die Menschen sein. Oder auch nur einer«, erkläre ich lächelnd und beuge mich so weit vor, dass meine Nase seine streift. Will hebt die Hand und schiebt sie unter mein Haar, lässt mich fast aufseufzen vor Erleichterung, als er mich näher zu sich heranzieht. »Ich weiß, mein Dad hat dich angestachelt, und ich bin *so stolz* auf dich; auf alles, was du geschafft hast. Aber für mich musstest du dich nicht beweisen, oder erfolgreich werden oder sonst was. Du warst schon immer genug; mehr als das. Und falls du mich immer noch willst, gehöre ich ganz dir. Mein Herz hat nie aufgehört, nur für dich zu schlagen.«

Sein warmer, aufgewühlter Atem streicht wie eine Liebkosung über mein Gesicht, hüllt mich in seinen verführerischen Duft, während ich warte und dabei fast zerspringe. Weil das hier der entscheidende Moment ist, auf den wir beide zusteuern, seit ich zum allerersten Mal in diese blauen Augen mit dem braunen Rand geschaut habe. Mein Herz-Ass, mit dem ich jedes Spiel gewinnen kann.

Und dann liegt sein Mund auf meinem, und dieser Kuss … er zerlegt mich und formt mich ganz neu. Brennt den alten Schmerz weg, der in meiner Brust gehaust hat, seit ich fünfzehn war. Er macht Platz für etwas Neues, Atemberaubendes. Will ist Zuhause. Will ist mein Herz. Will ist der erste und der letzte Junge, in den ich mich Hals über Kopf verliebt habe. Und nur hier mit ihm will ich sein und gemeinsam diesem Haus wieder zu altem Glanz verhelfen, in dem alles begonnen hat. Dessen knarrende Dielen unsere Geschichte erzählen, während die Wellen unsere Wahrheiten flüstern.

»Ich bin dein, Becca Hawthorne. Mit Haut und Herz und Haaren.« Wills Worte perlen gegen meinen Mund, abgrundtief und zauberschön. »Bleib bei mir.«

»Ich bleibe. Unter einer Vorraussetzung.«

»Welche?«

»Du zeigst mir jetzt gleich alle Details, die du dir für unser Wiedersehen ausgemalt hast. Die, die du mir nicht verraten wolltest, als du nach dem Independence-Day-Wochenende das erste Mal hier vorbeigekommen bist.«

Unter den Lichterketten wird Wills Blick dunkel und so Gänsehaut versprechend. »Hier draußen auf der Veranda? Willst du die Bank, die ich so mühsam gekittet habe, direkt wieder aus der Verankerung reißen?« Seine Hand streichelt über meinen bloßen Oberschenkel, hinterlässt eine Brandspur auf meiner Haut.

Übermütig schlinge ich die Arme um ihn, genieße das Gefühl, von seinem Körper willkommen geheißen zu werden, und verteile Küsse über sein ganzes, strahlendes Gesicht. »Du bist ein begabter Kerl, Will Westbrook, du hast das schon ordentlich gemacht. Und du glaubst doch wohl nicht wirklich, dass ich noch einen Rückzieher machen könnte, wenn du andeutest, diese *Vorstellungen* von dir könnten Möbel ruinieren.«

Er lacht und zieht mich tiefer in die Polster und während die Bank uns auf der Veranda wiegt, weiß ich eines ganz genau: Wir beide lagen lange in Scherben, und jetzt endlich werden wir das schönste Mosaik aus ihnen formen. Zusammen. In Vacation Villa, wo alles begann und ein Happy End auf uns wartet.

YOU ARE IN LOVE – *Taylor Swift (Marie's Version)*

»Guten Morgen, Schlafmütze«, erklang eine warme Stimme, die ich unter tausenden wiedererkennen würde. Ich rieb mir stöhnend die verschlafenen Augen. Grelles Sonnenlicht flutete das Schlafzimmer und zeichnete tanzende Schatten auf die weiße Bettdecke.

»Wie spät ist es?«, fragte ich und versuchte das Gesicht meines besten Freundes zwischen den hellen Sonnenstrahlen auszumachen.

»Kurz nach zehn«, erwiderte James und öffnete eins der hohen Fenster des Gästezimmers.

»Das ist ja für einen Sonntag noch mitten in der Nacht«, gab ich empört zurück und kuschelte mich wieder in die gemütliche Decke.

Etwas Weiches traf mich am Kopf. Erschrocken schnellte ich hoch. »Hey!«, rief ich und schmiss das Kissen zurück in James' Richtung, traf jedoch leider nur den Türrahmen.

»Also an deinen Wurfkünsten müssen wir noch arbeiten.« Er grinste verschmitzt, und seine Augen funkelten durch das hereinfallende Licht. »Ich hab uns heute schon etwas früher Frühstück gemacht, weil ich später noch verabredet bin.«

Mit diesen Worten verschwand er in der Küche, und ich rappelte mich auf. Eilig zog ich mir seinen grauen Pullover über, band mir die verstrubbelten Haare zu einem Dutt zusammen und folgte ihm barfuß. Pfannkuchen brutzelten in der Pfanne und die Kaffeemaschine brummte, ein köstlicher Duft nach gerösteten Bohnen und süßem Teig erfüllte die Wohnung.

»Mit wem bist du denn bitte an unserem heiligen Sonntag verabredet?«, fragte ich gespielt entrüstet und ließ mich auf einem der Hocker an der Küchentheke nieder. Es war in den letzten Jahren zu einer Art Tradition geworden, dass wir samstagabends zusammen ins Kino gingen und ich dann hier übernachtete, damit wir den Sonntag gemeinsam verbringen konnten. Ich angelte mir die gefüllte Kaffeetasse und stellte sie James hin, ehe ich die Maschine noch mal einschaltete.

Mein bester Freund räusperte sich verlegen und fuhr sich durch die dunkelblonden, kurz geschorenen Haare. Färbten sich seine Wangen etwa leicht rötlich oder bildete ich mir das nur ein?

Er schaufelte zwei Blaubeerpfannkuchen auf einen Teller und schob ihn mir herüber. »Iss erst, dann regst du dich nicht so schnell auf.«

Ich runzelte die Stirn. »Wieso sollte ich mich aufregen?«, fragte ich und schob mir ein großes Stück von dem butterweichen Teig in den Mund. Leise stöhnte ich auf – James' Pancakes waren einfach die besten.

»Ich hab nachher ein Date«, stieß er hervor. Für einen kurzen Augenblick fühlte es sich so an, als bliebe mir der Teigklumpen im Hals stecken. »Mit Aimee. Von der Arbeit.«

»Oh?«, machte ich nur und starrte ihn an, unfähig, etwas anderes zu erwidern.

Er setzte sich auf den Hocker mir gegenüber und schob die Tasse vor sich hin und her.

»Ich weiß, du magst sie nicht besonders, aber glaub mir, sie ist wirklich nett und hat mich schon häufiger gefragt. Jetzt hab ich einfach mal zugesagt«, stammelte er offensichtlich nervös und warf mir ein unsicheres Lächeln zu. Nun war ich diejenige, die sich räusperte.

Verdammt, ich musste mich wieder in den Griff kriegen. Durfte mir nicht anmerken lassen, dass ich mit so einer Nachricht nicht gerechnet hatte und mich die Tatsache, dass er ein Date hatte, so dermaßen aus der Bahn warf.

Ich zwang mich zu einem schiefen Lächeln und zupfte an meinem Pullover herum. »Nein, nein, ich hab nichts gegen sie, echt nicht, das äh … freut mich für dich, ehrlich.« Meine Stimme klang rau, dennoch hoffentlich überzeugend, denn ich wollte nicht, dass er wusste, was in mir vorging. Ich hatte nichts gegen Aimee, im Gegenteil, sie war sogar ziemlich sympathisch. Nein, ich hatte nur etwas gegen die Art und Weise, wie sie James ansah. Ich kannte diesen Blick und die Gefühle, die dahintersteckten.

»Danke dir. Aber nächsten Sonntag gehöre ich natürlich wieder ganz dir, versprochen«, sagte er mit diesem Lächeln, das die ganze verdammte Stadt zum Leuchten bringen konnte.

»Ach, alles gut, mach dir keine Gedanken«, krächzte ich, während mir das Herz in den Bauch rutschte. Nichts an dieser Situation war gut, stattdessen fühlte ich mich wie in einem dieser klischeehaften Teenagerliebesfilme, die ich früher so geliebt hatte: Mädchen ist verliebt in ihren besten Freund, traut sich aber nicht, es ihm zu sagen. Und nun hatte er ein Date.

Was für ein beschissenes Dilemma.

DAMALS, 8 Jahre

Es war ein stickiger Sommertag und meine Mum und ich waren gerade in diese große, laute, neue Stadt gezogen. Mum war alles andere als glücklich darüber, ich war einfach nur froh, dass wir von jetzt an nicht mehr jeden Tag in Angst leben mussten. Wir waren geflohen vor dem Geschrei. Dem lauten Knallen der Türen. Seinen geballten Fäusten.

Nun saß ich auf dem dreckigen Bürgersteig und weinte.

»Wieso weinst du?«, erklang plötzlich eine fremde Stimme neben mir, und ich zuckte zusammen. Vorsichtig hob ich den Blick und wischte mir schniefend die Tränen von den Wangen. Vor mir stand ein Junge, der in etwa in meinem Alter sein musste. Dunkelblonde Haare, braune Augen, die mich an die Karamellbonbons erinnerten, die ich so gern mochte, und ein Lächeln, das heller strahlte als die Sonne an diesem schönen Sommertag.

»Beim Umzug ist die Kiste mit meinen Lieblingsbüchern verloren gegangen«, antwortete ich mit piepsiger Stimme und bereitete mich innerlich darauf vor, dass er mich deswegen auslachen würde, so wie es die Kinder auf meiner alten Schule auch immer getan hatten. Niemand hatte meine Liebe zu Büchern bisher je verstanden, dabei waren sie für mich wie meine besten Freunde.

Der Junge musterte mich einen stillen Moment lang, meine Wangen wurden warm unter seinem wachsamen Blick. Dann tat er etwas, womit ich nicht gerechnet hatte: Er drehte sich um und rannte davon.

Resigniert stützte ich den Kopf in meine Hände und starrte auf den Boden. Ich war nicht einmal seit zwei Stunden hier und schon hatte ich das erste Nachbarskind vergrault.

Doch nach einigen Augenblicken ließ mich das Geräusch von Schritten aufsehen. Der Junge von eben kam angerannt, die eine Hand hinterm Rücken versteckt. Er lächelte verschmitzt und hielt mir den Gegenstand hin, ohne ein Wort zu sagen.

»Was ist das?«, fragte ich und griff nach dem dunkelgrünen Ledereinband. Ich blätterte darin und entdeckte Seiten, die schon sehr gelb und abgewetzt aussahen. Doch das störte mich nicht im Geringsten. Im Gegenteil: Man sah dem Buch an, dass es geliebt wurde.

Der geheime Garten, stand auf dem Cover, in einer schnörkeligen Schrift, von der das Gold langsam abblätterte. Andächtig fuhr ich die Buchstaben mit dem Finger nach.

»Das ist mein Lieblingsbuch«, erklärte der Junge. Der Klang seiner Stimme brachte mein Herz das allererste Mal zum Stolpern. So wie er das noch viele Male tun sollte.

»Weil du all deine Lieblingsbücher verloren hast, dachte ich, ich gebe dir meins, damit du dich nicht ganz so einsam fühlst. Klar, kann es nicht eine ganze Kiste ersetzen. Aber es ist ein Anfang.«

Ungläubig musterte ich ihn. Noch nie in meinem Leben hatte jemand etwas so Nettes für mich getan. Gerade, als ich zu einer Antwort ansetzen wollte, ertönte eine helle Frauenstimme aus dem Haus nebenan. »James Aaron Bowery, kommst du wohl endlich zum Essen?« Der Junge, der offenbar James hieß, fuhr sich verlegen durch die blonden Haare. »Sorry, ich muss dann«, sagte er leise und lief los, ehe er sich nach nur wenigen Metern noch mal umwandte. »Wie heißt du?«, rief er und lächelte wieder.

»Betty«, antwortete ich und erschrak darüber, wie hoch meine Stimme plötzlich klang.

»Also dann … Herzlich Willkommen bei uns, Betty. Wir sehen uns.« Er hob kurz die Hand und verschwand dann in dem braunen Holzhaus, das neben unserem stand.

Mit klopfendem Herzen drückte ich das dunkelgrüne Buch an mich und konnte gar nicht anders, als breit zu lächeln.

Das war der Moment, ab dem James Bowery mein Herz gehörte.

Ich schlang den roten Schal um meinen Hals noch etwas enger und vergrub die Hände in den Jackentaschen meines Mantels. Gefühlt war gerade noch Sommer gewesen, jetzt kam der Winter in großen Schritten auf uns zu. Die Bäume hatten ihre Blätter verloren, sie waren nur noch verkrumpeltes Papier auf dem Asphalt. In den Läden wurde so langsam der Weihnachtsschmuck aus verstaubten Kisten gekramt, und die Melancholie, die immer zum Ende des Jahres aufkam, breitete sich wie eine Wolkendecke über der ganzen Stadt aus.

Ich musste an die Nachricht denken, die James mir heute Morgen geschickt hatte.

Holst du mich heute von der Arbeit ab? Ich vermisse dich!

Wir hatten uns seit dem Frühstück am Sonntag nicht mehr gesehen, was normalerweise nicht schlimm wäre, da erst Freitag war, doch normalerweise hatten wir täglich Kontakt. Dementsprechend hatten wir auch noch nicht über sein Date gesprochen.

Vielleicht war ich dem Gespräch auch absichtlich aus dem Weg gegangen und hatte ihn in den letzten Tagen immer mit irgendwelchen Ausreden abgewimmelt. Doch nun musste ich in den sauren Apfel beißen, wenn ich nicht wollte, dass es ihm auffiel. Außerdem vermisste ich James, Gott, wie ich ihn vermisste.

Ich hoffte nur, dass das Date nicht gut gelaufen war, und ja, ich fühlte mich wie eine furchtbare Freundin deshalb. Aber ich wusste nicht, wie ich es überstehen sollte, wenn James sich in Aimee verliebte. Es würde mir das Herz nicht nur auf die absolut grausamste Art und Weise zerfetzen, ich würde es auch noch überspielen müssen, weil ich meinen besten Freund unter keinen Umständen verlieren wollte. Selbst wenn das bedeutete, so zu tun, als würde ich mich für ihn freuen und Aimee mögen. Als würde es mir nichts ausmachen, wenn ich die beiden in Zukunft andauernd zusammen sah. Allein beim Gedanken daran wurde mir übel.

Sobald ich an dem großen Bürogebäude mit der gläsernen Spiegelfassade ankam, blieb ich kurz stehen und holte tief Luft. Mein Atem bildete eisige Rauchwolken in die Luft und mein Puls ging so schnell, dass ich befürchtete, gleich umkippen zu müssen.

»Reiß dich zusammen, Betty«, flüsterte ich vor mich hin, bevor ich schließlich die Schultern straffte und das Hochhaus betrat, um in den zweiundzwanzigsten Stock zu fahren.

Mit einem *Pling* öffneten sich die Aufzugtüren und ich betrat die Kanzlei, in der mein bester Freund arbeitete.

Ich wappnete mich bereits dafür, von Aimee an der Rezeption begrüßt zu werden, doch sie war nirgends zu sehen. Vielleicht hatte ich Glück und sie war heute gar nicht da?

Meine Hoffnung verflog schnell, als ich mich James' Büro näherte und ihr Lachen bis in den Flur zu hören war. Ich verzog das Gesicht zu einer Grimasse, bevor ich versuchte, mein allerbestes Pokerface aufzusetzen, und an der angelehnten Bürotür klopfte.

»Herein.« James' Stimme klang so fröhlich, dass sich mir der Magen umdrehte. Als ich dann die Tür öffnete und sah, wie Aimee auf seinem Schreibtisch saß, mit den Beinen baumelnd und dem breitesten Lächeln auf dem Gesicht, war ich mir sicher, mich gleich auf dem anthrazitfarbenen Teppichboden übergeben zu müssen. Doch nichts dergleichen geschah. *Fake it till you make it* ging mir durch den Kopf, weshalb ich meine Mundwinkel nach oben zwang.

»Hi, ich bin's«, sagte ich und räusperte mich schnell, als ich hörte, wie kratzig meine Stimme klang.

Als James mich sah, erhellte sich sein Gesicht und die Schmetterlinge in meinem Bauch vollführten ihren üblichen Tanz.

»Hey B., da bist du ja.« James erhob sich von seinem Schreibtischstuhl und kam auf mich zu, um mich in eine feste Umarmung zu ziehen. Ich schloss die Augen, atmete seinen vertrauten, herben Duft ein und wünschte, wir könnten ewig in dieser Position verharren. Wie in einer Schneekugel, nur wir zwei in unserer eigenen kleinen Welt.

Doch der Moment wurde von einer weiblichen Stimme durchbrochen. »Hi, du musst Betty sein, ich hab schon so viel von dir gehört. Ich bin Aimee.«

Aimee kam auf mich zu, als hätte sie mich nicht schon tausendmal gesehen. Mit ihren feuerroten Locken, dem fantastisch sitzenden dunkelgrünen Bleistiftkleid und den Sommersprossen, die wie aufgemalt aussahen, aber natürlich echt waren, sah sie einfach perfekt aus. Gott, ich hasste sie, mit ihren braunen Bambi-Augen und den strahlend weißen Zähnen, nur, um dann mich selbst zu hassen, weil ich anderen Frauen gegenüber, die mir nichts getan hatten, nicht so empfinden wollte, schon gar nicht wegen ihres Aussehens. Aber was meinen besten Freund anging, spielte mein Herz wohl nach anderen Regeln.

Trotzdem ergriff ich ihre Hand, lächelte, bis meine Wangen schmerzten, und hoffte, dass ich nicht ganz so durch den Wind aussah, wie ich mich fühlte.

»Hi Aimee, freut mich, ja, ich bin Betty.« Dass ich auch schon von ihr gehört hatte, verschwieg ich. Ich wollte nicht, dass sie dachte, James würde ständig von ihr schwärmen.

»Also, wollen wir los?« James griff nach seinem dunklen Mantel und der abgewetzten Aktentasche. »Ich muss nur noch eben zu John aus der Buchhaltung, bin gleich wieder da.«

Ich nickte lächelnd. »In Ordnung, ich warte hier auf dich.«

James verließ das Büro und Aimee folgte ihm wie sein Schatten. Sie winkte mir kurz zu, dann waren sie beide verschwunden.

Seufzend ließ ich den Blick durch das Büro schweifen, um mich von dem schmerzenden Pochen in meiner Brust abzulenken. Als ich mich gegen den Schreibtisch lehnte, ließ ein plötzliches Klirren mich zusammenzucken. Hastig drehte ich mich um und stellte fest, dass ich ein Bild umgestoßen hatte. Ich griff danach, um es wieder hinzustellen, kam jedoch nicht gegen meine Neugier an. Mein Atem stockte, als ich den Rahmen umdrehte und sah, was sich dahinter verbarg.

Es war ein Foto von mir.

Nicht etwa ein Foto von uns beiden, nein, ich war ganz allein darauf zu sehen. Es stammte aus unserem gemeinsamen Kreta-Urlaub vor drei Jahren. Ich stand am Strand, hinter mir ging die Sonne unter und der Himmel leuchtete in einem dunklen Orange. Meine blonden langen Haare waren zu zwei Zöpfen geflochten, mein Mund war vollgeschmiert mit Schokolade von dem halb aufgegessenen Eis, das ich in der Hand hielt. Mit der anderen Hand wollte ich die Kamera verdecken, war jedoch nicht schnell genug gewesen. Dabei lachte ich aus vollem Herzen. Sofort hatte ich auch den Klang von James' Lachen im Ohr. Es war einer dieser Momente gewesen, in denen er mich mal wieder zum Lachen gebracht hatte. Wie so häufig. Niemand konnte das so gut wie er. Zu sehen, dass er ausgerechnet dieses Foto von mir auf dem Schreibtisch seines Büros stehen hatte, machte etwas mit mir. Es entzündete einen Funken, der sich zu einem besonderen Gefühl entwickelte. Ich konzentrierte mich darauf und genoss die Wärme, die sich in mir ausbreitete.

Es fühlte sich an wie … Hoffnung. Und Entschlossenheit. Ich würde James nicht einfach so aufgegeben.

Ich würde um ihn kämpfen.

DAMALS, 14 Jahre

»Habt ihr schon gehört, dass Blake aus der 8b jetzt mit Ryan aus der Zehnten geht?«, fragte Inez, während wir in der Mittagspause um einen der Holztische auf dem Innenhof versammelt saßen. Sie kicherte vor sich hin, wie immer, wenn sie ein neues Gerücht auf dem Schulhof verbreitete. »Die beiden kennen sich angeblich schon aus dem Kindergarten und waren seitdem befreundet. Doch nun hat es anscheinend geknistert.«

Ich warf meinem besten Freund, der mir gegenübersaß und gerade einen Schokoriegel öffnete, einen schüchternen Blick zu. Wie so oft fragte ich mich, ob er sich vielleicht auch vorstellen konnte, eines Tages mit mir zu gehen. Ob er das Kribbeln im Bauch, das ich seit unserer ersten Begegnung auf dem Bürgersteig verspürte, auch manchmal spürte.

James lächelte mich an, biss dann jedoch in den Riegel und schien nicht weiter darüber nachzudenken.

»Wie romantisch!«, stieß ich hervor, bevor ich weiter darüber nachdenken konnte. »Findet ihr nicht auch?«

Inez nickte hastig. »Oh ja, finde ich auch. Jetzt möchte ich auch einen heißen besten Freund, in den ich mich verlieben kann.«

Die anderen am Tisch lachten, als James plötzlich den Kopf schüttelte. »Ich finde das nicht gut.«

Seine Stimme klang so bestimmt, dass mir das Herz in die Hose rutschte.

»Wieso?«, fragte Inez, und ich war froh, dass sie mir zuvorgekommen war.

Mein bester Freund zuckte mit den Schultern. »Na ja, ich finde,

Freundschaft ist viel wichtiger, und ich hätte keine Lust darauf, meine beste Freundin zu verlieren, wenn es nicht mit uns klappt.«

»Na, hoffentlich verknallt sich Betty nie in dich«, sagte Inez schamlos und ich wollte in dem Moment nichts lieber, als ihr mein Sandwich ins Gesicht zu werfen.

Hitze stieg mir in die Wangen, während alle lachten. Schon nach ein paar Sekunden ging es um ein völlig anderes Thema, doch ich hörte noch immer James' Worte in meinem Kopf.

Ich finde das nicht gut.

Mit vierzehn Jahren klang das für mich so endgültig, dass mir in diesem Moment etwas klar wurde:

Ich durfte meinem besten Freund niemals von dem Kribbeln in meinem Bauch erzählen. Sonst würde ich ihn verlieren.

»Ich liebe Weihnachtsmärkte«, sagte James mit einem zufriedenen Seufzen, nachdem wir uns die Bäuche mit gebrannten Mandeln und kandierten Äpfeln vollgeschlagen hatten sowie jeder die dritte Tasse Glühwein intus hatte. James vertrug wesentlich mehr als ich, weshalb man ihm noch nichts anmerkte. Im Gegensatz zu mir, die den Alkohol bei jedem beschwingten Schritt spürte, ein bisschen zu viel kicherte und mit Sicherheit gerötete Wangen hatte.

»Ich auch«, entgegnete ich, als mein Blick plötzlich auf eins dieser kitschigen goldenen Karussells mit weißen Pferden fiel.

Grinsend sah ich meinen besten Freund an, der sofort den Kopf schüttelte. »Vergiss es, ich werde nicht mit dir …«, setzte er an, doch da präsentierte ich ihm schon meinen besten Schmollmund mit Welpenblick. James seufzte.

»Na schön«, brummte er, woraufhin ich ihm jubelnd um den Hals fiel.

Wir hatten uns schon so oft umarmt, dass ich es unmöglich zählen konnte. Doch es war zum allerersten Mal anders.

Unsere Gesichter schwebten so nah voreinander, dass ich seinen warmen Atem, in dem ein Hauch Glühwein und Zimt lag, deutlich spüren konnte.

Es fühlte sich an, als bliebe die Zeit stehen. Ich betrachtete seine langen, schwarzen und so dichten Wimpern, die geschwungenen Lippen und die kleine Narbe in seiner Augenbraue, die davon stammte, dass wir mit sechzehn zusammen vom Fahrrad gefallen waren. Ich auf ihn, er auf die Bürgersteigkante.

Die braunen Augen, die mich noch immer an die Karamellbonbons aus meiner Kindheit erinnerten und die kurz geschorenen Haare, die sich so weich anfühlten, wenn man darüberstrich. Himmel, ich liebte alles an diesem Mann. Alles um uns herum war verstummt, und ich verstand nun, wieso die Menschen die verrücktesten Dinge für die Liebe taten. Es war ein Gefühl wie kein anderes.

Ich wollte James nie so dringend küssen wie in diesem Augenblick. Und ich beschloss, es einfach zu tun. Der Alkohol benebelte meine Gedanken und betäubte meine Angst, mein Herz raste zwar wie ein Rennwagen, doch ich sehnte mich so sehr danach, endlich seine Lippen auf meinen zu spüren, dass ich es ignorierte. Der Kampf um ihn war eröffnet.

Ich beugte mich ein Stückchen vor, nur ein paar Millimeter trennten uns jetzt noch …

»Komm, das Karussell hat angehalten!«, rief James und zog mich mit sich. Der Bann war gebrochen, meine Gedanken drehten sich und mein Herz schlug tapfer weiter.

Nach zwei Runden auf dem Karussell fühlte ich mich wieder ein bisschen leichter und nüchterner, wurde jedoch von einer bleiernen Müdigkeit überfallen. James bestand darauf, mich noch nach Hause zu bringen, während ich noch immer mit unserem Fast-Kuss zu kämpfen hatte. Ich war mir so sicher gewesen, dass da etwas zwischen uns war, aber anscheinend hatte nur ich so empfunden. Vielleicht hatten mich die romantischen Weihnachtslichter und der Glühwein aber auch nur einer Fantasie verfallen lassen.

Während wir im Scheinwerferlicht der Laternen durch die Straßen schlenderten und James mir Geschichten von der Arbeit erzählte, drifteten meine Gedanken ab. Ich hatte immer gedacht, ich würde meine Gefühle für ihn schon irgendwie kontrollieren können. Unsere

Freundschaft war mir immer das Wichtigste gewesen. Etwas, das ich keinesfalls, für nichts in der Welt, hatte riskieren wollen. Aber so langsam spürte ich, wie das Gewicht meiner Gefühle für ihn immer schwerer auf mir lastete. Es kostete mich mehr und mehr Kraft, mir nicht anmerken zu lassen, was ich empfand, und sowohl die Sehnsucht als auch den Schmerz hinunterzuschlucken. Es hatte schon so viele Momente gegeben, in denen ich die Chance gehabt hätte, James meine Gefühle zu gestehen, doch bisher hatte mich immer wieder der Mut verlassen. Aber nun, durch die Geschichte mit Aimee, war die Gefahr, ihn endgültig zu verlieren, so real, dass ich nicht wusste, wie lange ich es noch aushalten würde, ihm meine Gefühle zu verschweigen. Vielleicht war das aber auch der Anstoß, den ich gebraucht hatte?

»Alles gut?«, riss mich seine Stimme plötzlich aus den Gedanken. »Du bist so still.«

Mein Herz wog schwer. »Ich bin nur müde.« Erleichterung durchflutete mich, als wir endlich vor dem Gebäude standen, in dem sich meine Wohnung befand.

»Gute Nacht«, murmelte ich, woraufhin James mich in eine Umarmung zog. Sein holziger, herber Duft umhüllte mich und löste erneut eine so starke Sehnsucht in mir aus, dass ich mich schnell aus seinen Armen löste.

»Telefonieren wir morgen?«, fragte mein bester Freund, was ich nur mit einem Nicken beantwortete, bevor ich schnell ins Hausinnere flüchtete. Ich eilte die Treppen hinauf, als hinge mein Leben davon ab, und erst als ich vor meiner Wohnungstür im zweiten Obergeschoss stand, erlaubte ich mir durchzuatmen. Mir war regelrecht schwindelig von den vielen Emotionen, die in mir tobten, sodass ich meine Stirn kurz gegen das kühle Holz lehnte. Das Geräusch der sich öffnenden Haustür unten riss mich aus der Trance, ich fing an, in meiner Handtasche nach dem Wohnungsschlüssel zu suchen, der in den Untiefen mal wieder nicht auffindbar war. Leise fluchte ich vor mich hin, während die Schritte von unten immer näher kamen. Ich hatte wirklich keine Lust auf Small Talk.

Endlich trafen meine Finger auf das Metall des Schlüsselbundes und ich unterdrückte ein erleichtertes Seufzen. Gerade als ich den Schlüssel in das Schloss stecken wollte, erklang eine atemlose, sehr vertraute Stimme hinter mir.

»Betty?«

Ich zuckte erschrocken zusammen, bevor ich mich schnell umdrehte. Am Fuße der Treppe stand James und sah zu mir hoch. Seine Wangen waren gerötet, der Brustkorb hob und senkte sich deutlich mit jedem Atemzug, in seinen Augen lag eine Entschlossenheit, die ich bei ihm sonst nur sah, wenn er auf dem Platz stand und Fußball spielte.

Plötzlich schlug mir das Herz bis zum Hals.

»Was ist los?«, krächzte ich, während er langsam die Stufen hinaufstieg, bis er direkt vor mir stand.

»Ich muss das jetzt einfach tun, B., ich kann nicht anders.«

Mit diesen Worten nahm er mein Gesicht sanft in seine Hände, bevor er schließlich das tat, womit ich in einer Million Jahren nicht gerechnet hätte.

Er küsste mich. James Aaron Bowery küsste mich.

Und es fühlte sich noch viel besser an, als ich es mir je hätte ausmalen können. So gut, dass meine Knie beinahe nachgaben. Er schmeckte nach kandierten Früchten, Glühwein und dem Zauber eines Winterabends.

Ich legte meine Arme um seinen Hals, er umfasste meine Taille. Ich war dankbar für die Tür in meinem Rücken, die mich davon abhielt, umzukippen.

Als unsere Zungen aufeinandertrafen, entwich ihm ein Stöhnen, das wie ein Stromschlag durch meinen Körper schnellte und alles zum Kribbeln brachte.

»Nehmt euch ein Zimmer!«, rief mein Nachbar Jack durchs Treppenhaus, und was mir sonst furchtbar unangenehm gewesen wäre, brachte mich nur zum Kichern.

Mit zitternden Händen schloss ich auf, während James zärtlich meinen Nacken küsste.

Wir stolperten in das dunkle Innere meiner Wohnung, ohne

uns dabei voneinander zu lösen, während James hinter uns die Tür wieder zustieß. Weiter als ins Wohnzimmer schafften wir es nicht, hinter uns eine Spur aus Kleidungsstücken. Als wir schließlich nur noch in Unterwäsche bekleidet voreinanderstanden, während der schwache Schein der Straßenlaterne einen warmen Glanz über uns legte, hielt James kurz inne und betrachtete mein Gesicht. Trotz der Dunkelheit im Raum war sein Blick so intensiv, dass er mir eine Gänsehaut bescherte.

»Weißt du eigentlich, wie verdammt schön du bist?«, flüsterte er, und hätte er mein Herz nicht schon voll und ganz, dann wäre es wohl spätestens jetzt seins gewesen.

Ungeduldig zog ich ihn wieder an mich für einen weiteren Kuss, bevor wir aufs Sofa sanken und uns vollständig ineinander verloren.

»Ist es seltsam, dass ich jetzt irgendwie Lust auf Kaffee habe?«, fragte ich, mein Kopf auf seiner nackten Brust gebettet, sein Herzschlag an meinem Ohr. Sein leises Lachen brachte seinen Oberkörper zum Vibrieren, und ich war dankbar für die Stille um uns herum, die es mir ermöglichte, jedes dieser kleinen Geräusche zu hören. Vielleicht fühlte sich so die Liebe an. Den Herzschlag des anderen zu hören und festzustellen, dass es der schönste Klang auf der ganzen weiten Welt war.

»Es ist Mitternacht, B.«, lachte er, ohne dabei aufzuhören, meinen Arm zu streicheln.

Grinsend zuckte ich mit den Schultern. »Ich finde, es ist nie zu spät für Kaffee.«

»Weißt du was? Du hast völlig recht.« James drückte mir einen Kuss auf den Scheitel, bevor er sich langsam aufrappelte, sodass ich mich ebenfalls aufsetzen musste. »Ich mache uns jetzt einen Mitternachtskaffee.«

Er stand auf und schlüpfte in seine schwarzen Boxershorts, bevor er sich auf den Weg in die Küche machte.

Mit einem breiten Lächeln auf dem Gesicht griff ich nach seinem hellblauen Hemd, das auf dem Boden lag, zog es mir über und folgte ihm, während sein Duft mich umarmte.

Als der Kaffee fertig war, saßen wir uns in meiner kleinen Küche schweigend gegenüber – nichts daran fühlte sich unangenehm an. Ein verstohlener Blick hier, eine zärtliche Berührung da, der Milchschaum an seiner Oberlippe und plötzlich dachte ich: Ja, ich kann sie hören, die Liebe.

Das Knallen der zufallenden Tür riss mich aus dem Tiefschlaf. Gähnend streckte ich mich, rieb mir die verschlafenen Augen und streckte reflexartig die Hand aus, rüber zur anderen Bettseite. Doch statt eines anderen warmen Körpers ertastete ich dort nur die kalte Bettdecke.

»James?« Ich setzte mich auf, lauschte, ob ich die Dusche oder irgendwas aus der Küche hören konnte, doch da war nichts.

Mit einem unangenehmen Gefühl im Bauch sah ich mich um. Hielt Ausschau nach einem Zettel, einer Nachricht, irgendwas. Doch wieder nichts.

Meine letzte Hoffnung war der Blick aufs Handy, aber auch dort fand ich nur eine WhatsApp von meiner Schwester sowie eine Benachrichtigung der Wetter-App, die mir mitteilte, dass es heute Schneeregen geben würde.

Ich stand auf und lief durch die Wohnung, in der Hoffnung, irgendeine Spur von James zu finden, doch meine Gefühle und ich waren ganz allein.

Gekränkt ließ ich mich auf den Küchenstuhl sinken, auf dem er heute Nacht gesessen hatte. Auf meinem Holztisch war noch immer ein leichter Abdruck der Kaffeetasse, ein Hinweis darauf, dass ich all das nicht geträumt hatte. Gedankenverloren fuhr ich den Kreis mit dem Finger nach. Er war sicher nur Frühstück holen. Vielleicht hatte er auch einen dringenden Anruf von der Arbeit bekommen und keine Zeit gehabt, mir eine Nachricht zu hinterlassen. Es könnte auch sein, dass es einen Notfall gegeben hatte. Er würde sich bestimmt melden. Ich kannte James fast mein ganzes Leben lang und wusste einfach, dass er nicht ohne eine Erklärung verschwinden würde. Nicht nach unserer ersten gemeinsamen Nacht … oder?

Nachdem ich mich fertig gemacht und gefrühstückt hatte, war ich mir noch immer sicher, dass er sich melden würde.

Auch als ich im Büro ankam, mich der erste Weg wie immer zur Kaffeemaschine und dann zum Schreibtisch meiner Lieblingskollegin Chloe führte, war ich noch überzeugt, dass jeden Augenblick eine Nachricht von ihm eintreffen würde.

Während des wöchentlichen Team-Meetings fragte ich mich, ob ihm vielleicht etwas passiert war. Er einen Unfall hatte und im Krankenhaus lag, weshalb er sich nicht melden konnte.

Nach mehreren Stunden am Computer, einem Mittagessen mit Chloe und zwei weiteren Kollegen, Matty und Marcus, begann meine Hoffnung langsam zu schwinden. Mein naives, verliebtes Herz wollte allerdings nicht aufhören, daran zu glauben, dass es einen Grund gab, wieso ich nichts von James hörte. Dass es etwas damit zu tun hatte, dass er die vergangene Nacht bereute.

Kurz vor Feierabend hielt ich es nicht mehr aus und öffnete Instagram. Keine neue Story bei James. Dafür aber eine bei Aimee. Ein paar Sekunden lang zögerte ich, doch die Unsicherheit gewann. Zuerst ein Foto von ihrem Kaffee heute Morgen mit dem Park im Hintergrund – nicht verdächtig. Doch das nächste Bild … das war ein verdammter Schlag in die Magengrube. Es war eines von James, der lachte, die Hand ausgestreckt, als wolle er die Kamera verdecken. Es war dieselbe Pose, die ich auf dem Bild auf seinem Schreibtisch machte. Den Hintergrund konnte ich nicht erkennen, doch es sah eher nach einem Café als dem Büro aus. Er trug das blaue Hemd, das ich heute Nacht übergezogen hatte. Nachdem wir zum ersten Mal miteinander geschlafen hatten. Das Foto war vor zwei Stunden hochgeladen worden.

Nun verlor selbst mein dummes, verliebtes Herz den Glauben. Ich schaltete mein Handy aus und sagte zu, als Chloe mich fragte, ob ich mit ihr und Matty noch auf einen Feierabenddrink in den Black Dog Pub kommen wollte.

Der Rest des Abends war verschwommen, alles war schwarz-weiß, nur die Erinnerung an die gemeinsame Nacht mit James stach in greller, schreiender Farbe hervor. Also trank ich auch den dritten Pornstar Martini, obwohl ich mit absoluter Sicherheit wusste, dass das keine gute Idee war.

»Hey Schlafmütze, aufgewacht«, durchdrang eine viel zu laute Stimme den Nebel meines Unterbewusstseins. Stöhnend hielt ich mir den pochenden Kopf und öffnete die Augen – was ich sehr schnell wieder bereute.

»Oh Gott, wieso ist es so hell?« Meine Stimme glich eher einem Krächzen, während ich versuchte, aus zusammengekniffenen Augen zu erkennen, wo ich war.

Chloe saß neben mir auf der Kante ihres Sofas und hielt mir grinsend ein Glas Wasser sowie eine Schmerztablette hin.

Begleitet von einem mitleiderregenden Ächzen setzte ich mich langsam auf. Dankbar griff ich nach dem Wasser und schluckte die Medizin schnell hinunter.

»Danke, du bist meine Heldin«, sagte ich mit rauer Stimme, bevor ich meinen schmerzenden Kopf wieder auf die Sofalehne sinken ließ. »Ich trinke nie wieder Alkohol.«

Lachend lehnte sich Chloe neben mich, den Kopf auf ihren Arm gestützt. »Ich hab dich gewarnt, als du den vierten Cocktail bestellt hast, aber du wolltest nicht hören. Im Gegenteil, du hast sogar darauf bestanden, dass die Biker Gang am Nachbartisch mit dir anstößt und wolltest dich der nächsten Tour nach Nashville anschließen. Hinten bei *Georgie* auf dem Motorrad.«

Mir klappte der Mund auf. »Nicht im Ernst.«

Chloe nickte und konnte nicht verhindern, dass ihr Grinsen breiter wurde. »Natürlich hab ich deine Zusage schnell zurückgenommen und dich gemeinsam mit Matty hierherverfrachtet. Bis zu deiner Wohnung war es einfach zu weit.«

»Chloe, es tut mir so leid. Das ist mir furchtbar unangenehm.« Scham flutete meinen Körper, heiß und dickflüssig wie Lava.

Chloe winkte ab. »Ich bitte dich, spätestens seit du erlebt hast, wie ich auf der letzten Weihnachtsfeier auf dem Tisch tanzend Mariah

Carey imitiert habe, muss dir vor mir überhaupt nichts mehr unangenehm sein.«

Die Erinnerung daran brachte mich dann doch zum Lachen. Bis mir wieder einfiel, wieso ich mich gestern überhaupt so abgeschossen hatte und ich einen schmerzhaften Stich in der Magengrube fühlte.

»Magst du mir erzählen, was gestern Abend passiert ist, bevor wir in die Bar gegangen sind?«, fragte Chloe, während sie mich besorgt musterte. »Und sag mir nicht, es ist nichts. Ich merke mittlerweile, wenn es dir nicht gut geht.«

Ich stöhnte auf, wollte widersprechen, hielt dann aber inne. Weil ich halt irgendwie doch mit jemanden darüber sprechen wollte. Also tat ich genau das und erzählte Chloe alles.

Nachdem meine Kollegin mir solidarisch versichert hatte, dass James ein Arsch sei und ich etwas Besseres verdiente, versuchte sie mich mit Pancakes und jeder Menge Kaffee aufzumuntern. Doch nichts davon half so richtig. Dafür hatten James und ich einfach eine zu lange Geschichte hinter uns. So viele Jahre der Freundschaft warf man nicht einfach weg. Hoffte ich zumindest. Ich versuchte, Chloe davon zu überzeugen, dass es mir besser ging, und machte mich dann mit eingezogenen Schultern auf den Weg in meine Wohnung.

Mein Kopf schmerzte noch immer und der Gedanke an eine heiße Dusche sowie daran, mich aus den Arbeitsklamotten von gestern zu schälen, hielten mich aufrecht.

Als ich in der Straßenbahn saß, zog ich mein Handy aus der Tasche, um es wieder anzuschalten. Weshalb es mich umso mehr wunderte, dass es schon an war.

Verwirrt runzelte ich die Stirn. Ich hatte es doch gestern Abend, bevor wir in die Bar gegangen waren, ausgeschaltet, oder?

Na ja, vielleicht irrte ich mich auch. Ohne weiter darüber nachzudenken, öffnete ich meine Nachrichten-App. Als mein Blick auf den neuesten Chatverlauf ganz oben fiel, setzte mein Herz für einen Augenblick aus. Ich hatte James um 2:30 Uhr eine Nachricht geschrieben. An die ich mich definitiv nicht erinnern konnte. Fuck.

Schnell tippte ich auf den Chat.

LetzteNacht war ein fehler, den wir einFachvergessn sollten.

Zwei Blaue Haken. Keine Antwort. Fuck, fuck, fuck, fuck.

Mein Herz raste, meine Brust zog sich zusammen, und ich befürchtete kurz, keine Luft mehr zu bekommen.

Ja, ich war gestern sauer auf James gewesen und er hatte mich verletzt, als er sich einfach nicht mehr gemeldet hatte, aber die Nacht mit ihm war trotzdem kein Fehler gewesen. Und vergessen wollte ich sie sicherlich auch nicht.

Auch wenn ich keine Ahnung hatte, was ich ihm sagen sollte, wählte ich hastig seine Nummer. Es piepte und piepte und piepte und piepte un– »Hier ist die Mailbox von James Bowery, bitte hinterlassen Sie eine Nachricht nach dem Ton.«

Ich legte auf, öffnete wieder den Chatverlauf und tippte eine neue Nachricht ein.

Kannst du mich bitte anrufen?

Als könnte ich dadurch einen Anruf von ihm herbeibeschwören, starrte ich auf das Display, verpasste sogar meine Haltestelle, doch das war mir egal.

Dann, eine gefühlte Ewigkeit später (in Wahrheit waren es nur fünf Minuten), färbten sich die Haken blau und neben seinem Profilbild stand »online«. Mein Herz fing wieder an zu rasen. Doch nichts passierte. Das »online« verschwand. Keine Antwort. Kein Anruf.

Als ich aus der Straßenbahn stieg, folgte ich dem Strom an Menschen und fragte mich verzweifelt, ob ich gerade meinen besten Freund verloren hatte.

Drei Wochen waren vergangen seit der Nacht, die alles verändert hatte, und noch immer herrschte Funkstille zwischen James und mir. Mehrmals hatte ich versucht, ihn zu erreichen, doch er hatte auf keine meiner Nachrichten oder Anrufe reagiert. Mittlerweile hatte ich aufgegeben, auch wenn es mich umbrachte.

Noch nie hatten James und ich so lange keinen Kontakt gehabt, und ich vermisste meinen besten Freund so sehr, dass es sich anfühlte, als hätte ich ein Loch in meinem Herzen. Seit er nicht mehr mit mir sprach, wurde mir noch bewusster, wie sehr ich ihn liebte. Und dass es vor allem die kleinen Sachen waren, die mir fehlten.

Jeden Tag gab es so viel, was ich ihm erzählen wollte, ständig sah ich Dinge, die mich an ihn erinnerten oder die ich mit ihm teilen wollte. Vor allem die Sonntage ohne ihn waren trist und grau. Wann immer ich einen süßen Hund sah, wollte ich ihm sofort ein Foto schicken. Sobald das neue Kinoprogramm veröffentlicht wurde, war ich kurz davor, ihn anzurufen, um darüber zu sprechen, welche Filme uns interessierten. Und wenn im Radio ein Song lief, den wir beide mochten, nahm ich jedes Mal eine Sprachnachricht für ihn auf, die ich dann doch nicht abschickte.

Chloe und Matty versuchten so gut es ging, mich abzulenken, kamen ständig vorbei, brachten mir Cupcakes oder Blumen und schickten mir witzige Reels auf Instagram.

Ich funktionierte wie auf Autopilot, mein Alltag ging zwar irgendwie weiter, aber es zog alles nur verschwommen an mir vorbei.

Mehrmals lief ich an James' Bürogebäude vorbei, brachte es jedoch einfach nicht über mich, hineinzugehen. Zu groß war die Angst davor, wie er reagieren würde, und davor, ihn endgültig zu verlieren.

Obwohl ich mir ständig vornahm, es nicht mehr zu tun, schaute ich mir jeden Tag die Instagram-Story von Aimee an. Ein Bild von James tauchte dort allerdings nicht mehr auf, und ich wusste nicht, was ich davon halten sollte.

Als ich an einem weiteren, freudlosen Tag auf dem Heimweg war, nahm ich, wie jeden Tag seit drei Wochen, einen kleinen Umweg, um an seinem Büro vorbeizulaufen. Nächste Woche war Weihnachten, und der Gedanke daran, es ohne James zu feiern, erschien mir unmöglich und unerträglich zugleich.

Als ich auf das gläserne Gebäude zulief, bereitete ich mich darauf vor, wieder eine Minute lang davor stehen zu bleiben, es traurig anzustarren, nur um dann mutlos weiterzugehen. Doch diesmal sollte es anders kommen.

Denn auch wenn ich die Person, die sich mit schnellen Schritten vom Gebäude entfernte, nur von hinten sehen konnte, so erkannte ich sie doch sofort.

Mein Puls begann zu rasen und ich beschleunigte meinen Gang ebenfalls. »James!«, rief ich, während ich versuchte, ihn einzuholen.

Er blieb stehen und drehte sich um, sein Blick war zuerst überrascht, verfinsterte sich dann jedoch, als er auf mich fiel.

Immerhin wartete er auf mich. Das wertete ich als gutes Zeichen.

Atemlos kam ich vor ihm zum Stehen, mein Brustkorb hob und senkte sich viel zu schnell, ein Anzeichen dafür, dass meine Kondition wirklich miserabel war.

»Du … du antwortest nicht auf meine Nachrichten oder Anrufe«, stammelte ich, woraufhin er meinem Blick auswich. »Ich wollte mich für die Nachricht entschuldigen, die ich dir geschickt habe. Die, in der ich gesagt habe, dass unsere gemeinsame Nacht ein Fehler war. Ich … meinte das nicht so.«

Meine Hände zitterten, ich wusste nicht ob vor Kälte oder Aufregung.

Nun sah James mich doch an und der Ausdruck in seinen sonst so vertrauten Augen fühlte sich so fremd an, dass ich direkt wieder weinen wollte.

»Wieso hast du es dann geschrieben?«, wollte er wissen, seine Stimme rau. Erst jetzt fielen mir seine dunklen Augenringe auf. Die Sorgenfalte auf seiner Stirn. Der Fleck an seinem Hemdkragen. Er sah genauso aus, wie ich mich fühlte.

»Ich war total betrunken an dem Abend«, fing ich an zu erklären. »Als ich morgens aufgewacht bin, warst du weg, ohne irgendeine Nachricht, das hat mich so verunsichert. Und dann habe ich nachmittags dein Bild in der Story von Aimee gesehen. Das hat mir den Rest gegeben. Also war ich mit Chloe und Matty was trinken und habe … na ja, einen Cocktail zu viel gehabt. Ich kann mich nicht mal daran erinnern, dir geschrieben zu haben. Es tut mir leid, James. Wirklich.«

Der Klang meiner Verzweiflung schwang in jeder Silbe mit, während mein Herz sich vor Sehnsucht zu ihm zusammenzog. James' Blick wanderte über mein Gesicht, meine Lippen, dann zum Boden. Er fuhr sich seufzend über die kurzen Haare und rieb sich die Augen, bevor er mich wieder ansah.

»Als ich morgens neben dir aufgewacht bin, wusste ich, dass ich sofort mit Aimee sprechen muss.« Er hörte sich so erschöpft und traurig an, dass ich Bauchschmerzen bekam. »Ich bin dann direkt los und wollte dich später mit Frühstück überraschen, aber mein Boss hat mich sofort in Beschlag genommen, sodass ich weder mit Aimee sprechen noch dir Bescheid geben konnte. Tja, und ob du es glaubst oder nicht, alles war an dem Tag gegen mich, denn mein Handy hatte den Geist aufgegeben. Also hab ich entschieden, dich in der Mittagspause zu überraschen. Ich bin mit Aimee in ein Café gegangen, um was für dich mitzunehmen. Sie hat das Foto gemacht, bevor ich mit ihr geredet habe, ich wusste nicht, dass sie es postet.« Er seufzte. »Nachdem ich ihr dann gesagt habe, dass aus uns nichts wird, war sie natürlich nicht mehr so begeistert. Ich bin dann los zu dir ins Büro, aber du warst nicht an deinem Platz. Als ich dann deinen Kollegen Matty gefragt habe, wo du bist, meinte er, du möchtest mich nicht sehen.« Ein bitteres Lachen entwich ihm, während mir der Mund aufklappte.

»Er hat was?«, keuchte ich.

»Ich da stand da wie ein verdammter Idiot mit dem Essen und den Blumen, aber ich wollte keine Szene machen. Also hab ich ihm beides gegeben und bin gegangen. Ich war mir sicher, dass er irgendwas missverstanden hatte und du dich schon melden würdest. Tja, und das hast du dann ja auch.«

Ich fühlte mich wie in einer Art Trance, so, als hätte ich eine Treppenstufe übersehen und befände mich nun im freien Fall.

»Aber James, er hat mir die Sachen nie gegeben. Und ich hab nicht gesagt, dass ich dich nicht sehen will. Wieso sollte Matty das tun? Er ist doch mein Freund …«

James hob eine Augenbraue. »Na schön, dass du ihm so vertraust und mir anscheinend zutraust, dass ich dich sofort, nachdem wir miteinander geschlafen haben, ghoste und auf ein fröhliches Date mit einer anderen gehe.«

Erneut stieß er dieses bittere Lachen aus, das ich sonst nie zu hören bekam und das dafür sorgte, dass sich mir die Kehle zusammenschnürte.

»Ich hatte einfach Angst, okay?«, spie ich ihm mit zitternder Stimme entgegen. »Schon seit du mir damals dein Lieblingsbuch auf dem Bürgersteig geschenkt hast, liebe ich dich. Und ich hatte einfach solche Angst, dass du das mit uns bereust und ich dich doppelt verliere. Als Freund und als die Liebe meines Lebens.«

Seine Augen weiteten sich, sein Ausdruck wurde weicher und mein Verräterherz fing wieder an, wie wild zu pochen.

James öffnete den Mund, als wollte er etwas sagen, schloss ihn jedoch direkt wieder. Sein Schweigen fühlte sich nicht nur an wie eine Ewigkeit, sondern auch wie ein Schlag in die Magengrube. Gerade als ich ihn fragen wollte, ob er denn nichts dazu zu sagen hätte, sagte er endlich etwas.

»Ich kann das nicht, B. Ich kann das einfach nicht. Tut mir leid.« Seine Stimme war heiser, die Worte leise. Und doch trafen sie mich wie Pfeilspitzen mitten in die Brust, jedes einzelne.

Ehe ich etwas erwidern konnte, drehte er sich um, ging und nahm mein Herz dabei einfach mit.

»Frohe Weihnachten, Süße. Genieß die Zeit bei deiner Familie.« Chloe zog mich in ihre Arme und ich genoss das Gefühl der Geborgenheit.

»Frohe Weihnachten, grüß deine Mum von mir.« Beim Gedanken an Chloes Mutter musste ich lächeln. Sie war vermutlich einer der liebenswertesten Menschen auf dem ganzen Planeten. Und eine grandiose Köchin.

Ein breites Grinsen bildete sich auf ihrem Gesicht. »Das mache ich. Sie wird mir sowieso wieder hundert Tupperwaren mit Gebäck und Resten mitgeben.«

Ich stieß ein glückliches Seufzen aus und klopfte mir auf den Bauch. »Hach, ich freue mich schon jetzt darauf.«

»Und denk dran: nächstes Wochenende Mädelsabend mit Glühwein.«

»Als ob ich das je vergessen würde«, sagte ich lächelnd. Aktuell war ich dankbarer denn je für Chloes Freundschaft.

»Na, Mädels«, erklang eine feixende Stimme, die sofort wieder die Wut in mir hochkochen ließ. Matty kam auf uns zu geschlendert, als wäre alles in bester Ordnung und als hätte er sich in den letzten Tagen nicht wie der größte Idiot verhalten. Nach dem Gespräch mit James hatte ich ihn natürlich sofort konfrontiert und gefragt, wieso er mir weder die Sachen von James gegeben noch mir von seinem Besuch erzählt hatte. Seine Antwort darauf war gewesen, dass er das Essen gegessen und die Blumen weggeworfen hätte, weil er fand, dass wir viel besser zusammenpassten.

Als ich ihm daraufhin versucht hatte, höflich klarzumachen, dass ich ihn nur als Freund sah, war er etwas … ausfallend geworden. So wie die Art von Mann, die erst versuchte, bei dir zu landen, und dir dann schrieb »Du bist eh hässlich«, wenn du ihr Interesse nicht erwidertest.

»Mit dir reden wir nicht«, zischte Chloe und sah ihn aus zusammengekniffenen Augen böse an.

»Dir auch frohe Weihnachten«, entgegnete er grinsend. Dann zwinkerte er mir anzüglich zu, bevor er in Richtung der Mitarbeiterküche lief.

Ich verdrehte die Augen und imitierte ein Würgegeräusch in Chloes Richtung.

Sie schüttelte fassungslos den Kopf. »Ich kann immer noch nicht glauben, dass wir freiwillig Zeit mit ihm verbracht und nicht gemerkt haben, was für ein Ekelpaket er in Wirklichkeit ist.«

»Vermutlich der kleinste Mann, der je existiert hat«, stellte ich fest, woraufhin Chloe mir nickend zustimmte.

Wir tauschten noch unsere Weihnachtsgeschenke aus, dann verabschiedeten wir uns mit einer letzten Umarmung, ehe ich mich auf den Weg zum Bahnhof machte.

Wie jedes Jahr an Weihnachten fuhr ich zu meiner Mum und meinem Stiefdad. Meine beiden Schwestern kamen ebenfalls, es war mittlerweile die einzige Zeit des Jahres, in der wir alle am selben Ort waren. Gegen diese Tradition durfte niemand verstoßen, was aber zum Glück auch keiner wollte, da jeder von uns die gemeinsame Zeit liebte. Es war das komplette Gegenteil zum Weihnachtsfest unserer Kindheit, weshalb es für uns wahrscheinlich auch so kostbar war.

Während ich auf den Zug wartete, stieg meine Vorfreude auf die kommenden Tage, doch dieses Jahr war auch eine traurige Schwere da, die mein Herz ummantelte.

Weihnachten ohne James war einfach nicht dasselbe. In den Jahren, bevor meine Mum ihren neuen Mann kennengelernt hatte, der für uns mehr Dad war, als unser richtiger es je sein würde, hatten wir Weihnachten immer bei meinem besten Freund und seiner Mum verbracht. Sie hatten uns, ohne zu zögern, zu sich eingeladen und dazu beigetragen, dass die schlechten Erinnerungen an früher Stück für Stück ausradiert und durch schöne ersetzt worden waren. Dafür würde ich ihnen immer dankbar sein. Ein paar Jahre danach war James' Mum sehr krank geworden und die Rollen wurden getauscht. Von da an verbrachten die beiden die Feiertage bei uns und später dann auf der Weihnachtsbaumfarm meines Stiefdads.

Dieses Jahr hatten sie zwar geplant, zu Hause zu feiern, da James' Mum noch immer etwas schwach war, aber wir hätten uns sicherlich trotzdem gesehen. Dass ich nun hier stand und mich fragte, ob wir je wieder zusammen feiern würden, hatte ich nicht erwartet. Und ich durfte auch nicht zu lange darüber nachdenken, weil ich sonst kaum noch Luft bekam.

Mit einem lauten Quietschen kam der Zug vor mir zum Stehen. Die Türen öffneten sich, ich hob ächzend meinen Koffer hoch, der mal wieder viel zu voll war, und stieg in den Zug, als …

»B.! Warte!«

Mit pochendem Herzen drehte ich mich um und sah, wie James den Bahnsteig entlangrannte. Sein Mantel wehte hinter ihm her, die Wangen waren gerötet, sein Atem hing wie eine kleine eisige Wolke vor ihm in der Luft.

Einige Menschen und Gepäckstücke versperrten ihm den Weg, sodass er erst bei mir ankam, als der Zug mit einem lauten Piepen ankündigte, gleich die Türen zu schließen.

James streckte seine Hand aus und reichte mir eine Schachtel, die etwas kleiner als ein Schuhkarton und mit Weihnachtspapier umwickelt war. Unsere Hände berührten sich nur ganz kurz, dennoch fühlte es sich an wie ein kleiner Stromschlag, der ein Kribbeln durch meinen ganzen Körper jagte.

»Frohe Weihnachten, B.«, sagte James atemlos, ein trauriger Glanz in seinen Augen. Ehe ich etwas erwidern konnte, schloss sich die Tür des Zuges vor meiner Nase, sodass ich ihn nur noch durch die beschlagene Scheibe sehen konnte.

Ich legte die freie Hand dagegen und hielt mein Gesicht so nah davor, dass meine Nasenspitze das Glas berührte. James legte seine Hand von der anderen Seite genau an dieselbe Stelle. Wie sehr ich mir wünschte, ich könnte ihn jetzt spüren.

»Frohe Weihnachten«, sagte ich lautlos und wir starrten uns für ein paar Sekunden an, ehe der Zug sich schließlich in Bewegung setzte und mich von James trennte.

Im Hintergrund lief *Have Yourself a Merry Little Christmas*, begleitet von dem leisen Knistern des Kamins, über dem unsere Socken hingen. Kein anderes Lied löste diese besondere Art der Nostalgie und

Melancholie bei mir aus. Ich liebte es. Meine Schwestern waren gerade dabei, in der Küche Vanilleplätzchen zu backen, Mum bereitete das Abendessen vor und Dad war noch mal draußen. Ich hatte mich einen Augenblick lang zurückgezogen, weil ich in Ruhe das Paket von James öffnen wollte. Eigentlich war morgen erst Bescherung, aber ich konnte keine Sekunde länger warten.

Im Schneidersitz nahm ich auf dem gemütlichen Sofa Platz, dicke Kuschelsocken an meinen Füßen und denselben weihnachtlichen Pyjama an wie Mum, Gigi und Sophia. Ich atmete tief durch, bevor ich vorsichtig das Geschenkpapier öffnete. Schmunzelnd löste ich die Tonnen von Tesafilm, die James immer benutzte, wenn er etwas einpackte.

Die Schachtel war gefüllt mit weißer Watte, die aussah wie eine Schneedecke. Darauf lag ein Buch mit dunkelbraunem Einband. In goldenen Buchstaben stand auf dem Cover »The Story Of Us«. Mein Brustkorb zog sich zusammen, als ich vorsichtig mit dem Finger über die Schrift strich.

Mit angehaltenem Atem schlug ich die erste Seite auf. Sie war gefüllt mit Worten in James' leicht krakeliger Handschrift. An manchen Stellen war die Tinte etwas verwischt, und ich sah James regelrecht vor mir, wie er über das Papier gebeugt schrieb, während er mit dem linken Handballen über die Worte strich.

Liebste B.,
ich weiß, du bist wahrscheinlich stinksauer auf mich und, was noch schlimmer ist, verletzt. Du hast jedes Recht dazu, und ich kann kaum in Worte fassen, wie unfassbar leid es mir tut. Es tut mir leid, dass ich nicht mehr gekämpft habe, und noch mehr, dass ich einfach gegangen bin, nachdem du mir gesagt hast, dass du mich liebst. Das war das wohl Schlimmste, was ich in dieser Situation hätte machen können. Vor allem vor dem Hintergrund, dass ich dich auch liebe.
B., du bist meine beste Freundin.
Aber du bist auch schon so lange viel mehr als das.

Jedes Mal, wenn ich dich ansehe, möchte ich dich küssen und kann nicht aufhören, an unsere gemeinsame Nacht zu denken. Um ehrlich zu sein, glaube ich, dass ich das Missverständnis mit Matty und deine Nachricht als Ausrede genutzt habe, um vor meinen eigenen Gefühlen davonzulaufen. Als du dann vor mir standest, so wunderschön aussahst und mir das gesagt hast, wovon ich schon so lange träume, da ist mein Herz im ersten Augenblick fast geplatzt vor Glück. Aber dann waren da wieder die Szenen meiner Kindheit im Kopf. Die ständigen Streitereien zwischen meinen Eltern, die Affären meines Dads, wie er meiner Mum immer wieder das Herz gebrochen hat und dann eines Tages wortlos seinen Koffer gepackt und aus unserem Leben verschwunden ist. Du hast mir irgendwann mal erzählt, dass unsere Freundschaft dich gerettet hat, nachdem ihr vor deinem Dad geflohen seid. Aber was ich nicht gesagt habe, war, dass eigentlich du diejenige warst, die mich gerettet hat. Ich war ein kleiner Junge, der sich in fiktive Welten geflüchtet und nicht an die Liebe geglaubt hat. Bis du kamst und mein ganzes Leben auf die beste Art und Weise auf den Kopf gestellt hast.
Und als es dann darauf ankam, habe ich zugelassen, dass meine Ängste mal wieder alles überschatten und dadurch das Beste in meinem Leben verloren. Dich.
Und das ist etwas, was ich mir niemals verzeihen werde.
Auch wenn es zu spät ist:
Ich liebe dich, B.
Bis zum Mond und zum Saturn.
Für immer & immer.

Dein James

Ich schniefte, während eine Träne auf die Seite tropfte und den Namen meines besten Freundes ein wenig zerlaufen ließ.

Eilig rieb ich mir übers Gesicht, ließ den Blick durch das Zimmer schweifen, stellte aber beruhigt fest, dass ich noch immer allein war.

Vorsichtig blätterte ich weiter, während mir mit jeder Seite mehr Salztränen über die Wangen liefen. Das Buch enthielt wirklich *unsere Geschichte*. James hatte jede Seite mit Bildern von uns gefüllt sowie kleinen Anekdoten und Gedanken dazu. Auf einigen Fotos waren wir Kinder, saßen mit Sonnenhüten im Garten, spielten mit dem Nachbarshund oder hatten mit Nutella beschmierte Gesichter. Auf anderen waren wir schon größer, hatten Abschlusszeugnisse in der Hand, standen vor meinem ersten Auto, nachdem ich die Führerscheinprüfung bestanden hatte, und hielten unsere Talare beim Uniabschluss in die Höhe.

Zärtlich strich ich über James' strahlendes Gesicht auf dem Bild, das uns beim Abendessen zur Feier seines ersten Arbeitstages zeigte. Er war bei all meinen wichtigen Momenten dabei gewesen und ich bei seinen.

»Schätzchen?«

Ich zuckte zusammen, als Mum den Raum betrat, ihre Schürze bestäubt mit Mehl, genauso wie vereinzelte Haarsträhnen.

»Hey Mum«, sagte ich lächelnd, meine Stimme nasal, die Wangen tränennass.

Ich strich mir über die feuchte Haut, als würde das irgendwas vor ihr verbergen. Als würde sie nicht aus tausend Kilometern Entfernung spüren, wenn es mir nicht gut ging.

»Was ist denn los? Ist etwas passiert?« Mit besorgtem Blick kam sie auf mich zu und ließ sich neben mir auf der Couch nieder. »Du hast ja geweint.« Sanft strich sie mir eine lose Haarsträhne hinters Ohr.

»Alles gut, ich hab nur gerade das Geschenk von James geöffnet«, entgegnete ich, gefolgt von einem weiteren Schniefen und neuen Tränen, als mein Blick erneut auf das Buch fiel.

Mum folgte meinem Blick und ein Lächeln breitete sich auf ihrem Gesicht aus, als sie das Foto von uns betrachtete. Natürlich hatte sie es geschossen.

»Darf ich?«, fragte sie, den Zeigefinger auf das Buch gerichtet.

Ich nickte, hielt es ihr hin und nutzte die Chance, um mir ein Taschentuch aus der Packung auf dem Wohnzimmertisch zu angeln.

Schweigend blätterte sie darin, nicht ohne auf jeder Seite innezuhalten und die Bilder ganz genau zu mustern. Ihre Lippen hatte sie zu einem breiten Lächeln verzogen, doch ich bemerkte auch den Tränenglanz in ihrem Blick.

Ich betrachtete die Lachfältchen um ihre Augen, ebenso wie die Sorgenfalten auf ihrer Stirn. Die dunkelbraunen Haare, die mittlerweile von grauen Strähnen durchzogen waren, und die schwieligen Hände, gezeichnet von der harten Arbeit, um uns drei Mädchen versorgen zu können.

Eine tiefe, unerschütterliche, grenzenlose Liebe zu meiner Mutter erfüllte meinen Körper, und ich konnte nicht anders, als mich vorzubeugen und sie fest zu umarmen.

Sie gab einen überraschten Laut von sich, bevor sie das Buch zur Seite legte und mich in ihre Arme zog.

Sofort waren sie wieder da, die Tränen, die scheinbar literweise darauf warteten, von mir vergossen zu werden.

»Mein kleines Mädchen«, flüsterte sie, während sie mir beruhigend über den Kopf streichelte. Es dauerte eine ganze Weile, bis ich mich wieder beruhigt hatte, zugleich genoss ich diesen Augenblick unendlich. Es kam nicht oft vor, dass meine Mum und ich allein waren, daher war jede Sekunde mit ihr kostbar.

»Möchtest du mir nun vielleicht erzählen, wieso du James bisher noch nicht ein einziges Mal erwähnt hast und ich dich hier völlig aufgelöst über seinem Geschenk sitzen sehe?«

Ich wischte mir mit dem Ärmel meines Weihnachtspyjamas über meine Rotznase, bevor ich ihr schließlich alles (bis auf die Details der gemeinsamen Nacht mit James) erzählte.

Aufmerksam lauschte sie meiner Erzählung. Dabei hielt sie die ganze Zeit über meine Hand oder wischte mir die Tränen von den Wangen.

Als ich fertig war, schwieg sie einige Sekunden lang, als wolle sie ihre Gedanken erst sammeln.

»Weißt du, mein Schatz«, fing sie an, meine Hand noch immer fest in ihrer. »Damals, als ich deinen Dad geheiratet habe, da war ich überzeugt davon, dass man wahre Liebe an den großen Gesten erkennt. Wie du weißt, war dein Dad kein guter Mann. Dafür war er gut in den großen Gesten und Entschuldigungen.« Sie lachte bitter auf und mein Magen zog sich zusammen bei den Erinnerungen an meine Kindheit. »Immer wenn er einen Fehler gemacht hat, wenn er mich mal wieder betrogen oder angeschrien hat, wenn ihm seine Hand ausgerutscht ist oder er zu viel getrunken hat, kam er am nächsten Tag mit einer großen Überraschung an. Und ich habe mir damals eingeredet, dass diese Überraschungen ein Zeichen dafür sind, wie sehr er mich liebt. Dabei hatte nichts daran, wie dein Vater mich behandelt hat, auch nur ansatzweise etwas mit Liebe zu tun.« Sie hielt kurz inne, einzig das Knistern des Feuers im Kamin füllte die Stille. »Aber dann, als ich Scott kennengelernt habe, da habe ich gelernt, dass die wahre Liebe in den kleinen Dingen steckt. Ich merke es daran, wie Scott mich ansieht, wenn ich mit meiner Faltencreme vor dem Spiegel stehe und mich wie der unattraktivste Mensch auf dem ganzen Planeten fühle. Daran, wie er morgens eine Tasse Kaffee für mich mitmacht, mit drei Löffeln Zucker und einem Schuss Milch, weil er beobachtet hat, wie ich ihn trinke. Daran, wie er mir auf dem Heimweg von der Arbeit am Telefon Gesellschaft leistet, weil er weiß, dass ich zu stolz bin, um abgeholt zu werden, aber trotzdem nicht gerne allein Bus und Bahn fahre. Daran, wie wir in kompletter Stille nebeneinandersitzen können, ohne dass es unangenehm wird und wir uns auch ohne Worte verstehen. Ich merke es daran, dass er mir jeden Monat die Kinozeitschrift mitbringt, weil er weiß, dass es mich interessiert, und die Tomaten aus dem Salat aussortiert, bevor er mir die Schüssel hinstellt, weil ich sie nicht mag.«

»Gigi, du solltest doch auf die Uhr achten, merkst du nicht, wie verbrannt es riecht?« Ein Kreischen ertönte aus der Küche, gefolgt von einem Scheppern und dem Fluchen meiner jüngeren Schwestern.

Mum schmunzelte, und auch ich konnte mir ein Grinsen nicht verkneifen. Sanft legte sie einen Finger unter mein Kinn und hob es leicht an.

»Was ich damit sagen möchte: In den letzten Jahren habe ich so viel Zeit damit verbringen können, dich und James gemeinsam zu erleben. Und in jedem Blick, jedem Wort, jeder noch so kleinen Geste dieses Jungen lag so unglaublich viel Liebe. Sicherlich hat er sich nicht tadellos verhalten, ebenso wenig wie du. Aber wenn ich mir etwas zu einhundert Prozent sicher bin, dann, dass dieser Junge dich liebt.« Sie zeigte auf das Buch, das nun zwischen uns lag. »Und das hier ist ein weiterer Beweis dafür.«

»Danke Mum«, flüsterte ich mit erstickter Stimme. In meinem Kopf herrschte ein Gefühlschaos, wie ich es zuvor noch nie erlebt hatte. Aber da war auch eine Entschlossenheit, die alles andere überschattete.

Ich musste zu James. Sofort.

Mum schenkte mir ein wissendes Lächeln, das Chaos, das meine Schwestern in der Küche anrichteten, ignorierte sie gekonnt.

»Wenn Scott dich jetzt zum Bahnhof fährt, kriegst du noch den 22:30-Uhr-Zug. Und morgen früh kommst du wieder her. Wir warten auch auf dich mit der Bescherung.«

Und damit war es entschieden.

Der Zug war so gut wie leer, was mich nicht wunderte, schließlich war es der Abend vor Weihnachten. Je weiter ich mich von der Farm und meiner Familie entfernte, desto mehr wich der Schnee der Betonlandschaft. Als ich endlich am Bahnhof ankam, war keine einzige Schneeflocke mehr zu sehen. Stattdessen wurde ich von einem unnachgiebigen Regen begrüßt. Die Uhr schlug Mitternacht, als ich mit dem dunkelroten Schirm, den Mum mir nach einem Blick auf den Wetterbericht noch schnell in die Hand gedrückt hatte, durch die verlassenen Straßen hechtete. Ich lief vorbei an Fenstern, die von warmem Licht, funkelnden Weihnachtsbäumen und den unterschiedlichsten Geschichten erfüllt waren. Vorbei an geschlossenen Läden, Kirchengebäuden, aus denen Gesang ertönte, und einsamen Seelen, die versuchten, sich von all den Erwartungen an Weihnachten nicht erdrücken zu lassen.

Als ich endlich vor dem Backsteingebäude ankam, das sich wie ein zweites Zuhause anfühlte, blieb ich stehen, um zu Atem zu kommen. Obwohl mein ganzer Körper vor Erschöpfung schrie, war ich so voller Adrenalin, dass ich es kaum aushielt.

Mit zitternden Beinen und Händen lief ich auf das Haus zu, das ich in- und auswendig kannte.

Das schrille Geräusch der Klingel ging mir durch Mark und Bein, während meine Nerven zum Zerreißen gespannt waren. Es vergingen fünf Sekunden. Zehn Sekunden. Vierzig Sekunden. Eine Minute. Nicht, dass ich mitgezählt hätte.

Doch nichts passierte. Niemand öffnete mir.

Enttäuschung breitete sich in mir aus, zog mich herunter wie ein Betonklotz an meinen Füßen.

Ich war extra am Abend vor Weihnachten hergefahren, und nun war niemand da?

Plötzlich bekam ich so starkes Heimweh, dass es mir schier die Luft zum Atmen raubte. Mit eingezogenen Schultern und mittlerweile völlig durchnässt vom Regen, der von allen Seiten zu kommen schien, drehte ich mich herum, lief zum Gartentor, auf den Bürgersteig und …

»B.? Was machst du denn hier?«

Mit großen Augen starrte ich James an. Er stand vor mir auf dem Gehweg, ein großer Schirm in der Hand, und sah mich überrascht an. Die Straßenlaterne umhüllte uns mit ihrem hellen Licht wie ein Scheinwerfer, während mein Herz so sehr raste, dass ich fürchtete, es würde mir gleich aus der Brust springen.

James sah umwerfend aus in seinem Mantel, der dunklen Stoffhose und dem hellbraunen Schal. Ungläubig musterte er mich, so, als wollte er sich vergewissern, dass ich keine Einbildung war.

»Ich … ich hab dein Geschenk heute Abend schon aufgemacht«, stammelte ich. Der Regen peitschte um unsere Beine, doch ich war so fokussiert auf meinen besten Freund, dass ich nichts anderes wahrnahm. »Und dann habe ich mit meiner Mum gesprochen und festgestellt, dass ich Weihnachten nicht feiern kann, ohne dir zu sagen, dass ich dich auch bis zum Mond und Saturn liebe. Für immer und immer. Und ich möchte nicht einen weiteren Tag verbringen, ohne dir das zu sagen. Denn wir wären zwei Idioten, wenn wir eine Liebe wie diese ziehen lassen würden.«

Mein Brustkorb hob und senkte sich in rasender Geschwindigkeit. Ohne, dass ich es gemerkt hatte, war ich ein paar Schritte auf James zugegangen, sodass wir direkt voreinanderstanden. Nun sah ich, dass auch sein Gesicht nass vom Regen war – oder waren es vielleicht sogar Tränen?

»Ich kann nicht glauben, dass du tatsächlich am Weihnachtsabend hergekommen bist«, sagte er leise, seine Stimme rau und so vertraut, dass mein Herz einen Hüpfer machte.

»Danke für das Buch«, sagte ich, und das Lächeln, das sich daraufhin auf seinem Gesicht ausbreitete, war einfach hinreißend. »Ich bin mir ziemlich sicher, dass es das schönste Geschenk ist, das ich je bekommen habe.«

»Fuck B., du bist das schönste Geschenk, dass ich je bekommen habe, und es ist mir scheißegal, wie kitschig das klingt.«

Mit diesen Worten ließ er seinen Schirm fallen, überbrückte das letzte bisschen Distanz zwischen uns und nahm mein Gesicht in seine Hände. »Und jetzt würde ich dich wirklich, wirklich gerne küssen.«

»Dann tu es bitte endlich«, flüsterte ich. Kaum hatte ich die Worte ausgesprochen, trafen seine Lippen auf meine. Mit einem Seufzen glitt mir ebenfalls der Schirm aus der Hand. Ich schlang meine Arme um seinen Hals, er zog mich an sich, bis kein Blatt Papier mehr zwischen uns passte.

Unsere Zungen kollidierten miteinander, trafen sich für einen perfekten Tanz, bis alles um uns herum verschwamm.

Es gab nur James und mich auf dem Bürgersteig im strömenden Regen. Und so viel Glück, dass es mir vorkam, als wäre in meinem Körper nicht genug Platz dafür.

Als wir uns voneinander lösten, völlig durchnässt und durchgefroren, lag auf unseren beiden Gesichtern das breiteste Lächeln. James öffnete seinen Mantel ein Stück, um mich noch näher an sich zu ziehen und zu wärmen.

»Ich liebe dich, Betty Harkness. Und ich bin fest davon überzeugt, dass mich damals irgendein unsichtbarer Faden zu dem weinenden Mädchen vor dem Nachbarhaus geführt hat.«

Die letzten Jahre zogen wie ein Film vor meinem inneren Auge an mir vorbei. Wir hatten bereits so viel gemeinsam erlebt, so viele Meilensteine geteilt, und trotzdem fühlte sich dieser Augenblick an wie der Anfang unserer Geschichte.

»Ich liebe dich auch, James Aaron Bowery. Bis heute war *Der geheime Garten* mein Lieblingsbuch, doch das hat sich nun geändert.« Ein Schmunzeln zupfte an meinen Mundwinkeln, und James hob fragend die Augenbraue.

»Was ist dein neues Lieblingsbuch?«, wollte er wissen.

»Es ist unsere Geschichte.«

Und das besiegelten wir mit einem weiteren Kuss. Na gut, vielleicht nicht nur einem.

I CAN DO IT WITH A BROKEN HEART – *Taylor Swift (Ruby's Version)*

Konstantins heutiges »Hi« fühlt sich an wie ein Gespenst. Kalt und leblos und so, als wäre ich transparent. Er nimmt meine Anwesenheit zwar wahr, aber schaut mich nicht an, sondern durch mich hindurch.

»Hi«, sagt er, während sein Blick irgendwo zwischen meinem Hals und Kinn verloren geht, meine Augen nicht erreicht, dann fällt er neben Phil auf den Stuhl. Er klopft ihm zur Begrüßung mehrmals auf die Schulter und fragt: »Was geht, mein Bester?«

Gestern Abend fühlte sich Konstantin nicht kalt und leblos an, ganz im Gegenteil. Als er mich hinterm Ohr küsste und eine Hand unter meinen Pullover schob, war ich mir sicher, dass mein ganzer Körper vor Wärme glutrot leuchtete. Während mir seine Mischung aus Parfum und Zigarettenrauch schwer in der Nase lag, ließ er seine weichen Lippen abwärts gleiten und wusste genau, wann er seine Zunge einsetzen musste, um meinen Herzschlag noch höher zu treiben. »Mascha«, raunte er, wieder, wieder, immer wieder: »Mascha«, sodass ich mich fragte, ob er sich das Hauchen meines Namens zwischen zwei Küssen aus einem Film abgeguckt hatte, denn für gewöhnlich nannte er mich nicht beim Namen. Doch bevor er mir den Pullover über den Kopf ziehen und sich mit seinem Mund weiter abwärts bewegen konnte, klingelte sein Handy. »Sorry«, sagte Konstantin, »da muss ich rangehen. Ist wichtig.«

Zum Telefonieren ging er ins Badezimmer nebenan, sodass ich auf dem Sofa seiner geräumigen Ein-Zimmer-Wohnung zurückblieb. Durch die Wand hörte ich nur sein Murmeln, den Inhalt des Gesprächs verstand ich nicht. Ich blieb sitzen und sah mich in dem Raum um, zwei Designerleuchten sorgten für weiches Licht, sein Bett bestand aus einer Matratze, die auf Paletten lag, dazu cremefarbene Bettwäsche und daneben stapelweise Diogenes-Bücher, auch wenn er vermutlich abstreiten würde, dass es ihm um die Ästhetik ging. Hohe Decken, knarzende Parkettdielen, Altbaucharme, doch die Küchenzeile war neu und modern.

Nach zwanzig Minuten klopfte ich an die Badezimmertür, schob sie vorsichtig auf und flüsterte, dass ich nach Hause müsse. Ohne sein Telefonat zu beenden, nickte er und gab mir mit einer Geste zu verstehen, dass ich gehen konnte. Als ich in den späten Oktoberabend trat, vertrieb die herbstliche Kälte meine Glutwärme endgültig.

Ich erspare mir ein »Hi« zurück, weil Konstantin bereits mit Phil in ein Gespräch über die Lesung heute Abend vertieft ist. Stattdessen blättere ich durch meinen Block, bis ich die Papierblume finde, die er mir aus einer herausgerissenen Buchseite gebastelt hat. Kurz bevor er sie mir überreichte, sagte er: »Ich mag deine Art zu schreiben. Deine Texte sind so plakativ kitschig, als hättest du keine Angst davor, große Gefühle beim Namen zu nennen.« Später, am Abend auf dem Beerpong-Turnier unseres Studiengangs, war ich betrunken und mutig genug, um ihn zu küssen und zu fragen: »Ist das groß genug für dich?« »Nein«, erwiderte er und lächelte, sodass das Grübchen auf seiner linken Wange erschien. »Noch nicht. Aber wir können es riesig machen.«

Es folgten mehr Küsse, Papierblumen, Liebesgedichte in meinen Insta-DMs, geteilte Zigaretten, irgendwann Sex auf seinem

Palettenbett, nach dem Gefühl seiner Satinbettwäsche auf meiner Haut könnte ich süchtig werden. Nur dass das, was wir haben, groß, geschweige denn riesig wird, darauf warte ich noch. Letzte Woche gab er mir seine Vintage-Lederjacke, als er sah, dass ich fror – vielleicht war das ein Anfang.

Als unser Prof den Seminarraum betritt, legen sich die Gespräche meiner Kommilitonen langsam. Papier raschelt, Handys werden auf stumm geschaltet und in Taschen unter Tischen verstaut, ein letzter Biss Bananenbrot aus dem Campuscafé, nachgespült mit Hafermilch-Cappuccino, schließlich richtet sich die allgemeine Aufmerksamkeit nach vorn zum Pult.

»Guten Morgen«, sagt Professor Weber. »Ich begrüße Sie zu unserer zweiten Sitzung der Schreibwerkstatt. Letzte Woche haben wir vermehrt das Organisatorische geklärt. Gibt es noch Fragen zum Seminaraufbau oder zur Prüfungsleistung?«

Als sich niemand meldet, fährt er fort: »Gut. Dann kommen wir zu der Kurzprosa, um die ich Sie gebeten habe. Wer möchte seinen oder ihren Text mit dem Kurs teilen?«

Während Webers Blick durch die Reihen geht, rutsche ich nervös auf meinem Stuhl herum. Obwohl ich mich für den Master in Kreativem Schreiben entschieden habe, habe ich Hemmungen, meine Texte vorzulesen. Nicht, weil ich die Kritik per se fürchte, sondern meinen Umgang mit ihr. Es ist, als würde ich die Tore zu meinem Schreiben sperrangelweit öffnen und ausnahmslos jede Kritik hereinlassen, ohne am Eingang zu überprüfen, ob ich sie überhaupt für berechtigt halte oder nicht. Ich bin so unsicher, dass ich allen anderen zuspreche, es besser zu wissen als ich selbst, ich gebe allen recht, nur mir nicht. Schwierig wird es, wenn die Anmerkungen widersprüchlich sind und eine Person beispielsweise mehr, die andere weniger Adjektive favorisiert. Dann bekomme ich metaphorische rote Panikflecken im Gesicht, schließe die Tore zu meinem Schreiben hektisch und verstecke mich dahinter, fest entschlossen, sie so bald nicht wieder zu öffnen und mich diesem Meinungssturm auszusetzen.

Für Webers Schreibwerkstatt habe ich über eine junge Frau geschrieben, die nichts weiß, bis auf eine Sache: Egal, wo sie ist, das Leben ist woanders. Und sie fragt sich andauernd, wie sie da hinkommen soll.

Konstantin, dessen Hand gerade in die Luft schnellt, würde das vielleicht wieder als plakativen Kitsch bezeichnen, es aber als Kompliment meinen.

»Bitte, Herr Frey.«

Er beginnt zu lesen. Das kann er wahnsinnig gut, seine Stimme klingt wie die eines professionellen Hörbuchsprechers, sodass ich mich beim ersten Zuhören gefragt habe, ob er Unterricht genommen hat. Die Aufmerksamkeit des Raums saugt sich an ihm fest, alle Augen sind auf ihn gerichtet, die Gesichter konzentriert verzogen. Nur ich schaue auf meinen Block herab und drücke meinen Daumen gegen die Ecke karierten Papiers. Wenn Konstantin liest und ich sehe, wie er vor allem auf die weiblichen Zuhörenden wirkt, spüre ich kleine Eifersuchtsstiche. Als ich das meiner drei Jahre jüngeren Schwester Alexandra erzählt habe, hat sie mir geraten, dass ich statt Eifersucht lieber Stolz empfinden soll, schließlich bin ich diejenige, die Konstantin küsst und mit der er neuerdings schläft, aber ich scheitere kläglich darin, meine Gefühle auszutauschen. Dennoch werde ich ihm unter keinen Umständen sagen, dass mich sein Sonnen in weiblicher Aufmerksamkeit eifersüchtig macht, denn solche Frauen bezeichnet er als »peinliche Klammeräffchen, die einfach mal chillen sollen«.

Seine Kurzgeschichte handelt von Tom, Ida und streng genommen auch von Isabell, auch wenn diese nur in drei Sätzen erwähnt wird. Folgendes Szenario, das von Konstantin in pathetischer Theaterstimme vorgetragen wird: Tom ist mit achtzehn Jahren auf der Höhe seines Ansehens, in der Schule ist er der coole, edgy Anführertyp, dem alle Mädchen zu Füßen liegen. Ida hingegen wird als »hässlich wie eine Müllkippe« beschrieben und von Tom aufgrund ihrer Bestnoten gemobbt. Tom kommt mit Isabell, dem schönsten Mädchen des Jahrgangs, nein, der ganzen Schule, zusammen, stellt jedoch schnell fest, dass Isabell »so langweilig ist wie die Urlaube auf der Nordseeinsel Borkum«, die ihre Familie jedes Jahr macht. Tom schafft es zum BWL-Studium nur in die nächstgrößere Stadt und kehrt umgehend in sein Heimatdorf zurück. Kurz darauf macht er Isabell, mit der er immer noch zusammen ist, einen Heiratsantrag, und sie kaufen gemeinsam ein Baugrundstück. Mit den Urlauben auf Borkum hat sich Tom die letzten Jahre über auch abgefunden, er kann mittlerweile sogar verstehen, warum die vielen Rentner auf der Fähre so früh zu ihren Koffern stürmen und sich vor den Ausgang drängen, Vorsicht sei schließlich besser als Nachsicht. Währenddessen hat Ida mit ihrem verachtenswerten Einserschnitt ein Medizinstudium in Hamburg absolviert und führt eine Tabelle über die Männer, mit denen sie geschlafen hat, und wie verstörend deren Gesichtsausdrücke während des Orgasmus gewesen sind.

Zehn Jahre nach dem Abitur sehen sich der coole Tom und die hässliche Ida auf dem Klassentreffen wieder. Hier steuert Konstantins Geschichte auf ihren Höhepunkt zu, denn Tom betrügt Isabell mit Ida auf der rustikalen Toilette des rustikalen Gasthofs, in dem das Jubiläum stattfindet.

Konstantin beschreibt den Sex geradezu grafisch. Vor allem Tom scheint vollkommen die Kontrolle zu verlieren und wie ein wildes Tier aus seinem ordentlichen Leben aus- und in Ida hineinzustoßen. Der Text wird sehr vulgär, was vermutlich das Gegenteil meines »plakativen Kitschs« ist, und alle Gefühle, die die Figuren offensichtlich haben, müssen aus dem Subtext gezogen werden. Dass Ida nur mit Tom schläft, um ihn in ihrer Tabelle eintragen zu können, soll wohl die feministische Note sein, auf der die Geschichte endet.

Noch bevor er das letzte Wort vorgelesen hat, schaut Konstantin auf und in die Gesichter unserer Kommilitonen, macht eine Kunstpause und kommt dann erst zum Schluss. Auch ich applaudiere, indem ich mit der Faust auf den Tisch klopfe.

»Danke, Herr Frey.« Professor Weber setzt sich auf die Kante des Pults. »Feedback bitte. Erste Eindrücke, Rückmeldungen, irgendwelche Gefühle, die der Text in Ihnen ausgelöst hat?«

Kurz schaue ich zu Konstantin, unsere Blicke treffen sich. In seinen Augen funkelt Stolz, er weiß, dass er abgeliefert und nicht nur vorgelesen hat. Durch seine selbstbewusste Vortragsweise hat er aus seinem Text eine Show gemacht, was so gut wie die halbe Miete ist. Er lächelt mich großzügig an, ich schüchtern zurück. Als er mir zuzwinkert, werden meine Wangen warm und ich drücke den Daumen noch einmal gegen die Ecke des Blocks.

Er schreibt gern eine seiner »Stories aus'm Village«, wie er sie nennt. Im Zentrum stehen männliche Figuren, die ländlich aufgewachsen sind und stets auf die ein oder andere Art aus der Reihenhausidylle ausbrechen, nur um nach ihren Exzessen zu dem Schluss zu kommen, dass eine Kindheit auf dem Apfelbaum im eigenen Garten nicht das Schlechteste ist, das einem Menschen passieren kann. Doch bis zu dieser Erkenntnis sind all seine Männerfiguren gequälte Seelen, nicht selten auch gequälte Schriftsteller oder Dichter, auf der Suche nach Sinn und Zerstreuung gleichermaßen.

Konstantin bringt das oder bitterböse Verrisse über die Bürgerlichkeit seiner Beamtenfamilie zu Papier. Doch immer, wenn er darüber herzieht, dass das Leben seiner Eltern so geregelt sei, dass Toilettengänge, Geschlechtsverkehr und höchstwahrscheinlich selbst der Tod nur nach geteiltem Apple-Kalender stattfinden, erinnere ich mich an seine schöne Altbauwohnung, die von ebendiesen Eltern finanziert wird.

Wir sind uns letztes Semester in einem Seminar zum »autobiografischen Erzählen« begegnet. Ich glaube nicht, dass ich ihm sofort aufgefallen bin, er mir allerdings schon. Mit seinen hellbraunen Dauerwellelocken und den Augen, die mich an die Zuckerkruste von Crème brûlée erinnern, dem Lederjacken-, Baggy-Jeans- und Doc-Martens-Look und seiner Körpergröße von über 1,85 Meter ist er zweifellos hot. Doch erst nach den neunzig Minuten, in denen ich an der Reihe war, von meiner Herkunft zu erzählen, hat er mich angesprochen und mich gebeten, etwas von mir lesen zu dürfen.

Ich war dermaßen eingeschüchtert, dass ich ihn mit zwei Kürzestgeschichten abspeisen wollte. Hätte Alexandra nicht auf mich eingeredet und gedroht, die Mail selbst an den »süßen Wannabe-Autoren« zu schicken, hätte ich es vermutlich nicht gemacht. Doch dann hatte Konstantin ein PDF mit zwei meiner Texte im Postfach:

Weihnachtsbäckerei
Alljährlich zur Weihnachtszeit buk die 73-jährige Frau H. Kekse. Da der Rentnerin das Mehl ausging, nahm sie die Asche ihres verstorbenen Mannes als Ersatz. Es waren 387 Meter bis zum nächsten Supermarkt, doch nur 23 Schritte zur Wohnzimmervitrine mit der Urne. Die Kekse schmeckten etwas verbrannt, sonst aber sehr gut, so Frau H.

Puppe
Im europäischen Teil Russlands, im Umland von Sankt Petersburg, in einem Rajon, in einer Siedlung, in einer Straße, in einer Industrieküche, in einem gefliesten Raum steht eine Frau. Über ihrer Haut, über ihrem Kleid, unter ihrem Kittel trägt sie eine karierte Schürze. In der Schürze eine Tasche, in der Tasche, in den Fasern, zwischen den Fäden sitzt ihr toter Ehemann und flüstert: »Schneid nicht immer so viel von der Kartoffelschale ab.«

Konstantin fand den ersten Text furchtbar und einen Affront gegen Ehemänner im Allgemeinen, den zweiten sah er immer noch als mittelschwere Beleidigung gegen sein Geschlecht, aber er weckte auch sein Interesse an mir, denn ich hatte in dem Seminar doch erzählt, dass meine Eltern sogenannte Russlanddeutsche seien. Er war sich unsicher, ob er es originell oder klischiert finden soll, dass ich in *Puppe* schriftstellerisch das Prinzip einer Matrjoschka nachahmte, doch als wir uns das nächste Mal in der Uni sahen, lud er mich auf eine Club Mate ein und wir saßen in der wärmenden Junisonne auf der Wiese hinter dem Hauptgebäude. Konstantin wiederholte noch einmal alles, was ich bereits in »autobiografischem Erzählen« über mich preisgegeben hatte.

Ob ich wirklich in der Hochhaussiedlung rund um die Ostlandstraße in Köln-Weiden wohne? – Jap.

Ob es nicht lieber Plattenbau-, anstatt Hochhaussiedlung heißen sollte? Oder direkt Platte? – Äh, keine Ahnung?

Ob meine Eltern tatsächlich in den 1990er-Jahren aus der ehemaligen Sowjetunion nach Deutschland gekommen wären? – Ja, wie gesagt.

Was sie arbeiten … oder ob sie überhaupt arbeiten würden? – Busfahrer und Altenpflegerin, beiden wurde ihr Studium nicht anerkannt, weshalb sie neue Berufe erlernt haben.

Soso, nicht anerkannt. Bin ich mir denn sicher, dass die Studienstandards dort mit denen hier mithalten können? – Ich erwiderte nichts, sondern trank einen großen Schluck Mate.

Konstantin entschuldigte sich, doch seine Fragerei ging weiter. Wie es denn so gewesen sei, als Arbeiterkind aufzuwachsen. Wie es sich anfühle, sich keinen Urlaub leisten zu können, wie ich sonst überhaupt meine Sommerferien verbracht hätte, und so weiter. Ich sah abwechselnd auf seine Lippen und Hände und wollte für den Moment einfach nur deren Schönheit genießen, ohne auf die Worte zu achten, die beides produzierte.

Doch sein Interesse sorgte auch dafür, dass ich ihm vertraute und ihm einen längeren Text zu lesen gab. Einen über eine komplizierte Mutter-Tochter-Beziehung, woraufhin er das mit dem »plakativen Kitsch« und dem »keine Angst vor großen Gefühlen« sagte, dann das ganze eklige Kölsch beim Beerpong-Turnier, im Anschluss die Verwandlung in eine Fremde, die Konstantin, von allen schüchternen Geistern verlassen, küsste.

»Ich finde es stark, wie die Erzählung sich bis zum zerstörerischen Sex zwischen Tom und Ida zuspitzt«, lobt Phil die Kurzgeschichte seines Freundes. »Wie bei einem Fluchtpunkt, auf dessen Mitte alles zuläuft.«

Professor Weber erteilt Elif das Wort.

»Mich stört die Darstellung von Isabell«, sagt sie und ich beobachte, wie Konstantins Mundwinkel herabfallen. »Sie als wunderschön, aber todlangweilig zu zeichnen, ist dermaßen klischeehaft. Natürlich hat die betrogene Frauenfigur keinerlei andere Eigenschaften als ihre Attraktivität.«

»Aber …«

»Ihnen ist nicht gestattet, auf das Feedback einzugehen, Herr Frey. Sie müssen die Kritik ohne Gegenrede aushalten.« Weber schiebt den Ärmel seines Strickpullovers nach oben und schaut auf seine Armbanduhr. »Das war's für heute. Nächste Woche können wir ein, maximal zwei weitere Texte im Plenum besprechen. Alle, die nicht diskutiert werden, schicken mir Ihre Kurzprosa per Mail. Sie ist Teil der Prüfungsleistung.«

Als der Prof die Stunde beendet, bleibt Konstantin reglos auf seinem Stuhl sitzen und starrt Elif an. Nicht feindselig oder verärgert, aber so auffällig, dass sie seinen bohrenden Blick bemerkt und lachend durch den Seminarraum ruft: »Do better, Frey. Bei deinen Frauenfiguren könnte man meinen, dass du ein misogynes Arschloch bist.«

Als sie an mir vorbeikommt, fragt sie: »Kommst du mit in die Mensa?«, und ohne noch einmal zu Konstantin zu schauen, nicke ich.

In einer Gruppe von sieben, acht Leuten verlassen wir den Kursraum. Konstantin und Phil gehen erst noch eine rauchen und wollen nachkommen. Die Mensa ist zu Beginn des neuen Semesters voll, Stimmengewirr und Gesprächsfetzen, Laubblätter werden von schweren Stiefeln in den Eingang getragen, überall Regenschirme, die auf das Linoleum tropfen. Die Luft dampft. Wir kämpfen uns durch die Bestellschlange und erobern einen Tisch.

»Ich werde mich nächste Woche in der Schreibwerkstatt melden und meine Kurzgeschichte lesen«, verkündet Maja, während sie Nudeln auf ihrer Gabel aufrollt. »Texte vorzulesen ist doch wie im Freibad vom Fünfer zu springen, Augen zu und durch.«

»Sei froh, dass Konstantin heute schon gelesen hat, sonst würde er dir nächste Woche deinen Platz streitig machen. Er scheint sich nicht erst dazu durchringen zu müssen, seine Texte zu präsentieren, sondern es zu genießen.« Elif schnaubt, als wäre ihr sein Ego ein Dorn im Auge.

»Er ist halt von sich überzeugt«, meint Carlos.

»Ein bisschen zu sehr.«

Carlos sieht Elif mit hochgezogenen Brauen an. »Kritisierst du ihn deswegen so harsch?«

»Harsch? Ich bin doch konstruktiv.«

»Vielleicht verletzt du ihn damit?« Eine Nudel löst sich aus dem um die Gabel gewickelten Strudel und landet auf Majas hellgrauer Bluse. Sie stöhnt genervt, ich reiche ihr meine Serviette und sie tupft damit über die Tomatensoße.

Elif lacht auf. »Ich glaube nicht, denn würde er mir sonst …« Sie zieht ihr Handy aus der hinteren Hosentasche, entsperrt den Bildschirm und tippt darauf rum. Ihre langen, dunkelroten Fingernägel erzeugen ein klickendes Geräusch. » … solche Nachrichten schreiben?«

Sie dreht das Handy in unsere Richtung und als ich den geöffneten Insta-Chat sehe, bekommt mein Herz auf die schlechteste Weise Kolibriflügel. Es schlägt so schnell, dass mir übel wird.

Konstantin schreibt Elif dieselben Gedichte, die auch in meinen DMs gelandet sind. Exakt dieselben. Wort für Wort.

immer große fresse
aber bei dir werd ich ganz shy
deine lippen strawberry süß,
will sie tasten, aber nur mit con-
sensationelle Liebesbriefe schreibt Kafka an Milena:
»Liebe ist, dass du mir das Messer bist, mit dem ich in mir wühle.«
dramatisch? aber franz hat recht, eine frau mit messer einfach 🔥,
also willst du meins sein?

Plötzlich juckt meine Haut unter seinen Küssen von gestern Abend. Plötzlich hört sich sein »Mascha, Mascha, Mascha« verzerrt und wie von einer Roboterstimme gesprochen an. Plötzlich will ich nie wieder zwischen den Laken seiner cremefarbenen Satinbettwäsche liegen und darauf warten, dass er zu mir ins Bett kommt.

»Ah«, macht Maja und hebt einen Zeigefinger, als hätte sie tatsächlich eine Erkenntnis. »Ihn turnt es an, dass du seine Texte auseinandernimmst. Elif macht einen auf hard to get, richtig?«

Sie winkt ab, doch kann ein provokantes Lächeln nicht zurückhalten. Ich versuche auf die halb gegessene Waffel mit Kirschen vor mir zu starren und meinem Herzen die Kolibriflügel auszureißen, doch mein Blick huscht zu Elif.

Mit ihren schwarzen Korkenzieherlocken, dem Gothic inspirierten Look und dem Strassstein in der Unterlippe ist sie so schön. Viel schöner als ich.

Mit ihrer selbstsicheren Art ist sie so interessant. Viel interessanter als ich.

Mit ihrer melodischen Mischform aus Lyrik und Prosa ist sie so klug. Viel klüger als ich.

Schöner. Interessanter. Klüger. Einfach *so viel besser*. Kein Wunder, dass Konstantin sie daten will. Warum ist er mir nach unserer Club Mate auf der Uniwiese überhaupt in die DMs geslidet? Ich trage Sachen von H&M, mein Haar ist lang und platt, meine Haut neigt zu Rötungen, beim Sex kann ich die ganze Zeit nur daran denken, wie mein nackter Körper in dieser und jener Position aussieht und dass Konstantin hoffentlich keine Speckrolle oder Cellulite entdeckt, ich bin in Bezug auf mein Schreiben so leicht zu verunsichern, dass ich nach dem Master sicherlich keinen Job finde und mich arbeitslos melden muss, eigentlich ist es sogar besser, wenn aus Konstantin und mir nie mehr wird, denn ich kann ihn unmöglich meiner Nicht-Beamtenfamilie vorstellen, in unserer Wohnung riecht es stets nach Gekochtem, Alexandra ist ein Biest, das sich unverhohlen über seinen Stapel Diogenes-Bücher lustig machen würde, und wenn er meiner Großmutter unter die Augen tritt, würde sie ihn erst dafür rügen, dass er unsere Wohnung mit Straßenschuhen betritt und ihn im Anschluss fragen, in welcher Hausnummer er wohnt, um aus der Zahlenkombination zu schließen, ob er mit Glück oder Pech gesegnet ist. Bloß nicht Omas Aberglaube. Alles, bloß kein Verbot für Konstantin, an der Ecke unseres Tisches zu sitzen, weil die Eckposition bedeuten würde, dass er sieben Jahre lang nicht heiraten wird. Gut, er ist keine junge Frau, für die die Ehelosigkeit natürlich ein noch viel größeres Unglück …

»Mascha?« Carlos, der neben mir sitzt, legt mir eine Hand auf den Unterarm. »Alles okay?«

Ich nicke instinktiv, schiebe den Teller mit der Waffel jedoch von mir und stehe auf. »Sorry, aber ich hab total vergessen, dass ich noch eine Sprechstunde bei Professorin Lombardo habe.«

Die Augen aller liegen auf mir, sodass Hitze in meinen Kopf schießt.

»Für die Mündliche in Linguistik?«, fragt Maja.

»Genau«, lüge ich weiter, nehme Mantel und Umhängetasche von der Stuhllehne und winke in die Runde. »Bis morgen.«

»Bis morgen«, rufen sie zurück, Elifs »Viel Erfolg, du schaffst das!«, sticht hervor.

Meine Sprechstunde bei Lombardo ist erst nächsten Montag, doch ich kann nicht länger mit meinem durchdrehenden Herzschlag an diesem Tisch sitzen. Als ich aus der Mensa heraustrete, sehe ich, wie Konstantin und Phil die Treppenstufen zum Eingang hinaufkommen, springe panisch in die nächstbeste Ecke und gehe in die Knie, um mich möglichst unsichtbar zu machen.

»Äh«, sagt der Typ, vor dem ich kauere, und schaut von seinem Handy zu mir herab.

»S… sorry«, stottere ich und tue so, als würde ich meinen Schuh binden. »Schnürsenkel offen.«

»Du trägst Stiefel.«

Und du bist offenbar ein Klugscheißer, denke ich, auch wenn ich es nie laut aussprechen würde. Stattdessen werfe ich mir das Haar ins Gesicht und linse über die Schulter. Beim Mülleimer vor dem Mensaeingang drücken Konstantin und Phil ihre heruntergerauchten Zigaretten aus und betreten das Gebäude.

Ich richte mich auf, wische und puste mir Strähnen aus der Sicht und trete aus der Ecke hervor.

»Hey«, ruft mir der Typ hinterher. »Das nächste Mal kannst du gern aus anderen Gründen vor mir knien.«

Ich würde ihm gern den Mittelfinger zeigen, aber brenne nur vor Scham und Wut ampelrot. Schnellen Schrittes renne ich die Treppe hinab und drossle den gesamten Weg zur Bahnhaltestelle nicht das Tempo, sodass ich laut atme und Seitenstechen bekomme. Aber lieber das als mein mies beflügeltes Herz.

Erst als ich in der 1 Richtung Weiden-West sitze, wird mir bewusst, dass ich abgehauen bin. Eigentlich wollte ich nach dem Mensabesuch noch in die Institutsbibliothek und meine Sprechstunde nächste Woche vorbereiten, aber Konstantin in Elifs Insta-Messages hat mich regelrecht fliehen lassen.

Die Regentropfen auf der Fensterscheibe machen ein Wettrennen daraus, wer schneller am Glas hinabfließt. Es ist diesig grau und obwohl erst früher Nachmittag, ist das Licht in der Bahn eingeschaltet. Gegenüber von mir sitzt ein kleiner Junge, der seine Beine baumeln lässt und fasziniert auf die glitzernden pinken Gummistiefel starrt, die er trägt.

Die Bahn ruckelt unter mir, ich lehne die Schläfe gegen die feuchtkalte Scheibe.

Ich küsse Konstantin – Mädchenlippen. Er küsst mich zurück – Poetenlippen.

Ist das groß genug für dich?

Nein. Noch nicht. Aber wir können es riesig machen.

Mit Elif stellt er sich die ganze Sache wohl gigantisch vor. Hat er gestern Abend in seinem Badezimmer mit ihr telefoniert? Vermutlich nicht, denn sie hat vorhin den Eindruck erweckt, als würde sein Interesse nur einseitig sein. Aber wenn nicht mit ihr, mit wem dann? In wie viele Chatfenster tippt er noch seine beschissenen Gedichte und Loveletters? Wie viele Papierblumenempfängerinnen gibt es noch?

Der Junge mit den Glitzerstiefeln steigt mit seiner Mutter eine Haltestelle vor mir aus, dann – beim größten Einkaufszentrum

Kölns – trete ich in den Regen. Doch statt das Rhein-Center zu passieren und in die dahinterliegende Hochhaussiedlung einzubiegen, gehe ich hinein. Sobald ich durch die sich automatisch öffnenden Türen trete, kommt mir parfümierte, warme Luft entgegen, sodass ich meinen Mantel öffne und den Schal vom Hals ziehe. Im Erdgeschoss, im hinteren, abgelegenen Teil des Zentrums, zwischen McPaper, Douglas und einem Frozen-Yoghurt-Stand, liegt *Madam Petits Stube der Hexerei und weiteren Lebenshilfe*. Dieser an ein Zirkuszelt erinnernde Ort wird im Rhein-Center eigentlich von unserer Nachbarin Frau Cordula Klein gemietet, aber wenn sie unter Migräne leidet, springt meine Großmutter gern kostenlos für sie ein und empfängt *Madam Petits* Kundschaft.

Ich lausche vor dem Zelt, ob ich Stimmen höre, doch kann keine vernehmen, weshalb ich die schweren Samtvorhänge aufschiebe und eintrete.

Meine Oma sitzt an einem runden Tisch. Das Croissant, das sie isst, krümelt das spitzenbesetzte schwarze Tuch voll, das die Holzplatte überdeckt. Hinter ihr stehen Regale voller Edelsteine, Tarotkarten, Gläser mit getrockneten Kräutern, Talismane, Engelsfiguren und Büchern zu Spiritualität sowie moderner Hexerei. Es riecht unfassbar penetrant nach Räucherstäbchen.

»Maschinka!« Vor Überraschung verschluckt sich Oma am Croissant. Sie hustet, sodass ich zu ihr eile und ihr auf den Rücken klopfe. Sie trinkt einen Schluck Apfelschorle von *ja!* und strahlt mich an. »Wie schön, dass du mich besuchst, mein Kind.«

Ich schlüpfe aus meinem Mantel und hänge ihn über die Lehne des Stuhls, der für die Kundschaft gedacht ist. Verstörende Schnitzereien sind in das Holz gearbeitet. Als ich mich setze und auf das Tischtuch blicke, verziehe ich angewidert das Gesicht.

»Ist das ein Knochen?«

»Ja.« Meine Babuschka wischt sich die Croissantkrümel vom Oberteil. »Vom Brathähnchen letzte Woche. Für die Stimmung.«

Mit spitzen Fingern fasse ich nach dem Knochen und schiebe ihn an den Tischrand, damit ich Platz habe, um neben den unzähligen

Kerzen und der mit Blüten gefüllten Klangschale meine Hände zu falten. »Du musst mir die Karten legen.«

Oma trinkt noch einen eiligen Schluck Apfelschorle, das Plastik knistert, als sie die Flasche zusammendrückt, dann schraubt sie rasch den Deckel zu. »Natürlich, natürlich.« Sie wischt sich mit dem Handrücken über die feuchten Lippen, greift nach einem Feuerzeug und zündet im Uhrzeigersinn alle Kerzen auf dem Tisch an. »Wie kann ich dir helfen?«

»Sag mir einfach …«, fassungslos über mein eigenes Verhalten schüttele ich den Kopf, » … was die Karten zu meinem momentanen Liebesglück sagen.«

Sie runzelt die Stirn, was bei ihren vielen Falten kaum mehr auffällt. »Geht es um diesen Autoren?«

Autoren. Mich hat sie noch nie *Autorin* genannt, dabei habe ich genauso viel erreicht oder eben noch nicht erreicht wie Konstantin. Aber wenn ein Mann *Kreatives Schreiben* studiert, muss er zwangsläufig in der Genieästhetik Goethes und Schillers stehen.

»Hat Alex dir davon erzählt?«

Sie presst die Lippen zusammen, als dürfe sie nichts dazu sagen, nickt jedoch.

Ich seufze. »Ja, es geht um diesen *Autoren*.«

»Also schön.« Oma greift zu ihren Tarotkarten und als sie beginnt, sie zu mischen, wird ihr Gesichtsausdruck so furchtbar ernst und fokussiert, als müsste sie gleich einen Menschen am offenen Herzen operieren. Sie mischt und mischt und schiebt vor Konzentration die Zungenspitze zwischen ihren Zähnen hervor. In *Madam Petits Stube* ist es so still, dass Geräusche von außerhalb des Zelts zu uns dringen. Schritte, raschelnde Einkaufstüten, ein Kind bettelt schreiend um einen Frozen Yoghurt, ein Mann beschwert sich darüber, dass der Zehnerpack Kugelschreiber nicht mehr im Angebot ist.

Vor Aufregung trommle ich mit den Fingern auf die Tischplatte.

»Lass das«, zischt Oma. »Du machst mich ganz nervös.«

»Wie lang dauert das noch? Ich dachte, die Karten wären von einer spirituellen Kraft aus dem Universum geleitet.«

»Schon gut.« In einem Fächer breitet sie sie vor mir aus. »Zieh eine.«

»Nur eine?«

Sie nickt, als hätte sie ein Urteil gesprochen, und hebt zur Untermauerung ihren krummen Zeigefinger.

Ich atme stoßweise aus und greife mit zusammengekniffenen Lidern eine Karte, die ich ihr reiche.

Sie keucht entsetzt, sodass ich die Augen aufreiße. »Was?«

Meine Großmutter schlägt die Hand über den Mund.

Ich beuge mich weit über den Tisch. »Was ist?«

Sie lässt die Hand sinken. »Bleib sitzen, Maschinka. Es ist ernst.«

Ich falle zurück. »Wie ernst?«

»Sehr ernst.« Sie legt meine gezogene Karte offen in die Mitte des Tischs. Über Kopf brauche ich einen Moment, bis ich die Motive entschlüssle: Drei scharfe Schwerter, die ein rotes Herz durchbohren, aus den grauen Wolken am Himmel dahinter regnet es in Strömen.

»Wie dramatisch«, murmele ich in den Kragen meines Pullovers.

»Drei der Schwerter«, haucht meine Babuschka voller Bedauern. »Das bedeutet Verletzung, Ernüchterung, Enttäuschung, Liebeskummer. Dass du einer schmerzlichen Erkenntnis ins Auge sehen musst.« Sie nimmt den Blick von der Karte und schaut zu mir. Ihre Brust schwillt an, weil sie tief einatmet, und dann donnert: »Was hat dieser Autor getan? Will er mit dir seine eigene unglückliche Liebesgeschichte schreiben?«

Ich würde von meiner Großmutter behaupten, dass sie bezüglich ihrer Vorstellungen von Beziehungen im 21. Jahrhundert angekommen ist, doch was eine *Situationship* ist, würde sie überfordern, weshalb ich sage: »Er zeigt nicht nur Interesse an mir, sondern auch an anderen.«

»Also ist er ein Aufreißer? So ein Draufgänger? Ein Gigolo?«

Ich lache erschöpft. »So könnte man das vielleicht ausdrücken.«

»Schick ihn zum Teufel«, flucht Oma, doch kaum hat sie das Wort *Teufel* ausgesprochen, spuckt sie drei Mal über ihre linke Schulter und verbessert sich: »Schick ihn dahin, wo der Pfeffer wächst.«

Missmutig blase ich die Wangen auf. Wenn das nur so einfach wäre …

»Komm«, sie macht eine auffordernde Geste. »Gib mir deine Hand. Ich lese deine Schicksalslinien.«

Ich springe vom Stuhl auf und greife nach meinem Mantel. »Nein, danke. Du wirst sowieso wieder herauslesen, dass ich mit fünf Kindern allein und hoch verschuldet ende.«

»Deswegen musst du dich von diesem Gigolo fernhalten. Erst macht er dir ein Kind, dann verlässt er dich und verdient mit seinen Büchern keinen Cent. Wer will das heute noch lesen? Dieses männliche Gejammer, in dem die eigene Frau mit einer viel jüngeren betrogen wird?«

Ich ziehe meinen Mantel zu und nehme die Tasche von der Stuhllehne. Lächelnd gehe ich um den Tisch herum und umarme meine Großmutter. »Danke fürs Kartenlegen.«

Sie drückt mich fest an sich. »Geh jetzt nach Hause und hol die Pelmeni aus dem Gefrierfach, ja? Mach dir was Leckeres zu essen, das brauchst du jetzt, etwas Warmes für das kalte Herz.«

Ich nicke und tue, wie mir geheißen: Verlasse *Madam Petits Stube der Hexerei und weiteren Lebenshilfe* und das Rhein-Center, überquere den Hinterhof und erreiche das Hochhaus, fahre mit dem klapprigen Aufzug in den zwölften Stock und betrete unsere Wohnung. Nur die gefrorenen Teigtaschen koche ich mir nicht in Suppenbrühe ab, weil ich überhaupt keinen Hunger habe. Seit ich den Mensatisch verlassen habe, ist mein Magen ein einziger Klumpen.

Mit einer dampfenden Tasse Tee setze ich mich an den Küchentisch und klappe den Laptop auf. Meine Eltern sind arbeiten, Alexandra noch in der Uni, die Wohnung ist still, nur die Wanduhr über der Tür tickt und der Kühlschrank brummt.

In die Googlesuche gebe ich *Wie mache ich aus meiner Situationship eine Relationship?* ein. Während ich die Frage tippe, habe ich die Stimme meiner kleinen Schwester im Kopf.

Eine ausformulierte Frage mit Groß- und Kleinschreibung, würde Alex sagen, *so googeln nur alte Leute, die bei WhatsApp nach der persönlichen Anrede einen Absatz setzen.*

Ich klicke auf einen pseudo-psychologischen Artikel, der mir erklärt, dass der eine Teil der *Situationship* Bindungsangst hat, während der andere Teil nie gelernt hat, die eigenen Bedürfnisse einzufordern und sich ständig mit dem bisschen zufriedengibt, was er oder sie von der bindungsgestörten Person bekommt. Darüber komme ich auf einen anderen Artikel, der sich mit dem »toxischen Dating-Trend *Breadcrumbing*« beschäftigt. Als ich lese, dass es dabei ums Hin- und Warmhalten ohne jegliche Verbindlichkeit geht, werden meine Fingerspitzen auf der Tastatur feucht. Einzig die Tatsache, dass die Brotkrumen nur online in Form von gelegentlichen Nachrichten, Verlinkungen und Likes geworfen werden, hält mich davon ab, zu glauben, dass Konstantins Papierblumen Krümel sind, die er verstreut und ich bereitwillig einsammle. Als ich auf einem Video lande, in dem ein Typ im Olymp-Hemd mit Edding in der Hand vor einem Flipchart steht, fürchte ich, Finanztipps zu erhalten, doch tatsächlich spricht er davon, wie »du deinen Ex mit diesen Psychotricks für immer zurückbekommst«.

Wichtig: Keinesfalls hinterherrennen, um eine zweite Chance betteln oder Mitleid erregen, zudem keinerlei Liebeserklärungen machen, sondern emotional gefestigt, im Idealfall unabhängig wirken. Dieser Punkt lässt mich an Konstantin denken, der Frauen als »peinliche Klammeräffchen« bezeichnet, die »einfach mal chillen sollen«.

Noch wichtiger: Um den Ex zurückzugewinnen, darf man sich unter keinen Umständen hängen lassen, sondern muss in allen Lebensbereichen attraktiv und anziehend wirken, was im Klartext bedeutet, schlank und normschön, beruflich erfolgreich, stets glücklich und vollkommen problemlos sein zu müssen. Schuldzuweisungen an den Ex sind untersagt, überhaupt dürfe man keine »negativen Signale mehr senden« und müsse die beste Version seiner selbst präsentieren.

Mir schwirrt der Kopf. Das mit der *besten Version meiner selbst* habe ich noch nie wirklich verstanden, denn woher weiß ich denn, was das Beste für mich ist? Woher weiß ich, was ich mir tatsächlich wünsche, und bin ich mir sicher, bei Erfüllung meiner Ziele glücklich zu sein? Also so richtig glücklich?

Als der selbst ernannte Amor dazu rät, seinem Ex beim nächsten Treffen möglichst unnahbar und mysteriös entgegenzutreten, um das Interesse erneut zu entfachen, stoppe ich das Video. Es ist nicht so, dass ich den Reiz dieser Femme-fatale-Ästhetik nicht nachvollziehen kann und mir das ein oder andere Mal gewünscht hätte, meine Schüchternheit in eine geheimnisvolle Aura zu verwandeln. In diesem Szenario würde ich mir einen dicken, aber akkuraten Lidstrich ziehen, mir gekonnt die Haare über die Schulter werfen und vielsagend, sehr vielsagend, schauen können. In dieser Welt würde ich auf Konstantins Bemerkung, er könne sich nicht entscheiden, ob er es originell oder klischiert findet, dass ich in meinem Text *Puppe* das Prinzip einer Matrjoschka nachgemacht habe, nur apart lächeln. So lächeln, dass er sich dumm vorkommt und nicht ich. Aber in der Realität bin ich leider so überhaupt nicht mysteriös, sondern laufe direkt flammenrot an und breche in Stressschwitzen aus, gern stehen mir dabei die Babyhaare vom Kopf ab.

Die Wohnungstür öffnet sich und an der Art, wie die Schuhe von den Füßen gekickt werden, erkenne ich meine Schwester.

»Hey«, rufe ich in den Flur.

Wenige Sekunden später steht sie in der Tür zur Küche und schält sich aus ihrer Bomberjacke. »Na?« Alex geht zum Kühlschrank, holt zwei Capri-Sonnen heraus und setzt sich neben mich. »Woran schreibst du?«

»An nichts.«

Sie drückt den Strohhalm ins Trinkpäckchen, ich tue es ihr gleich und wir stoßen an. Seit über fünfzehn Jahren besteht dieses Ritual. Alex und ich schließen für einen Moment die Augen, stellen uns beim ersten Schluck Capri-Sonne vor, wie wir am Meer sitzen und den Sonnenuntergang beobachten. Jede für sich und dennoch gemeinsam. Wir sind nicht dort und sind doch dort.

»In welchen Abgrund des Internets bist du gefallen?« Alex starrt auf meinen Bildschirm, auf dem immer noch die Seite des

Beziehungscoachs geöffnet ist. Alarmierend rot blinkende Buttons fordern mich dazu auf, sein Coaching zu kaufen. Wenn ich meinen Ex wirklich für immer zurückgewinnen und auf alle dafür nötigen Psychotricks zugreifen will, schlage ich beim Onlinekurs direkt zu.

»Jetzt Platz sichern und Beziehung retten«, liest meine Schwester vor. »Inklusive WhatsApp-Beratung. Einmaliger Preis! Nur heute das komplette Know-how für 1.999,99€.« Schlürfend zuckt sie die Schultern. »Wow, was ein Schnäppchen.«

Ich schließe das Fenster und klappe den Laptop zu. »Eine Kommilitonin hat mir heute in ihren Insta-DMs exakt dasselbe Gedicht von Konstantin gezeigt, das er mir auch geschickt hat.«

Alex ist einer dieser Menschen, die nur eine Braue heben können. Die Wirkung verfehlt nie. »Der Wannabe-Autor?«

»Jap.«

Sie trinkt ihre Capri-Sonne bis auf den letzten Tropfen aus und zerquetscht dabei das Plastik in ihrer Faust, dann legt sie den Kopf schief und mustert mich. »Weißt du, was ich mich frage?«

»Hm?«

»Ob du dich jemals gefragt hast, ob du ihn überhaupt magst.«

»Ich schätze schon, dass ich ihn mag, sonst würde ich ja nichts mit ihm haben«, bringe ich mit Strohhalm zwischen den Zähnen hervor.

Sie nimmt ihre dunkelgrünen Augen nicht von mir. »Du hast mir schon öfter von deinem Struggle beim Schreiben erzählt, dass du hyperkrass auf die Meinung anderer fixiert bist, aber nicht auf deine eigene. Jedes bisschen Kritik an deinen Texten nimmst du dir zu Herzen, aber erlaubst dir nicht, dich einmal selbst zu fragen, ob dir andere Texte gefallen oder nicht. Andere dürfen ihr Ding machen und dabei durchaus anecken, aber du musst es jedem Hans und Franz recht machen. Von dir erwartest du ausnahmslos allen zu gefallen und jede Kritik anzunehmen, vermeidest es aber, andere zu kritisieren. Kann es sein, dass das bei Konstantin ähnlich ist?« Sie steht auf und geht zum Mülleimer. »Also ganz im Ernst, hast du dich jemals gefragt, ob du ihn überhaupt magst? Ob du Interesse an ihm hast? Oder erlaubst du dir die Frage gar nicht, weil du ach so dankbar darüber sein kannst, dass er dich eines Kusses würdigt?«

»Äh …« Anstatt zu antworten, trinke ich meine Capri-Sonne aus.

Meine Schwester hebt den Deckel des Mülleimers an und wirft ihr leer gesaugtes Trinkpäckchen hinein. Sie wartet geduldig, bis ich vom Küchentisch aus ausgeholt und auch meines treffsicher in der Blechtonne versenkt habe. Anerkennend nickt sie und kehrt zum Tisch zurück.

»Anders gefragt«, Alex verknotet ihre Beine auf der Sitzfläche des Stuhls. »Was erhoffst du dir von diesem Konstantin? Eine feste Beziehung?«

»Äh …«, mache ich erneut. Wäre es nicht meine Schwester, mit der ich dieses Gespräch führe, würde ich bereits rosa Flecken an Hals sowie Dekolleté haben und mich in die Ecke gedrängt fühlen. »Ich … weiß es nicht genau.«

»Bist du in ihn verliebt?«

»Nein … Ich … verliebt bin ich nicht. Aber ich schätze, dass ich einen Crush auf ihn habe?«

Wieder die eine hochgezogene Braue. »Dafür, dass du kurz davor warst, ein Vermögen für ein trashy Beziehungscoaching auszugeben, schätzt du ganz schön viel.«

Ich ziehe das Haargummi von meinem Zopf und werfe es nach ihr. »Lass mich in Ruhe mit deiner Küchenpsychologie.«

Sie lacht. Es ist das schönste Geräusch auf der Welt. »Ist nur ein Denkanstoß, Mascha, nur ein kleiner, winziger, unbedeutender Anstoß.« Mit dem Gummi bindet sie ihr ebenfalls dunkelblondes Haar zu einem hohen Pferdeschwanz.

Mein Handy vibriert. Im Gruppenchat unseres Studiengangs wird die Lesung heute Abend besprochen.

Maja

wir brauchen noch 2, 3 personen für bühnenaufbau + stühle, freiwillige vor

Konstantin

bin keiner der freiwilligen, sondern schon vorher da, aber hätte nichts gegen einen 💋

Maja

keine menners, sorryyyyyyyy

Carlos

könnte um 6 da sein, reicht das?

Maja

yes 😘

Leonie

bleibt es dabei, dass ich zwischen Konstantin und Lin lese? Sry, bin grad bisschen lost und schon so nervös

Konstantin

bleibt dabei. Brüll, 🦁, brüll

Auch ich melde mich freiwillig, um beim Aufbau zu helfen. Ich habe noch knapp eine Stunde Zeit, um mich fertig zu machen und in die Südstadt zu fahren.

»Ich muss los«, sage ich zu Alex.

»Zur Lesung?«

Ich nicke, während ich den Laptop zurück in die Tasche räume und aufstehe.

Meine Schwester rückt mit dem Stuhl so weit vor, dass ich mich zwischen ihr und der Wand durchquetschen kann. »Wirst du auch einen Text lesen?«

»Ne.«

In einer theatralischen Geste sinkt sie tief in den Stuhl, wirft den

Kopf zurück und legt sich den Handrücken auf die Stirn. »Oh würden all die Selbstzweifel nur zu irgendetwas gut sein und nicht nur in verschwendetem Potenzial enden!«

»Meine Zeit wird kommen«, halte ich dagegen. »Oma hat aus meiner Hand eine glorreiche Karriere gelesen! Zwar folgt auf das Hoch der finanzielle Ruin, aber eine Zeit lang werde ich auf der Erfolgswelle reiten.«

»Unabhängig von Omas Hokuspokus könntest du die Welle längst reiten, wenn du dich endlich trauen würdest, dich bei einer Literaturagentur zu bewerben. Weißt du was?«, ruft sie mir hinterher. »Vielleicht ist es an der Zeit, dass ich dich zu deinem Glück zwinge. Ich werde deine Texte einfach rausschicken, dann kannst du dich nicht länger verstecken.«

Als ich den Flur entlang zum Badezimmer gehe, verdrehe ich gleichzeitig die Augen und lächle.

Eine Dreiviertelstunde später erreiche ich die Location unserer Lesung. Es ist eine Bar fußläufig zum Chlodwigplatz, die auch einen Raum für verschiedene Events bietet.

»Hey Mascha.« Weil Maja zwei Stühle unter die Achseln geklemmt hat, winkt sie mit dem Kopf. »Danke, dass du beim Aufbau hilfst. Wir schleppen gerade die Stühle aus dem Keller hoch.«

Ich lege meinen Mantel über einen Barhocker. Mit Blick auf die Feuerschutztür, aus der Maja gekommen ist, frage ich: »Da entlang?«

Sie nickt. »Aber pass auf die Treppe auf. Die ist ziemlich steil.«

Ich durchquere den hohen Raum. Durch die unverputzten Wände und die Hängeleuchten aus Stahl ist die Atmosphäre rau und roh, doch der Samtteppich sowie die zahlreichen Vasen mit getrockneten Blumen setzen romantische Akzente.

Ohne Knochenbrüche schaffe ich es die Treppe hinunter. Als ich den niedrigen Kellerraum mit gestapelten Stühlen betrete, schält sich Konstantin gerade aus seiner Lederjacke, wobei das Langarmshirt, das er darunter trägt, nach oben rutscht und den Blick auf seinen muskulösen unteren Rücken freigibt.

Ich sehe zur Glühbirne, die von der Decke baumelt, und den Raum in verwaschenes Gelb taucht. »Äh … hi.«

Während er sich zu mir dreht, zieht er die Hand endgültig aus dem Jackenärmel. Kurz flackert Überraschung über seine Züge, dann lächelt er breit. Seine Locken sehen feucht aus, als wäre er durch Nieselregen gelaufen, dabei regnet es draußen nicht mehr. Sein weißes Shirt ist eng anliegend und minimal transparent, sodass man seinen trainierten Oberkörper erahnen kann. Eine Perlenkette liegt um seinen Hals, mehrere grobe Silberringe um seine Finger.

Achtlos wirft er die Lederjacke über eine Stuhlreihe und kommt auf mich zu. »Ich hab dich nach der Schreibwerkstatt gar nicht mehr in der Uni gesehen.« Er streckt einen Arm nach mir aus und fordert mich auf, ihm meine Hand zu reichen. Ich lege meine in seine. Mir so durchdringend in die Augen schauend, dass ich heiße Wangen bekomme, führt er meinen Handrücken an seine Lippen und küsst mich sanft.

»Ich habe dich vermisst«, wispert er und zieht mich abrupt zu sich, sodass nicht nur mein Körper, sondern auch mein Herz einen Satz nach vorn macht.

Ich pralle gegen ihn, rieche seinen betörenden Duft nach Moschus mit Zimt und Orangenblüte, spüre seinen harten Körper, seine Wärme, meine durchdrehenden Nerven.

Er schiebt beide Hände in meinen Nacken und legt meinen Kopf zurück, sodass ich ihm in die braunen Augen schauen muss.

»Seit du gestern Abend meine Wohnung verlassen hast, vermisse ich dich.« Seine Stimme ist leise, sein Blick laut. Alles kribbelt, kribbelt, kribbelt.

Wie konnte ich Alex' Frage, ob ich auf Konstantin stehe, nicht direkt und mit einem klaren Ja beantworten? Wie, wenn jede seiner Berührungen mir so heftig unter die Haut geht?

Die Hände immer noch fest um meinen Nacken gelegt, drängt er mich rückwärts, bis ich gegen die Kante eines Tischs stoße. Ich rutsche darauf, spreize die Beine, sodass er zwischen meine geöffneten

Schenkel tritt. Sobald seine Mitte gegen meine presst, möchte ich mich unter den erregenden Schauern winden, die meine Wirbelsäule hinabfahren.

Mit dem Daumen gleitet er über meine Unterlippe. Seine Augen folgen der Bewegung und sein Blick wird schwer vor Begierde. Er senkt den Kopf, murmelt wenige Zentimeter vor meinem Mund: »Ich möchte heute Nacht nachholen, was wir gestern verpasst haben, okay?«

Ich bringe nur ein halbes Nicken und peinliches Wimmern zustande. Konstantin lächelt, bis das Grübchen auf seiner linken Wange erscheint, und legt endlich seine Lippen auf meine. Meine Finger krallen sich in sein Langarmshirt, ich dränge mich enger gegen ihn, unsere Zungen treffen aufeinander. Tabak und Minzkaugummi, schwindlige Aufregung, schwindlige Erregung.

Sein Kuss wird härter, fordernder, dreckiger. Seine Zunge umspielt nicht länger meine, sie fährt ruchlos durch meinen Mund, er leckt über meine Lippen und Zähne. Ich stöhne auf, er hebt die Hände an meine Brüste und reibt sie durch den Stoff der Kleidung.

»Mascha«, raunt er. »Mascha, Masch…«

Plötzlich ein Rumpeln, ein »Scheiße!«, eine Maja, die in den kleinen Raum stolpert. Konstantin und ich schrecken auseinander, er macht einen großen Schritt zurück, während ich mein Oberteil zurechtrücke.

»Ooookaaaay.« Mit kreisrunden Augen sieht sie zwischen uns hin und her. »Ich habe mich schon gefragt, wo ihr beide bleibt.«

Mit einem Kopf, der jeden Moment vor Verlegenheit explodiert, rutsche ich vom Tisch.

»Wir«, Konstantin grinst verwegen, »kommen gleich.«

»Hoffentlich nur im Sinne von *mit den Stühlen hochkommen*«, erwidert Maja, greift zwei unter ihren Lehnen und trägt sie über die Türschwelle. »Die Lesung beginnt in einer halben Stunde, ihr könnt später noch übereinander herfallen.«

Unsere Blicke treffen sich. Noch immer liegt ein Lächeln auf seinen Lippen. »Du bist süß, wenn du dich schämst.«

Ich presse die Handflächen auf die glühenden Wangen und murmle: »Stühle. Wir sollten die Stühle nach oben bringen.«

Als wir in den Lesungsraum zurückkommen, sind bereits unser halber Jahrgang und zahlreiche Gäste da. Neben der Bestuhlung werden letzte Details der Technik geklärt. Carlos hat eine kleine Nebelmaschine mitgebracht, die erstaunlich viel Dunst produziert. Wie Gespensterschatten wabert er zwischen der Bühne und den Stuhlreihen umher.

Aufregung knistert in der Luft. Nervosität, Vorfreude, Angst. Es ist eine Mischung, die selbst mich berauscht, obwohl ich nicht lesen werde. Ich schaue zu Konstantin, der als Erstes einen Text vortragen wird. Er steht in einem Kreis aus Phil, Leonie und einer Frau, die ich nicht kenne, und wirkt entspannt. Während Leonie ungeduldig von einem Bein aufs andere tritt und an ihren Fingerkuppen kaut, lacht er gelöst über etwas, das die Unbekannte sagt.

Ich fasse mir an die Lippen. Sie pochen noch immer unter seinem Kuss, die Erinnerung taufrisch.

Als Maja die Bühne betritt, nehme ich Platz.

Elif setzt sich neben mich und lächelt. »Wie war die Sprechstunde bei Lombardo?«

»Ganz gut.« Ich erwidere ihr Lächeln, es ist so verlogen, dass es wehtut. Sie bietet mir einen Schluck ihrer Weißweinschorle an, aber ich lehne dankend ab.

»Einen wunderschönen guten Abend«, erklingt Majas durch das Mikrofon verstärkte Stimme. Das Geraschel und die Gespräche werden zu aufmerksamer Stille, die sich über dem Publikum ausbreitet. Während Maja den Abend einleitet und unseren Studiengang vorstellt, suchen meine Augen Konstantin, finden ihn jedoch nicht. Erst als Maja ihn als ersten Vortragenden ankündigt und mit einer Handgeste auf die Kellertür zeigt, tritt er daraus hervor.

Elif prustet los. »Was zur Hölle trägt er da?«

Konstantin hat sich umgezogen und sein weißes Longsleeve gegen eine schwarze Bluse mit ausladendem Rüschenkragen getauscht. Sie wirkt geradezu viktorianisch. Unter seinem Arm trägt er eine

Schreibmaschine zur Bühne. Er nimmt präsent in der Mitte vor dem schwarzen Vorhang Platz, schließt die Schreibmaschine an irgendwelche Kabel an und gibt Carlos ein Zeichen. Das gedimmte Licht wird kaltweiß, Nebel strömt aus der Maschine und hüllt Konstantin bis zur Höhe des Tischs ein.

In diesem düsteren Schwarz-Weiß-Bühnenbild sieht es aus, als würde er aus einer Rauchwolke emporsteigen. Er legt die Hände bedeutungsschwer auf die manuelle Tastatur der Schreibmaschine, genau so, wie es ein Konzertpianist tun würde. Sein Atem rasselt durch das Mikrofon, dann beginnt er gleichzeitig zu lesen und zu tippen, sodass es den Anschein macht, er würde seinen Text just in diesem Moment zu Papier bringen.

»Dies ist keine Geschichte über Liebe, aber eine über Faszination«, liest er, seine Stimme tönt lauter als das Klicken der Tastatur, doch beides ist Teil der Performance. »Über eine Anziehung, eine Fesselung, einen Sog, dem ich mich nicht entziehen kann. Es ist eine Geschichte über *sie*.«

Mein Herz macht etwas Merkwürdiges. Erst zieht es sich schmerzhaft zusammen, krampft und schrumpft, nur um sich im nächsten Moment in meinem Brustkorb auszudehnen und so heftig zu pochen, dass mein Puls in meinem ganzen Körper vibriert.

Konstantins Text handelt von einer Frau, nach deren Küssen er süchtig geworden ist, obwohl – oder weil – sie nach Sauerkraut schmecken. Auch von ihren kurzen, stämmigen Beinen bekommt der Protagonist nicht genug, »Feldarbeiterinnenbeine wie bei ihren Vorfahrinnen« nennt er sie. Während seine Hände über die Tastatur der Schreibmaschine gleiten, denkt er über ihre Hände nach und kommt zu der Erkenntnis, dass ihre im Gegensatz zu seinen wirkliche Arbeit verrichten können. Harte, körperliche Arbeit. Er kann nur wie gebannt auf ihre Fingernägel starren, unter denen sich der Dreck sammelt.

Die namenlose Frau übt so eine enorme Faszination auf ihn aus, weil er das Gefühl hat, das Leben in ihrer Nähe anders begreifen zu können. Der Protagonist sucht nach Bedeutung, nach Sinn, er ist gequält von der Frage, was das Leben im Innersten ausmacht, und spürt diese drängende Traurigkeit über sein Unvermögen zu verstehen, doch dann … *sie*. In ihrer Einfachheit, in ihrer Freude über einen vollen Kühlschrank und ein weiches Bett, kann er wieder erkennen, auf was es am Ende wirklich ankommt.

Immer schneller hämmert Konstantin in seinem schwarzen Rüschenhemd auf die Schreibmaschine ein, während Nebel ihn umhüllt. Das Publikum ist mucksmäuschenstill, sodass ich fürchte, man kann jeden Schlag meines panischen Herzens hören.

Plötzlich reißt er das Papier aus der Maschine und wirft es hoch. Die einzelnen Blätter wirbeln durch die Luft, bis sie schließlich herabfallen und im Dunst verschwinden. Mit einem entschiedenen Ruck fährt er den Stuhl zurück, steht auf und verbeugt sich einmal tief. Das Publikum applaudiert, nur Elif und ich stimmen nicht ein.

»Was für eine gequirlte Scheiße«, flüstert sie.

Ich kann kaum atmen. Wie Asphalt, der unter wiederkehrender Hitze brüchig wird, bekommt mein Herz lauter Risse. Doch ich bleibe sitzen, stumm und starr, und lasse den Abend über mich ergehen. Leonies und Lins Texte folgen, doch ich verstehe kein einziges Wort. Als Maja die Pause ankündigt, holt sich Elif eine zweite Weinschorle.

»Möchtest du auch eine?«

Ich schüttle den Kopf und stehe so langsam auf, als hätte ich ein gebrochenes Bein. Habe ich nicht. Meine Beine sind unverletzt, der Bruch befindet sich in der linken Hälfte meines Brustkorbs.

Konstantin steht draußen vor der Bar, trägt immer noch das viktorianische Hemd und lässt sich zu seiner grandiosen Lesung beglückwünschen. Im orangen Licht einer Straßenlaterne kreuzen sich unsere Blicke. Ich weiß nicht genau, was er in meinem Gesicht sieht, doch er schluckt sichtlich, löst sich aus der Gruppe und kommt auf mich zu.

»Hey.« Er versucht es mit einem Grübchenlächeln. »Hat dir meine Geschichte gefallen?«

Ich stecke die Hände in die Manteltaschen und schaue auf meine Beine hinunter. *Feldarbeiterinnenbeine*, denke ich.

Aus einer seiner hinteren Hosentaschen zieht er eine Packung Zigaretten und ein Feuerzeug. »Im Ernst«, die Flamme zuckt hoch, sogleich glimmt das Ende, »wie fandest du den Text?«

Er nimmt einen Zug, reicht die Kippe an mich weiter, ich drehe sie zwischen Daumen und Zeigefinger, fixiere den glühenden Stängel, weil ich ihm nicht ins Gesicht sehen kann.

»Meine Küsse können nicht nach Sauerkraut schmecken, weil ich Sauerkraut überhaupt nicht mag.«

Er lacht schallend. »Dann ist das das Fiktive am Text.«

Ich lege die Zigarette zwischen die Lippen und ziehe daran. Meine Kehle brennt, ich muss husten, Konstantin klopft mir sacht auf den Rücken. Als ich mich beruhigt habe, halte ich ihm die Kippe hin, doch er nimmt sie nicht an, bleibt nur dicht vor mir stehen und sieht auf mich herab. Faszination in den Augen. Anziehung, Fesslung, der Sog, zweifellos will er mit mir schlafen und wieder »Mascha, Mascha, Mascha« hauchen.

Er starrt auf meine Lippen. Räuspert sich. Sagt: »Ich empfinde etwas für dich. Wenn ich mit dir zusammen bin, drifte ich nicht in philosophische Metaebenen ab, ich overthinke nicht, sondern bin viel mehr im Moment. Dankbar für mein Leben. Du machst mich irgendwie … genügsam. Das gefällt mir.«

Ich schließe die Lider, orangenes Laternenlicht flackert dahinter.

Plötzlich durchzuckt mich ein Gedanke: Vielleicht ist es an der Zeit, dass ich mich bei Literaturagenturen bewerbe und wenn ich nicht auf *E-Mail senden* drücken kann, muss es Alex für mich tun.

Vielleicht …

Ich öffne die Augen, sehe geradewegs in Konstantins. »Bitte schreib mir nicht mehr. Bitte lass das mit den DMs und den Papierblumen. Das mit uns … was immer es auch war … ist vorbei.«

»Was?« Schock verzerrt seine Miene. »Warum?«

Die Zigarette fällt von meinen Fingern auf den Asphalt. Mit der Stiefelspitze trete ich sie aus. »Ich will es nicht mehr. Nichts davon.«

Ich bücke mich nach dem Stummel, kann ihm nicht länger ins Gesicht sehen, weil mein eigenes rot leuchtet, ob vor Scham oder Wut spielt keine Rolle, denn ich bringe über die Lippen: »Und wenn ich ehrlich sein darf, finde ich deinen Text beschissen. Richtig beschissen.«

Mit dem Abfall in der Hand drehe ich mich um.

»Warte!«, ruft er mir nach, doch meine Feldarbeiterinnenbeine bringen mich fort von ihm. Mit jedem Schritt kann ich tiefer atmen.

Vielleicht ist mein Herz rissig, gesplittert von zu viel Hitze, die Konstantin erzeugt hat. Aber während ich durch die Nacht gehe und den kommenden Winter in der eisigen Luft erahnen kann, denke ich: Vielleicht kann ich es auch mit angebrochenem Herzen. Weitermachen. Weiterschreiben. Weiterleben.

▶ **IVY** – *Taylor Swift*
(Sophia's Version)

Und ich sitze und warte und trauere um all die Lebenden ohne Liebe. Um mich.

Ich liebe dich wirklich.

Angespannt krallte ich mich mit Fingern und Blicken an mein Handy, las mir die vier Worte, die eigentlich Herzflattern, Grinsen und Wärme in einem auslösen sollten, immer und immer wieder durch, während ich durch die pompösen Hallen der Universität in Palermo stapfte. Vier Worte, die mich beinahe umbrachten, hatten sie mich einst doch am Leben erhalten. Mattias Stimme hallte in meinem Kopf wider, auch wenn er zu feige gewesen war, persönlich mit mir zu sprechen. Ich konnte dennoch hören, wie die Nachricht aus seinem Mund klang. Und sie wiederholte sich ununterbrochen. Kurz vor dem *Aber* unterbrach ich sie und spielte sie stattdessen von neuem ab, denn ab dem *Aber* schmerzte es. Ab dem *Aber* schmerzte es immer.

Aber meine Zukunft ist mir eben wichtig, ich muss das in Rom durchziehen, und da bleibt momentan wenig Zeit für dich, hatte er geschrieben. *Aber manchmal reicht die Liebe eben nicht,* hatte mein Kopf hinzugefügt.

Seit seinem Umzug waren drei Monate vergangen, in denen ich mein Kunststudium an der Uni Palermo begonnen hatte. Kurz nach seinem Abschluss in Management and Finance hatte er ein sehr gutes Angebot in einer Recruitingfirma mit Sitz in Italiens Hauptstadt erhalten. Lange hatten wir uns deswegen gestritten, weil eine Fernbeziehung für mich eigentlich nicht infrage kam. Doch weil ich wusste, wie wichtig ihm all das war, hatten wir uns schließlich doch drauf geeinigt, es zu versuchen. Auch wenn unsere Beziehung schon seit langer Zeit nicht mehr dieselbe war. Fünf Jahre waren wir bereits zusammen, fünf Jahre, die zur Gewohnheit geworden waren. Wir waren keine Partner mehr, nur noch Mitbewohner im Leben des jeweils anderen. Wir wussten das. Doch obwohl die Sache klar war, hatte keiner von uns beiden bisher einen strikten Schlussstrich ziehen können.

Ich wollte gerade eine Antwort eintippen, als ich in der großen Eingangshalle auf dem Weg nach draußen über eine Stufe stolperte. Im letzten Moment fing ich mich, rempelte dennoch einen Kommilitonen an, der mir mit einem grimmigen »Pass doch auf« verdeutlichte, dass ich zu der verhassten Generation gehörte, die immerzu nur auf ihr Telefon starrte. Doch das war nicht der Grund, weshalb meine Stimmung nun noch tiefer in den Keller sank. Es war die Person, der diese Stimme gehörte.

Sobald ich mich gefangen hatte, blickte ich auf. Dunkelgrüne Augen, aschbraunes Haar. Er trug eine beige Kappe und ein weißes Shirt. Seine Kinnlinie war markant, der Adamsapfel stand spitz hervor, zwischen seinen Brauen erkannte ich die altbekannte verärgerte Falte.

Leano Mantovani. Sohn und Erbe des renommiertesten Jacht-Händlers Italiens, immer schlecht drauf und herablassend. Auf seinem Nasenrücken bemerkte ich ein Muttermal und seine Unterlippe war etwas voller als die obere. Als er prüfend die Arme vor der Brust verschränkte, konnte man unschwer erkennen, dass er regelmäßig ins Fitnessstudio ging. Und ich hasste es. Ich hasste alles an ihm.

Nur eben nachts nicht.

»Kein Grund, sich so aufzuregen«, gab ich patzig zurück, weil mich die Sache mit Mattia schon genug nervte. Normalerweise ging ich ihm und seinen ebenso nervigen Freunden strikt aus dem Weg, nur an meinem ersten Tag war ich mit ihm so hitzig aneinandergeraten, dass wir uns seither nicht ausstehen konnten. Die wenigen Male, in denen ich auf ihn getroffen war, war er mir stets mit Desinteresse und Kälte begegnet – die Art, die jedem bekannt war.

»Wenn du ihm näherkommen willst, musst du das einfach nur sagen, Chiara«, zog mich Luca – einer seiner Freunde – auf und legte dabei seinen Arm um Leano. Dieser wiederum schenkte mir nur einen mürrischen Blick, schüttelte desinteressiert den Kopf und wandte sich zum Gehen.

»Davon träumt er vielleicht«, brachte ich aufgewühlt hervor, bemüht, meine Tränen, die beim Gedanken an Mattia hervorkriechen wollten, zurückzuhalten. Vergebens.

Es musste ein Kratzen in meiner Stimme zu hören gewesen sein, denn sobald ich den Mund aufmachte, drehte sich der sonst so distanzierte Leano wieder um. Ich kann mich nicht erinnern, dass er mich jemals so prüfend angesehen hatte. So genau. So eindringlich. Normalerweise schenkte er niemandem einen Blick, ließ ihn stattdessen kühl durch die Gegend schweifen, um unerreichbar zu wirken und alle auf Abstand zu halten. Leano war einer dieser privilegierten, abgehobenen Söhne reicher Eltern, mit dem jeder Typ befreundet sein und jede Frau Sex haben wollte – ich gab zu, ich trat ihm mit Vorurteilen gegenüber.

»Musst doch nicht direkt weinen«, hörte ich Luca lachen, während Leano mich weiterhin mit zusammengezogenen Brauen musterte. Sein Blick war unergründlich, trotzdem konnte ich in seinen Augen Überraschung erkennen. Auch noch, als er seinem Kumpel in die Seite stieß.

»Halt deine Klappe, Luca.«

Der Kloß vergrößerte sich, ich konnte ihn nicht länger runterschlucken. Bevor Leanos Blick etwas mit mir tun konnte, wandte ich mich ab und ließ den Tränen endlich freien Lauf.

Der Kampf meines Lebens – und du hast ihn begonnen!

»Und er hat sich immer noch nicht gemeldet?« Die Stimme meiner Cousine Sofia drang aus dem Lautsprecher, als ich einen Tag später an meinem kleinen Esstisch saß und mit einem Kaffee aus der offen stehenden Balkontür blickte. Fenster mit Meerblick. Das war das einzig Schöne an meiner Einzimmerwohnung, die ich vor Wochen bezogen hatte und die relativ einsam über einem rar besuchten Café lag. Seit ich hier eingezogen war, hatte ich es nicht geschafft, meine Kartons auszuräumen, geschweige denn mir meine vier Wände irgendwie wohnlicher zu gestalten. Überall lagen Skizzen, Leinwände und bemaltes Papier verteilt, das frühe Morgenlicht fiel durch die milchigen Fenster und gesellte sich zu ungespülten Kaffeetassen, zerwühlten Bettlaken und dem Durcheinander, das ich liebevoll Kunst nannte.

»Seit gestern nicht. Er meinte, er hätte viel zu tun«, gab ich mit einem Seufzen von mir und zog die Knie an die Brust. Auf dem Tisch vor mir lag meine heutige Gedankenskizze – eine Art Tagebuch. Worte waren mir noch nie leichtgefallen, dafür waren es Farben, in die ich Gefühle, Gedanken und in letzter Zeit viel zu viel Schmerz packte. Seit zwischen Mattia und mir dieses Fragezeichen schwebte, das sich wie Schluss anfühlte und doch nicht das Ende bedeutete, waren meine Gedankenskizzen überwiegend schwarzgrau. Ich blätterte darin, sah mir alte Einträge an. Einige Abbildungen des Fensters in der Steinwand meines Zimmers bei Mamma und Papá strahlten mir entgegen. Wenn ich in meinem Bett gelegen hatte, hatte ich durch das holzige Kreuzfenster in den Garten schauen können. Da die Steinfassade von außen mit Drillingspflanzen bewachsen war, ragten immer ein paar Zweige und Blüten in den Rahmen. In der Ferne der grüne Berg und akkurat aneinandergereihte Weinstöcke. Es war mein liebstes Motiv, ich hatte es in letzter Zeit beinahe jeden Tag gezeichnet, wahrscheinlich, weil es mich an bessere Zeiten erinnerte, wahrscheinlich, um sicherzugehen, dass ich es nie nie nie vergessen würde.

»Aber egal«, winkte ich ab, bevor Sofia noch tiefer graben konnte. Ich hasste es, über meine Mattia-Probleme zu sprechen. Wenn ich schwieg, konnte ich mir viel besser ausmalen, dass sie gar nicht existierten. »Wie geht es Mamma und Papá? Ist es momentan sehr stressig?«

Meine Eltern betrieben ein uriges Weinhotel im Küstenort Castellammare del Golfo. Seit ich denken konnte, hatte ich bei ihnen ausgeholfen, und es fühlte sich nach wie vor mies an, dass ich sie nun für dieses Studium im Stich ließ. Auch wenn meine Eltern immer wieder beteuerten, dass ich mir keine Gedanken machen musste.

Sofia seufzte. Nicht, weil es im Hotel stressig war, sondern weil ich dem eigentlich wichtigen Thema aus dem Weg ging – das wusste ich. »Es geht langsam wieder, die Saison ist vorbei.«

Ich lief mit dem Handy hinaus auf den Balkon. Sofort strömten mir frische Luft und das Geräusch von Wellen, die weit entfernt an Klippen schlugen, entgegen. Statt wie die meisten Studenten, hatte es mich nicht direkt nach Palermo, sondern ins ruhige Terrasini verschlagen. Hier war deutlich weniger los und die Mieten erschwinglicher.

»Hör zu. Wenn es dir nicht gut geht, dann komm an deinen vorlesungsfreien Tagen heim.«

Ich erschauderte und wusste nicht, ob es am Thema oder der kalten Brise lag, die sich mit der warmen Sonne um die Temperaturen stritt. Herbst auf Sizilien war Hass und Liebe zugleich. Eigentlich gehörte die Sonne längst nicht mehr her, haftete aber dennoch in Gassen, offenen Fenstern und dem schaumigen Glitzern der Wellen. Heiße Strahlen trafen auf nasskalten Wind. Gegensätze, die nicht wussten, ob sie kämpften oder miteinander tanzten.

»Vielleicht mache ich das«, gab ich von mir, ehe mein Blick auf zwei unvollständige Leinwände fiel, die im Balkonrahmen standen. »Aber momentan habe ich so viele Abgaben, ich kann hier nicht weg.«

»Wieso nicht? Du kannst doch auch bei uns deine Bilder malen.«

Wegen ihm, Sofia. Allein wegen ihm, dachte ich.

»Ich kann mich hier besser konzentrieren«, log ich stattdessen.

Umwoben von dir wie wilder Efeu an steinernen Mauern.

Die Sonne verschwand bereits eine Stunde später hinter dem Meer, ich ließ mich müde auf mein Bett fallen. Ein weiteres Mal checkte ich Mattias und meinen Chat in der Hoffnung, er hätte sich gemeldet. Doch leider wurde mir weiterhin nur dieselbe Floskel von ihm angezeigt, in der stand, dass er viel zu tun hätte und sich schon noch melden würde. Die Nachricht war nun genau dreiundzwanzig Stunden und dreizehn Minuten alt. Verletzt feuerte ich das Handy in die Laken, ehe ich meine Nachttischlampe anknipste, die auf einem Stapel Bücher stand. Anschließend zog ich meinen Zeichenblock auf meinen Schoß und starrte abwartend auf die unvollendeten Farben darauf. Impressionismus war unser Thema. Eines, das ich eigentlich im Schlaf beherrschte, war in mir doch alles immer voller Farbe, doch seit Mattia alles schwarzgemalt hatte, wusste ich plötzlich nicht mehr, wie. Wie Kunst ging, wie Kunst fühlte, wie Kunst atmete.

Aufmerksam lauschte ich in die Dunkelheit, pochende Hoffnung in mir, die mit jeder Sekunde Stille ein Stück weit erlosch. Drei Nächte verhöhnte Leano mich bereits mit dieser dröhnenden Ruhe, drei Nächte, in denen ich keinen Tupfer Farbe zu Papier gebracht hatte. Konnte ich am Tag keinen zu großen Bogen um ihn machen, wurde er in der Nacht zu meiner Muse, in der ich mich fallen lassen und vergessen konnte. Es war widersprüchlich. Es waren

Gefühle, die ich nicht aussprechen wollte. Es war falsch. Und doch richtig.

Vielleicht war das zwischen Leano und mir genau wie mit dem sizilianischen Herbst. Ich wusste nicht, ob ich mit ihm tanzte oder gegen ihn kämpfte. Ich wusste nur, dass seine Klänge in meinen Farben landeten.

Langsam zog ich mich vor an die Bettkante, meine nackten Füße berührten den kalten Boden. Durchs Halbdunkle tappte ich in Richtung Wohnungstür, lauschte und öffnete sie schließlich. Das Haus bestand nur aus meiner Wohnung, dem Café unten drunter und einem kleinen Keller. Ich wusste, dass im Erdgeschoss gleich gegenüber der Haustür und links neben der Treppe der Hintereingang zum Café lag. Wenige Momente später klackte das Schloss in der Haustür. Erschrocken zog ich den Kopf zurück. Schritte hallten durch das Erdgeschoss, die Hintertür wurde geöffnet und würde sogleich wieder ins Schloss fallen. Doch statt des altbekannten Klickens folgte Stille. Stille, die Minuten dauerte, bis der erste Ton zu mir hervordrang. Es war lauter als sonst, er hatte den Eingang wohl einen Spalt offen gelassen. Verwirrt darüber trat ich langsam in den Hausflur.

Er spielte es-Moll, ich schlich mich auf die ersten Stufen. Er spielte C-Dur, als ich im unteren Drittel der Treppe ankam. Mit pochendem Herzen klammerte ich mich an meinen Zeichenblock, der in meiner Hand zitterte.

Dann entdeckte ich das Klavier. Entdeckte ich ihn.

Ich hatte Leano nun schon etliche Nächte lang spielen gehört, dabei gesehen jedoch noch nie. Dass er es wirklich war, der mich Nacht für Nacht durch meine Farben leitete und meine Einsamkeit erträglicher machte, wusste ich nur, weil ich ihn oft abends das Café betreten gesehen hatte, dennoch erschien es für mich so surreal. Der Typ, der hier an diesem Flügel saß und seine Finger mit geschlossenen Augen über die Tasten führte, eine Melodie spielte, die so wehmütig klang, wie ich mich fühlte, sah zwar aus wie Leano Mantovani, fühlte sich jedoch nicht so an. Er wusste nicht, dass ich hier wohnte. Er wusste nicht, dass ich ihm von Tag eins heimlich dabei zuhörte und in seinen Melodien eine verloren gegangene Heimat gefunden hatte. Was ihn ausgerechnet in dieses Café in der hintersten Ecke von Terrasini führte und welche Gefühle ihn zu solchen Melodien trieben, konnte ich mir nicht ausmalen. Und vielleicht war das auch gut so. Er hatte seine Kunst, die schmerzte, ich meine.

Langsam ließ ich mich auf der Stufe nieder, erhaschte einen weiteren Blick durch den Türspalt, ehe meine Hand wie von selbst auf das Blatt Papier in meinem Schoß sank. Plötzlich atmete meine Kunst wieder, plötzlich fühlte sie wieder. In seinem F-Dur spürte ich ein tiefes Rot, in seinem a-Moll ein einnehmendes Schwarz. Kein Mattia-Schwarz, durch das ich panisch tappte, vielmehr ein Nacht-Schwarz, in das ich mich vertrauensvoll hineinlegte und träumte, von seinen Melodien bedeckt. Ich wusste, auch seine Augen waren geschlossen, auch er wanderte durchs Dunkle mit mir. Und während ich meine Farben über das Papier fahren ließ, kam mir der Gedanke, wie seltsam schön es doch war, einen Menschen kaum zu kennen und ihn doch fühlen zu können.

Er wird mich niederbrennen.

»Müssen wir da wirklich hin?«

Mit einem Krampfen in der Brust ließ ich den Blick aus dem Beifahrerfenster schweifen und beobachtete das spiegelglatte Meer, das an uns vorbeiraste. Isabella – Kommilitonin und Freundin – fummelte am Radio ihres uralten Opel Astras, um den perfekten Song für diesen Freitagabend zu finden. Ein Freitagabend, den ich eigentlich damit verbringen wollte, mir die Bettdecke über den Kopf zu ziehen, runterzuschlucken, dass Mattia sich nun seit fast zwei Tagen nicht gemeldet hatte, und mich von sämtlichen Menschenmassen fernzuhalten.

»Wir müssen«, antwortete sie knapp. »Weißt du auch, warum?«

»Weil du Andrea wiedersehen willst?«

»Falsch«, sie schüttelte den Kopf, »ich meine, ja … auch … aber vor allem, weil das wahrscheinlich die letzte Feier dieses Jahr sein wird. Die Saison geht zu Ende, bald ist es zu kalt für Pool-, Strand- oder Jachtpartys.«

»Kein überzeugendes Argument. Nächstes Jahr wird es wieder welche geben.«

»Auf die du auch nicht gehen wirst.«

»Richtig.«

»Wenn nicht heute, dann zum Salto nel mare in drei Wochen?«, fragte sie mich voller Hoffnung. Beim *Salto nel mare* trafen sich ein paar lebensmüde Studierende an der Grotta delle Colombe, um sich zum Abschluss der Saison von den Klippen ins Meer zu stürzen. Isabella hatte schon häufiger davon erzählt, woraufhin ich immer nur den Kopf geschüttelt hatte. Es gab einen Grund, weshalb es illegal war. Auch diesmal verneinte ich.

Isabella stöhnte. »Okay, Maus, du brauchst mich nicht zu verarschen und so zu tun, als wären Partys noch nie dein Ding gewesen. Ich weiß, dass du in deinem Heimatort Castellammare beinahe jeden Abend weg warst. Es ist wegen Mattia, oder?«

Ausweichend wandte ich mich ab. Ja, es war seinetwegen. In Castellammare waren Mattia und ich jedes Wochenende am Hafen gewesen, hatten uns mit Freunden in Bars, Pubs oder auf der großen Piazza Petrolo getroffen, um zu trinken, zu feiern und zu tanzen. So war das schon immer gewesen. Und vielleicht war es falsch, mir von ihm den Spaß am Feiern kaputt machen zu lassen, doch es war nicht nur er, den ich vermisste. Es waren die Erinnerungen. Momente voller Losgelöstheit, Spaß, Naivität und Liebe. Zudem kam noch dazu, dass jene Jachtparty von niemand Geringerem als Leano Mantovani geschmissen wurde. Dass ich ihm und seiner Freundesgruppe gern unter die Augen trat, wäre eine komplette Lüge gewesen. Doch Isabellas Flamme Andrea gehörte nun mal zu ihnen.

»Ich muss noch einige Abgaben vorbereiten«, antwortete ich meiner Freundin schließlich, ohne auf das Mattia-Thema einzugehen.

Sie warf mir einen skeptischen Blick zu, nickte aber schließlich ergeben.

»Okay, Vorschlag: Wir schauen kurz vorbei, und wenn es dir dann immer noch nicht gefällt, gehen wir.«

»Deal.«

Es war genauso beschissen, wie ich es mir vorgestellt hatte, doch das sagte ich Isabella nicht. Ihre Freude, Andrea zu sehen, war so groß, dass sie mich an meine eigenen Gefühle erinnerte, die ich stets verspürt hatte, wenn ich in Mattias Arme gesprungen war. Also verharrte ich in einer Ecke, schluckte den Schmerz und ließ ihr ihre rosarote Freude, während sie sich mit ihm auf eine Sonnenliege zurückzog. Leanos Jacht war zweistöckig. Ganz oben prangte ein gut besuchter Pool, während im Inneren laute Bässe durch das Schiff dröhnten. Überall tummelten sich leicht bekleidete Gäste, während ich mir meinen Cardigan nur noch enger um die Schultern zog. Die Badezeit war definitiv vorbei, doch einige schienen vom Alkohol so aufgewärmt, dass sie von der kalten Brise kaum etwas mitbekamen.

»Dass ich dich mal hier sehe.« Ein muskulöser Arm schlang sich um meinen Nacken, kurz bevor ich mich an der Bar im Inneren bedienen konnte. Angewidert wandte ich mich aus Lucas Umarmung und drückte mich von ihm weg.

»Fass mich noch einmal an und du wirst noch ganz andere Dinge sehen.«

»Uuuh, gefährlich«, lachte er, woraufhin seine Freunde, die auf dem Sofa hinter ihm saßen, einstimmten. Erst da entdeckte ich Leano. Mit einem Bier in der Hand lehnte er sich breitbeinig in das Polster des großen Ledersessels und blickte sich grimmig um, als würde er gar nicht hier sein wollen.

»Aber jetzt mal ehrlich«, Luca lehnte sich neben mich an die Theke, »was führt die *ach so prüde* Chiara an einen Ort wie diesen?«

»Prüde?« Ich schnaufte. Das war wirklich kein Wort, das zu mir passte.

»Du bist immer schlecht drauf, tauchst nie auf einer Party auf, und wenn Isabella nicht bei dir ist, sitzt du irgendwo allein rum.«

Ich wollte protestieren, doch mit seinen Worten sickerte eine Erkenntnis in mein Inneres, wie ich sie noch nie verspürt hatte. Einen Moment lang überlegte ich, umklammerte das Glas, das ich soeben mit Cola befüllt hatte. Luca hatte recht. Ich war mal voller Leben, voller Abenteuer gewesen, hatte stets gelacht und vieles viel zu locker genommen. Diese Chiara war verschwunden, seit sie in Palermo zu studieren begonnen hatte. Sie war bei Mattia. Er hatte sie mir genommen.

In dem Moment tauchte Leano hinter der Theke auf. Mein Blick zuckte in seine Richtung, doch er sah mich nicht an, bereitete nur einen Drink vor. Ich betrachtete seine Finger, die sich um den Hals einer Wodkaflasche schlangen. Erinnerungsfetzen huschten durch mein Gedächtnis. Seine Hände auf weiß-schwarzen Tasten, grüne Augen umrandet von dichten Wimpern, die hinter geschlossenen Lidern verschwanden, eine Leidenschaft in seinem Körper, die nun wie eingefroren war.

»Ich bin überhaupt nicht prüde, ich hab einfach nur keinen Bock auf eure dummen Partys.«

»Warum bist du dann hier?« Das war Leanos Stimme. Tief, ruhig, kratzig. Ich sah auf und zerfloss in dem Grün seiner Augen. Es war kein Naturgrün, eher ein raues Olivgrün, neblig und einnehmend. Er runzelte die Stirn.

»Isabella wollte, dass ich mitkomme.«

»Na dann: Hoch lebe Isabella«, lachte Luca neben mir. Leano starrte mich weiterhin nichtssagend an. »Sonst hätten wir dich ja nie aus deinem Versteck bekommen. Hab mal ein bisschen Spaß, das gehört zum Unileben dazu. Sei nicht immer so schlecht drauf, oder hast du etwa Liebeskummer?«

Ich zuckte schmerzerfüllt zusammen, als wäre ich angeschossen worden. Und vielleicht war ich das auch. Ich blinzelte den schwachen Tränenfilm vor meiner Iris fort. Luca hatte eine Wunde getroffen, die ich all die Zeit gekonnt ignoriert hatte. Liebeskummer. Ich hatte keinen Liebeskummer, denn Voraussetzung dafür war eine Trennung. Doch je mehr seine Frage und ihre Bedeutung in mein Inneres sickerten, desto mehr erkannte ich es.

»Hab ich nicht«, raunte ich Luca entgegen. »Ich bin in einer glücklichen Beziehung und hab einfach keine Lust auf eure dummen Spielchen.«

Mit aller Kraft spülte ich den dicken Kloß in meiner Kehle mit Cola hinunter. Ich hatte kein gebrochenes Herz, dafür eines, das mit jedem Tag mehr und mehr zersprang. Langsam und schmerzhaft. Eine Trennung war ein harter Cut, doch das hier zwischen Mattia und mir war Folter. Also ja, vielleicht hatte Luca recht.

»Wenn du so glücklich bist, warum bist du dann so verbittert?«, zog er mich weiter auf, auch, nachdem ich mich längst abgewandt hatte. »Oder liegt es an der Entfernung, und du musst einfach nur mal wieder richtig durchge…«

Ich drehte mich um, holte aus, um ihm den Inhalt meines Glases über den Kopf zu kippen, doch Leano kam mir zuvor. Mit einem festen Hieb stieß er ihn zurück, woraufhin sein deutlich alkoholisierter Freund in einen der Barhocker stolperte.

»Halt endlich mal deine Fresse«, zischte Leano überraschenderweise deutlich genervt. »Warum musst du dich immer wie das letzte Arschloch verhalten?«

Verwirrt schüttelte ich den Kopf, hatte aber auch einfach keine Nerven mehr für die Situation und wollte schleunigst dieses Boot verlassen. Also hastete ich hinaus, drückte mich durch die tanzende Menschenmenge, flüchtete über Pfützen verschütteter Getränke. Doch auch als ich wieder festen Hafenboden unter meinen Füßen hatte, wollte sich das Drehen in meinem Inneren nicht einstellen.

Aufgewühlt machte ich mich auf die Suche nach einem Taxi und schrieb Isabella, dass ich schon aufgebrochen war. Während ich zwischen riesigen Jachten, Nachtanglern und lachenden Freundesgruppen den Hafen von Palermo entlanglief, hallten Lucas Worte immer und immer wieder durch meinen Kopf. Liebeskummer. Ich hatte verdammt noch mal Liebeskummer. Und er würde nicht weggehen, wenn ich nicht bald endlich erfuhr, was das zwischen Mattia und mir war. Also wählte ich seine Nummer. Es klingelte zweimal, es klingelte viermal. Dann klickte es.

»Chiara?« Seine Stimme klang überrascht. Als wäre es für ihn so überraschend, dass ich meinen Freund kontaktierte, nachdem er mich zwei Tage lang geghostet hatte. »Ist alles in Ordnung?«

Geschockt öffnete ich den Mund, um loszuschreien und ihm zu sagen, dass nicht alles in Ordnung und ich absolut unzufrieden war.

»Du hast dich nicht gemeldet«, sagte ich stattdessen in ruhiger Stimmlage, weil ich nicht ausrasten wollte. Obwohl ich jeden Grund dazu hatte, war da tief in mir eine Angst, dass ich überreagierte, dass *ich* das Problem und diejenige war, die unsere Beziehung zerstörte. Weil ich zu fordernd, zu laut, zu viel war.

»Die letzten zwei Tage waren die härtesten, die ich je hatte. Wir hatten ein Meeting nach dem anderen, ich wurde Kunden vorgestellt, abends gab es Dinner mit Geschäftspartnern und ich hab kaum geschlafen. Das wollte ich jetzt endlich mal nachholen und mich dann morgen bei dir melden. Ich hab dir doch gesagt, ich schreibe dir.«

Und da war er. Der große Kloß in meinem Hals, der mich denken ließ: Ich war tatsächlich das Problem. Während ich mich einerseits leichter fühlte, nun, da ich wusste, dass Mattia sich nicht absichtlich von mir ferngehalten hatte, drückte mir das Wissen, überreagiert zu haben, fest gegen die Lunge.

»Aber eigentlich passt es gerade ganz gut, dass du mich geweckt hast. Ich hab nämlich noch einen Termin.«

Verdutzt blieb ich stehen, warf einen Blick auf meine Uhr. Wir hatten fast elf. »Was denn für einen?«

»Na ja, nicht wirklich einen Termin, aber wir gehen mit einem unserer Partner aus den USA in eine Bar. Ich muss dir das alles mal in Ruhe erzählen. Es ist crazy, was hier abgeht. Ich lebe meinen Traum.« Während er auf der anderen Seite der Leitung hektisch durchs Zimmer lief und kaum Zeit geschweige denn Interesse für mich und meinen Alltag als Studentin übrig hatte, stand ich am Straßenrand und beobachtete eine lange Schlange von Taxis, die vereinzelte Gruppen vor einem Club absetzten. Ich war die Einzige, die ging.

»Heute meinte meine Chefin, dass ich bisher super Arbeit mache. Alle sind zufrieden mit mir, du weißt nicht, wie happy mich das macht, Babe!«

Babe. Mir war schon früh aufgefallen, dass Mattia, seit er mit Partnern aus den USA zusammenarbeitete, immer öfter englische Begriffe benutzte. Doch das war das erste Mal, dass er meinen Kosenamen *Amore* gegen *Babe* austauschte, und es fühlte sich fremd und falsch an.

Vorsichtig holte ich Luft, spürte schon, bevor ich den Mund öffnete, dass meine Stimme zittern würde.

»Dir scheint es ja richtig zu gefallen … Möchtest du denn gar nicht wissen, wie es bei mir läuft? Du hast bisher noch gar nicht gefragt.« Mein Hals war so trocken, dass ich jedes Wort mit Bedacht aussprechen musste.

Mattia seufzte lautstark, ich bereute meine Frage sofort. »Du weißt, dass das nicht stimmt.« Wusste ich das wirklich? »Warum dreht sich jetzt schon wieder alles um dich? Ich hab dir doch gerade von mir erzählt. Ich interessiere mich sehr wohl für dein Studium, du erzählst mir nur sowieso immer von selbst davon, da muss ich gar nicht fragen.«

Von jetzt auf gleich fühlte ich mich schrecklich, ihn so etwas überhaupt gefragt zu haben. Dass ich an seinem Interesse und seiner Liebe zweifelte, obwohl er doch einfach nur seine beruflichen Träume ausleben wollte, machte mich schon seit Wochen fertig. Da gab es zwei Seiten in mir. Die eine, die wusste, dass es nicht egoistisch von mir war, Liebe und Gefühl einzufordern, während er alles von mir bekam. Und die, die sich schuldig fühlte, nicht anecken wollte und ein schlechtes Gewissen bekam, wenn es auch nur einmal um mich gehen sollte. Beide Seiten kämpften gegeneinander an.

»Dass du dich nicht einfach mal freuen kannst. Du weißt, wie viel mir das Ganze bedeutet und wie lange ich schon darauf hinarbeite. Hast du schon mal daran gedacht, dass ich mir vielleicht Zeit nehmen möchte, um dir richtig zuhören zu können?«

Mattias Worte verblassten irgendwo auf dem Weg zu meinen Gedanken. Ich starrte auf das feuchte Glitzern des Asphalts vor mir, das die Wellen an Land gespült hatte, bis es vor einem Schleier aus Tränen verschwamm. Salzwasser traf auf Salzwasser. Ich hörte seine Vorwürfe, während ich in ein Taxi stieg, hörte sie, während wir an der Küste entlangfuhren und als ich vor meiner Wohnung ausstieg. So lange, bis sie zu meinen eigenen wurden.

Mattia hatte die Gabe, jedes meiner Worte zunichtezumachen. Als wäre ich bescheuert. Einen Moment atmete ich tief durch, schloss die Augen und blieb innerlich an der Gefühlsgabelung stehen. Mich klein machen lassen oder für mich einstehen?

Auch wenn es schwierig war, siegte die Wut in mir.

»Ich freue mich immer für dich, Mattia. Ich hab mich die letzten fünf Jahre lang jeden Tag für dich gefreut. Aber langsam reicht es mir. Seit zwei Tagen meldest du dich nicht und, tut mir leid, aber eine einfache Nachricht auf WhatsApp dauert wenige Sekunden. Wenige Sekunden FÜR DEINE FREUNDIN! Das Einzige, das ich mir von meinem Freund wünsche – denn das bist du ja offensichtlich noch, auch wenn ich mir da manchmal nicht mehr so sicher bin –, ist ein einfaches *Ich denk an dich, Amore.* Aber so wie es scheint, denkst du eben nicht an mich. Und dein Amore bin ich nun auch nicht mehr, *Babe.*«

Ich spuckte die Worte ins Mikrofon, während Tränen meine Wangen fluteten. Auf der anderen Seite der Leitung hatte Mattia schon während meines Redeflusses begonnen, gehässig zu lachen. Ich wusste, dass er dabei den Kopf schüttelte.

»Was genau ist jetzt dein Problem? Dass ich dir keine Nachricht geschickt habe, oder dass ich dich Babe nenne? Merkst du überhaupt, wie lächerlich du dich machst?«

Die Tränen vermehrten sich. Ich kniff die Augen zusammen, lehnte mich ausgelaugt gegen die Hauswand neben der Eingangstür. Selbstzweifel und Selbstachtung zerrten an mir, beides in gegenüberliegende Richtungen. Ich dachte: *Mache ich mich gerade wirklich lächerlich?* Und glaubte: *Nein! Es ist richtig, dass du für dich einstehst!* Und sagte: »Tut mir leid.« Und dann legte ich auf.

Triff mich dort, wo Geist und Körper verschmelzen.

Eine ganze Weile umklammerte ich fest das Handy und starrte auf das Meer, das nur sachte vom Mond beschienen wurde. In der Zwischenzeit war es grau geworden. Graues Meer, graue Luft, graues Inneres. Der Mann, mit dem ich gerade gesprochen hatte, war nicht der, in den ich mich verliebt hatte. Jede Zelle meines Körpers wusste das. Und doch hielt ich weiter an der verblassten Erinnerung unserer Liebe fest.

Mit einem lauten Schluchzer zückte ich meinen Schlüssel, stolperte ins Treppenhaus. Bevor ich die Hälfte der Treppe erreichte, hörte ich meinen Namen.

»Chiara?«

Mist. Leano.

Ich blieb stehen und atmete durch, ehe ich mich langsam umwandte. Obwohl ich niemals damit gerechnet hätte, dass er am heutigen Abend noch mal im Café auftauchen würde, stand er nun in der Hintertür. Entgeistert blickte er mich an. Ich hatte keine Lust auf eine Konversation mit ihm, erst recht nicht in meinem jetzigen Zustand.

»Was …«, stammelte er.

»Ja«, ich zuckte mit den Schultern, »ich wohne hier, direkt über dem Café. Aber keine Angst, dein Geheimnis ist bei mir sicher. Niemand erfährt davon.« Mit diesen Worten trat ich auf die nächste Stufe, fest entschlossen, mich in meiner Wohnung unter der Bettdecke zu verkriechen.

»Geht es dir …« Leano trat hinaus in den Flur. Die Überraschung war aus seinen Augen verschwunden, dafür verzog er jetzt mitfühlend das Gesicht. »Ich meine … willst du reden?«

Reden. Seit Monaten gehörte genau das zu meinen Schwächen. Ich redete nicht mit Mamma, ich redete nicht mit Sofia, und noch weniger redete ich mit mir selbst. Gestand mir mein Leid nicht zu und schluckte, schluckte, schluckte. Reden war das Letzte, was ich wollte, und doch fand ich mich plötzlich in dem Café unter meiner Wohnung wieder, das ich bisher nur mit meinen Ohren besucht hatte.

Leano schloss die Tür hinter sich, deutete auf einen der vielen Stühle. Das Licht war schwach, nur am Flügel brannte eine Lampe. Ich erkannte gerahmte Schwarz-Weiß-Porträts diverser Persönlichkeiten, die an den Wänden hingen und dem gemütlich kleinen Café Persönlichkeit verliehen. Mehrere runde Holztische waren verteilt, in der Mitte eines jeden hießen einen herzlich gestaltete Blumengestecke willkommen. Es roch nach Kaffee, süßen Cornetti und deftigen Arancini – einen Moment lang atmete ich die vertrauten Düfte ein.

»Hier.« Leano hielt mir ein Taschentuch entgegen, das ich mit einem Nicken entgegennahm, bevor ich mich auf einem Stuhl niederließ und meine nassen Augen trocknete. »Danke.«

»Möchtest du etwas trinken? Oder etwas essen? Hier ist immer Gebäck übrig. Ein frisches Cornetto?«

Er trat hinter die Theke aus hellem Marmor und öffnete einen Schrank, in dem offenbar die Reste des Tages gelagert wurden. Ich war überrascht, wie gesprächig und freundlich er sein konnte.

»Nein, danke. Mir ist momentan nicht nach essen zumute.«

Leano verzog die Lippen zu einer schmalen Linie und verschloss den Schrank. Anschließend ließ er sich am Klavier nieder. »Kann ich sonst irgendetwas für dich tun?«

Ich zuckte mit den Schultern, auch wenn mir eine Sache direkt in den Kopf kam. Doch diese Situation war sowieso schon viel zu seltsam. Leano und ich in einem Raum, ich weinend und er mitfühlend. Nein, das passte nicht.

»Was machst du eigentlich hier? Solltest du nicht auf deiner Party sein?«

»Das ist nicht meine Party.«

Ich runzelte die Stirn. »Es ist doch deine Jacht.«

»Falsch, es ist die meines Vaters. Und um genau zu sein, haben die Jungs alles organisiert. Ich hab da wenig Interesse dran.«

»Ich dachte immer, diese Feiern sind voll dein Ding …«

»Was du denkst und was wirklich Realität ist, sind zwei unterschiedliche Dinge. Du kennst mich nicht, Chiara. Obwohl …«, er legte seinen Finger auf eine Klaviertaste, schüttelte wehmütig den Kopf, ehe er mich vielsagend fixierte, »… vielleicht kennst du mich sogar noch am besten von allen.«

Etwas in meinem Körper reagierte, als er mich an sein Klavierspiel erinnerte und dabei so innig ansah. Ausweichend räusperte ich mich. »Weiß sonst niemand hiervon?«

»Nein, niemand.« Er wurde ernst.

»Aber warum?«

»Ich glaube, du kannst dir denken, wie grausam die Menschen mit Wahrheiten umgehen, die nicht in ihre Welt passen.« Sein Blick war verschleiert, irgendwie traurig. Er erhellte ihn mit einem Schmunzeln. »Ich behalte diese ganz gerne für mich. Sie gehört nur mir.«

Auch meine Mundwinkel zuckten, bewegten meine noch klammen Wangen. »Eine schöne Wahrheit.«

»Und was ist deine?« Leanos Stimme war ebenso leise wie meine. Als wäre jedes Wort, das er sagte, eine Bombe, die hochgehen und dieses zerbrechliche Etwas zwischen uns aufwirbeln könnte.

»Was meinst du?«

»Du weißt, was ich meine.« Ich wusste es. Dennoch wich ich seinem Blick aus.

»Luca hat es vorhin doch schon ganz gut benannt«, krächzte ich mit einem Schnaufen und dachte an den Streit mit Mattia. Hastig blinzelte ich den frischen Tränenfilm vor meinen Augen fort. »Ich bin einfach nur ein Mädchen, das auf besonders jämmerliche Weise einem Mann nachtrauert, der sich sowieso nicht mehr für sie interessiert.«

Leano lehnte sich auf seine Knie vor, fixierte mich mit seinen olivgrünen Augen. Entgegen meiner Erwartung konnte ich in seinem Blick weder Spott noch Desinteresse erkennen. Er hörte mir aufmerksam zu. »Eine Trennung?«

»Schlimmer …«, seufzte ich. »*Keine* Trennung.«

»Verstehe.« Überrascht sah ich auf, weil ich mir nicht vorstellen konnte, dass er wirklich nachvollziehen konnte, was in mir vorging. Doch sein Ausdruck war so einfühlsam und warm, dass ich mich sofort etwas leichter fühlte.

Also sprach ich weiter, legte meine Gedanken zum ersten Mal offen. Vielleicht weil dieser Raum auch seine Geheimnisse behütete und sie leichter machte, vielleicht war es für mich deshalb auch plötzlich so einfach. Vielleicht war es mir aber auch einfach egal, was Leano dachte. »Eigentlich hab ich immer zu den Partymäusen gezählt, war überall dabei, hab gute Stimmung verbreitet, doch jetzt … Luca hat recht. Ich bin prüde, ich bin verbittert, ich bin …«

»Wenn *zurückgezogen*, *ruhig* und *keine Lust auf Partys* Lucas Definition von prüde ist, bin ich es auch«, unterbrach Leano mich und wandte sich den Klaviertasten zu. Nachdenklich ließ er den Blick darüberfahren. Ich öffnete den Mund, schloss ihn aber sofort wieder, weil ich nicht wusste, was ich antworten sollte. »Hör nicht auf ihn, er ist ein Arsch.«

»Ich verstehe das nicht«, begann ich verwirrt. »Sind das nicht deine Freunde? Ich dachte, ihr seid unzertrennlich. Du bist doch *der* Leano Mantovani.«

»Nicht wirklich. Lucas Ansichten und Werte entsprechen nicht meinen. Und um genau zu sein, hasse ich Partys.« Er spielte einen sanften Akkord, versetzte mich sofort wieder in eine wärmende Ruhe, in die ich mich am liebsten eingekuschelt hätte. Anschließend sah er auf, deutete auf den Flügel. »Das hier … ist *der* Leano Mantovani.«

Keine Ahnung, was mit mir passierte, doch selbst, als er aufhörte zu spielen und mich einfach nur ansah, verflog die Wärme in meinem Inneren nicht. Sie intensivierte sich sogar.

»Der gefällt mir definitiv besser«, flüsterte ich, ohne meinen Mund wirklich zu steuern. Und als er lächelte, verwandelte sich die Wärme in ein Kribbeln, das durch meinen ganzen Körper flog.

»Mir auch.«

Ein subtiles Gefühl klopfte an mein Inneres an, was mich dazu brachte, den Blickkontakt zu lösen und aufzustehen. Hier passierte etwas, das nicht sein durfte.

»Danke, ich denke, ich gehe dann jetzt mal wieder hoch«, meinte ich, nickte ihm zu und lief zur Tür.

»Ich wusste, dass du hier wohnst.« Im Rahmen drehte ich mich noch mal um, blickte ihn verwundert an. Er war aufgestanden. »Ich hab dich letztens reinkommen sehen. Und … deswegen hab ich die Tür offen gelassen. Ich hab gedacht, vielleicht beruhigt dich das etwas, nachdem du letztens …«

Er stoppte, doch ich wusste, dass er von meinen Tränen sprach. Auch wenn ich es nicht verstand, doch das war vielleicht auch gar nicht wichtig. »Aber ich kann sie auch wieder schließen.«

Das Kribbeln intensivierte sich, als er tief in meinen Augen versank und ich wieder an ihn herantrat. »Lass sie bitte auf.«

Ich kann dich nicht hindern,
in meinen Träumen Wurzeln zu schlagen.

Und er ließ sie auf.

Auch wenn ich ihn die nächsten drei Tage nicht zu Gesicht bekam – weder an der Uni, noch im Café –, spielte er mich jeden Abend in den Schlaf und meine Farben auf Papier. Immer wieder überlegte ich, einfach runterzugehen und ihm Gesellschaft zu leisten, traute mich dann aber doch nicht. Ich wusste nicht, ob er das wollte, wusste nicht, wie ich ihn und das, was da letztens zwischen uns war, deuten sollte.

Mattia meldete sich noch am nächsten Tag und schrieb mir eine kurze Nachricht, bei der ich mir unsicher war, ob ich mich freuen oder weinen sollte.

Lass uns nicht streiten, Babe. Das ist doch lächerlich.
<3

Lächerlich. Genauso fühlte ich mich. Obwohl eine Seite in mir wusste, dass nichts an meinen Gefühlen lächerlich war und ich jedes Recht hatte, enttäuscht zu sein, löste Mattias Nachricht genau das Gegenteil aus. Anstatt, dass er sich entschuldigte, weckte er stattdessen in mir den Drang, mich zu entschuldigen, denn ich war der Fehler und verantwortlich dafür, dass dieses *lächerliche* Thema überhaupt erst zwischen uns lag.

Du hast recht, tut mir leid

Wie zu erwarten, widmete er sich daraufhin wieder seiner *stressigen* Arbeit, und auch ich kehrte zu meinem Alltag zurück, in dem ich zur Uni ging, nach Hause zurückkehrte und dazwischen viel zu oft mein Handy checkte, aber immer seltener auch eine Nachricht erwartete. Es war ein wehmütiges Gefühl, dabei zuzusehen, wie wir immer weiter verblassten.

Seufzend presste ich die Lider zusammen und wälzte mich in meinen Laken, als Montagnacht der Mond viel zu hell, meine Gedanken viel zu laut und Leanos Klänge viel zu leise waren. Seit einer Stunde hatte sich sein Klavierspiel eingestellt, seitdem dröhnte die Ruhe durch meine Ohren.

Bist du noch wach?

Ich schrieb meiner Cousine eine Nachricht, die unbeantwortet blieb, und schälte mich zwanzig Minuten später frustriert aus dem Bett. Hastig zog ich mir einen Sweater über, schlüpfte in meine Pantoffeln und öffnete die Tür einen Spaltbreit. Ob Leano noch da war?

Langsam schlich ich mich auf die Treppe, sah, dass die Hintertür offen stand. Durch einen Schlitz fiel schwaches Licht ins Treppenhaus, hören konnte ich weiterhin nichts. Als ich die Tür öffnete, fiel mein Blick auf den Flügel. Einsam und verlassen stand dieser in der Mitte des Raumes, wurde vom schwachen Licht der Notenlampe beschienen. Mit gerunzelter Stirn sah ich mich weiter um, bis ich

Leano auf einer Sitzbank in der hinteren Ecke des Cafés entdeckte. Er schien zu schlafen, auf seiner Brust und dem Tisch vor ihm lagen mehrere Notenblätter verteilt. Je näher ich kam, desto besser erkannte ich, dass sie handgeschrieben waren – komponierte er seine Lieder selbst?

Ich wollte ihn nicht wecken, also schlich ich zurück. Kurz bevor ich den Flur erreichte, hörte ich seine Stimme.

»Kannst du nicht schlafen?«

Ich drehte mich um. Er hatte sich aufgesetzt, rieb sich verschlafen die Augen, und ich wusste nicht, was es war, doch etwas an seinem Anblick ließ mein Inneres schmelzen. »Nein.«

»Das kenne ich.«

»Dafür scheint dir das ganz gut zu gelingen.«

Er schmunzelte, stand auf und näherte sich mir. Je weniger Luft zwischen uns war, desto mehr hielt ich die meine an.

»Das geht nur hier. Zu Hause bekomme ich kein Auge zu.« Er rieb sich übers Gesicht. »Warum klappt es bei dir nicht?«

Ich hätte auf Anhieb tausend Dinge nennen können, die erstunken und erlogen gewesen wären. Dass mir zum Beispiel der Unistoff durch den Kopf ging oder ich Kopfschmerzen hatte. Es war seltsam, dass ich mich, ohne zu überlegen, für die Wahrheit entschied.

»Ich fürchte, es ist die Einsamkeit.« Er nickte, runzelte die Stirn. »Was sind deine Gründe?«

Etwas Vertrautes blitzte im Grün seiner Augen auf. Er verschränkte seine muskulösen Arme vor der Brust und fixierte mich. »Dasselbe.«

Dass sich Leano einsam fühlte, war absolut neu und unvorstellbar für mich. Doch seitdem er mir offenbart hatte, dass er in der Öffentlichkeit nur eine Rolle spielte, ergaben seine Worte irgendwie auch wieder Sinn.

Ich nickte, deutete dann zu seinen Noten. »Du komponierst selbst?«

Ausweichend sah er sich um. »Ja, ab und an«, antwortete er, ohne mich anzusehen, »wenn alles zu viel wird.«

Erst jetzt schaute er wieder auf, beinahe schüchtern, unsicher. Ein Leano, der mir fremd war. Ich hätte niemals gedacht, dass ausgerechnet er mir ein Gefühl geben könnte, verstanden zu werden.

Ich deutete zum Flügel, schenkte ihm ein Lächeln. »Wenn mir alles zu viel ist, male ich. Ich nenne es Gedankenskizzen. Das, was ich fühle, landet in meinen Farben.«

»Klingt schön.«

Nun war ich diejenige, die sich abwandte. »Na ja …« Langsam trat ich näher an den Flügel, ließ meine Finger über das spiegelglatte Holz gleiten. »In letzter Zeit war nichts an meinen Gedankenskizzen schön, sondern alles schwarz.«

Mit ausreichend Abstand zu ihm traute ich mich schließlich, den Blick zu heben. Doch selbst von dieser Entfernung aus brachten seine Gesichtszüge in mir alles zum Beben. Leano war unfassbar attraktiv – etwas, das ich bisher immer ganz gut hatte ausblenden können. Doch nun, da er mich hinter seine Fassade blicken ließ, wurde er mit jedem Moment schöner und schöner und mein Inneres verwirrter und verwirrter.

»Dein Freund?« Er trat näher, ließ mich nicht aus den Augen und blieb auf der anderen Seite des Flügels stehen. Ich nickte. »Was ist da los bei euch?«

Seufzend holte ich Luft. »Die Kurzfassung: Mattia ist für die Arbeit nach Rom gezogen, interessiert sich seitdem nicht mehr für mich und fängt ein neues Leben ohne mich an. Aber ich bin das Problem.«

Leano verzog beinahe verärgert die Brauen und schnaufte. »Hat er das gesagt?«

»Nein«, seufzte ich.

»Aber er gibt dir das Gefühl?«

Angespannt presste ich die Lippen zusammen, weil es sich falsch anfühlte, schlecht über Mattia zu sprechen. Doch die Wahrheit drückte zu schwer auf meine Brust und ich wusste nicht, was es war, doch in diesem Raum war etwas, das es mir ganz leicht machte. »Ja, ich denke schon.«

»Hast du mit ihm darüber gesprochen?«

»Ich hab's versucht, aber ... bei ihm fällt es mir unglaublich schwer, ehrlich zu sein, nicht so wie bei ...« Ich brach ab, hielt die Luft an und sah Leano einfach nur an. Die Art und Weise, wie sich in seinen Augen ein Lächeln niederlegte, verriet mir, dass er genau wusste, was ich sagen wollte.

»Ich kann dich eigentlich nicht leiden«, begann ich schließlich und schüttelte verwirrt den Kopf, »aber hier ... was ist das hier? Seit Monaten gehe ich den schwierigen Themen aus dem Weg, rede mit niemandem wirklich über meine Beziehung ... Warum fällt es mir ausgerechnet bei dir so leicht, die Wahrheit zu sagen? Und warum hilfst du mir?«

Eine ganze Ewigkeit lang sagte er nichts, ehe er sich abstieß und langsam um den Flügel herumtrat. Dabei strich auch er über das Holz, kam näher und näher, bis sich unsere Finger beinahe berührten. Sein Aftershave flog mir in die Nase, und ich schnappte nach Luft, ließ den Blick über sein makelloses Gesicht und seinen eindrucksvollen Körper fahren. Den seltsamen Drang, mich in seine Wärme und sein Verständnis zu schmiegen, erklärte ich mir damit, dass ich die Nähe zu Mattia vermisste. Auch wenn ich wusste, dass es andere Gründe dafür gab. *Verbotene Gründe.*

»Ich bin nicht so ein Arschloch, wie du denkst.«

»Ich weiß.«

»Wir alle haben Versionen, die wir erschaffen, um in der Gesellschaft klarzukommen. Meistens sind es keine schönen. Seltsamerweise hat es mich nicht gestört, dass ausgerechnet du von meinem geheimen Hobby weißt – vielleicht, weil ich in deinen Tränen etwas Echtes gesehen habe. Da liegt eine Wahrheit zwischen uns, von der nur wir beide wissen.« Ich hing gebannt an seinen Lippen und fühlte jedes einzelne Wort, auch wenn es nach wie vor keinen Sinn ergab. »Du hast mich in meinem wahrsten Zustand kennengelernt, vielleicht ist das der Grund, weshalb du dich so sicher fühlst, auch deine Wahrheit zu zeigen.«

Ich bildete mir ein, dass sich unsere Fingerspitzen berührten, auch wenn da zwischen uns noch immer genug Abstand war. Körperlich jedenfalls. Gedanklich war ich ihm so nah, dass ich mir vorstellte, in seinen Arm zu sinken, seine Hand zu berühren, ihn zu fühlen. Nein, das durfte nicht sein.

Hastig wich ich zurück und lief ein paar Schritte durch den Raum. »Ja, vielleicht.«

»Und nur fürs Protokoll«, fuhr er fort, »ich kann dich eigentlich auch nicht leiden.«

Ich schüttelte lachend den Kopf, spürte kurz eine Leichtigkeit, wie ich sie schon lange nicht mehr hatte fühlen dürfen. Als ich wieder aufsah, lächelte Leano mich nachdenklich an.

»Lass die Traurigkeit nicht rein«, flüsterte er. »Das klingt bescheuert aber … du bist viel zu schön, wenn du lachst.«

Ein Pulsieren in meiner Brust entriss mir beinahe den Realitätsboden unter den Füßen. Erneut musste ich mich daran erinnern, dass das hier Leano Mantovani war. In meinen wildesten Vorstellungen wäre ich niemals auf die Idee gekommen, dass er mir mal solch ein Kompliment machen könnte. *In meinen wildesten Vorstellungen wäre ich niemals auf die Idee gekommen, dass es mir so gefallen würde.*

»Das klingt ganz und gar nicht bescheuert.«

Den Rest des Abends sprachen wir nicht mehr, sondern fühlten nur noch. Leano spielte für mich und ich setzte mich auf eine der Bänke, bis meine Augen schwer wurden und ich in den Schlaf driftete. Als ich mich am nächsten Morgen fragte, wie ich in mein Bett gekommen war, überkam mich eine Erkenntnis, die alles in mir in verbotene Flammen steckte.

… alles von mir gehüllt in alles von dir.

Von nun an verbrachte ich jeden Abend in dem Café unter mir. Wir sprachen nicht viel. Stattdessen versanken wir gemeinsam in unserer Kunst. Ich malte, er spielte, wir fühlten, fühlten, fühlten und waren einfach echt. Währenddessen ignorierten wir uns in der Uni weiterhin gekonnt, auch wenn es immer schwerer wurde, die Augen abzuwenden, uns kein Lächeln zu schenken und so zu tun, als wäre da zwischen uns nicht irgendetwas, das nicht sein durfte, aber zu schön war, um es loszulassen.

»Wieso bist du hier?«, fragte ich Leano an einem Freitagabend. Die Stille zwischen Mattia und mir hatte ich in den letzten Tagen gut mit Leanos Klängen befüllen können. In manchen Momenten hatte ich mich sogar dabei erwischt, keinen einzigen Gedanken mehr an meinen Freund zu verschwenden, was einerseits ein schlechtes Gewissen auslöste, sich andererseits aber auch unfassbar befreiend anfühlte. »Wieso dieses Café?«

Leano ließ von den Klaviertasten ab, ich legte meinen Farbkoffer beiseite. »Das Café gehört unserer ehemaligen Köchin Lorenzina – deiner Vermieterin. Sie erlaubt mir, die Räume zum Spielen zu nutzen.«

»Und wieso spielst du nicht zu Hause?«

Er drehte sich wieder zum Klavier, stockte kurz bei meiner Frage. Lange sagte er nichts, starrte nur ins Leere. Ich spürte sofort, dass ihm die Antwort schwerfiel.

»Meine Mutter hat mir das Spielen beigebracht«, hauchte er. »Sie ist vor zwei Jahren gestorben und seitdem … Mein Vater hasst es. Er hasst alles, was ihn an sie erinnert, weil er mit der Trauer nicht klarkommt.«

Als sein Blick wieder den meinen traf, schüttelte ich mitfühlend den Kopf. »Das tut mir so leid.« Ich stand auf, kam langsam dem Klavier näher – Leano näher. »Ich kann mir nur vorstellen, wie schwer es für dich sein muss.«

»Das Schlimmste war nicht ihr Tod selbst, sondern das Leben ohne sie«, er machte eine Pause, ehe er weitersprach, »mein Vater ist ein knallharter Geschäftsmann und erwartet von mir diese kühle, professionelle Art. Aber … das bin ich einfach nicht, ich kam schon immer mehr nach meiner Mutter.«

Langsam fügte sich das Puzzle namens Leano. Er war kein arroganter, herablassender und grimmiger Typ, der sich wegen seines Reichtums für etwas Besseres und deswegen alle auf Abstand hielt. Ganz im Gegenteil. Er besaß so viel Gefühl in sich, das ihm verwehrt wurde, rauszulassen. Trauer, Schmerz, *Kunst.* Seine Wut war eigentlich Traurigkeit, seine Abweisung ein Schutzmechanismus.

»Hast du mal mit deinem Vater geredet?«

Er strich sich übers Gesicht. »Das kann ich nicht. Ich bin sein einziges Kind, er hat nur noch mich und … ich will ihn nicht verletzen.«

»Das verstehe ich«, seufzte ich, weil ich diese Gefühle von meinen eigenen Eltern kannte. »Das Problem ist … du wirst dich nicht dein Leben lang mit mir in diesem Café verstecken können. In dieser Traumwelt.«

»Traumwelt?«

»Ich weiß nicht … Dieser Ort und dass du jede Nacht hier spielst … es fühlt sich wie eine Flucht an. Wie bei Alice im Wunderland. Etwas, das du dir erschaffen hast, weil die Realität ein anderes Leben für dich bereithält.« Er schmunzelte traurig, fuhr sich dabei durch die Haare. »Könntest du dir dein Leben aussuchen, würdest du zu Hause und zu jeder Zeit Klavier spielen, oder? Wäre das hier keine Traumwelt, würdest du Nein zu Luca und all den Partys sagen. Dann wärst du der Leano, der du sein willst.«

Er blickte auf, sah mich nachdenklich an. Einen Moment lang schien er etwas sagen zu wollen, er öffnete den Mund, schüttelte aber schließlich den Kopf und wich meinem Blick aus.

»Als Kind habe ich auch immer Klavier spielen wollen, aber meine Eltern hatten leider kein Geld für Unterricht«, wechselte ich das Thema, weil ich in der Stille nervös wurde.

»Soll ich es dir zeigen?« Leano rückte zur Seite, klopfte auf den Platz neben sich. Ich zögerte erst, ließ mich dann aber doch neben ihm nieder. Der Hocker war eigentlich nur für eine Person gemacht, weshalb unsere Körper eng aneinandergepresst waren. Während er mir einzelne Akkorde zeigte, berührten sich unsere Finger, ich spürte seinen Atem in meinem Nacken, wenn er sich vorlehnte, und das tiefe Vibrieren seiner Stimme, das durch meinen Körper fuhr. Ich fühlte alles, nur nicht die Musik, war sie doch sonst das Einzige, was ich überhaupt gefühlt hatte. Doch nun war da nur noch Leano. Er haftete an mir, ich war vollkommen bedeckt von seiner Präsenz.

»Weißt du«, begann Leano irgendwann, als er gerade dabei war, meinen Finger auf einem A zu platzieren. Er sah auf, unsere Gesichter waren nur wenige Zentimeter voneinander entfernt. »Wenn das hier keine Traumwelt wäre, würde ich dich nicht nur nachts in diesem Café sehen. Dann müsste ich dich nicht vor meinen dummen Freunden und ihren Kommentaren schützen. Dann würde ich … dich zum Essen einladen.«

Ich spürte eine wärmende Röte in meine Wangen strömen, doch mit meinem Lächeln kam auch eine Erkenntnis. Leano war nicht der Einzige, der sich fortflüchtete.

»Und wäre das hier *meine* Realität … würde ich ja sagen«, antwortete ich und dachte an Mattia. In letzter Zeit dachte ich oft an ihn. Nicht, weil ich ihn vermisste, nicht weil ich auf eine Antwort von ihm wartete – sondern, weil ich es eben nicht mehr tat. Er verschwand mehr und mehr aus meinem Kopf und ich merkte das, analysierte und hinterfragte es. Auch wenn ich ganz genau wusste, woran es lag. *An wem es lag.*

»Ich bin froh, dass du diejenige bist, die von meinem Geheimnis weiß, … dass du diejenige bist, die mit mir hier feststeckt«, antwortete er nach wenigen Momenten. Unsere Finger streiften sich, ehe wir sie sachte verschränkten. Seine Handinnenfläche war eiskalt, doch mit einem Mal war mein Schmerz so klein, dass ich mir sicher war, er könnte ihn mit seiner bloßen Hand umfassen. »Du bist der einzige Mensch, bei dem ich mich traue, ich selbst zu sein.«

»Mir geht es ähnlich …«, stammelte ich. »Als ich hierherkam, war ich leer und meine Kunst schwarz. Erst war es deine Musik, die meinen Bildern die Farbe zurückgegeben hat, doch … du hast mir meine wiedergegeben. Und ich wünschte, das hier wäre die Realität.«

»Vielleicht kann sie das irgendwann sein«, meinte Leano und ließ den Blick nachdenklich umherschweifen. »Vielleicht kann ich irgendwann ich selbst sein. Vor meinem Vater, vor meinen Freunden … Und vielleicht kannst du dann wieder in Farbe durch die Welt gehen.«

Mein Lächeln wuchs zu einem Grinsen heran, als er mir eine Haarsträhne aus dem Gesicht fischte und ich den Wunsch in mir verspürte, noch mehr von ihm berührt zu werden. Also schmiegte ich meine Wange in seine Hand, während mein Inneres gegen all das ankämpfte. Es war verrückt, wie mein Kopf alles dagegen und mein Körper alles dafür tun wollte, ihn zu küssen.

Aber vielleicht war das das Ding mit der Liebe. Vielleicht machte sie einen verrückt. Ich versuchte, mich selbst nicht dafür zu verurteilen, doch es stimmte … Ich war dabei, mich in Leano Mantovani zu verlieben.

»Das darf nicht sein«, flüsterte ich, nachdem er seine Stirn an meine gelegt hatte. Er kniff die Augen zusammen, weil auch er wusste, warum das falsch war.

»Er behandelt dich nicht gut«, protestierte er. »Er hat dich nicht verdient.«

»Ich weiß …«

»Liebst du ihn noch?«

Ein Tränenfilm bildete sich vor meiner Iris. »Ich weiß es nicht«, antwortete ich, weil es stimmte. Ich wusste nicht, ob ich ihn oder nur die Erinnerungen an ihn liebte.

Langsam zog er sich zurück. In seinem Blick schwang Enttäuschung mit, die mir direkt ins Herz stach.

»Vielleicht solltest du dir darüber klar werden. Nicht wegen mir, nicht wegen ihm … deinetwegen, Chiara.«

Ich nickte. »Vielleicht sollten wir das beide, Leano. Vielleicht sollten wir beide überlegen, was wir in *unserer Realität* wollen.«

Was würde er nur tun, erführe er von diesem Uns?

Sieben Tage lang sah ich Leano nur in der Uni. Sieben Tage lang versuchte ich mir darüber klar zu werden, was ich für Mattia empfand, telefonierte mit ihm und horchte in die Zwischenräume unserer Sätze. War da noch Liebe?

Ich erzählte meiner Cousine Sofia von Leano – die Einzige, die davon wissen sollte. Davon und von meinen Gefühlen für ihn. Sie sagte nicht viel, hörte nur zu und zitierte unsere Großmutter, die mich einst bei zu viel Wein gefragt hatte, ob Mattia und ich nicht sowieso schon zu lange zusammen waren. Auf die Gegenfrage, was *zu lange* bedeutete, hatte sie gemeint: »Wenn man sich selbst darin verliert.«

Ich wusste nicht viel. Doch was ich wusste, war, dass ich mich schon lange verloren hatte. Leano hatte mich gefunden.

Aber was war, wenn das alles nur eine Illusion war? Ich kannte Leano nur im verschwommenen Nachttraum, zwischen gedimmtem Licht und Klavierklängen, die viel zu wehmütig und romantisch waren. Nichts davon war taghell und alles nur eine Fantasiewelt, in die wir uns geflüchtet hatten, weil die echte uns wehtat. Was würde mit uns passieren, wenn wir zurückkehrten? Wenn wir das Klavier und die Farben verließen und uns am Tag gegenüberstehen würden?

Deinetwegen, Chiara. Leanos Worte schwirrten mir seit einer Woche durch den Kopf. Die ganze Zeit über dachte ich nur an Mattia oder Leano und vergaß dabei den dritten Menschen, der hier involviert war. Mich selbst. Es gab eine wichtige Option, die ich beinahe liegen gelassen hatte. Selbst wenn Leano nur ein Ausflug ins Wunderland und Mattias Zeit abgelaufen war, gab es immer noch mich, für die ich mich entscheiden sollte. Ich wusste nicht, was die Zukunft brachte, ich wusste nur, dass ich mich mit Mattia immer und immer wieder verirrte und dass ich mich da schleunigst rausholen sollte.

Also wählte ich fünf Tage später mit zittrigen Fingern seine Nummer. Seit unserer letzten Auseinandersetzung hatten wir nicht mehr gestritten, geredet aber auch nicht viel und wenn, dann hatte er die meiste Zeit gesprochen. Ich fragte mich, wie er auf dieses Gespräch reagieren würde. So wie ich ihn einschätzte, war es ihm sowieso egal, was ich tat, sagte oder fühlte. Ich konnte mich aber auch vollkommen irren.

Er hob erst nach wenigen Momenten ab, was mich schon gar nicht mehr wunderte. Erst raschelte es, bis sich eine Stimme meldete. »Hallo?«, raunte atemlos eine Frau in den Hörer.

Verwundert hob ich die Brauen. »Ähm … hi. Ist Mattia da?«

»Nein, er ist gerade nicht zu Hause.« *Zu Hause.* »Soll ich ihm etwas ausrichten?«

»Tut mir leid, wer genau ist denn da?« Mein Herz pumpte laut in meiner Brust.

»Sorry«, sie lachte laut, dann hörte man Schritte, die von Absätzen stammten, »hier ist Tessa.«

»Tessa wer?«

»Tessa Caruso …«, meinte sie und ihre Stimme schlug langsam ins Genervte um. »Mattias Freundin.«

Es hätte mir klar sein müssen. Ich hatte die Zeichen gesehen. Ich hatte es gemerkt. Und doch hatte ich das Problem immer und immer und immer wieder nur bei mir gesucht. Ich war zu fordernd, ich war zu laut, ich war zu viel. Dabei war ich nicht zu viel. Um genau zu sein, war ich Mattia anscheinend sogar zu wenig, sodass er sich in Rom noch eine zweite Freundin hatte suchen müssen. Vorsichtig ließ ich die Luft aus meiner Lunge, die ich die ganze Zeit über angespannt angehalten hatte, während meine Augen von Tränen geflutet wurden.

»Tut mir leid, und wer bist du genau?«

Für einen Moment überlegte ich, einfach aufzulegen, ihr zu sagen, dass ich unwichtig sei und die Wahrheit geheim halten. Doch sie schien genauso wenig zu wissen wie ich, und ich wollte nicht, dass sie ebenso im Dunkeln tappte.

»Chiara Pizzolato«, sagte ich mit einem Kratzen in der Stimme, »auch Mattias Freundin.«

Dann legte ich auf.

Also sag mir, dass ich gehen soll …

Leano war der Erste, den ich anrufen wollte. Weil er derjenige war, bei dem ich meine Wahrheit rauslassen konnte. Die Wahrheit, dass ich neben dem Schock auch irgendwo Erleichterung verspürte. Die Stimme in meinem Kopf hatte recht behalten, ich liebte Mattia nicht mehr, ich liebte nur noch unsere Erinnerungen, und das war auch der Hauptgrund, warum nun meine Tränen einsetzten. Jetzt sah ich es wieder klar, jetzt war der Nebel bestehend aus Verwirrung, Druck und Schuldgefühlen verzogen. Doch ich merkte erst jetzt, dass ich Leanos Nummer gar nicht besaß. Ich hatte nichts von ihm.

»Hast du es dir doch anders überlegt?« Isabella lachte ins Telefon, kurz nachdem ich ihre Nummer gewählt hatte. Ich gab mein Bestes, mir meine weinerliche Stimme nicht anhören zu lassen, doch es war vergebens.

»Was meinst du?«

»Das Salto nel mare ist heute«, erinnerte sie mich, stockte aber. »Geht's dir gut? Ist etwas passiert?«

»Mattia hat mich betrogen. Es ist aus.«

»Fuck, Süße. Das tut mir so leid. Soll ich vorbeikommen?«

»Mir geht es eigentlich gut …« *Denn gedanklich habe ich ihn auch betrogen.* »Ist nur der erste Schock.«

»Bist du sicher? Wenn du möchtest, komm doch mit. Vielleicht lenkt dich das etwas ab. Andrea ist mit den Jungs schon los und …«

Mit den Jungs. »Leano auch?«

Ich konnte selbst durchs Telefon hören, wie Isabellas Kopf ratterte, sah vor mir, wie sie verwirrt die Stirn runzelte. Sie wusste nichts von ihm und mir. Niemand tat das. Und auch ich hatte bis vor einer

Sekunde nicht geahnt, wie wichtig er mir doch geworden war. So wichtig, dass ich plötzlich Angst um ihn bekam.

»Ähm … ja, natürlich ist er dabei. Er macht jedes Jahr mit.«

Ja, das wusste ich. Und genau das war das Problem. Ich wusste, dass Leano nur sprang, um seine Rolle zu spielen. Vor seinen Freunden, vor der Öffentlichkeit, vor seinem Vater. Er spielte den Coolen, Unnahbaren und begab sich deshalb in unfassbare Gefahr. Ich hatte mich nicht viel mit dem Salto nel mare beschäftigt, wusste nur, dass es aus gutem Grund illegal war. Das Meer war nicht besonders tief an der Sprungstelle, mehrere Felsen lauerten unter der Wasseroberfläche, und ein falscher Aufprall könnte den Tod bedeuten. Die Vorstellung, dass Leano etwas passieren könnte, schnürte mir die Kehle zu. So sehr, dass ich verstand, wie viel er mir bedeutete.

»Ich komme mit.«

… *oder bleib und beobachte, was aus uns werden könnte.*

Wenige Minuten später saß ich in Isabellas Wagen.

»Was ist denn los mit dir, Chiara? Geht's dir wirklich gut?«

»Ich werde es dir erklären, aber jetzt bring mich bitte einfach zu diesen Klippen.«

Sie schenkte mir noch einen letzten skeptischen Blick, nickte dann aber und beschleunigte. Vor uns breitete sich das weite Meer aus, am Horizont ein zartes Rosé, das den Abend einleitete. Schon von Weitem konnte man mehrere Autos an den Klippen parken sehen, wo sich die Gruppe erst zum Trinken und später, wenn es dunkel war, zum Springen traf. Es war also noch nicht zu spät.

Sobald Isabellas Wagen zum Halten kam, sprang ich hinaus. Der Wind war hier oben etwas stärker, und ich kämpfte mich bis zum höchsten Punkt der Klippen, blickte in ratlose, lachende oder bereits betrunkene Gesichter. Aus einer Musikbox drang ein Song von Snoop Dogg, und es roch stark nach Gras und anderen Drogen.

»Chiara!« Natürlich war Luca der Erste, der mich entdeckte. Wer auch sonst. Ich ignorierte ihn, suchte die Umgebung weiter nach Leano ab. Bis ich ihn sah. »Du bist ja doch gekommen. Komm, setz dich zu uns.« Ich hörte Luca nicht mehr, sah nur noch Leano, der einsam und allein am Rand einer Klippe stand und hinaus aufs Meer blickte. Ohne drüber nachzudenken, ließ ich Luca stehen und eilte in Richtung Abgrund. Ich rief Leanos Namen, doch der Wind war zu laut, sodass er mich nicht hörte. Erst als ich ihn am Arm fasste und zurückzog, wirbelte er überrascht herum.

»Chiara.« Einen langen Moment scannte er mein Gesicht, dann sah er die Tränen darin. Er runzelte die Stirn, kam noch einen Schritt näher. »Was ist passiert?«

»Ich hab mir Sorgen um dich gemacht. Ich dachte, du …« Weiter kam ich nicht, deutete nur noch auf den Abgrund und verzerrte das Gesicht schmerzerfüllt. Er blickte sich in der Menge um, sichtlich hin- und hergerissen, legte dann jedoch trotzdem seine Hände an meine Wangen.

»Du hast dir Sorgen gemacht?«

»Ja, ich möchte nicht, dass du springst. Ich möchte nicht, dass dir etwas passiert … Denn ich weiß jetzt …«

Ein Lächeln zuckte auf seinen Lippen, das sofort wieder verschwand.

»Ich kann dir noch nicht sagen, was ich will. Aber ich kann dir sagen, was ich *nicht* will«, begann ich noch mal. »Ich möchte das Leben, das ich mit Mattia führe, nicht mehr haben. Ich möchte die Traumwelt, in der wir die letzten Wochen waren, nicht mehr. Ich möchte dich im *wahren Leben* kennenlernen, dir näherkommen und *mit dir gemeinsam* herausfinden, was daraus werden könnte. Vielleicht ist das verrückt, vielleicht lebe ich immer noch in dieser Illusion, aber ich weiß jetzt, wie viel du mir bedeutest, und … ich möchte dich nicht verlieren.«

Leano blinzelte überrascht, sah sich erneut in der Menschenmenge um, vor der er noch nie seine Maske ausgezogen hatte. Schließlich wandte er mir den Rücken zu, raufte sich die Haare, ich befürchtete, dass er noch nicht bereit war. Dass er sich noch nicht traute.

»Ach, scheiß drauf.« Bis er sich schließlich wieder zu mir umdrehte, nach meinem Gesicht griff und mich in einen innigen Kuss zog. Ein überraschtes Raunen ging durch die Menge, doch ich spürte nur Leanos himmelweiche Lippen, die mich zurück in unsere Traumwelt verfrachteten. Nur, dass das hier kein Traum war, das war *unsere* Realität. Eine Realität, der wir uns beide gestellt hatten. Von jetzt auf gleich war da nur noch er, und ich spürte ihn an meinem ganzen Körper, umhüllt von dem Gefühl, das er hinterließ.

Er zog sein Gesicht zurück, sah mich mit einem breiten Grinsen an. »Weißt du was? Für mich stand schon heute Morgen fest, dass ich nicht springen werde. Ich möchte dieses Leben auch nicht mehr, und abgesehen davon – mir darf gar nichts passieren, ich muss dich *in dieser Realität* doch noch zum Essen einladen.«

Damit nahm er meine Hand, zog mich durch die Menge zu seinem Wagen und wandte sich von seinen Freunden ab. Auch wenn wir nicht wussten, was das zwischen uns werden könnte, wir beide unser Leben neu ordnen und uns erst mal neu kennenlernen mussten, spürte ich jetzt schon die Farbe, die zurück in mein Leben huschte.

Und irgendwo im Heulen des Windes war da diese Melodie.

▶ **Red** – *Taylor Swift (Gabriella's Version)*

08

@tessteilt
Leute, ich habe gerade auf eure Empfehlung hin den Artikel von Lydia Bender gelesen und er war so so so gut 😭 Ein Must Read für alle, die noch nie über irgendetwas in ihrem Leben hinweggekommen sind 😌🤝

9834 ♡

@tessteiltfanpage_12
Ich lese alles, was den Tess Raabe Stempel hat 😇

348 ♡

*

Cora
Kannst du mir den Link zu diesem Artikel senden? Hab ihn schon so oft in diesen Slideshows gesehen, in denen ganz viele Artikel empfohlen werden

Cora
Nach deinem Post muss ich ihn ja jetzt lesen 😂

Tess hat einen Link gesendet

*

19TER MAI 2025

LOVING HIM WAS NOT RED

Wieso Liebe sich für mich immer brennend-rot angefühlt hat,
ich mich am Ende allerdings immer an ihr verbrannt habe,
und was Taylor Swift damit zu tun hat

von Lydia Bender

Als ich Felix damals kennenlernte, irrte ich weinend durch die Gegend.

Zu der Zeit war ich neunzehn, hatte mein Abitur frisch in der Tasche und es nicht schnell genug aus der Kleinstadt schaffen können, in der ich aufgewachsen war. Trotz passiv-aggressiver Proteste meines Vaters und den wohlwollenden »Jetzt mal im Ernst, was willst du denn später damit machen, Schatz?« meiner Mutter, hatte ich es gewagt, mir meinen Studienwunsch zu erfüllen. Für den Bachelor Kreatives Schreiben war ich in eine mittelgroße und eigentlich nicht nennenswerte deutsche Stadt gezogen, die gerade so an der Hunderttausend-Einwohner-Marke kratzte. Ich hatte mich mit zwei Koffern in einen zu vollen ICE gequetscht und anschließend das WG-Zimmer bezogen, das ich drei Monate zuvor gemeinsam mit meiner Mutter besichtigt hatte. Kinosessel lungerten im Flur dort als Deko, und aus dem Bad hatte schallendes Gelächter getönt, während meine Mitbewohnerin Tori nur augenrollend gemeint hatte, dass ich den Lärm ignorieren solle. »Meine Freundin ist Fotografin und benutzt das Bad manchmal als Location, weil die grünen Fliesen sich so gut als Hintergrund machen«, hatte sie erklärt, wobei meine Mutter die Stirn gerunzelt hatte. Noch beunruhigender allerdings hatte Letztere den leichten Schimmel in der linken Ecke und die Zitatposter an der Küchenwand gefunden. *The Kitchen is for dancing.* Doch vermutlich am meisten schockiert war sie über die Tatsache gewesen, dass ich ernsthaft in diese Wohnung einziehen wollte. »Bist du dir da wirklich sicher?«, hatte sie während der Rückfahrt in ihrem in die Jahre gekommenen Polo gefragt, doch ich hatte bloß genickt und sie nichts tun können, außer mir unmittelbar vor meinem Einzug zwei Vorratspackungen an Schimmelreiniger in den Koffer zu schmuggeln. Diese versteckte ich zu diesem Zeitpunkt noch in meinem Kleiderschrank, weil ich nicht die frisch eingezogene Neunzehnjährige sein wollte, die auf den fragwürdigen Allgemeinzustand der Wohnung hinwies.

Genauso wenig, wie ich auf der Kneipentour während meiner Ersti-Woche in Tränen ausbrechen wollte. Inmitten der gepflasterten Altstadt und meinen neuen Kommilitonen, die mir alle noch so fremd waren. Wir wussten so gut wie nichts voneinander, nur wer beim Pfefferminzschnapstrinken nicht die Miene verzog und wer doch. Diese billigen grünen Flaschen, die unsere Tutoren immer wieder wie magisch aus ihren verwaschenen Jutebeuteln zückten. So wie meine Mitbewohnerin Tori es bei ihrer Gruppe tat, in die ich mich unglücklicherweise nicht mehr hatte tauschen können. Irgendwer hatte gemeint, das mit dem Pfeffi wäre Tradition. Könnte sein, dass es ebenfalls dieselbe Person war, die Stunden zuvor auf dem Marktplatz mithilfe eines Megafons verkündet hatte, dass wir uns in Gruppen aufteilen und eine Art Quiz in den verschiedenen Bars durchspielen würden. Angeblich würde im Laufe des Abends, wenn alle wieder auf den Marktplatz eingekehrt wären, sogar eine Gewinnergruppe gekürt werden.

Aber es gab keine Gewinner.

Alles, was es gab, war eine weitere Pfeffi-Flasche, sobald die letzte leer war. Haufenweise betrunkene Erststudierende aus den verschiedensten Fachbereichen. Die, die womöglich zu oft von nostalgischen

Lehrern zu hören bekommen hatten, dass deren Studienzeit die beste ihres Lebens gewesen sei. Die, die sofort mit der Zeit ihres Lebens angefangen hatten, während ich mich fragte, wann sich jemals etwas für mich ändern würde. Wann ich nicht in völlig willkürlichen und unpassenden Momenten im Internet nach Mats' Profil suchen würde. So wie in dieser Nacht, als ich mich auf die Toilette entschuldigt hatte und wenig später draußen wieder meine Gruppe suchte. Ganz automatisch und reflexartig öffneten meine Finger nebenbei sein Profil auf meinem Handy, weil er mir so tief unter die Haut gekrochen war, dass ich ihn niemals wieder aus mir herausbekommen würde. Denn so war das doch mit dem zwei Jahre älteren Jungen, für den du in deiner Schulzeit gestorben wärst, selbst wenn er dich die meiste Zeit ignoriert hatte, dann für die besten Wochen deines Lebens kurz nicht mehr und dann wieder doch, bloß um sich eine neue Freundin zu angeln. Eine richtige Freundin, der er wahrscheinlich täglich einen guten Morgen und eine gute Nacht wünschte. Immerhin schien Mats diesmal alles richtig machen zu wollen. Oder auch einfach nur in der Tat verliebt zu sein. Sich so sicher mit seiner Freundin zu sein, dass er den Anfangsbuchstaben ihres Namens mit einem Schloss-Emoji in seine Instagram-Bio setzte.

So sicher, wie Mats es sich mit mir nie gewesen war.

Nein, er und ich, wir waren der Inbegriff aller traurigen Songs auf dem Album *Red* von Taylor Swift gewesen. *I Knew You Were Trouble*, *I Almost Do*, *Sad Beautiful Tragic*. Es war egal gewesen, wohin ich gegangen oder mit dem Bus gefahren war – meine Ohren waren immer zugestöpselt gewesen, während Taylor Swift mir vorgesungen hatte, wie sehr sie litt, während ich litt. Oder als Mats sich vor einem ausgemachten Date nicht mehr bei mir gemeldet hatte und ich vier Stunden an unserem vereinbarten Treffpunkt gewartet hatte. Immerhin war ich so hoffnungslos und hoffnungsvoll zugleich in ihn verliebt gewesen, dass ich mir die verrücktesten Gründe für seine Abwesenheit, seine kurz angebundenen Nachrichten oder sein ambivalentes Verhalten ausgedacht hatte. Ihm ging es nicht gut, er hatte einen Notfall oder vielleicht auch ein ziemlich tiefsitzendes

Familienproblem, von dem er mir nicht erzählen durfte. Vielleicht lag es auch an der Technik und seine Nachricht hatte mich nicht erreicht, weil meine Verbindung ein Problem aufwies, von dem ich nichts wusste. Genau diese Art von Gedanken waren der Grund für mein ständiges Aus-und-wieder-Anmachen meines Handys gewesen, bloß um sicherzugehen, dass Mats mir wirklich nicht geantwortet hatte.

Dabei war alles anders gewesen, wenn wir uns trafen.

Mats hatte mir nie abgehackt geantwortet. Er hatte mich sogar Dinge gefragt und mich zu sich nach Hause eingeladen. Kurz bevor wir die Treppen zu seinem Kinderzimmer hochgestiegen waren, hatte seine Mutter mir sogar lächelnd zugewunken. In Mats Bett hatte es sich angefühlt, als hätten wir über seiner Matratze geschwebt, wenn wir gemeinsam darin gelegen und den Fernseher angemacht, aber nur uns gegenseitig angeschaut hatten. Dann, bevor ich die Augen geschlossen hatte und sein Mund auf meinen geprallt war. Um kurz vor zehn hatte er mich immer wie ein Gentleman mit durchgeküssten Lippen im Auto seiner Mutter nach Hause gefahren. Jedes Mal war ich mir sicher gewesen, dass es jetzt anders sein würde. Dass es *jetzt* endgültig um Mats geschehen sein musste und er keine zwei Wochen aushalten würde, ohne mich wiederzusehen.

Ich lag ausnahmslos falsch.

Jedes Mal wurde ich hingehalten, niemals angeschrieben, hatte immer auf eine Antwort gehofft und mit erbärmlichen Nachfragen um sie gebettelt. Ich hatte kryptische Songzeilen in meine Stories gepostet, die er zu fünfzig Prozent der Zeit nicht einmal gesehen hatte. Und wenn doch, war er garantiert nicht darauf gekommen, dass ich mit englischen Zeilen à la *das ist das letzte Mal, dass ich dich frage* meinte, dass ich nicht noch einmal fragen würde, wie sein Tag war, bloß um über zweiundsiebzig Stunden auf drei Worte von ihm zu warten. Nur, dass ich mich dabei immer wieder selbst belog. Ich würde ständig auf Mats warten. Auf seine Nachrichten, auf eine Veränderung, auf die Frage, ob ich seine Freundin sein wollte.

Sie kam nicht.

Sie war nie gekommen.

Und da war ich also in einer zu milden Oktobernacht, inmitten von feierlustigen Menschen, die die Zeit ihres Lebens einläuten wollten, während ich es nicht schnell genug aus meiner Heimatstadt hatte schaffen können, allerdings gedanklich weiterhin in ihr feststeckte.

Mein Herz zog sich zusammen, meine Augen begannen zu brennen. Ich wusste, dass er eine neue Freundin hatte, das hatte ich bereits über mehrere Ecken gehört. Aber jetzt hatte ich einen Beweis, der sich nicht verleugnen ließ.

Wieso hatte er die Initialen seiner neuen Freundin in seiner Bio? Wieso war er so in sie verliebt gewesen und in mich nicht?

Die Fragen klopften hinter meiner Stirn, während *Tell Me Why* von Taylor Swift in meinem Kopf ertönte, obwohl ein Remix mit elektronischen Bass-Drops aus einer mobilen Anlage über den Platz dröhnte. Ich konnte nichts dafür, dass diese Träne mir über die Wange lief. Dass ich am liebsten weitere geweint hätte, weil ich nicht mehr hoffnungsvoll, sondern bloß hoffnungslos verliebt war. Ich weiß noch ganz genau, wie ich das dachte, während mich fast in derselben Sekunde dieser hochgewachsene Typ mit den zu schlaksigen Gliedern und der runden Brille ansprach.

»Hey, ähm, sorry«, sagte er. »Ist alles bei dir okay?«

Instinktiv hatte ich den Kopf geschüttelt und dabei nicht mal versucht, meine offensichtliche Traurigkeit zu überspielen. Cool und unkompliziert und gefühllos zu wirken, wie die taffen Frauen in den Filmen, in denen ich nie hätte mitspielen können.

Im Nachhinein frage ich mich, ob Felix seine Frage damals bereut hatte. Immerhin hatte er garantiert nicht damit gerechnet, dass dieses weinende und angetrunkene Mädchen ihm zwischen blitzenden Handykameras und alkoholisierten Freundschaftsanfängen wirklich verraten würde, was sie beschäftigte. Dass ich ihm einfach so erzählte, dass nein, in der Tat, gerade nichts bei mir okay war. Weil ich vor ein paar Minuten herausgefunden hatte, dass es meinem Ex-Freund mit seiner neuen Freundin ernst war. Initialen-in-seiner-Bio-ernst. Und er, dieser noch eigentlich Fremde, hörte mir mit einem mitfühlenden Ausdruck im Gesicht zu, während ich mich in Rage redete, so entschlossen und schnell, dass ich Felix mit meinen Sätzen wortwörtlich an Ort und Stelle nagelte. Als ich schließlich pausierte, um Luft zu holen und nicht an meiner Wut gegenüber Mats zu ersticken, kam Felix endlich zu Wort.

»Okay«, sagte er. »Dieser Mats aus deiner Heimat ist also das größte Arschloch überhaupt?«

»Absolut.«

»Und … wieso bist du dann in ihn verliebt?«

Ganz zaghaft hatte er mich das gefragt, so, als wollte er mir nicht auf die Füße treten, weil mein Herz doch schon malträtiert war. So, als wüsste er nicht, dass man keinen Grund brauchte, um jemanden zu lieben. So, als hätte man eigentlich gar keine Chance. Weil dein Körper oder deine Seele oder dein Herz ganz plötzlich ohne dich beschlossen hatten, dass du genau diesen einen Menschen, der dich wie Dreck behandelt, jetzt liebtest.

»Ich … keine Ahnung. Ich bin einfach in ihn verliebt.«

In diesem Moment schwieg Felix, obwohl er mir so viel hätte sagen können, weil wir doch ein betrunkenes Gespräch führten (zumindest ich) und er sich ruhig auch etwas hätte rausnehmen können.

Aber das tat er nicht.

Er sagte nicht augenrollend: »Hör mal, ich hab keine Ahnung, wer du bist, und weiß noch nicht mal, wie du heißt. Aber der Typ wollte offensichtlich nur mit dir rummachen. Findest du es nicht selbst komisch, dass du so an ihm hängst, obwohl er offensichtlich eine neue Freundin hat, während du immer noch auf eine Nachricht von ihm wartest? Ich meine, dass du so in ihn verliebt bist, ergibt überhaupt gar keinen Sinn?«

Felix allerdings blickte mich bloß mitfühlend an. Das war alles. Mehr passierte nicht. Mehr konnte auch nicht passieren, weil das der Moment war, in dem meine Mitbewohnerin Tori aus dem Nichts erschien, wie selbstverständlich ihren Arm um mich schlang und mich fragte, woher ich Felix denn bitte kannte.

Felix.

Ab da wusste ich, wie dieser Typ hieß, der mich angesprochen hatte, um zu fragen, ob alles in Ordnung war, von Anfang an nur das Beste für mich gewollt und sich sogar dabei entschuldigt hatte. Den, den ich so heftig mit meinen Gefühlen zugeschüttet hatte, dass mir unser Gespräch nüchtern bestimmt peinlich sein würde. Doch noch war ich nicht nüchtern. Noch musste ich Tori erklären, dass ich Felix eigentlich gar nicht kannte und wir nur zufällig ins Gespräch gekommen waren.

»Ins Gespräch gekommen also, ja?«, hatte sie gesagt und mit den pink nachgemalten Brauen gewackelt.

Felix' Wangen hatten sich rot verfärbt, was sich sogar im Schein der Straßenlaternen in mein Hirn gebrannt hatte. Ich weiß bis heute nicht, wieso. Und später, lange nachdem ich herausgefunden hatte, dass Felix' der beste Freund unseres Mitbewohners war, wodurch Tori ihn kannte und ich ihn noch viel besser kennenlernen würde, dann, als ich mit Tori in unsere WG torkelte, wo sie mir mütterlich ein Glas Leitungswasser einließ und sagte »Ex das, oder du wirst den beschissensten Pfeffi-Kater überhaupt haben«, lag ich in meinem Bett und versuchte den Gedanken an Mats zu verdrängen. An Mats mit seiner neuen Freundin. An die Nachrichten, die er mir nie schreiben würde. An die Zukunft, die wir nie haben würden. An unsere Beziehung, die im Grunde nie stattgefunden hatte. Als ich diesmal weinte, hielt ich meine Tränen nicht auf. Ich stellte mein Lieblingsalbum zum Einschlafen leise auf Shuffle, während die Straßengeräusche durch mein offenes Fenster drangen und Taylor Swift davon sang, dass es sich rot anfühlte, ihn zu lieben.

Ja, dachte ich.

Liebe, Wut, Wunden, Herzblut.

Alles rot.

Alles pure, rote Liebe.

*

Im Grunde waren die Voraussetzungen dafür, Mats zu vergessen, noch nie so gut wie in der Zeit während meines ersten Semesters gewesen. Ich war weit entfernt von allem, was mich an ihn erinnerte. Von der Decke in meinem Kinderzimmer, an die ich starrte, wenn ich unseren Chat zum etlichsten Mal aktualisierte. Von den Bushaltestellen, an denen ich einstieg und er mich abholte. Von meiner Freundinnengruppe, vor der ich mich nicht mehr traute, seinen Namen auszusprechen, weil sie jegliche Anspielungen auf ihn gleich mit einem »Halt, Stopp, über ihn reden wir nicht mehr« im Keim erstickten. Außerdem war ich nicht nur weg, sondern auch da, hier, mitten in meinem neuen Leben. In dieser neuen Stadt voller junger Menschen und den grenzenlosen Möglichkeiten, wenn ich in der WG-Küche bei offenem Fenster saß und Tori darüber philosophierte, dass die gesamte Menschheit im Grunde wirklich nur ein Experiment von Außerirdischen sein könnte. Ich stand früh auf, um diesen dämlichen Bus in Richtung Kulturcampus zu bekommen, den alle wegen seiner unberechenbaren Abfahrtzeiten hassten. Und am Ende des Tages ging ich zu spät ins Bett, weil stets irgendetwas war. Ein Poetry-Slam in der Altstadt, eine Happy Hour in der Studi-Kneipe, eine Existenzkrise, weil mein BAföG-Antrag immer noch nicht durch war. Trotzdem sang Taylor Swift mir weiterhin von ihrer traurigen, wunderschönen und tragischen Liebesgeschichte vor, wenn ich um zwei Uhr morgens noch nicht eingeschlafen war und Tori mit ihrer besten Freundin in den Flur stolpern hörte. Anderer Ort, gleiche Gefühle.

Ich verfluchte Mats.

Ich verfluchte alle Farben, die ich fühlte, weil ich in ihn verliebt war, obwohl er mit einem anderen Mädchen zusammen war.

»Das geht vorbei«, sagte Tori mir ständig. »Ehrlich, mach dir keine Sorgen. Die Hälfte von uns zieht hier mit zwei übergroßen Koffern und einem angeknacksten Herzen hin. Das kriegen wir schon hin.«

Aber ich kriegte nichts hin.

Weder die Vorstellung zu meiner eigenen Person in den ersten Seminarstunden noch eine Idee zu meiner Kurzgeschichte, die ich in der Textwerkstatt würde vorlesen müssen. Zur Erinnerung: Ich war neunzehn und fürchterlich, fürchterlich verliebt. Ich glaubte daran, dass ich niemals wieder jemanden so heftig lieben könnte wie den Typen, der mich nie seinen Freunden vorgestellt hatte. Ich schrie ins Kissen, wenn Taylor Swift mir zum dreiundvierzigsten Mal in Folge ins Ohr sang, dass ihn zu vergessen genauso unmöglich war wie sich an jemanden zu erinnern, den man gar nicht kannte. Im Grunde konnte ich damals nur pathetische kleine Texte über meine nichtigen und trotzdem allumfassenden Gefühle schreiben. Letztere teilte ich natürlich nicht mit meinen Kommilitonen, weil ich sonst innerhalb der ersten Wochen als unfähig und talentfrei abgestempelt worden wäre. Also riss ich mich am Riemen, saß bis spätnachts in meinem immer noch fremd riechenden WG-Zimmer und tippte Worte, die nichts mit roter Herzschmerzliebe zu tun hatten. Wenn meine Mutter mich per Textnachricht fragte, wie es so lief, antwortete ich immer mit einem »Alles gut«. So hätte das erste Semester also problemlos an mir vorbeiziehen können.

Doch tat es das nicht, denn ich traf wieder auf Felix.

Felix von der Kneipentour, dieser hochgewachsene Typ mit den schlaksigen Gliedern und den verwuschelten Locken. Der beste Freund meines Mitbewohners Marius, der am selben Kulturcampus wie ich studierte. Nicht Schreiben, sondern Bildende Kunst. So wie Felix. Das fand ich während einer der vielen spontanen und halben WG-Partys heraus. Felix war fast immer da, selbst, wenn er nicht viel sagte. Meistens hockte er bloß Bier nippend an dem runden Esstisch und lachte, wenn Tori eine ihrer verrückten Geschichten erzählte. Immerhin klangen all ihre Erlebnisse so kurios, als würden sie nur Personen in aufregenden Coming-of-Age-Filmen passieren. Insgeheim wünschte ich mir natürlich, ich hätte Felix nie angetrunken von meinen tiefsten und lächerlichen Gefühlen erzählt. Im Nachhinein war es mir peinlich, also beschränkte sich unsere Interaktion meistens auf stumme Begrüßungen oder ein zu holpriges »Wie geht's?« meinerseits, wenn ich ihm die Tür öffnete und mich das Gefühl überkam, etwas sagen zu müssen. Dem Himmel sei Dank sprach Felix mich selbst auch nicht auf diese Nacht an. Wir begegneten uns manchmal und nickten uns zu. Ich bemerkte die Farbflecke an seinen Fingern und Knöcheln. Er hingegen konnte seinen leicht fragenden Blick nie verbergen, wenn ich freitagabends zu lange auf mein Handy starrte, Tori das mitbekam und mir einfach so zurief »Lydia, pack dein Handy weg, er wird dir nicht schreiben!«. Ganz nach dem Motto *Tough Love*, weil sie so taff und ich das Gegenteil davon war.

Im Grunde änderte sich alles, als meine Mitbewohnerin mich an einem grauen Novembertag dazu überredete, diese Vernissage in der Altstadt zu besuchen. Jene, in der Kunstwerke von Marius unter dem Motto *Gender* ausgestellt wurden. »Es gibt kostenlosen Sektempfang und Kunst, was wollen wir mehr?«, sagte sie, erwähnte dabei jedoch nicht, dass Felix' Werke ebenfalls Teil dieser Ausstellung waren.

In der überfüllten Location (kostenloser Alkohol) angekommen, fand ich ihn fast sofort. Inmitten einer kleinen Gruppe stand er in der linken Ecke. Natürlich in einer Ecke. Leicht lächelnd und schweigend, so wie immer. Ich wusste nicht, wieso er mir so ins Auge sprang und wieso ich ständig an ihm hängen blieb. Dabei gab er alles, um nicht aufzufallen. War leise und hielt seine Schultern einen Tick zu krumm, so als wollte er sich ständig kleiner machen. Als wollte er sich verstecken, was keinen Sinn ergab, weil seine abstrakte Leinwand die war, vor denen sich die meisten Besucher tummelten. Ich wollte die Welt mit meinen Texten verändern und hatte keine Ahnung von groben oder sanften Pinselstrichen, von Farbtheorien und bildnerischen Gestaltungsmitteln. Doch selbst ich musste vor diesem meterhohen Kunstwerk mit der Andeutung eines Gesichts in Dutzenden Farben verharren. *Felix Maier, Acryl auf Leinwand.* Mehr sagte das Schildchen neben dem Bild nicht.

»Felix ist krass, nicht wahr?«, flüsterte Tori ehrfürchtig.

Ich nickte bloß.

Wenig später wurde Tori von Kunststudenten herangewunken, die sie kannte. Gemeinsam tranken wir drei Empfangssektflöten hintereinander, bevor ich mich auf die Toilette entschuldigte. Ich weiß noch ganz genau, wie nass sich meine Finger anfühlten, als ich die Waschräume verließ, weil es keine Papierhandtücher gegeben hatte. Wie ich sie mir möglichst unauffällig an meiner Jeans trocken reiben wollte, allerdings plötzlich in der Bewegung erstarrte.

Wegen Felix.

Felix, der im selben Moment die Herrenwaschräume verließ. Viel zu zerzauste Locken, heftig rot geränderte Augen hinter den Brillengläsern. Als hätte er soeben ungeweinte Tränen in einer verschlossenen Kabine weggeblinzelt. Natürlich hätte ich so tun können, als hätte ich ihn nicht gesehen. Oder als hätte ich Felix' offensichtlichen Krisenzustand gar nicht bemerkt. Mich so gleichgültig und nonchalant wie meine Kommilitonen geben können, weil die neue Generation von Schriftstellern bemüht darum war, möglichst unantastbar zu wirken. Nur war ich nicht die Art von Schriftstellerin, selbst wenn ich es mir in bestimmten Augenblicken gewünscht hätte – dann, wenn alles, was die anderen in meiner Schreibwerkstatt vorlasen, so klug und besser klang. Ich liebte Taylor Swift seit meinem dreizehnten Lebensjahr, Kaffee nur in Kombination mit Sirup, und alles, was die anderen Frauen gerade im Internet liebten. Nichts an mir war undurchschaubar oder gleichgültig. Kurz: Ich war viel zu mitfühlend und nett, um Felix einfach an mir vorbeiziehen lassen zu können.

»Hey, Felix«, sagte ich also, woraufhin er sofort stoppte. Verwirrt drehte er sich zu mir um. So als wäre er eigentlich nur in seinem Kopf gewesen und nicht auf dieser Vernissage, auf der sein Bild die meiste Aufmerksamkeit auf sich zog.

»Lydia«, erwiderte er viel zu rau. »Hi.«

Ich hätte etwas Nettes zu seinem Bild sagen oder ihn beglückwünschen können. Es einfach halten sollen.

Doch ich konnte nicht.

Mit einem Mal erinnerte ich mich an diese Nacht in der Ersti-Woche. Er hatte mich auch nicht davonkommen lassen. Er hatte mich gefragt, ob alles in Ordnung war. Jetzt tat ich dasselbe für ihn, im Kellergeschoss dieses Museums, zwischen Damen- und Herrentoiletten.

»Geht's dir gut?«, fragte ich leise, wobei ein Teil in mir damit rechnete, dass er die Frage schlecht gespielt weglächeln würde.

Tat Felix nicht.

Nein, Felix fuhr sich bloß durch die dunklen Locken.

»Ich schätze, nicht wirklich«, flüsterte er.

»Willst du …« Ich musste schlucken. »Willst du darüber reden?«

Einen Moment lang sah er mich bloß an. Er, dieser Typ, der fast einen Kopf größer war als ich, meistens viel zu schüchtern und offensichtlich unfassbar talentiert war. Mich, dieses leicht verlorene Mädchen, das volljährig war, sich allerdings noch nicht als Frau bezeichnen konnte, weil es sich seltsamerweise falsch anfühlte, das zu tun. Da schüttelte er den Kopf.

»Du musst das nicht machen.«

»Was machen?«

»So tun, als würden dich meine Probleme interessieren.«

»Du hast dich für meine interessiert. Zugegeben, ich sah wahrscheinlich etwas verzweifelter aus, wie ich über den Marktplatz umhergeirrt bin, und werde gerade nicht für meine Kunst gefeiert, weil …«

»Ich werde nicht für meine Kunst gefeiert.« Er verzog das Gesicht.

»Machst du Witze?«, beharrte ich. »Die Leute stehen fast Schlange für dein Bild.«

»So gut ist es auch nicht.«

»Nur als Info«, sagte ich spielerisch, um die Stimmung aufzulockern. »Jetzt klingst du wie der Klassenbeste, der nach jeder Klausur meint, er hat alles falsch, bloß um am Ende als Einziger mit fünfzehn Punkten bewertet zu werden.«

»Ich hatte in keinem Fach fünfzehn Punkte«, murmelte er, ehe er tief einatmete. »Und ehrlich gesagt ist es mir gerade ziemlich egal, wie viele Leute für mein Bild anstehen. Ich …« Noch ein Kopfschütteln. »Ich glaube, ich muss hier einfach nur raus.«

Offensichtlich hätte ich ihm auch nicht anbieten müssen, ihn zu begleiten. Wir waren so gut wie Fremde. Vielleicht Bekannte zweiten Grades, die sich gezwungenermaßen ständig auf dem winzigen Kulturcampus über den Weg liefen. Oder eben im Flur meiner WG.

Dennoch konnte ich es nicht mit meinem Gewissen vereinbaren, Felix allein zu lassen.

»Ich könnte mitkommen?«, schlug ich deshalb vor, woraufhin sich die verwunderte Furche zwischen seinen Brauen vertiefte. »Du weißt schon, weil ich dir ein tiefgründiges Gespräch schuldig bin.«

Felix zögerte, und es wirkte es so, als würde er ablehnen, willigte dann aber doch schließlich ein. Letzteres lag wahrscheinlich an den Stimmen, die von der Vernissage zu uns hinunterbrachen, und die ihn gleichzeitig daran erinnerten, dass er allem zustimmen würde, um so schnell wie möglich hier wegzukommen.

Und da waren wir also, keine ganze Textnachricht später, in der ich Tori erklärt hatte, dass ich mit Felix verschwinden würde, mitten in dieser winzigen Großstadt, wo alle fremden Gesichter mir bekannt vorkamen. Mit schonungslosem Wind in unseren Gesichtern und den Händen tief in unseren Jackentaschen vergraben. Einige Minuten liefen wir schweigend und ziellos durch die Gegend, bis ich es nicht mehr aushielt.

»Willst du darüber reden?«, fragte ich.

»Nein.« Er blies die Wangen auf, ein kurzer Seitenblick zu mir, der sich viel zu lang anfühlte. »Ich glaube, ich will gerade einfach nur ein bisschen laufen.«

Also liefen wir einfach nur ein bisschen, doch es war November und der deutsche, graue Herbst erbarmungslos. Irgendwann wurde es zu kalt. Irgendwann knurrte mein Magen. Irgendwann fragte Felix »*Mr. Lecker* oder *Lawinia*?« Irgendwann saßen wir im ersteren Spätimbiss und bestellten beide Pommes. Irgendwann tunkten wir die Kartoffelstifte in unsere Soßen, während plötzlich dieses Lied aus den Lautsprechern in der Ecke plätscherte.

»Das ist Taylor Swift, oder?«, fragte Felix und lauschte dem Refrain von *Blank Space*, ehe er sich selbst bestätigte: »Jepp, definitiv

Taylor. Meine Schwester ist quasi besessen von ihren Liedern. Sie sagt, niemand versteht sie so gut, während unser Stiefvater ständig meint, dass er überhaupt nicht versteht, wie man ein Lied einen ganzen Abend lang hören kann.«

»Tja.« Ich lächelte. »Dann sind deine Schwester und ich wohl im selben Club.«

»Echt?« Er kippte den Kopf zur Seite. »Interessant. Fühlst du dich also auch so von ihr verstanden?«

»Willst du dir wirklich meinen Lobeshymnen-Monolog an Taylor Swift geben?«

»Der würde mich bestimmt ablenken.«

»Von deinen Problemen, über die du nicht reden willst?«

»Exakt«, erwiderte Felix und wackelte dabei herausfordernd mit den Brauen.

So holte ich tief Luft, bevor ich ihm erzählte, dass ich wirklich alles fühlte, was Taylor Swift fühlte, und sie all diese Emotionen so gut in Worte fassen konnte, wie ich es mir wünschte, es zu können. In der Luft lag dabei der Geruch nach Frittieröl und scharfer Soße, während ich erzählte und über meine Lieblingssongs philosophierte. Felix hingegen hörte mir dabei so zu, als fände er das alles nicht seltsam.

Ich fand es dennoch komisch mit uns.

Wie leicht es war, mit ihm zu reden. Wie wenig angsteinflößend sich die Unterhaltung anfühlte, weil ich mich nicht davor fürchtete, irgendetwas Falsches zu sagen. Als wären Worte nur Worte, ganz egal, ob sie mich weniger interessant erscheinen ließen oder nicht. Wir sprachen an diesem Abend nie über den Grund, wieso Felix überhaupt rausgemusst hatte. Im Gegenzug verkniff er es sich, mich nach Mats zu fragen, selbst wenn ich fast zehn Minuten lang erläuterte, wieso *Red* mein Song war.

Rückblickend betrachtet, kann ich natürlich sagen, dass es an diesem Abend begann. Das mit Felix und mir, das so lange mein liebstes Fragezeichen gewesen war. Zwischen in Alufolie verpackte Shawarma und Charthits im Hintergrund, ganz still und leise, während wir uns unterhielten, das Licht grell auf unsere Gesichter schien und Felix sich gar nicht mehr einbekam, weil wir irgendwann nicht mehr über Taylor Swift sprachen, sondern das Tattoo, das ich mir dem Himmel sei Dank nicht hatte stechen lassen. Und das, obwohl jenes Motiv so gut zu meinem Lieblingssong gepasst hatte (nein, kein Maserati). Ich verliebte mich an diesem Abend nicht in Felix, dafür war das zwischen uns nicht rot genug gewesen. Eher wie das Gegenteil davon, doch was war überhaupt das Gegenteil eines Farbtons? Die Komplementärfarbe, selbst wenn Letztere nicht wirklich das Gegenteil ist, sondern nur verursacht, dass sich zwei Farben zu einem Graubraun vermischen? Ich weiß es nicht. Sicher bin ich mir nur darüber, dass ich manchmal immer noch an mein neunzehnjähriges Ich denke, wie es in diesem orientalischen Imbiss sitzt und Metaphern aus Taylor-Swift-Liedern wie in einer Deutschklausur seziert, während Felix nie aufgehört hat, mir zuzuhören.

*

Dieser Abend legte den Grundstein für unsere Freundschaft, an der niemand zweifelte. Die, die niemand meiner Mitbewohner und Freundinnen ungläubig in Anführungszeichen als Freundschaft betitelte.

Seit Felix mir auf Instagram gefolgt war und nach dem Taylor-Playlist-Link gefragt hatte, den ich ihm versprochen hatte. Aber wir tauschten nicht nur Chatnachrichten mit Smileys aus. Der November floss mit Eisregen in den Dezember, während Felix und ich uns länger unterhielten, wenn wir uns zufällig begegneten. Wir verabredeten uns nie absichtlich oder allein, doch wenn Tori freitagnachmittags verkündete, dass sie ein paar Leute eingeladen hatte und wenige Stunden später jedes Parkettstück in unserer WG bebte, saßen Felix und ich meistens in einer Ecke. Uns unterhaltend und lachend, weil alles mit ihm weiterhin so leicht war. Als wären wir auf einer Wellenlänge, weil nicht nur ich ihm eine Playlist erstellt hatte, sondern er auch mir. Ohne Taylor-Songs, dafür mit vielen Indie-Liedern, in denen die Sänger immer so traurig klangen, wie Felix manchmal aussah. Wenn ich mich heute an diesen Dezember erinnere, von zu Hause ausgezogen und ständig mit mindestens zwei Pullovern durch die Wohnung huschend, um Heizungskosten zu sparen, singt mir der Sänger einer nostalgischen Boyband von einer modernen Liebe vor, während Felix neben mir auf einem eingesessenen Sofa hockt. Ich denke an Felix in meiner WG und seinen Hinterkopf auf dem Campus, den ich immer entdeckte, als hielte mein Unterbewusstsein ständig nach ihm Ausschau. Ich denke an das Uni-Kino und Felix' Oberschenkel, der zweiundneunzig Minuten lang beinahe meinen berührte. An diesen Spaziergang, den wir machten, weil wir es beide in meiner feiernden WG nicht mehr aushielten. An meine trockenen Lippen und Felix' weiches Räuspern, als wir den fast verlassenen Marktplatz überquerten und er mir zum ersten Mal von den Problemen in seiner Familie erzählte. An das dringende Bedürfnis, ihn auf der Stelle zu umarmen, weil ich den Schmerz in seiner Stimme fast greifen konnte. An das Zittern in meinen Zehenspitzen, als ich es einfach tat. Unsere erste Umarmung, eine äußerst freundschaftliche Berührung, bei der mein Herzschlag heftig pumpte. Wenn ich heute an diesen Dezember denke, erinnere ich mich an den Weihnachtsmarkt und die Glühwein-Happy-Hours. An Felix' Atem, der seinen Mund bloß in Rauchblasen verließ, und wie alles ganz warm in mir war, selbst Stunden später noch, sodass ich nie die Heizung aufdrehen musste und mir einredete, dass alles absolut fabelhaft wäre. Ich erinnere mich, wie wir uns einen Abend lang auf dem Fußboden in meinem Zimmer sitzend über unsere Zukunftspläne unterhielten. Wie er mir zum ersten Mal von Berlin erzählte, davon, dass er im Frühling seinen Bachelor machen und anschließend für seinen Master wegziehen wollte. Daran, dass ich dachte: Berlin. Natürlich will er nach Berlin, in eine wahrhaft große Großstadt, die diesem Titel gerecht wurde. Daran, dass ich anschließend ebenfalls dachte: Felix und ich können wirklich nur Freunde sein, wenn er in wenigen Monaten nicht mal mehr hier ist. Womöglich erinnere ich mich aber am allermeisten daran, wie Felix mir vor unseren Winterferien diese selbst gezeichnete Weihnachtskarte überreichte. Ich in Ölkreide, mit einer Weihnachtsmütze auf dem Kopf und meiner Tattooidee auf der rechten Schulter. Ein angedeutetes und krummes Kreuzworträtsel, wo in den Kästchen folgende Worte standen: *no right answer*. Noch während desselben Abends pinnte ich sie an die Korkwand über meinem Schreibtisch, knipste ein Foto und schickte es Felix. »Du hast direkt einen Ehrenplatz an meiner Inspirationswand bekommen« tippte ich dazu, ehe er einen lächelnden Smiley sendete. Alles gut, könnte man meinen, nicht wahr? Das Problem besteht allerdings darin, dass mein Dezember nicht nur aus diesen Erinnerungen besteht. Immerhin fuhr ich für die Feiertage nach Hause, war vorbereitet auf meine Verwandten, die mich unverfroren und völlig unangebracht fragen würden, ob ich zu- oder abgenommen hätte, weil was wären all die weiblichen Personen bloß auf diesem Planeten, wenn wir nicht ständig ihre Körper kommentieren würden. Womit ich allerdings nicht gerechnet hatte, war, Mats' Namen noch mal auf meinem Bildschirm zu erblicken. Einfach so, am zweiten Weihnachtstag hatte mein Niewirklicher-Ex-Freund die Möglichkeit genutzt, sich mit unschuldig wirkenden Feiertagswünschen wieder in mein Leben zu schleichen. Natürlich hätte ich die Nachricht ignorieren sollen. Oder noch besser: Mats antworten und ihn anschließend wieder vollkommen vergessen sollen, weil er mir so gleichgültig war. Doch er war meine erste Liebe. Mein erster tiefer Schnitt, meine erste Wunde, meine erste Narbe, die nie wirklich verheilte. Mein liebstes Was-wäre-Wenn. Der Grund dafür, wieso ich jedes Wort zu *Sparks Fly* UND *Last Kiss* auswendig kannte. Offensichtlich rief ich innerhalb von Sekunden sein Profil auf, bloß um festzustellen, dass der Anfangsbuchstabe seiner Freundin verschwunden war. Seine Freundin, die offensichtlich nicht mehr seine Freundin sein konnte.

Natürlich antwortete ich ihm.

*

Ich traf mich nicht mit Mats. Ich sah ihn nicht, auch nicht zufällig und flüchtig an meinem vorletzten Tag zu Hause in diesem REWE, wo irgendein Typ ihm von hinten zum Verwechseln ähnlich sah. Aber ich schrieb ihm zurück. Ich wartete auf seine Antwort, darauf, ob er noch einmal eine Frage stellen würde, auch wenn ich keine davor getippt hatte. Ich bemerkte ganz genau, wie er urplötzlich mehrere Fotos von mir auf Insta likte, als würden seine Herzen wahrhaftig etwas bedeuten. Ich war wie die Mädchen in den Horrorfilmen, die vom Publikum als dämlich bezeichnet wurden, weil: Wie zur Hölle konnte sie bitte mitten in der Nacht allein das Camp verlassen? Ich war jemand, der es hätte besser wissen müssen. Mats ignorieren und den Chat mit ihm hätte archivieren sollen. Tat ich natürlich nicht. Nicht, als ich mich nach den Feiertagen in denselben ICE setzte, den ich schon im Oktober gebucht hatte. Nicht, als ich wieder den vertrauten Geruch von Toris starkem Parfum und den von verbranntem Toast in meiner WG einatmete. Nicht, als meine Mitbewohnerin auf mich einredete und mir zu erklären versuchte, wieso Mats keinen einzigen meiner Gedanken verdiente. Dabei dachte ich nicht mal die ganze Zeit an ihn, aber was soll ich schon sagen? Immer wenn er mich anschrieb, textete ich zurück. Das *Red*-Album lief wieder viel häufiger als sonst über meine kleine Bluetooth-Anlage. Manchmal schaute ich grundlos, ob er online war, und spürte, wie mein Herz sich zusammenzog, weil er es tatsächlich war, aber mir nicht zurückschrieb. Ich entwickelte plötzlich eine Schwäche für Liebesromane, in denen ein getrenntes Liebespärchen auf dramatische und unperfekt perfekte Weise wieder zueinanderfand. Es war, als wäre ich süchtig nach diesem Gefühl, schwerelos in der Schwebe zu hängen, nie zu wissen, ob ich gerade flog oder fiel. Als wäre es vollkommen normal für mich gewesen, Verliebtsein fast nur mit ständigem Warten auf Nachrichten zu verbinden.

Als die Seminare im Januar wieder begannen und ich Felix gleich in einer Freistunde am ersten Tag begegnete, fragte er mich, wie meine Feiertage so gewesen waren. Und ich antwortete mit »Gut!« und fühlte mich wie eine Lügnerin, weil ich Mats verschwieg. Dabei waren Felix und ich nur Freunde. Wirklich, wirklich nur Freunde. Nicht Irgendwie-mehr-als-Freunde, die sich gelegentlich über unwichtige Dinge auf WhatsApp austauschten, die mir damals so relevant vorkamen. Ich war Felix rein gar nichts schuldig. Keine Ahnung, wieso es sich trotzdem wie ein Verbrechen anfühlte, als wir in der WG-Küche in einer großen Runde Pizza aßen und Tori mir plötzlich zunickte.

»Was war noch mal dein Sternzeichen?«, fragte sie einfach so.

»Ähm, Fische.«

»Und von Mats?«, wollte sie ebenfalls wissen, während ich sie bloß verwirrt anblinzelte. »Du weißt schon, damit Marie, unsere beste selbst ernannte Hobbyastrologin, dir mithilfe der Sterne erklären kann, dass du Mats wirklich nicht mehr zurückschreiben solltest.«

»Du schreibst wieder mit Mats?«

Wir waren vielleicht ein knappes Dutzend Studenten in dieser WG-Küche. Ein Dutzend Studenten, deren Blicke schlagartig alle auf Felix lagen, wessen er sich natürlich sofort bewusst wurde. Nervös schob er die Brille auf seiner Nase zurecht.

»Ich meine, ich dachte, er wäre Geschichte?«, fügte er leise hinzu, dennoch hörte ihn jeder. Die Aufmerksamkeit aller Personen lag auf Felix und mir, während ich nervös auf dem Plastikstuhl von IKEA umherrutschte.

»Sind wir auch«, sagte ich. »Glaube ich zumindest?«

Felix nickte, als ergäbe meine Antwort absolut Sinn. Sein Adamsapfel hüpfte, ich bemerkte das ganz genau. Der Rest des Abends verlief ereignislos und war nicht nennenswert, abgesehen von der Tatsache, dass ich das Gefühl hatte, Felix sähe mich jetzt anders an. Aber das war vielleicht auch nur Einbildung, denn am nächsten Tag, als wir uns in einer gemeinsamen Freistunde heiße Schokoladen am Automaten zogen, war alles vollkommen normal. Er erwähnte Mats nicht, eigentlich nie, auch in den darauffolgenden Wochen nicht. Doch wenn er nebenbei mitbekam, wie Tori mich auf ihn ansprach, warf er uns immer auffällige unauffällige Seitenblicke zu. Dass er neuerdings online datete, bekam ich nur über Tori mit, die das wiederum von Marius hatte. Dabei redeten Felix und ich über alles, bloß nicht über sein OkCupid-Profil oder Mats' Nachrichten, die seltener wurden, doch nie ganz aufhörten. Anfang Februar dann, als Felix schon in den Vorbereitungen für seine Bachelor-Thesis steckte und nach WG-Zimmern in Berlin suchte, fragte Mats mich plötzlich indirekt nach einem Treffen. Er schlug vor, mich zu besuchen. Wir machten sogar ein Wochenende aus. Ich kaufte Parkettreiniger und polierte den Fußboden in meinem Zimmer auf Hochglanz. Ich kaufte mir einen neuen Pullover und ein neues Parfum. Ich wollte ein neues Ich sein, dem Mats nicht widerstehen konnte. Allerdings löste sich mein Plan in Luft auf, weil Mats gar nicht kam. In letzter Sekunde sagte er ab, und ich lag das ganze Wochenende bloß in meinem Bett, *The Moment I Knew* in Dauerschleife, obwohl ich eigentlich nichts wusste. Weil ich sauer war, schrieb ich Mats drei Tage lang nicht zurück. Erst als er mir einen langen Entschuldigungstext sendete, knickte ich wieder ein. Und dann begann es von vorn. Wir schrieben zwei-, dreimal in der Woche, während ich mich dazu ermahnte, keine Hoffnung zu schöpfen, und doch grandios dabei scheiterte. Währenddessen zogen die Wochen an mir vorbei, meine Dozentin lobte mich für einen Text, ich entwickelte mich weiter und blieb nur bei Mats hängen. Ich wusste von Tori, dass Felix jetzt jemanden datete, angeblich nichts Ernstes wegen seines Umzugs, doch da war jemand, von dem er mir nie erzählte, so wie ich nie von Mats. Mittlerweile trug ich nicht mehr Lagen an Kleidung, weil es draußen wärmer wurde. Ich zwang mich dazu, diesen Roman zu lesen, den alle meine Kommilitonen vergötterten, weil die Dialoge nicht in Anführungszeichen gesetzt waren und das ja so artsy war. Felix arbeitete an seiner praktischen und theoretischen Abschlussarbeit und wäre fast nicht zu der ABBA-Party in unserer WG (Toris Idee, natürlich) erschienen, für die meine Mitbewohnerin mich in eine kratzende Verkleidung aus Polyester zwang. Meine Laune war auf dem Tiefpunkt. Mats hatte mir seit einer Woche nicht geschrieben. Grundlos, einfach so, als wäre es sein Hobby, sich gerade oft genug bei mir zu melden, um es mir unmöglich zu machen, ihn zu vergessen. Möglicherweise waren genau diese Nicht-Nachrichten der Grund, wieso ich den ein oder anderen Shot Pfeffi zu viel trank. Dafür, wieso ich Felix bei seinem spontanen Erscheinen lallend begrüßte und er mich trotz Widerworte zu einem Glas Wasser zwang. Vergebens. Ich trank Wasser, aber auch weiterhin den Schnaps, als könnte hochprozentiger Alkohol die Wunden unter meiner Haut ebenfalls reinwaschen. Meine Umgebung wurde so verschwommen für mich, wie Mats' Absichten es wohl immer für mich bleiben würden. Jedes Atom in mir drehte sich, ohne dass ich tanzte. Kein Wunder, dass ich irgendwann auf die Toilette rannte, noch bevor die ersten Gäste sich überhaupt verabschiedeten. Ich drängelte mich an der Schlange vorbei und schaffte es gerade noch rechtzeitig, mich auf die grünen Fliesen vor der Toilettenschüssel zu knien und zu übergeben. Ich kotzte Alkohol und Liebeskummer, den ich schon viel zu oft gehabt hatte. Anschließend betätigte ich die Spülung, verließ das Bad jedoch nicht. Eine gefühlte Ewigkeit lang saß ich einfach nur da und fragte mich, ob Liebe früher oder später nicht sowieso alle in die Knie zwang. Genau da hörte ich es klopfen, dann seine Stimme.

»Alles in Ordnung?«

Felix, dieser Gentleman, der sich immer nach meinem Wohlergehen erkundigte. Ich spritzte mir Wasser ins Gesicht, als würde das etwas besser machen, und schloss auf. Mit tiefen Furchen auf der Stirn sah er mich an und wiederholte seine Frage. Doch ich konnte nur mit den Schultern zucken, während er zögerlich ins Bad trat und die Tür hinter sich wieder abschloss.

»Ich …«

Ich hatte keine Ahnung, was er sagen wollte, weil mir wieder schlecht wurde. In Rekordgeschwindigkeit erreichte ich die Kloschüssel, während Felix sich neben mich hockte. Mir die Haare nach hinten hielt und mir anschließend über den Rücken streichelte, ganz sanft, fast nicht spürbar, als ich mich nicht mehr übergeben konnte.

»Ist es echt so schlimm?«, flüsterte er.

Zitternd wandte ich mich um. »Was meinst du?«, presste ich leise hervor.

»Das mit Mats.«

»Nah, du kannst seinen Namen nicht aussprechen.«

»Wieso nicht?«

»Weil das unser unausgesprochenes Gesetz ist. Du fragst mich nicht nach ihm, ich frage dich nicht, wie dein Online-Dating läuft.«

»Online-Dating?«, wiederholte er dann.

»Tori hat es mir erzählt.«

»Ich hatte ein *einziges* Date.«

»Und wieso kein zweites?«

Felix schüttelte den Kopf. Sagte nichts. Sah mich nur an. Sagte alles damit. Weil Freunde sich nicht so ansahen, wie er mich ansah. Weil ich Felix vielleicht selbst nicht anblickte, wie man einen Freund anblickte. Aber ich auch gleichzeitig noch so an Mats hing und mich selbst verwirrte, bis meine Gedanken bloß noch Knoten waren. Wäre mein Leben ein Film, in dem alles einen Sinn ergab, wäre Felix mir in dieser Märznacht wahrscheinlich nähergekommen. Er hätte mir sein Herz vor die Füße gelegt und mich geküsst, und alles wäre gut gewesen. Aber so funktionierte das nicht im echten Leben mit echten Menschen und echten Gefühlen, die man die Hälfte der Zeit nicht mal selbst verstand. Also kam Felix mir nicht näher. Er legte mir sein Herz nicht vor die Füße. Er küsste mich nicht. Er schluckte bloß sichtbar, ehe er sich so tief räusperte, dass der Laut Wellen in mir schlug.

»Tori hat recht, weißt du?«, flüsterte er. »Mats verdient dich nicht, und du solltest aufhören, ihm zurückzuschreiben. Nicht, weil ich mir das für mich selbst wünsche, sondern weil du das für dich tun solltest. Ich weiß, dass du in ihn verliebt bist, aber kann das wirklich Liebe sein, wenn sie dir ständig so wehtut?« Er schüttelte den Kopf. »Nein, nein, garantiert nicht. Liebe sollte nicht so wehtun, Lyd.«

Hätte ich mich selbst nicht im Spiegel gegenüber entdeckt, hätte ich die Träne gar nicht bemerkt, die mir die Wange hinabrollte. Sie brannte nicht auf meiner Haut. Nichts brannte, und doch tat alles weh. Nicht auf diese rote und herzblutrote Weise, die ich nur mit Mats verband. Diese Traurigkeit war anders. Dunkler. Leerer. Grauer.

*

Ich antwortete Felix nie auf das, was er mir im Bad gesagt hatte. Wir verschwiegen seine Worte so wie wir auch Mats und sein Date verschwiegen. Einen Monat später gab Felix seine Abschlussarbeit ab und packte Umzugskartons. Ich half ihm dabei, sie in den gemieteten Transporter zu tragen. Wir umarmten uns lange zum Abschied. Zwei Menschen, tausend Gedanken, kein einziges Wort, das ich aussprach. So fuhr er davon, und ich sah nur zu.

*

Ich wünschte, Felix' Worte hätten mich geheilt. Sofort einen Schalter in mir umgelegt, der es mir möglich gemacht hätte, mich auf der Stelle von Mats zu entlieben. Doch die Realität sah anders aus. Ich brauchte mehrere Monate voller Herzschmerz, Taylor-Swift-Songs und sich wiederholenden Gesprächen mit Tori, bis ich Mats einen langen Text schrieb, in dem ich ihm erklärte, dass ich keinen Kontakt mehr mit ihm ertrug. Dass er mit mir spielte, ohne mich wirklich dabei zu verarschen, denn was versprach er mir schon, außer den Treffen, zu denen er es doch nie schaffte? Ich hatte von Anfang an gewusst, dass das nie zwischen uns funktionieren würde, und trotzdem daran festgehalten. *Alle* hatten das von Anfang an gewusst. Meine Schulfreundinnen, Tori, die gesamte WG. Felix. Felix, mit dem ich nach seinem Umzug anfangs noch schrieb, bis der Kontakt irgendwann im Sande verlief. Über meine Mitbewohnerin erfuhr ich in meinem dritten Semester, dass er jetzt eine Freundin hatte.

»Sie passen so gut zusammen, oder?«, seufzte Tori und hielt mir ein Foto der beiden vors Gesicht.

»Ja«, sagte ich, weil es stimmte, und ich fragte mich nur für die winzigste Millisekunde dieser Welt, wie es gelaufen wäre, hätte ich nicht an Mats gehangen. Wären Felix und ich wirklich nur Freunde gewesen? Wären wir mehr geworden?

Ich wusste es nicht, und ich würde es nie wissen.

Und so war das also, das mit Felix und mir, was eigentlich nie wirklich etwas gewesen war. Wir waren Freunde gewesen. Es war niemals etwas zwischen uns passiert. Trotzdem lag ich in den darauffolgenden Jahren manchmal in meinem Bett und fragte mich, was hätte sein können. Insbesondere dann, als ich ebenfalls für meinen Master im Journalismus wegzog, nicht nach Berlin, dafür nach Hamburg, auch eine richtige Großstadt. Dann, als ich nach furchtbaren Dating-Phasen und herzzerreißenden Ghostings und schmerzhaften Situationships irgendwann realisierte, dass Liebe wirklich nicht wehtun sollte. Vielleicht weil Taylor Swift Jahre später vom kleinsten Mann der Welt sang und ich immer noch jedes Wort ihrer Lieder fühlte. Vielleicht weil ich älter wurde, Yogacamps und Meditationskurse besuchte, Journals vollschrieb und Therapiestunden aus eigener Tasche bezahlte. Vielleicht, weil ich in einen Heilungswahn verfiel und mich so kaputt fühlte, dass ich alles wortwörtlich in Kauf nahm, um mich wieder ganz zu machen. Vielleicht, weil ich mittendrin realisierte, dass ich kein Ding war, das man einfach so reparieren konnte, und aufhörte, wie besessen Podcasts zum Thema Selbstoptimierung während meiner *Hot Girl Walks* zu hören. Vielleicht, weil eine Heilpraktikerin mir sagte, dass sie nicht daran glaubte, dass wir wirklich beschädigt werden könnten, daran, dass wir in uns einen Kern trügen, der unantastbar war.

Ich wusste nicht, ob ich ihr glauben konnte.

Ich wusste eine ganze Zeit lang wirklich gar nichts mehr, fing mein Volontariat bei einem großen Magazin an, zweifelte nicht mehr so heftig an meinem Schreiben wie in meinem ersten Semester und blieb selbst Jahre später mit Tori in Kontakt. Letztendlich war sie es, die mir dieses Foto schickte, aufgenommen in einer Berliner Ausstellung, die sie gerade besuchte. »Sieht aus wie unser altes Badezimmer, findest du nicht auch?«, schrieb sie dazu. Ich öffnete das Foto in meiner ersten Wohnung, die aus mehr als einem Zimmer bestand und sogar eine Küche mit Tür besaß. Als ich erkannte, was Tori abfotografiert hatte, krampften sich meine Finger um den Henkel meiner Teetasse. Ein riesiges Gemälde, das definitiv unser altes Bad zeigte, darin eine angedeutete Frau, auf dem Fußboden hockend, ringsum lauter Goldsplitter. Neben dem Bild hatte Tori auch die Beschreibung zum Bild eingefangen. Darauf erkannte ich den Titel des Bilds und den Künstlernamen. *Was it really real love?*, Felix Maier. Ich starrte es einfach nur an, wusste, dass ich das sein musste, doch hatte keine Ahnung, was ich Tori auf ihre Nachricht antworten sollte. Musste ich dem Himmel sei Dank auch gar nicht, weil sie mir ein zweites Bild hinterherschickte. Ein Selfie von Felix und ihr. Felix immer noch so Felix. Runde Brille, verwuschelte Haare. »Ich soll dich übrigens vom Künstler grüßen«, schrieb sie dazu. Im Nachhinein betrachtet kann ich gar nicht sagen, was genau mich dazu brachte, Tori nicht bloß zu antworten, sondern noch am selben Abend Felix zu schreiben. Einfach so. Nichts Spektakuläres, ein schlichtes »Hey, ich hab dein Bild gesehen, liebe Grüße zurück«, aber ich schätze, dass es manchmal wirklich nicht kompliziert sein muss. Dass einfach reicht, wenn es richtig ist.

Felix und ich trafen uns drei Wochen später in einem Café in Berlin. Er war vor mir da. Wieder sah ich ihn in einer Ecke sitzend, dafür ohne gesenkte Schultern, als wollte er sich verstecken. Als ich keine zwei Tische von ihm entfernt war, erkannte er mich. Er lächelte mich an, während er sich erhob und wir uns mit einer Umarmung begrüßten. Felix roch nicht mehr gleich, er war nicht mehr die Person von vor über fünf Jahren, und ich auch nicht, aber dieses Vertraute zwischen uns war gleich geblieben. Wie seltsam, dachte ich, als ich im selben Moment zwischen Besteckklimpern und Kaffeemaschinenzischen den Refrain von einem Taylor-Lied aus den Lautsprechern erkannte.

»Ich hab ein Déjà-vu«, sagte Felix.

»Ich nicht«, sagte ich, weil alles sich neu anfühlte. Hell und hoffnungsvoll.

Wenn mich heute jemand nach meinem Lieblingslied fragt, sage ich nicht mehr *Red*, weil ich nicht daran glaube, dass Liebe einen verbrennt. Ehrlicherweise kann ich mich nie auf einen Song festlegen. Mein Freund schon. Er sagt *Daylight*.

Ich dachte mal, dass Liebe brennend-rot war, aber sie ist golden.

Ende des Artikels

Über die Autorin: Lydia Bender, geboren 1998, ist Journalistin und Schriftstellerin. Ihr Jugendbuch über toxische Liebe wurde zum von der Kritik gefeierten Bestseller. Sie lebt mit ihrem Partner in Berlin.

THE ARCHER – *Taylor Swift*
(Rabia's Version)

AKT I // EXPOSITION

»Mit Vorfreude können wir verkünden«, Mr. Halls räuspert sich so theatralisch, dass ich mit den Augen rollen muss, »Ms. Prescott spielt dieses Jahr unsere Julia.«

Der Raum wird beschallt von einem lauten Klatschen, während ich mir ein professionelles Lächeln auf die Lippen zwingen muss. Wie jede andere Schauspielstudentin, die versucht hat, die diesjährige Hauptrolle der größten Aufführung unseres Instituts zu ergattern. Unsere Finger bewegen sich fast mechanisch, und der freudige Ausdruck klebt wie zäher Honig an unseren Gesichtern, nur langsam abtropfend, als die Geräuschkulisse stiller wird.

Mara Prescott steht von ihrem Platz auf und verbeugt sich auf bescheidene Art. Die Hand auf der Brust, ihre langen Braids auf ihrem Rücken, die ihr immer wieder ins Gesicht fallen. Sie schaut in unsere Richtung und schmollt leicht – Kameradschaft. Wie jede andere weiß ich jedoch, dass sie diesen Ausdruck bis ins Detail mit ihrem privaten Schauspiellehrer trainiert hat. Ihr hat die Ausbildung an Englands renommiertester Schauspielschule nicht gereicht, sie musste sich Extrastunden holen. Aber was erwartet man von einem Menschen, dessen Blutlinie nur aus professionellen Schauspielenden besteht, die gefühlt alle den EGOT-Status haben? Ihre Mutter hat vier Emmys, einen Grammy, drei Oscars und zwei Tonys. Von ihrem Regisseurvater möchte ich gar nicht erst anfangen. Er war Teil des größten Superhelden-Franchises, das dieses Jahrhundert wahrscheinlich gesehen hat und sehen wird. Natürlich kann sie sich diesen Scheiß leisten. Und natürlich bekommt sie die Hauptrolle in dem Theaterstück. Natürlich läuft alles perfekt für sie.

Sie ist perfekt.

Ihr Leben ist perfekt.

Alles ist perfekt.

Und ich brauche die Rolle. Ich brauche sie *so* sehr. Das ganze Jahr über habe ich nichts anderes gemacht, als mich darauf vorzubereiten. Im Abschlussjahr wird ein Shakespeare-Stück aufgeführt, für das Talentagenten und -scouts aus aller Welt anreisen, um die nächsten Schauspielgrößen zu entdecken. Welches es wird, wird kurz vorher ankündigt. Dadurch sollen wir weniger Zeit haben, uns vorzubereiten. Dennoch habe ich so viel darangesetzt, trotzdem bereit zu sein. Ich habe alle Stücke, alle Sonette, alles durchgespielt, gelernt, jede Rolle analysiert, vorgespielt, geübt, gesungen. Ich habe alles gemacht. Für Romeo und Julia kann ich die Textpassagen jeder Rolle im Schlaf. Julia zu besetzen, sollte einfach sein. Ich hätte die Rolle kriegen müssen.

»Die Zweitbesetzung ist«, unsere Reihen, die sich für Julia beworben hatten, werden hellhörig, »Ela Yaman.«

Das bin ich.

Das bin ich.

Das bin *ich*.

Und doch: Das monatelange Trainieren, Üben, Kein-Leben-Haben hat sich nicht gelohnt. So viel Arbeit, um lediglich die *Zweitbesetzung* zu sein? Das habe ich so nicht für mich gesehen. Das habe ich so für mich ganz und gar nicht gesehen. Ich bin mit der Erwartung darangegangen, dass es klappt. Dass ich es meinen Eltern beweisen kann. Ihnen endlich zeige, dass das Schauspiel keine brotlose Kunst ist und ich es nach Hollywood schaffen kann.

Der Applaus holt mich zurück in die Realität. Mit dem immer noch aufgezwungenen Lächeln erhebe ich mich von meinem Platz und deute eine kurze Verbeugung an. Nicht zu tief, nicht zu dankbar. Aber die Hand auf der Brust ist noch drin. Vielleicht ein Lächeln mit Zähnen, damit niemand denkt, ich würde die Situation so sehr hassen, wie ich es in diesem Moment tue.

Der Weg zur Bühne fühlt sich an wie ein Jakobsweg, der kein Ende nimmt. Alle Blicke liegen auf mir, ich darf mir keine Emotionen anmerken lassen. Egal, wie sehr mich diese Situation auch ankotzt.

»Danke«, sage ich zu Mr. Harthow, der die Regie des Stücks übernimmt und neben Mara steht. Er hat am Ende das Sagen, was das Casting betrifft.

Am liebsten hätte ich ihm die Augen ausgekratzt. Was für ein Arschloch. Wozu habe ich mir für das Vorsprechen so verdammt viel Mühe gegeben, wenn am Ende *Mara* gewinnt? Ich habe ihre Interpretation von Julia gesehen und ganz ehrlich … sie war gut, aber nicht grandios. Und erst recht nicht erstbesetzungsgut. Dafür hat sie sich zu weit entfernt von der Rolle angefühlt.

Ihr Grinsen, als sie mich begrüßt, ist so freundlich, dass ich mich übergeben möchte.

»Herzlichen Glückwunsch«, sagt sie, und ich hasse sie dafür.

Natürlich ist es einfach, jemandem zu gratulieren, wenn man die Rolle in der Tasche hat, und alle, die nach einem kommen, es schlechter haben. Nach unten treten ist easy.

Ich kann sie nicht leiden.

Weil sie jemand ist, der nur mit den Fingern zu schnippen braucht, um das zu kriegen, wofür wir anderen uns den Hintern aufreißen müssen. Trotzdem steht sie mit gehobenem Kopf hier, als hätte sie sich diesen Platz erkämpft. Dabei hat Harthow wahrscheinlich einfach nur eine gute Beziehung zu ihren Eltern. Eine teure Kiste Wein und eine Einladung in irgendein neues, gehobenes Restaurant in der Londoner Innenstadt, und schwupps, Madame hat die Rolle, während die dreißig anderen Studentinnen ihren Traum an sich vorbeiziehen sehen.

Wobei die meisten hier aus Familien kommen, die gut situiert sind. Die wenigsten sind absolute Newbies, ohne Verbindungen zur Industrie. Networking und jemanden zu kennen, der jemanden kennt, der jemanden kennt … das ist die halbe Miete in dieser Branche.

Ich bin die unschöne Ausnahme. Mich hat tatsächlich mein Talent hierhergebracht. Meine Eltern könnten nicht ferner des Entertainments sein. Das Einzige, was sie damit verbindet, ist ihr Hass auf Grey's Anatomy und wie falsch die Darstellung des medizinischen Feldes dort ist.

»Kann ich nur zurückgeben«, antworte ich widerwillig.

Wie zu erwarten übernimmt Augustus Sterling Romeo. Seit ich an der Uni studiere, habe ich nur einmal erlebt, dass er nicht die Hauptrolle besetzt. Natürlich ist auch er einer Schauspielfamilie entsprungen, nämlich der, die das West End Theatre für sich in Anspruch genommen hat. Da überrascht es kaum, dass er sich jede Rolle unter den Nagel reißt.

Mr. Harthow hält anschließend eine fünfminütige Rede darüber, wie schwierig ihm die einzelnen Entscheidungen gefallen waren und wie talentiert doch jeder Einzelne war, und wie viel Mühe sich jeder gegeben hat … um am Ende mit leeren Händen dazustehen.

Wieder einmal geht ein lautes Klatschen durch die Menge, sodass ich meine Schultern durchdrücke und ein Lächeln aufsetze. Kurz darauf leert sich die Aula langsam, doch Harthow hält die Hauptbesetzung auf, um noch *etwas* nachzubesprechen. Alle kleinen Rollen und Nebenbesetzungen werden in den nächsten Tagen bekannt gegeben und an das schwarze Brett gehangen.

»So …«, sagt Harthow und schlägt theatralisch die Hände zusammen, bevor er sich gegen das Rednerpult lehnt. »Sind Sie mit Ihrem Erfolg zufrieden?«

»Total«, kommt es leise von Mara, die nicht aufhören kann, mit der Schleife an ihrem Oberteil zu spielen. »Ich hab das gar nicht erwartet … ich …«

Weiter kommt sie nicht, weil ich schnaube – unfreiwillig. Eigentlich wollte ich die Abneigung ihr gegenüber in mir halten und mir nichts anmerken lassen. Aber das kann ich nicht zurückhalten. Es ist die einzig natürliche Reaktion.

Mara zieht verwirrt die Augenbrauen zusammen, worauf ich nicht reagiere. Es ist mir egal.

»Ms. Yaman … was soll das bedeuten?« Harthow eilt ihr natürlich zu Hilfe, als könnte sie sich nicht selbst um ihr verletztes Ego kümmern.

Ich zucke mit den Schultern. »Es ist eben nicht schwer, die Rolle zu bekommen, wenn die eigenen Eltern dem Institut den Theatersaal geschenkt … ich meine, gespendet haben.«

Manchmal ist meine Fresse viel zu groß. Auch für mein eigenes Wohl. Zwischen meinem Kopf und Mund sollte ein Filter sein, der nicht vorhanden ist. Normalerweise hilft mir das, kreativ zu sein und Ideen in einen Raum zu werfen, ohne sie tausendmal zu hinterfragen. Aber heute steht mir das im Weg.

»Wie bitte?«, fragt Harthow, als hätte ich in seinen morgendlichen Kamillentee gespuckt.

Jetzt gibt es sowieso kein Zurück mehr. »Ist es gelogen?«

Harthow plustert sich auf wie ein Hahn, der denkt, er würde bedroht werden, während die eigentlich betroffene Person still neben mir steht und nichts sagt.

»Was genau haben Sie gesagt?«, fragt er mit Nachdruck.

»Nichts«, ziehe ich halbherzig zurück. Ich weiß, es ist nicht sonderlich clever, deswegen eine Auseinandersetzung zu provozieren. Das lässt mich am Ende nicht besser aussehen, vor allem nicht, wenn ich will, dass mich Harthow nicht hasst. Er ist derjenige mit den Connections zum West End, wo ich mich sehen könnte, wenn das mit der großen Leinwand nicht klappt. Obwohl dieses Szenario ebenso schwer ist. In das berühmte englische Theater rutscht man nicht einfach rein. Nur fühlt sich das manchmal eben greifbarer an als Los Angeles.

»Alter, Ela«, sagt Augustus und schüttelt den Kopf. »Wir wollen alle zum Mittagessen. Wäre nett, wenn du aus dem Shit keine große Nummer machst.«

Warum denken Männer immer, sie dürften sich in mein Leben einmischen? Ich könnte anfangen, ihm das Gleiche zu sagen. Er hat die Rolle des Romeos, er braucht nicht mehr. Warum will er noch den Retter des Tages spielen und sich vor Mara werfen?

»Die Zweitbesetzung ist auch etwas Gutes«, versucht Miles mich zu beschwichtigen, wahrscheinlich, um selbst damit klarzukommen.

»Ich verstehe auch nicht, warum Sie das so ablehnen«, Harthow sieht sichtlich verwirrt aus. »Andere würden für diese Chance töten.«

»Für die Zweitbesetzung, die wahrscheinlich nie zum Einsatz kommen wird?«, frage ich lachend.

Für einen Moment hoffe ich, dass Mara ein paar Treppen herunterfliegt und ich Julia spielen kann, fange mich jedoch rechtzeitig. Das ist viel zu gemein. Ich mag sie vielleicht nicht, aber das bedeutet noch lange nicht, dass ich ihr Schlechtes wünschen sollte. So schlimm bin auch ich nicht.

Harthow beißt sich auf die Lippe und nickt langsam. »Ich habe eine perfekte Idee. Erst- und Zweitbesetzung müssen ab jetzt zusammen üben. Alle Übungseinheiten werden gemeinsam abgehalten. Damit Sie voneinander lernen, sich aneinander anpassen und sich gegenseitig einspielen. Damit Sie erkennen, wie talentiert und hart arbeitend *jeder* Einzelne von Ihnen ist. Entgegen mancher Annahmen ist jeder und jede von Ihnen in der jeweiligen Position, weil Sie sich das hart erkämpft haben. Es ist einfach, das auf anderes zu schieben, damit das Ego nicht verletzt sein muss. Aber es gibt keinen Grund, so zu denken. Sie alle sind aus spezifischen Gründen hier. Lernen Sie voneinander.«

»Aber«, kommt es mir über die Lippen, was Harthow nicht

durchgehen lässt. Unerbittlich schüttelt er den Kopf und dreht sich zum Pult, als gäbe es dort etwas zu erledigen.

»Ms. Yaman, ich habe gesagt, was zu tun ist. Lassen Sie mich in Ruhe.//

AKT II // STEIGENDE HANDLUNG
1. STUNDE

»Absolut keinen fucking Bock.« Ich stochere in meinen Nudeln, während Maxi mich mit belustigtem Blick betrachtet.

»Vielleicht wird es halb so schlimm?«, fragt sie. »Ich fand Mara bis jetzt echt nett. Sie ist still und in sich gekehrt. Ich glaube nicht, dass du es da mit einer Diva zu tun hast.«

Das wäre auch nicht mein Problem. Große oder anstrengende Persönlichkeiten sind ein Teil dieser Industrie. Ich musste lernen, sie zu ertragen und vor allem zu unterhalten. Beim ersten Networking-Event meines Lebens hatte mich das aufgezwungene Lachen und die prätentiösen Gespräche aufgeregt. Mittlerweile weiß ich, dass das dazugehört.

Was mich aufregt, ist, dass mir bewusst ist, dass Mara diese Rolle nicht wegen ihres Könnens bekommen hat. Würde sie mir nicht im Weg stehen, hätte ich sie gekriegt. Ich hätte meinen Eltern beweisen können, dass das Studium und mein Traum nicht für die Katz waren. Dass ich nicht Medizin studieren muss, damit etwas aus mir wird. Jetzt fühlt es sich so an, als hätte ich auf voller Linie versagt. Nicht einmal die Rolle, auf die ich vier Jahre lang hingearbeitet habe, konnte ich besetzen.

»Vielleicht fällt sie ja aus, und ich kann Julia spielen?« Das Grinsen, das sich auf meine Lippen stiehlt, fühlt sich verschoben und falsch an.

»Das ist gemein, Ela. Das wünscht man niemandem.«

Ich seufze. »Schon klar.«

Trotzdem packe ich wütend mein Tablett und meine Tasche zusammen, um mich auf den Weg in den kleinen Übungsraum neben dem Theatersaal zu machen. Dort sollen wir für eine Stunde über das Stück miteinander reden. Es soll um das rein Inhaltliche gehen, meinte Harthow in seiner ellenlangen Mail. Ganz ehrlich, das ist wieder eine dieser Aufgaben, die er sich hätte sparen können, weil ich in den letzten Monaten nichts anderes getan habe, als dieses Stück bis in die letzte Silbe zu analysieren. Ich wollte die perfekte Julia sein.

»Wir sehen uns heute Abend.« Maxi hebt ihre Hand zum Abschied, was ich ihr gleichtue. Heute ist Freitag, das bedeutet, wir werden uns mit weiteren Freunden in unsere Lieblingsbar unweit des Campus pflanzen und Gebrauch von der Happy Hour machen.

Etwas, das diesen Tag erträglicher macht.

Die Flure und Hallen sind dunkel, und genug Studierende eilen durch die Gegend. Als ich damals, während meines A-Levels, das College besucht habe, war ich sofort verliebt gewesen. Alles sah so filmisch aus, als wäre jedes Zimmer dem Roman *Die geheime Geschichte* von Donna Tartt entsprungen. Die großen Kronleuchter über unseren Köpfen, der Stuck, der an vielen Stellen bröselt und den Studierenden auf den Kopf fällt, die großen Fenster, umgeben von Maßwerk. Alles gibt einem das Gefühl, in einem eigenen Dark-Academia-Roman zu sein.

Der Übungsraum wirkt daneben wie eine kleine Abstellkammer, die ausgeräumt wurde. Das winzige Fenster ganz oben bietet wenig Licht, gerade genug, um den ganzen Staub zu sehen, der durch die Gegend fliegt, als ich mich auf die alte Samtcouch setze, die an einer Wand angelehnt steht. Das war auch eines der Dinge, die mich an diese Schauspielschule gezogen hatten: Sie ist heimelig gestaltet und fühlt sich zu keinem Zeitpunkt wie eine Universität an. Jede Räumlichkeit bietet Couches, Schränke und gedimmtes Licht. Da unsere Kohorten nie mehr als dreißig Leute sind, lohnen sich die kleineren Räume auch. Frontalunterricht, wie es ihn in einem normalen Studiengang der Fall ist, kenne ich gar nicht.

Ich lasse meine Tasche zu Boden gleiten. Hier eine ganze Stunde zu verbringen und zu üben, obwohl ich die Rolle niemals wirklich spielen werde, kommt mir wie reine Zeitverschwendung vor.

Keine Minute später stolpert Mara ins Zimmer und scheint außer Atem zu sein. Sie bleibt abrupt stehen und schaut sich um, bevor sie zu mir blickt.

»Hi«, murmelt sie und schiebt sich die vorderen Braids hinters Ohr. »Entschuldige die Verspätung, mein Sprecherkurs hat überzogen.«

Ich mache eine wegwerfende Handbewegung. »Halls ist immer so.« Ich glaube, ich hatte noch keinen Kurs bei dem Typen, der nicht mindestens fünf Minuten über der Zeit lag. Irgendwann haben das alle akzeptiert.

»Also«, sagt Mara lang gezogen und setzt sich ans andere Ende der Couch, bevor sie ihren Laptop herausholt. »Ich hab mir ein paar Notizen zu …«

»Wollen wir uns jetzt ernsthaft über das Stück unterhalten?«, frage ich und starre das Gerät auf ihrem Schoß an, das sie hochfährt. »Ich meine, wir kennen es in- und auswendig. Tragische Liebesgeschichte. Zwei Teenager. Verfeindete Familien. Suizid.«

Mara klappt langsam ihren Laptop zu. »Findest du?«

»Schon irgendwie.«

»Ich nicht«, sagt sie kopfschüttelnd. »Die Aufgabe ist spannend und berechtigt. Weil ich nicht glaube, dass *Romeo und Julia* für das gesehen werden sollte, was es zu sein scheint. Es ist keine romantische Geschichte.«

»Wie meinst du das?«

Dass wir uns nicht einmal auf einfache Fakten einigen können, nachdem wir Film, Theater und Schauspiel vier Jahre lang studiert haben, verblüfft mich. Wie kann es sein, dass sie wirklich die Rolle der Julia bekommen hat?

»Na ja«, mit nervösen Fingern streicht sie über das Gehäuse und starrt darauf, statt in mein Gesicht zu schauen. »Es ist eher eine Geschichte darüber, wie gefährlich es ist, Entscheidungen aus *reiner* Emotion zu treffen. Keiner der Charaktere handelt rational. Nicht einmal die Eltern. Von denen erwartet man das, weil sie erwachsen sind und unglaublich viel Verantwortung tragen. Trotzdem herrscht so viel Gewalt, weil sich zwei Familien nicht *mögen.*«

Für einen Moment lasse ich ihre Worte auf mich wirken, versuche, ihren Standpunkt zu sehen und zu verinnerlichen. So habe ich das Stück noch nie betrachtet. »Reine Emotionen sind auch Liebe? Shakespeare hat nicht behauptet, es wäre eine romantische Geschichte. Es ist eine Tragödie. Und das stimmt.«

»Ja, aber es ist auch ein Spiegel, der der Realität vorgehalten wird. Wenn wir nur emotional handeln, endet es nie gut. Wir müssen rational bleiben, um das beste Ende für uns zu finden.«

»Da gehe ich nicht mit«, sage ich kopfschüttelnd. »Viele Menschen handeln irrational wegen ihrer Emotionen, allen voran Liebe. Wann war Liebe je wirklich rational? Tagtäglich verlieben sich Personen ineinander, die sich nicht verlieben sollten. Nicht umsonst gibt es den Spruch *Richtige Person zur falschen Zeit.* Liebe ist per Definition nicht rational, weil man sich nicht aktiv entscheiden kann, sie zu empfinden. Sie ist immer willkürlich und irrational. Und Liebe ist wunderschön, egal, wie sie am Ende aussieht. Würde man sie ›rationalisieren‹, würde man sich nicht verlieben.«

Endlich schaut sie zu mir auf und wirft ein paar Braids auf ihren Rücken, die ihr in die Stirn gerutscht sind. »Ja, Liebe ist nicht rational. Aber man kann sich entscheiden, sich *nicht* zu verlieben. Romeo ist mit einem Kopfsprung in diese Liebe gefallen, weil er Rosaline nicht haben konnte. Er hat sich aktiv dafür entschieden, sich in Julia zu verlieben. Er hätte alles umgehen können, wenn er anderes gewollt hätte.«

Meine Augenbrauen schießen bei diesen Worten in die Höhe. »Nein. Man kann Gefühle doch nicht rational abschalten, weil es einem nicht passt. Er hat sich in Julia verliebt, *obwohl* er dachte, dass er niemals über Rosaline hinwegkommen könnte. Er hat sich nicht deswegen dafür entschieden, sondern hat sich *trotz* dessen verliebt.«

Mara ist normalerweise jemand, der still ist. Ich habe nie verstanden, warum. Hätte ich die Ressourcen, die sie hat, würde mich niemand von meinem hohen Ross runterkriegen. Sie jedoch wirkt häufig unsicher. Das war auch einer der Gründe, warum ich nicht verstanden habe, wie sie die Rolle der Julia bekommen konnte. Julia ist tough, Julia ist gewillt und eine der ersten Frauen, die von einem Mann geschrieben worden sind, die zu eigenen Handlungen fähig ist und nicht von externen Kräften in ihr Handeln gedrückt wird. Wie konnte sie so jemanden besetzen, wenn sie sie nicht einmal zu verstehen scheint?

»Am Ende sterben sie trotzdem, weil sie ihre Emotionen haben gewinnen lassen«, sagt sie mit zittriger Stimme, als wäre das wirklich das Totschlagargument.

»Das ändert nichts daran, dass das Stück eine romantische Tragödie ist«, wiederhole ich. »Es ist kein Kommentar, der an Rationalität appelliert, damit Teenager keine überhöhte Scheiße anstellen, nur weil sie für jemanden schwärmen. Es zeigt, was Menschen alles bereit sind zu tun, wenn sie wirklich lieben. Egal, wie gefährlich diese Liebe ist, egal, wie kostspielig sie ist … man setzt trotzdem alles darauf, weil man denkt, alles in dem Gegenüber finden zu können.«

Mara schnaubt und richtet ihren Blick auf ihre Finger. »Dann sind diese Menschen … nicht sonderlich klug.//

AKT III // PERIPETIE
6. STUNDE

Wer ist Julia?

Das ist die Frage, die wir uns heute stellen müssen, und ich weiß jetzt schon, dass es eine Grundsatzdiskussion mit Mara geben wird. Denn, wenn ich eins gelernt habe, dann, dass sie das Theaterstück ganz anders wahrnimmt als ich.

Als ich in den beengten Raum komme, ist Mara längst da und liest in einem kleinen Notizbuch, bevor sie zu mir aufschaut und mir ein halbes Lächeln schenkt. Ich dachte, ihre schüchterne Art würde sie irgendwann ablegen, doch das hat sie nicht. Immer noch wirkt sie unsicher, auch wenn sie standfest in ihren Punkten ist. Wie das genau zusammenpasst, habe ich noch nicht herausgefunden. Aber ich schätze, dass wir bis Ende des Semesters genug Zeit miteinander verbracht haben werden, damit ich auch dahinterkomme.

Ihre Braids hat sie heute mit einer übergroßen Spange nach hinten zusammengefasst, lediglich zwei umrahmen ihr Gesicht. Sie schaut mich mit verhärtetem Gesichtsausdruck an, als erwarte sie eine negative Reaktion meinerseits, sobald ich den Raum betrete – schließlich bin ich in ihren Augen wahrscheinlich immer auf Krawall aus. Ihre großen braunen Augen verlassen mich nicht, bis ich mich zu ihr setze. Ich mag vieles an ihr nicht, aber ich kann nicht einmal mit meiner Wut ignorieren, dass sie wunderschön ist.

»Ich bin so gespannt, was du zu dem heutigen Thema zu sagen hast«, flüstere ich. »Als Julia.«

Nach meinem Ausraster hat Harthow mich dazu gezwungen, Mara bei den Übungsstunden zuzuschauen. Sie und Augustus haben Chemie, wenn sie in Szenen zusammen sind, aber ich habe das Gefühl, sie verleiht Julia so eine traurige Aura, die diese eigentlich gar nicht hat. Dafür ist sie eine viel zu selbstsichere Person. So zumindest habe ich sie gelernt. Was ich jedoch realisiert habe, nachdem ich etlichen Stunden beigewohnt habe, ist, dass Mara talentiert ist. Vielleicht kann ich Harthow seine Entscheidung doch nicht verübeln. Glaube ich. Denke ich.

Ihr Blick erweicht, und sie fasst sich an die Wangen, als würde sie kontrollieren wollen, ob sie warm sind. »Ich hab Angst vor deiner Reaktion«, sagt sie, »du warst ja der Meinung, dass ich die Rolle nur wegen meiner Eltern bekommen habe.«

Die untergehende Abendsonne wirft ein warmes Licht auf die Couch und erhellt Maras rechte Seite. In diesem Licht, unter dem ihre Haut golden leuchtet, frage ich mich, wie ich so gemein sein konnte. Natürlich ist mir klar, dass ihre Herkunft ein gewisses Privileg bedeutet. Ich kann mir auch vorstellen, dass sie es einfacher hatte, an der Universität angenommen zu werden. Trotzdem heißt das nicht, dass sie talentfrei ist. Sie muss gefördert worden sein. Vielleicht haben ihre Eltern ihr Talent und den Wunsch fürs Schauspiel früh gesehen. Nicht wie meine, die mir keine einzige Stunde bezahlen wollten, weil sie es als unnötig abgestempelt hatten. Ich habe in einem Boots gearbeitet, um mir Schauspielstunden während der Schule zu leisten. Ohne sie wäre ich wahrscheinlich nicht hier.

»Ich glaube, Julia kann man auf hundert verschiedene Arten interpretieren«, gebe ich zu und setze mich ihr gegenüber, verringere den Abstand und bin wirklich gespannt, was sie zu sagen hat. »Sonst gäbe es keine Dutzenden Remakes und unterschiedlichen Interpretationen von verschiedenen Regisseuren.«

Mara zuckt mit den Schultern. »Das heißt nicht, dass ich die Rolle in deinen Augen wirklich verdient habe.«

»Komm schon«, seufze ich und lege den Kopf schief, »ist das wirklich so eine wilde Annahme?«

Für einen Moment scheint sie zu überlegen. Sie fährt vorsichtig und mit perfekt manikürten Nägeln über den Rücken der Samtcouch und hält kurz vor meiner Schulter inne.

»Denkst du wirklich, so erfolgreiche Eltern machen es einem einfacher, in der Branche Fuß zu fassen? Oder vielleicht doch schwerer, weil sie einen Ruf haben, den sie wahren möchten?«

Die Frage überrumpelt mich. Fast automatisch lasse ich den Kopf in den Nacken fallen und die Worte auf mich wirken. *Weil sie einen Ruf haben, den sie wahren möchten …*

Es gibt genug Nachwuchstalente, die den Begriff *Talent* bis ins Unermessliche dehnen. Von denen genug Shows und Magazine und Filmfanatiker sagen, dass sie nicht vor der Kamera stehen sollten, aber durch ihre Familien immer und immer wieder die Chance dazu kriegen. Bis jetzt hatte ich nicht das Gefühl, dass ihre Sprösslinge unbedingt ein schlechtes Licht auf die Eltern warfen, wenn sie selbst talentiert waren. Warum auch? Jeder würde versuchen, das Leben des eigenen Kindes besser zu machen. Doch vielleicht lastet genau deshalb auch mehr Druck auf den Schultern dieser Kinder, weil die Welt erwartet, dass sie in die Fußstapfen ihrer Eltern treten sollen. Jeder weiß, dass sie mehr Chancen bekommen als alle anderen, wodurch die Erwartungshaltung höher ist.

Dort, wo sie gerade stehen, gäbe es mindestens tausend andere angehende Schauspielende, die den Platz besser gefüllt hätten, aber nie die Gelegenheit dazu bekamen, weil sie nicht die richtigen Connections in eine Welt hatten, die von Vitamin B lebt.

»Das mag sein«, antworte ich deswegen, »aber das heißt noch lange nicht, dass du es trotzdem nicht einfacher hast. Die Industrie liegt dir jetzt schon zu Füßen. Das nächste große Franchise wartet darauf, dass du mit der Uni fertig wirst, damit sie dich casten können. Du hast eine Sichtbarkeit, ohne etwas dafür leisten zu müssen. Du bist weiter als neunzig Prozent der Menschen, die Schauspielende werden wollen.«

»Ela«, flüstert sie mit einem entschuldigenden Unterton, »ich will in eine Branche hinein, die meine Eltern maßgeblich mitbestimmen. Wenn sie nicht wollen würden, dass ich da reinkomme, bräuchten sie nur wenige Unterhaltungen zu führen, und ich würde auf sämtlichen schwarzen Listen stehen. Es gibt genauso viele Vor- wie Nachteile für meine Situation. Natürlich bin froh um die Chancen, aber ich habe auch Angst.«

»Ja, aber …«

Sie unterbricht mich, indem sie das Notizbuch vorzieht und weiterspricht. »Darum soll es heute gar nicht gehen. Wer ist Julia deiner Meinung nach?«

Am liebsten würde ich weiter über dieses Thema sprechen, weil es Mara zu beschäftigen und nicht so zu sein scheint, wie ich voreilig vermutet habe. Aber sie in die Ecke zu drängen, wäre das Letzte, was ich will, also halte ich mich zurück und beantworte lieber ihre Frage.

»Sie ist die einzige Tochter der Capulet. Sie soll eigentlich jemand anderen heiraten, aber verliebt sich in Romeo, der der verfeindeten Familie Montague angehört.«

Mit einem Augenrollen schaut sie zu mir auf. »Den Wikipedia-Eintrag kann ich auch herunterbeten. Wer ist Julia für *dich*?«

Das war eine der ersten Fragen, die ich mir gestellt hatte, als ich anfing, das Stück einzuüben und zu lernen. Es ist meine Lieblingsübung, um in einen Charakter hineinzufinden.

»Viele beschreiben sie als naiv und als unwissende Teenagerin. Ich glaube, sie ist unglaublich intelligent und als weiblicher Charakter ihrer Zeit voraus.«

»Findest du?«, fragt Mara ungläubig und legt den Kopf auf ihren ausgestreckten Arm, der immer noch auf der Rückenlehne ruht. »Ich finde, sie lässt sich auf den ersten gut aussehenden Typen ein, den sie nicht haben darf, weil sie damit gegen ihre Eltern rebellieren kann. Es ist wieder eine irrationale, kindische Entscheidung, nicht ihretwillen, sondern, um es jemandem heimzuzahlen.«

Ich weiß nicht, ob ich es als störend oder interessant empfinden soll, dass wir uns in *allem*, was *Romeo und Julia* angeht, uneinig sind. Jede Meinung, von der sie mir bis jetzt erzählt hat, entsprach dem Gegenteil meiner. Sie interpretiert das Theaterstück so anders als ich, dass ich mich frage, ob wir das Gleiche gelesen haben.

»Warum kann es nicht für die Liebe sein?«, frage ich, obwohl ich eigentlich keine Antwort haben möchte, weil ich weiß, wie sie ausfallen wird. *Es ging ihr niemals darum.* »Wenn es Liebe ist, dann war es absolut feministisch von ihr. Sie hat sich gegen ihre Eltern gestellt, wollte für die Zeit die typische arrangierte Ehe nicht. Hat am Ende sogar versucht, ihren eigenen Tod vorzutäuschen, um für ihre Wünsche und Überzeugungen einzustehen.«

Mara rollt mit den Augen. »Sie war dreizehn, eine Teenagerin. Sie hat gar nicht so weit gedacht. Sie hat rebelliert, um zu rebellieren. Um ungemütlich für ihre Eltern zu sein. Was hat es ihr gebracht? Weder Romeo noch das Happy End. Sie ist wegen ihrer Irrationalität gestorben.«

»Irgendwie werde ich das Gefühl nicht los, dass du die Liebe hasst.« Wie kann man sich in der Art vehement gegen die Möglichkeit wehren, dass der Text so, wie er seit Jahrhunderten interpretiert wurde, auch zu verstehen ist?

Sie zuckt mit den Schultern. »Hat mich nie weit gebracht, weißt du?«

Daher weht der Wind also …

»Einmal zu oft das Herz gebrochen bekommen, Prescott?«

»Einmal zu wenig.«

Ich verenge die Augen und lege den Kopf schief. »Das hört sich an, als würdest du Herzensbrüche sammeln? Ist das dein Ding? Stehst du auf den Schmerz?«

Als sich meine erste Freundin von mir trennte, dachte ich für eine lange Zeit, meine Welt würde untergehen. Für immer. Ich würde niemanden finden, der mich genauso lieben könnte und den ich in mein Innerstes lassen könnte. Dass mich keine weitere Frau je so verstehen könnte. Doch nach ein paar Wochen waren die ersten Wunden geleckt, nach ein paar Monaten hat es nur noch in manchen Momenten geziept. Irgendwann hat das Vergessen eingesetzt.

Maras volle Lippen verziehen sich zu einem Grinsen, wodurch sich Lachfältchen um ihre Augen graben. »Das Gegenteil. Ich habe mir noch nie das Herz brechen lassen. Mich berührt nichts.«

»Gar nichts?«, hauche ich.

»Absolut nichts.«

»Woher die Kälte? Wohlstandsverwahrlosung?« Noch bevor ich mich zurückhalten kann, sind die Worte aus meinem Mund gekullert. Ich hatte mir vorgenommen, ihr ihre Familie nicht vorzuhalten. Sie hat was drauf, das muss ich ihr lassen. Unabhängig davon, ob ihre Eltern ihr schon, bevor sie gehen konnte, Schauspielunterricht gegeben haben. Dass unsere Welt so funktioniert, ist nicht ihre Schuld. »Entschuldige, ich …«

Sie lacht. »Das wünschst du dir vielleicht«, sagt sie kopfschüttelnd. »aber nein. Meine Eltern waren … sind immer sehr präsent. Mal ist das was Gutes, mal was Schlechtes.«

Ihr Blick wandert zu den Fenstern über uns, die nur noch das Mondlicht hineinlassen. Als könne sie mir nach diesen Worten nicht mehr in die Augen schauen. Als wäre meine Anwesenheit an sich schon zu viel.

»Warum schlecht?«

Der belustigte Ausdruck verschwindet aus ihrem Gesicht, und sie rückt ein ganzes Stück von mir ab. Ihre Finger spielen mit dem Saum des Rüschenoberteils, das sie anhat. »Du hast schon recht, es hat seine Vorteile, Eltern zu haben, die dir deine Wünsche erfüllen können. Zugleich haben sie manchmal auch Erwartungen, die du nicht erfüllen kannst.«

»Zum Beispiel?«

»Manchmal muss man sich verstellen, weil Hollywood nicht so progressiv und nett ist, wie es sich immer inszeniert.«

»Was meinst du?«

»Meine Sexualität ist ein heiß diskutiertes Thema im Haushalt«, sagt sie, und ich muss schlucken.

Eine Sache, über die ich mir schon häufig Gedanken gemacht habe. Die mir auch nicht entgangen ist, als ich mir bewusst gemacht habe, dass ich Schauspielerin werden will. Queere Frauen, die einem Männerblick nicht unterliegen, sind nicht gern gesehen. Lesbische Frauen, die sich Männern komplett entziehen, haben es definitiv schwerer, Fuß in der Branche zu fassen.

»Ich hab mir immer gewünscht, so sein zu können wie du«, fährt Mara fort, und jegliche Abneigung, die ich bis jetzt für sie empfunden habe, verpufft mit einem Mal. »Ein Teil der Queeren Schauspieler- und Schauspielerinnengruppe an der Uni zu sein. Laut an Pride teilzunehmen und mich zu verlieben. Aber meine Eltern sind so festgefahren, dass sie der Meinung sind, dass ich mir Chancen verbaue, wenn ich mich oute. Denn wenn ich es tue, dann wird das ein öffentliches Spektakel. Mit meiner Freundin unterwegs sein? Hundertprozentige Chance, dass da Paparazzi sind. Boom. Ich bin die nächste Schlagzeile, die meine Eltern nicht von sich stoßen können. Statt mir den Stress zu geben, habe ich also den *rationalen* Weg gewählt.«

Jetzt macht es klick. Julia ist für Mara eine Repräsentation von Freiheit, die sie selbst nie hatte. Etwas Großes in mir bricht zusammen. Zersplittert in seine Einzelteile, die auf eine vertraute Weise stechen.

Die gleichen Gedanken hatte ich auch, als ich jünger war. Meine Familie hatte nie Probleme mit meiner Sexualität, nur hatte ich trotzdem wie jeder Teenie Angst vor ihrer Reaktion, weil die Gesellschaft einem eingeredet hat, dass das nicht okay ist. Dass wir nicht okay sind.

»Hast du dich je gefragt, was der irrationale Weg wäre?«, frage ich leise und rücke näher an sie heran, wodurch Staub auf der Couch aufgewirbelt wird.

Sie kommt das Stück, dass sie sich entfernt hatte, zu mir. »Manchmal. Wenn es dunkel ist und niemand meine Gedanken erahnen kann.«

Zwischen uns sind nur noch wenige Zentimeter, die ich schließe. »Hier, irgendwo in einem kleinen Übungsraum kann dich niemand sehen, weißt du?«

Sie beißt sich auf die Lippe. »Ich weiß.«

Und dann finden ihre weichen Lippen die meinen.

AKT IV // FALLENDE HANDLUNG

12. Stunde

Die Stunden verwandeln sich in »etwas Unproduktives«, würde Harthow uns vorwerfen. Schließlich hat er uns zu gemeinsamer Arbeit verdonnert, damit wir uns besser verstehen und voneinander lernen. Die erste Hälfte hat geklappt, aber das Lernen … das passiert nicht. Nicht so, wie er es sich erhofft hat, zumindest. Aber müssen wir *wirklich* über das Stück sprechen, wenn wir beide alles in- und auswendig können? Ist unsere Interpretation von *Romeo und Julia* komplett gegensätzlich? Vielleicht. Ist das am Ende völlig irrelevant, wenn ich Julia sowieso nicht spielen werde? Absolut. Maras Meinung zum Stück ist verfärbt durch ihr eigenes Leben, die Erwartungen, die an sie gestellt werden, die ich selbst so nicht kenne. Es ist *ihre* Interpretation, die ein Recht hat zu existieren. Ich verstehe, warum sie so denkt.

»Ich hab mir nicht einmal die Mail von Harthow angeschaut«, sagt Mara, als ich den Raum betrete. Ich werde nie im Leben glauben, dass hier einmal die Woche sauber gemacht wird, dafür sammelt sich von Tag zu Tag mehr Staub in den Couchritzen und Regalen an. Aber das ist mir egal, während ich meine Tasche fallen lasse und auf Mara zugehe, die ein kurzes weißes Kleid trägt, das an ein Kostüm erinnert, das Julia tragen würde. Wahrscheinlich ist sie von einer Übungsstunde mit Augustus gekommen. Am Ende muss deren Chemie ja auch stimmen.

Mit dem Kleid, den langen Braids und dem goldenen Makeup um ihre großen braunen Augen sieht sie aus wie eine Fee. Das schüchterne Lächeln, das sich auf ihre Lippen legt, könnte ganze Menschenmengen zum Stillstand bringen. Sofort verstehe ich, warum Harthow sie wollte. Auch wenn sie es nicht glaubt, ihr ganzes Auftreten repräsentiert Julia perfekt.

»Ich auch nicht«, antworte ich und beuge mich über sie, um sie zu küssen. Um die Lippen auf meinen zu spüren, die auf die Welt und Kunst mit einer Resignation reagieren, die ich ihr anders wünsche. Ich wünschte, sie würde in all dem mehr sehen. Mehr als Restriktion durch ihre Eltern, eine Performance, um wirklich hineinzupassen. Das war auch der Grund, weshalb sie unbedingt Julia spielen *musste.* Ihre Eltern waren nicht der Überzeugung, dass sie sich gut in Hollywood einfinden würde. Erst müsste sie überzeugend heterosexuelle Rollen spielen können.

Dass das eine mit dem anderen wenig zu tun hat, haben sie nicht verstehen wollen. Man könne lesbische Liebe nicht so gut vermarkten wie die zwischen bisexuellen Frauen. Warum es so wäre, konnten sie nicht beantworten.

Aber ich weiß, warum.

Ich weiß ganz genau, warum.

Bisexuelle Frauen kann man in den Augen von Männern noch fetischisieren. Sie als das Sexsymbol verkaufen und den Leuten sogar weismachen, dass sie auf eine andere Art begehrenswert sind. *Sie ist zwar bi, also könnt ihr sie euch mit anderen Frauen vorstellen, aber am*

Ende des Tages existiert sie nur, um Männern hinter den Fernsehern zu gefallen. Während lesbische Frauen aus diesem Muster fallen, weil sie sich männlicher Aufmerksamkeit komplett entziehen. Das ist nicht mehr als sexy zu vermarkten.

»Du bist so schön«, murmle ich an ihren Lippen, weswegen sie die Unterlippe zwischen die Zähne nimmt und mit vorsichtigen Fingern über mein Gesicht streicht.

»Hast du dir das auch gedacht, als du mich nicht mochtest?«

Ich muss lachen, während ich mich endlich neben sie setze und sie mit einem Ruck auf meinen Schoß ziehe. Ihre Augen werden für einen Moment groß, bevor sie sich an meinen Schultern abstützt. »Das beantwortet meine Frage nicht.«

Der eng anliegende Nasenring soll sie edgy machen, das hat sie mir vor ein paar Tagen verraten. Dabei klappt das nicht. Ihr Gesicht, ihre Stupsnase und die Rehaugen sind viel zu niedlich dafür. Wenn sie es groß hinausschafft, weiß ich jetzt schon, dass sie niemals Antagonistinnen besetzen könnte.

»Man muss etwas nicht mögen, um dessen Schönheit wertschätzen zu können«, antworte ich und umfasse sanft ihren Nacken, um sie für einen weiteren Kuss zu mir zu ziehen. »Aber ich mag dich.«

Ihre Lippen fühlen sich weich und sanft an meinen an, bewegen sich mit einer Vorsicht, die ich vergessen habe, auf die ich mich anpassen muss. Irgendwo zwischen uns ist die Angst, die Mara nie wirklich abschütteln kann. Kein Kuss hält lange genug – für mich. Sie trennt sich immer wieder für wenige Sekunden, lässt den Blick durch den Raum wandern, bevor sie durchatmet und mich erneut küsst. Dabei verstehe ich ihre Sorge, die Angst, die Furcht. Es ist alles neu, verboten für sie und anders. Also lasse ich sie führen, erlaube ihr, die Entscheidungen zu treffen, sich auszuprobieren.

Mit einem leichten Lächeln löst sie sich von mir. »Ich mag dich auch.«

»Gut, dass wir uns da einig sind.«

Ich streiche über ihre Hüften, lasse meine Finger zu ihren Armen wandern, auf die sich eine Gänsehaut legt. Das hier ist so viel besser, als das unnötige Stück zu üben. Dieses unnötige Studium, das mir am Ende wahrscheinlich nichts bringt. Vielleicht hatten meine Eltern ja recht, und ich hätte es mit Medizin versuchen sollen. In ihre Fußstapfen treten und ein von Anfang an sorgenfreies Leben haben können.

Aber so war ich noch nie.

Also ziehe ich die Besetzung für Julia näher an mich, lasse meine Hände ihren Nacken hochwandern, spüre ihren schneller werdenden Atem an meinen Mund und küsse sie. Ihre Finger finden ihren Weg unter mein Shirt, ganz langsam, vorsichtig und ohne Druck. Sie hinterlassen eine Gänsehaut auf meiner kalten Haut, weswegen ich die Lippen leicht öffne, sie tiefer küsse.

»Vielleicht hast du ja recht«, flüstert sie, während ihre Augen aufflattern, »vielleicht sind rationale Entscheidungen nicht immer die besten.«

Ich streiche Strähnen hinter ihr Ohr und kann das Grinsen gar nicht unterdrücken. »Also ist Julia nicht unklug, sondern einfach verliebt? Habe ich das richtig verstanden?«

Mara setzt sich leicht auf. »Ich glaube, am Ende wäre es die bessere Entscheidung gewesen, sich nicht zu verlieben. Aber manchmal … manchmal kann man nichts dagegen tun, egal, wie rational man sich auch verhalten will.«

»Ist also *Romeo und Julia* eine romantische Tragödie?«, frage ich.

Mara nickt, ehe sie mich wieder küsst. Ich möchte noch etwas erwidern, ihr sagen, dass ich gewonnen habe, bin aber viel zu abgelenkt, sodass ich es lasse. Über das Stück reden wir den ganzen Tag, wenn wir im Training sind und Harthow sogar die Zweitbesetzung mit dem Üben nervt. Jeder muss mit jedem Chemie haben, aber auf die *richtige* Weise, weswegen die Zweitbesetzungen sowohl miteinander als auch mit den das Paar ergänzenden Hauptbesetzungen üben müssen. Augustus und ich haben uns schon immer gut verstanden, was alles erleichtert hat. Mit ihm *Romeo und Julia* zu spielen, wäre einfach. Auch glaubwürdig. Etwas, das Maras Eltern anzweifeln würden. Manchmal frage ich mich, ob auch unsere

Professoren denken, ich würde mir die Karriere versauen, indem ich so offen mit meiner Sexualität umgehe. Ist das der Grund, warum Harthow mir die Rolle nicht gegeben hat?

Dabei sind das die Gedankenspielchen, die man nur verlieren kann. Ich könnte jeden Einzelnen fragen, alle würden es abstreiten. Ich werde es erst wissen, sobald ich wirklich versuche, Fuß in der Branche zu fassen. Aber auch dann kann jede Ablehnung auf das Fehlen von Verbindungen zu Menschen, die es in der Branche weit gebracht haben, zurückzuführen sein. Oder darauf, dass ich eine nicht-weiße Frau bin. So viel, was die Industrie gern kategorisch ausschließt oder typ-casted – je nachdem, wie sie munter ist.

Ich hasse es hier.

AKT V // KATASTROPHE
AUFFÜHRUNG

Am Tag der Aufführung ist Mara so aufgeregt, dass ich sie überhaupt nicht beruhigen kann. Egal, wie sehr ich auf sie einrede oder ihr versichere, dass sie Julia perfektioniert hat – nichts hilft. Ich versuche, ihr in Erinnerung zu rufen, dass wir alle Bewegungen, jedes Wort und jede einzelne Mimik Tausende Male geübt haben. Dass sie das schafft. Aber sie scheint in jeder vergehenden Sekunde mehr kollabieren zu können.

»Du hättest die Rolle übernehmen sollen«, sagt sie zähneknirschend und läuft in ihrem ersten Kostüm – ein unauffälliges graues Kleid – durch das Ankleidezimmer, in dem ich im selben Kleid vor dem Schminktisch sitze.

»Sie ist in guten Händen bei dir. Du willst doch deinen Eltern etwas beweisen«, sage ich und spüre zeitgleich, wie mein Herz bei diesen Worten knackst. Ich hätte meinen Eltern und Talent-Scouts auch etwas beweisen wollen, aber so ist es nicht gekommen. Als ich versucht habe, meinen Eltern zu erklären, dass die Zweitbesetzung zu bekommen auch ein Erfolg ist, haben sie es nicht nachvollzogen. Wie denn auch? Sie wollen ja nicht mal das Schauspielern verstehen.

»Ja, aber wofür?«, sie lässt sich neben mich auf den Stuhl fallen und schaut mit Tränen in den Augen zu mir. »Es bringt mir rein gar nichts, ihre Zustimmung zu haben, wenn ich das Gefühl habe, niemals ich selbst sein zu dürfen, weil es in ihr enges Bild meiner möglichen Karriere nicht passt.«

Ich lasse den Lidschattenpinsel fallen und nehme ihre Hände in meine. »Das sieht gerade alles unmöglich aus, ich weiß das. Aber deine Eltern werden nicht für immer so denken. Vielleicht haben sie momentan Angst, dir etwas zu verbauen. Aber sobald du deine ersten Rollen hast, total erfolgreich wirst, werden sie nichts dagegen einzuwenden haben. Dann brauchst du sie nicht mehr.«

Ihre Finger umklammern meine fest, sie beißt sich unbeholfen auf die Unterlippe. »Was, wenn sie mir alles ermöglichen, weil sie meine Eltern sind, und mich niemand will, weil ich nicht gut genug bin?«

Bei den Worten sacken meine Schultern zusammen. »Mara, dir ist doch klar, wie talentiert du bist! Muss ich das ausbuchstabieren? Du hättest diese Rolle nicht bekommen, würde nicht das ganze Dozententeam an dich glauben. Klar spielen Connections und Eltern eine Rolle, aber du bist hier nicht die Einzige mit einer Familie, die ganze Schränke voller Preise hat. Trotzdem wurdest du auserwählt, um Julia zu spielen.«

Ihr gebrochener Ausdruck setzt sich wieder zusammen, und sie beugt sich zu mir. »Danke«, flüstert sie, bevor ihre Lippen auf meinen landen.

Ich sollte mich zurückziehen, all das unterbinden, weil jeden Moment jemand in diese Umkleide kommen und uns sehen könnte. Aber es ist mir egal. Ich will Mara spüren, ihren warmen Mund schmecken. Ihr zeigen, *wie* sehr ich an sie glaube.

»In …«

Sofort springen wir auseinander.

Mein Blick fliegt zur Tür, in der Harthow stehen bleibt. Seine Augen scheinen ihm aus dem Gesicht fallen zu wollen, doch er sammelt sich schnell.

»Es ist nicht so …«, fängt Mara an, kommt jedoch nicht weiter, weil sie sich in den ersten Silben verhaspelt. »Mr. Harthow, ich …«

»In drei Minuten geht's los. Sind Sie bereit, Ms. Prescott?«, fragt unser Professor und lässt den Rest unkommentiert. »Ms. Yaman, Sie erwarten wir auch hinter der Bühne. Falls etwas sein sollte, müssen Sie schnell einspringen können.«

Niemand sagt etwas, stattdessen eilen wir hinter ihm her auf unsere Positionen. Um uns herum stehen alle Darstellenden, Statisten, Ton- und Lichttechniker bereit.

»Das wird gut laufen«, flüstere ich Mara zu, doch sie scheint ganz woanders zu sein. »Mr. Harthow wird schon …«

»Nicht jetzt«, zischt sie und schaut mich aus verengten Augen an, bevor sie Abstand schafft und zu Augustus geht, der uns beide verwirrt beobachtet.

Irgendetwas bricht in mir auf eine eklige Art und Weise. Als habe Mara mich vor allen bloßgestellt, obwohl das nicht der Fall ist. Niemand weiß von unserer *Sache*. Niemand, außer der kleine Übungsraum, in den Mr. Harthow uns gequetscht hat.

Und Mr. Harthow selbst.

»In zwanzig, neunzehn …« Die Ersten machen sich bereit, auf die Bühne zu gehen, aber ich kann nicht aufhören, Mara anzustarren.

Mara, die Atemübungen mit Augustus macht. Die, die ihm und ihr selbst Mut zuspricht. Mara, die mich gar nicht mehr beachtet, weil ich eigentlich nicht in das Leben passe, das für sie vorhergesehen ist. Auf das sie hinarbeitet, weil ihre Eltern ihr keinen anderen Weg gezeigt haben. Erlaubt haben.

Ich bekomme nicht mit, wie Kulissen auf- und abgebaut werden, wie alle in unterschiedliche Kleider schlüpfen und mich die Kostümdesignerin in eine Umkleide zieht, um mir das neue Outfit zu geben, das ich für den Fall der Fälle anziehen muss. Ein Fall der Fälle, der nie eintritt. So, wie alle jubeln und begeistert Mara und

Augustus applaudieren, kann das Stück nur gut laufen. Doch ich habe keinen Kopf dafür. Meine Gedanken kreisen um Maras Lippen und Maras Gesicht und Maras Finger. Ihre Worte, die sie mir ins Ohr gehaucht hat, als sie ganz sicher war, dass uns niemand hört.

All das fühlt sich wie eine längst verschollene Erinnerung an, nach der ich nicht graben kann, weil es verboten ist. Weil *sie* es nicht will.

Mr. Harthow gesellt sich zu mir, während die letzte Szene auf der Bühne gezeigt wird. »Es ist fast geschafft«, sagt er.

»Sie haben das … Sie haben das eben gerade nicht gesehen, oder?«

Er kratzt sich überschwänglich am Kinn, sodass er sich fast das Mikro rausreißt. »Was meinen Sie?«

»Na ja, das …« Und dann verstehe ich und schenke ihm ein Lächeln, das er mit einem Zwinkern erwidert. »Mara hat sich sehr gut geschlagen.«

Sofort nickt er. »Aber so was von. Die perfekte Julia, wenn Sie mich fragen.«

Das Geklatsche und Getose wird so laut, dass mir klar wird, dass das Stück rum ist. Die ersten Darstellenden kommen wieder herein, gesellen sich zu uns, irgendwo hinten ruft jemand laut nach den Kulissendesignern und dass doch jeder sich bitte Richtung Publikum hinstellen soll, damit wir uns allesamt verbeugen können.

Keine zwei Minuten später gehen die Vorhänge hoch und ein riesiges Blitzlichtgewitter geht los. Gleichzeitig verbeugen wir uns alle, obwohl es sich für mich ein bisschen falsch anfühlt. Ich habe über die letzten Monate geübt, trainiert und viel dazugelernt, aber heute habe ich nicht wirklich etwas gemacht, außer mich in meiner Gedankenspirale zu verlieren.

Während ganz vorne Mara und Augustus stehen, habe ich mich weiter hinten verschanzt, damit ich nicht mit ihr sprechen muss. Wahrscheinlich will sie das auch nicht. Ob ihre Eltern heute hier sind?

Das Publikum hört auch dann nicht auf zu klatschen, als die Vorhänge wieder geschlossen werden und das Gewusel losgeht. Die ersten Lichter werden abgebaut, während die Schauspielenden in die unterschiedlichsten Umkleiden verschwinden, um sich aus den engen Kostümen zu befreien. Anscheinend wurde irgendeine Bar in der Nähe angemietet, in der nun gebührend gefeiert werden soll.

Eine der vielen Kostümdesignerinnen bittet mich, ihr zu folgen, und bringt mich in die kleine Umkleide, in der die Kostüme für Julia hängen. Irgendwo hier sollte auch meine Tasche liegen.

»Wie fühlst du dich?«, fragt sie, doch ich kann nur mit den Schultern zucken.

»Viel habe ich nicht gemacht.«

Daraufhin muss sie lachen, während sie den richtigen Kleiderbügel heraussucht und mir meine Sachen reicht. »Ich glaube, die Nervosität reicht auch in deiner Position, um jetzt absolut fertig zu sein.«

»Vielleicht«, murmle ich.

Sie fährt sich durch die dunklen Locken und schaut mich skeptisch an. »Brauchst du Hilfe beim Ausziehen?« Sofort schüttle ich den Kopf. »Okay, dann bringe ich noch Mara her.«

Bei diesen Worten fängt mein Herz auf ungute Art an zu rasen, doch das scheint sie nicht zu hören. Sie geht einfach aus dem Zimmerchen und lässt mich mit meiner Angst und Aufregung zurück. Wird es zwischen uns komisch werden? Wird sie jetzt so tun, als wäre nichts passiert? Ich meine, wenn es so tosenden Applaus gab, kann es nur bedeuten, dass sie eine Meisterleistung hingelegt hat, die auch ihre Eltern überzeugt haben muss. Sie wird das nächste It-Girl der Schauspielindustrie.

»Du schaffst das sicher allein?«

Mara und die Designerin stehen in der Tür, und Mara nickt. »Schlimmstenfalls frage ich einfach Ela.« Als wolle sie das betonen, zeigt sie auf mich. »Wir kriegen das schon hin.«

Sofort drehe ich mich weg und fange an, mich umzuziehen. Ich muss hier raus. Hier fertig werden und auf mein Leben klarkommen.

»Hey«, sagt Mara, weswegen ich hochschrecke. Sie bleibt direkt neben mir stehen, während mein linker Arm im Kleid feststeckt.

»Hi.«

Das mir bekannte Lächeln umspielt ihre Lippen, die jetzt pink gefärbt sind von irgendeinem Lippenstift, den sie normalerweise nicht tragen würde. »Wegen eben …«

»Keine Sorge«, unterbreche ich sie und mache mit meiner freien Hand eine wegwerfende Handbewegung.

»Nein. Ich möchte mich entschuldigen. Ich … so hätte das nicht ausgehen sollen. Ich wollte nicht, dass du dich schlecht fühlst. Nur war ich so überfordert und …«

»Harthow wird nichts sagen«, unterbreche ich sie, bevor sie sich vor Angst in Rage reden kann. »Du brauchst dir wegen deiner Eltern und des Agenten also keine Sorgen zu machen.«

Endlich befreie ich meinen Arm aus dem Tüll. Mara umgreift sofort meine Hand. »Er hat auch kurz mit mir geredet, und ich bin ihm sehr dankbar. Aber dankbarer bin ich für dich und die Erfahrungen, die wir in den letzten Monaten teilen konnten … ich … ich weiß noch nicht, wie meine Zukunft aussehen wird, aber ich möchte, dass du auch etwas Positives aus dieser Erfahrung mitnimmst.«

Sie kramt aus einer Untertasche des Kleides eine kleine Karte hervor. »Der Agent meiner Mutter. Superbekannt, supererfolgreich. Ich habe ihm vor ein paar Wochen durch meine Mutter Aufnahmen von unseren Übungen gesendet. Du weißt doch, diejenigen, zu denen Harthow uns gezwungen hat, damit wir ganz genau sehen können, wie der andere was spielt? Hab ihm klargemacht, dass ich die Rolle ohne dich nie so gut spielen könnte, sodass er sich fast gezwungen gefühlt hat, deine Unterlagen weiterzuleiten. Er ist sehr an dir interessiert und möchte mit dir telefonieren.«

Ich habe das Gefühl, die Welt bleibt gleich stehen. »Wa-s?«

Maras Grinsen wird breit. »Willkommen in Hollywood, Ela.«

Ich weiß nicht anders zu reagieren, als sie in meine Arme zu ziehen. Die Angst von eben ist wie weggeblasen, als sie ihre Hände in meinen Haaren vergräbt und mich küsst.

Alles wird gut werden, weil wir jetzt einander haben.

SHAKE IT OFF – *Taylor Swift*
(Tina's Version)

Kapitel 1
LYDIA

»Ly, es tut mir so leid!«

Ich nehme Marys Hand und drücke sie. Nur sie kann sich dafür entschuldigen, dass es ausgerechnet auf ihrer Geburtstagsparty zu einem Paparazziauflauf kommt. »Alles gut. Die sind ja nicht wegen dir hier.«

Mary, eine meiner besten Freundinnen, seit ich in der Welt der *öffentlichen Personen* lebe, sieht mich mit gequälten braunen Augen an. Um uns herum lässt der Bass des Nachtclubs die Wände vibrieren. »Ich hasse diese Idioten.«

»Ich würde mir Sorgen machen, wenn es anders wäre.« Schwermütig ziehe ich sie in eine feste Umarmung und ignoriere den Geruch nach Schnaps und Mentholzigaretten, der an ihrem knappen Glitzerkleid haftet – dasselbe Kleid, das ich und alle anderen ihrer weiblichen Gäste heute Abend tragen. »Aber lass dir davon nicht den Geburtstag ruinieren, ja?«

Sie nickt, die Augen leicht feucht. Wenn sie betrunken ist, wird sie sehr emotional und nimmt jede noch so kleine Geste wie den größten Akt der Freundlichkeit wahr. Ein letztes Mal streiche ich ihr ein paar Strähnen aus der verschwitzten Stirn, küsse sie auf die schimmernde Wange und drehe mich schließlich um. Ich wäre gerne länger geblieben, doch die Fotografen vor dem Haupteingang machen den Leuten vor der Tür langsam das Leben schwer. In den letzten zwei Wochen ist es andauernd so, und jedes Mal bleibt mir nichts anderes übrig, als durch eine Hintertür oder über eine Feuerleiter abzuhauen – als wäre ich eine Diebin, die nicht bei einem Raub erwischt werden will.

In meinem Fall geht es jedoch nur darum, meine Privatsphäre vor dem Blitzlichtgewitter zu schützen. Mehr nicht. Aber selbst das scheint schon zu viel verlangt zu sein, zumindest für die hiesige Klatschpresse. Sie reibt sich bereits gierig die Hände danach, Fotos von mir zu bekommen, auf denen ich möglichst schrecklich aussehe. Bonuspunkte gibt es, falls ich weine oder jemanden schlage – was ich niemals tun würde.

Also zuschlagen. Verheulte Aufnahmen gab es leider schon ein paar in letzter Zeit.

Ein Mitarbeiter des Clubs ist so nett, mir die Tür zu öffnen. Kalte New Yorker Nachtluft schlägt mir entgegen, woraufhin ich schlagartig hellwach bin. Auf Marys Party hat das kurze, funkelnde Kleid perfekt funktioniert, doch jetzt werde ich mir den Hintern abfrieren und meine Entscheidung, auf eine Jacke zu verzichten, zutiefst bereuen. Aber was soll ich sagen? Der Stoff schimmert im Scheinwerferlicht wie eine Discokugel und er steht mir ziemlich gut. Außerdem war es im Club in etwa so warm wie in der Hölle.

Ich hatte einfach nicht damit gerechnet, dass der Abend wieder in einer eisigen Flucht durch die Nacht enden würde. Auch wenn ich es hätte besser wissen müssen.

Ich ziehe die Schultern hoch und klemme mir meine Handtasche mit den silbernen Trägern unter den Arm. Laut Google Maps brauche ich nur die Seitenstraße hinuntergehen und mich an der Schlange vorbeischieben, die darauf wartet, in den Club zu gelangen. Die Presse lauert weiter vorne, weshalb ich hoffe, dass sie mich zwischen den anderen hübschen Mädchen nicht sofort entdecken werden. Ein paar Schritte die Straße hinunter sollte ich dann bequem ein Taxi bekommen und mich davonschleichen können. Mary hat dafür gesorgt, dass ich ein Fluchtfenster von zehn Minuten habe, ehe die Veranstalter den Fotografen mitteilen, dass ich weg bin und sie sich zum Teufel scheren sollen.

Ich biege nach links ab, in die entgegengesetzte Richtung des Haupteinganges, und beschleunige meine Schritte in diesen halsbrecherischen Schuhen. Ein paar Meter vor mir entdecke ich ein Taxi an einer roten Ampel, das leer zu sein scheint. Ich muss nur …

»Oh mein Gott, ist das Lydia Colson?«, quietscht eine junge Stimme hinter mir. Meinen eigenen Namen zu hören, lässt mich zusammenzucken, als hätte ich etwas verbrochen.

Eine weitere gesellt sich dazu: »Stimmt!«

Und noch eine: »Ich würde jemanden umbringen für ein Autogramm von ihr.«

Sekunde um Sekunde zieht sich das so hin. Ich hebe bereits die Hand, damit der Taxifahrer mich sieht und nicht einfach vorbeifährt, doch das Chaos hinter mir dehnt die Zeit wie Kaugummi. Egal, wie zügig ich weglaufe, die anderen scheinen schneller und der Weg vor mir nur länger zu werden. Das gelbe Taxi, typisch für New York, fährt los, und mein Herz bleibt fast stehen. *Verdammt. Verdammt, verdammt, verdammt!*

Ich schaue kurz über die Schulter. Eine Handvoll Mädchen, die mich verfolgen, haben bereits die Neugierde der Paparazzi geweckt. Unter anderen Umständen wäre es überhaupt kein Problem für mich, Autogramme zu geben oder Fotos zu machen, jedoch ist die Situation für meine Fans und mich mehr als ungünstig. Die Fotografen sind abends rücksichtsloser – wer ihnen im Weg steht, wird oft grob behandelt oder zur Seite geschubst. Das möchte ich weder für die Mädchen, die mir folgen, noch für mich. Allein die Vorstellung lässt die vertraute Panik in mir hochkriechen, mit der ich seit ein paar Jahren immer wieder zu kämpfen habe.

»He, Sie.« Ich sehe nach rechts, direkt in das heruntergelassene Beifahrerfenster eines Taxis. *Meines* Taxis! »Brauchen Sie noch einen Fluchtfahrer?«

Der Fremde hinterm Steuer – höchstens Mitte, Ende zwanzig, dunkelblondes, wuscheliges Haar, sportlich gebaut und eine Augenbraue gehoben – lächelt so hilfsbereit, dass ich beinahe wie Mary angefangen hätte zu heulen.

Vielleicht ist sie nicht die Einzige, die bei dem kleinsten Tropfen Alkohol rührselig wird.

Ohne darüber nachzudenken, ignoriere ich die Rufe und die ersten blitzenden Lichter hinter mir, öffne die Tür und lasse mich auf die Rückbank des Wagens fallen. Weiche, dunkle Ledersitze, ein kaum zu verstehender Rockmusiksender im Radio und der zarte Duft nach Zitrone und Lavendel empfangen mich. Gerade noch rechtzeitig schließe ich in dem Moment die Autotür, als die ersten Fans ankommen, unter die sich bereits zwei Fotografen gemischt haben.

»Wo soll es hingehen?«, fragt mein Fahrer mich, der relativ entspannt wirkt, dafür, dass sich gerade Leute gegen sein Auto werfen.

»Irgendwohin«, presse ich atemlos hervor und mache mich hinter dem leeren Sitz des Beifahrers klein, als sich ein kräftig gebauter Paparazzo mit raupenähnlichem Schnurrbart vor die Motorhaube stellt und in das Innere des Wagens hineinschielt. »Bringen Sie mich bitte einfach nur weg von hier.«

Der Fahrer schenkt mir ein beruhigendes Lächeln durch den Rückspiegel. »Ihr Wunsch ist mir Befehl, Ma'am.«

Mühelos, als würde er nicht fürchten, irgendwem über den Fuß zu rollen, manövriert er uns an den Fotografen vorbei und nutzt eine größere Lücke auf den beiden Spuren, um mit durchdrehenden Reifen zu wenden. Plötzlich befinden wir uns nicht mehr auf dem Weg in Richtung Innenstadt, dorthin, wo die Nacht zum Tag wird, sondern stadtauswärts. Ich drehe mich auf dem Sitz um und schaue durch die Heckscheibe. Ein paar der sportlicheren Paparazzi versuchen, die Verfolgung aufzunehmen, scheitern jedoch an dem Verkehr, der um kurz nach Mitternacht noch zu dicht ist, um nicht Gefahr zu laufen, einen Unfall zu bauen. Die Mädchen, die ein Autogramm von mir wollten, stehen dagegen betrübt am Straßenrand und blicken uns hinterher. Sie tun mir ehrlich leid, aber es ist besser so. Ich könnte es nicht verantworten, wenn sie in dem ganzen Trubel verletzt werden würden – weder physisch noch psychisch.

»Alles gut bei Ihnen?«, fragt mich der Fahrer. Unsere Blicke treffen sich abermals in seinem Rückspiegel und mir fallen sofort seine ozeanblauen Augen auf, die vor dem Hintergrund seiner sonnengebräunten Haut noch mehr hervorstechen. Unweigerlich kann ich ihn mir am Strand mit einem Surfbrett unter dem Arm vorstellen.

Ich nicke und ringe mir ein Lächeln ab. »Ja, ich schätze schon.«

Meine Hände fühlen sich an wie ein verkrampftes und verschwitztes Knäuel, so fest habe ich die eine zur Faust geballt und die andere um meine Handtasche gekrallt. Letztere lege ich auf meinen Schoß ab und versuche, Leben in meine Muskeln zu bekommen, indem ich die Finger spreize, nur um sie kurz darauf erneut zusammenzudrücken. Ich wiederhole diese Übung ein paar Mal, ehe wir an einer Ampel zum Stehen kommen.

Als ich wieder Blut in meinen Gelenken spüre, rutsche ich auf dem Sitz bis zur Kante und beuge mich nach vorne.

»Lydia Colson«, stelle ich mich vor und halte dem Fremden meine Hand hin, der sie ehrlich überrascht mustert. »Danke, dass Sie mich gerettet haben.«

Er schnaubt leise, lächelt aber und dreht sich auf seinem Sitz so zu mir, dass er meine Geste erwidern kann. »Flynn Volt. Stellen Sie sich immer Ihren Helfern vor?«

Mein Mundwinkel zuckt und unsere Hände halten einander für ein paar Sekunden länger fest als nötig. »Natürlich. Wieso erstaunt Sie das so?«

»Sie fahren nicht oft Taxi, oder?«

Ich lache ertappt. »Nein, nicht wirklich.«

»Tja.« Sein Lächeln weitet sich zu einem Grinsen. Er hat gerade, weiße Zähne und sieht aus, als würde er normalerweise irgendwo leben, wo häufig die Sonne scheint. »Dann lassen Sie mich Ihnen sagen, dass Sie vielleicht zu meinem neuen Lieblingsgast werden – solange Sie sich bis zum Ende der Fahrt nicht in meinem Wagen übergeben.«

Kapitel 2
FLYNN

Ich habe keine Ahnung, wer sie ist.

Nicht einmal, als sie mir ihren Namen nennt, macht es Klick. Lydia Colson könnte alles sein – Schauspielerin, Influencerin, Model. Ich weiß nur, dass sie Hilfe brauchte, um den Aasgeiern von Fotografen zu entkommen. Und als jemand, der seit drei Jahren diesen Job in New York macht, ist es nicht mein erstes Rodeo. Ich würde mich nicht unbedingt als Held in einer quietscheentengelben Metallkarosserie bezeichnen, dennoch kommt es öfter vor, dass ich Promis abhole und heimlich von der sensationslüsternen Pressemeute wegbringe.

Die ersten Minuten unserer Fahrt ins Nirgendwo verbringen wir schweigend. Ich nehme eine entspannte Route, die Touristen gerne fahren, um ein paar Sehenswürdigkeiten zu sehen. Lydia tippt auf ihrem Handy herum, die Stirn unter blonden Ponyfransen leicht in Falten gelegt. Ihr Daumen schwebt über dem Display, während sie ihre Unterlippe zwischen die Zähne zieht und darauf herumkaut. Sie scheint immer noch nervös, obwohl wir unsere Verfolger längst abgeschüttelt haben.

Ich schalte das Radio aus und schaue abwechselnd in den Rückspiegel und auf die Straße vor mir. Der Verkehr ist nicht so dicht wie am Tag, doch Menschen neigen dazu, nachts seltsame Dinge zu tun – wie einfach die Straßenseite zu wechseln, ohne hinzuschauen. Dennoch ist es entspannt genug, um ein bisschen zu plaudern und herauszufinden, wer meine unbekannte Begleitung mit den ausgeprägten Manieren ist.

»Wohnen Sie in New York?«, frage ich und vermute, dass sie es nicht tut. Normalerweise erkennt man New Yorker ziemlich schnell, und weil ich vor achtundzwanzig Jahren ebenfalls hier geboren wurde, habe ich ein gutes Bauchgefühl dafür entwickelt, wer in dieser Stadt schon länger lebt und wer nicht.

Sie schaut auf und schenkt mir ein hübsches, wenn noch etwas bemühtes Lächeln. »Nein, ich besuche nur eine gute Freundin. Sie hat vorhin in dem Club ihren Geburtstag gefeiert.«

»Ah«, stoße ich nickend aus. »Das dachte ich mir schon.«

Neugierig hebt sie ihre perfekt geformten, hellbraunen Augenbrauen. »Woher?«

»Instinkt.« Grinsend tippe ich mir an den Kopf. »Ich kann es nicht erklären, aber New Yorker haben so eine gewisse Aura.«

»Okay.« Sie lacht zögerlich. »Dann kommen Sie wohl von hier?«

»War nie woanders. Zumindest nicht für längere Zeit«, gebe ich zu und klinge dabei so stolz, wie ich mich fühle. Ich liebe diese verdammte Stadt, besonders in der Nacht, wenn man durch die Straßen fährt und die Dunkelheit gegen das künstliche Licht ankämpft. »Darf ich Sie was fragen?«

»Das haben Sie doch bereits. Wozu jetzt noch um Erlaubnis bitten?« Bei so manch einem würde es unfreundlich klingen, doch ihre weiche Stimme verrät, dass sie es amüsant findet.

»Ich will nur nicht aufdringlich sein.«

»Ach, Quatsch.«

Ihre unkomplizierte Art gefällt mir, und wie die vorbeiziehenden Lichter sich in ihrem funkelnden Kleid spiegeln und bunte Reflexionen im Wagen streuen, lässt sie ein bisschen magisch erscheinen.

»Woher kennt man Sie?«

»Wow, wie direkt.«

»Zu direkt?«

»Nein, schon gut.« Sie schiebt sich ein paar Strähnen hinter die Ohren und schaut geistesabwesend aus dem Fenster. »Ich bin

Autorin.« Sie zögert, lacht dann und schüttelt den Kopf. »Mein Agent würde mich jetzt streng ansehen und sagen, dass das die Untertreibung des Jahres ist.«

»Wieso?«

»Weil *Autorin* für ihn nicht reicht, um meine Arbeit zu beschreiben. ›Alle Idioten mit einem Laptop nennen sich heutzutage Autoren und Autorinnen. Aber du, Lydia, bist eine weltweite Bestsellerautorin!‹ – so würde er es ausdrücken.«

Ich grinse bei der schrecklichen Imitation des Mannes, der offenbar für ihr Management verantwortlich ist.

Autorin also. »Was haben Sie denn so geschrieben?«

Sie verzieht den Mund, als müsste sie erst selbst darüber nachdenken. »Eine ziemlich erfolgreiche Jugendbuchreihe, die auf meinem Leben basiert.«

»Oh.« Ich suche ihren Blick im Rückspiegel, aber sie sieht weiterhin aus dem Seitenfenster. »Was war denn an Ihrem Leben so spannend?«

»Nichts. Es war ein ganz normales Teenagerleben, nur dass ich alles in Geschichten verarbeitet habe, die ich online veröffentlichte. Das ging so durch die Decke, dass man mir nach vier Monaten einen ersten Buchvertrag anbot.« Sie seufzt leise. »Ich schätze, ich habe einfach etwas beschrieben, in dem sich viele damals wiedererkannten. Normalerweise gibt es im Jugendbuchbereich so ein paar unausgesprochene Regeln, die ich hier und da gebrochen habe.«

Weil meine Nichte gerade in dem frühpubertären Alter ist, mit dem sich mein Bruder Alec auseinandersetzen muss, was sie wie und wo thematisch konsumiert, kommt mir das Thema nicht ganz unbekannt vor. »Sex, nehme ich an?«

»Sex, Alkohol, Partys …« Sie verdreht schmunzelnd die Augen. »Es kam mir früher schon so vor, als würden Erwachsene ernsthaft glauben, dass Teenager alle brav im Kloster leben. Wäre meine Geschichte nicht im Internet so erfolgreich gewesen, hätte kein Verlag sie verlegt. Aber da es lief, wie es eben lief, haben sie den Stoff durchgewinkt, und er wurde noch erfolgreicher.«

»Weil sich die Jugendlichen in Ihrer Geschichte wiedergefunden haben.«

»Ja. Es ist ein bisschen so, als hätte ich ihnen eine Stimme gegeben«, bestätigt sie und lächelt dabei endlich aufrichtig. Ich muss nicht fragen, um zu wissen, dass es das ist, was ihr an ihrer Arbeit offenbar wichtig ist.

»Das freut mich.«

Sie sieht mich mit einem skeptischen Zug um den Mund an. »Wieso?«

»Wieso nicht?«, entgegne ich. »Darf man sich nicht – unbekannterweise – für jemand anderen freuen?«

»Na ja … doch, schon. Klar.« Sie schnaubt und spielt dabei gedankenverloren an einer Paillette ihres Kleides herum.

»Sind Sie denn nicht glücklich mit dem, was Sie erreicht haben?«

Ihr Blick aus diesen dunkelgrünen Augen, die mich an tiefe Wälder erinnern, bleiben bei mir im Rückspiegel hängen. »Ich glaube, das hat mich schon ewig niemand mehr gefragt.«

»Dann wurde es vielleicht mal Zeit.«

»Hm«, brummt sie nachdenklich. Zwischen ihren Brauen formt sich ein kleines V und es ist irgendwie süß und traurig zugleich, wie lange sie braucht, um meine Frage zu beantworten. »Ich war mal glücklich. Immerhin habe ich erreicht, wovon viele träumen.«

»Aber?«

»*Aber* nicht alles ist Gold, was glänzt.«

Ich nicke und reibe mir mit einer Hand über die Wange. »Lassen Sie mich raten – die Fotografen haben damit zu tun?«

»Auch. Ich weiß gar nicht mehr, wie es ist, ohne sie irgendwo zu sein.«

»Ich hätte nicht gedacht, dass Paparazzi an Autorinnen interessiert sind.«

Lydia massiert sich die Stirn. »Normalerweise sind sie das auch nicht, aber weil ich so dumm war, Duncan Bryan zu daten, sind sie jetzt alle scharf darauf, irgendwelche Bilder von mir zu machen, die sie dann in ihren Zeitungen abdrucken können.«

Ich runzle die Stirn. »Ist Duncan Bryan nicht ein Thrillerautor?«

»Ach, *den* kennen Sie also?« Sie will beleidigt klingen, doch das neckende Funkeln in ihren Augen am Ende ihrer Frage verrät sie.

»Ich lese eher Erwachsenenkram«, gestehe ich.

»Den schmutzigen oder den spannenden?«

Ich bleibe ihr eine Antwort schuldig und grinse nur, was ihr ein Lachen entlockt, das den ganzen Wagen erfüllt.

»Ist er einer der Guten?«, frage ich, um zurück zum Thema zu kommen. Meine Büchervorlieben bespreche ich für gewöhnlich erst bei einer zweiten Fahrt.

»Er ist keiner der Schlechten, was wohl gut genug ist. Aber er ist sehr medienpräsent, und das hat leider auf mich abgefärbt. Mit ihm auszugehen, fühlte sich nie echt an. Eher, als würde man die ganze Zeit über für ein Reality-Format vor der Kamera stehen. Es war … seltsam.«

»Ich kann mir nicht ansatzweise vorstellen, wie es ist, mit jemandem zusammen zu sein, der berühmt ist. Vermutlich hat man nie seine Privatsphäre, oder?«

»Selten. Bis heute weiß ich nicht, wer Duncan wirklich ist. Und manchmal … manchmal weiß ich nicht einmal mehr, wer ich eigentlich bin.«

Wir erwischen wieder eine rote Ampel und ich nutze die Gelegenheit, um mich auf meinem Sitz zu ihr umzudrehen. »Was meinen Sie damit?«

»Wenn man so ein Leben führt, dann … dann gibt es so viele Menschen, die einem plötzlich zusehen. Die alles, was man tut, besprechen, analysieren und bewerten. Sie glauben, einen besser zu kennen als die eigene Mutter, und wenn man nicht stark genug ist, dann fängt man irgendwann an zu denken, dass sie recht haben könnten. Dass man sich auf dem Weg verändert und es nicht bemerkt hat.«

Unsere Blicke verharren für einen kurzen Moment aufeinander, und während ihre Worte in meinem Kopf nachklingen, verfärben sich ihre Wangen leicht rosa. Mir fiel vorher schon auf, dass sie ausgesprochen attraktiv ist. Langes, blondes Haar, Beine von hier bis zur Spitze des Empire State Building, eine Nase, die einen Ticken zu groß ist, was ihre Schönheit aber nur noch irgendwie unterstreicht. Doch die sanfte Röte im Kontrast zu ihren grünen Augen … – ja, ich verstehe, wieso Duncan Bryan mit ihr ausgehen wollte.

Ich verstehe bisher nur nicht, wie man nicht alles daransetzen kann, sie zu halten. Bis jetzt wirkt sie wie ein ziemlich netter Mensch, der nur etwas mehr Freiheit und Spaß braucht, um nicht mehr so traurig und nachdenklich zu wirken.

»Tut mir leid, ich hab getrunken, da werde ich offenbar ein wenig melancholisch.«

»Alles gut«, versichere ich ihr aufmunternd. »Ich stelle mir Ihr Leben nicht gerade leicht vor.«

»Kein Leben ist *leicht*. Abgesehen davon, dass ich gar nicht mehr weiß, wie es ist, mal auszugehen, ohne dass alles, was ich tue, verfolgt und beurteilt wird, geht es mir doch gut.«

Der Wagen hinter uns hupt, und als ich nach vorne schaue, bemerke ich erst, dass es grün geworden ist. Lydia hat mich komplett abgelenkt, und obwohl ich mich wieder auf die Straße konzentriere, rauschen ihre Worte wie auf einem Highway durch meinen Kopf. Ich kann gar nicht aufhören, darüber zu grübeln, wie es für sie sein muss, so in der Öffentlichkeit zu stehen. Klar, man denkt schnell, dass sie mit all dem Geld, das sie bestimmt verdient, doch gut entschädigt wird.

Nur ist Geld für mich nicht der Garant für ein glückliches Leben. Es macht dich sorgenfreier und lässt es dich, vor allem, wenn du vorher nichts hattest, doppelt und dreifach schätzen. Dennoch glaube ich nicht, dass es jemals etwas aufwiegen kann, was einem seelisch angetan wird.

»Wir sind gleich wieder in der Nähe des Clubs«, kündige ich an, als ich die Stelle entdecke, an der ich sie vor über zwanzig Minuten eingesammelt habe. »Möchten Sie jetzt irgendwo Bestimmtes hin?«

Sie lehnt den Kopf gegen die Rückenlehne und starrt erneut aus dem Fenster. War sie eben noch hier bei mir im Wagen, scheint sie jetzt wieder ganz fern zu sein. »Ich schätze, ich sollte in mein Hotel gehen. Heute passiert eh nichts mehr.«

Ich fahre mir mit der Hand durch das Haar und massiere mir die kribbelnde Kopfhaut. »Sie sind meine letzte Kundin«, erzähle ich und ahne, dass ich mich mit dem, was ich ihr gleich anbieten werde, auf dünnem Eis bewege. »Danach muss ich zu meinem Nebenjob, und falls Sie Lust haben und ein bisschen mutig sind, dann biete ich Ihnen an, einfach mitzukommen.«

Lydia antwortet nicht gleich. Eigentlich antwortet sie gar nicht. Stattdessen wirkt sie so, als hätte ich ihr angeboten, sie mit zu mir nach Hause zu nehmen, um sonst was zu tun.

Was ich nicht getan habe. Definitiv nicht. So ein Kerl bin ich nie gewesen und werde es auch nie sein. Aber das kann sie nicht wissen.

»Das klang etwas sehr komisch«, schiebe ich nach, um ihr die Sorge zu nehmen. »Aber ich verspreche, dass es dort, wo wir hinfahren, den besten Burger New Yorks, keine Fotografen und keine Fangirls gibt, die Autogramme wollen.«

»Ich weiß nicht …«

»Haben Sie jemanden, dem Sie schreiben können, wo wir sind?«

»Meine Assistentin Bridget.«

»Schicken Sie Bridget die Adresse, dann weiß sie, wo Sie sich aufhalten.«

»Flynn, Ihnen ist doch klar, dass es ziemlich naiv von mir wäre, mich darauf einzulassen? Ich kenne Sie gar nicht.«

»Ich kenne Sie auch nicht, schon vergessen? Sie könnten mich jederzeit überfallen, in eine Gasse ziehen und mir etwas antun. Gegen Sie wäre ich völlig machtlos.«

Das zaubert ihr immerhin ein verlegenes Lächeln ins Gesicht. »Das ist verrückt.«

»Verrückt genug, um mitzumachen?«

Wieder beißt sie sich auf ihre volle Unterlippe, ehe sie zu ihrem Handy greift. »Geben Sie mir die Adresse.«

Das tue ich, gefolgt von einem »Aber nicht danach googlen!«

Kapitel 3
LYDIA

Meine Mutter würde mich – vermutlich zurecht – umbringen, wenn sie wüsste, worauf ich mich hier einlasse. Dennoch möchte ich zu meiner Verteidigung hervorbringen: Ich habe schon deutlich dümmere Dinge getan, als Flynns Angebot anzunehmen. Er ist immerhin unfassbar nett. Fast *zu* nett, um wahr zu sein, weswegen mir die Einladung erst ein bisschen komisch vorgekommen ist.

Bin ich zu naiv, mit ihm mitzugehen?

Ja, womöglich bin ich das. Und doch ist da etwas an der Art, wie er sich gibt und Verständnis sowie ein angenehmes, nicht zu aufdringliches Interesse zeigt, das dafür sorgt, dass ich mich in seiner Gegenwart irgendwie wohlfühle.

Natürlich könnten das auch berühmte letzte Worte sein, bevor man meinen Leichnam in der Kanalisation findet; andererseits hätte die Presse dann immerhin einen echten Grund, um über mich zu berichten.

Ich sende Bridget also die Adresse unseres Ziels sowie die Wegbegleitung, die mein Handy netterweise ermöglicht. Wenn Flynn und ich ankommen, was laut ihm sehr bald sein dürfte, bekommt meine Assistentin und gute Freundin eine Benachrichtigung und weiß, dass es den Ort tatsächlich gibt. So, wie ich sie kenne, googelt sie ihn sowieso direkt, weswegen ich das Handy nach meiner Nachricht mit dem Bildschirm nach unten auf meinen Rock lege. Sollte das Ziel eine abgelegene Lagerhalle oder sonst etwas Komisches sein, kann ich Gift darauf nehmen, dass Bridget mich in wenigen Sekunden mit Nachrichten und Anrufen bombardiert. Dank der Vibrationsfunktion bekäme ich es mit, Flynn jedoch nicht. Eine doppelte Absicherung, sozusagen.

Doch das Handy bleibt still und Flynn enttäuscht mich nicht.

Wir fahren rüber ins tiefste Brooklyn, dorthin, wo es fast mehr Wohnhäuser als Geschäftsgebäude gibt. Ich war nur einmal hier, in einer alten Bar, und habe wenig vom restlichen Bezirk gesehen. Umso überraschter bin ich, als wir vor einem großen, eingeschossigen Bau mit Flachdach ankommen, der vor allem dadurch auffällt, dass eine überdimensionale Leuchtreklame über dem Eingang blinkt. Dank pinker und blauer Neonröhren verrät der geschwungene Schriftzug den Namen: *Volt's Roller Skates*. Passend dazu leuchtet ein Paar Rollschuhe daneben.

»Ist es das, wofür ich es halte?«, frage ich Flynn und klebe dabei förmlich an der Fensterscheibe.

»Mein Bruder betreibt die Rollschuhbahn in zweiter Generation.« Ohne hinzusehen, höre ich den Stolz in seiner Stimme. »Ich helfe öfter mal aus.«

»Wow«, stoße ich aus. Das Glas vor meinem Mund beschlägt und mein Herz macht einen kindlichen Salto. Keine Ahnung, wann ich das letzte Mal an so einem Ort war, aber das vorfreudige Gefühl ist mir vertraut.

Flynn parkt den Wagen unweit der Eingangstür, und als wir aussteigen, höre ich bereits die laute Discomusik.

Jetzt, da seine Schicht anscheinend vorbei ist, finde ich es nach allem, worüber wir bisher geredet haben, nicht mehr passend, eine höfliche Distanz zu wahren. »Dir ist schon klar, dass Kinder und Teenager diejenigen sind, die mich höchstwahrscheinlich erkennen werden?«

Flynn wackelt geheimnisvoll mit den Brauen, ehe er seine Jacke aus dem Kofferraum holt und sie mir über die nackten Schultern legt. Die Geste kommt genau zum richtigen Zeitpunkt und ich bedanke mich lächelnd, während meine Fingerspitzen unauffällig über das alte, braune Leder streifen, das noch ein bisschen nach Aftershave riecht.

»Dann ist es ja gut, dass heute Senioren-Abend ist.«

»Senioren-Abend?«

»Ja. Die älteren Herrschaften haben einen Samstagabend im Monat nur für sich. Keine Kinder erlaubt, weder die kleinen noch die erwachsenen.«

»Das klingt ziemlich cool«, gebe ich zu und stelle mir die rüstigen Damen und Herren dabei vor, wie sie sich in ihre Jugendtage zurückversetzen.

»Ist es, aber nimm dich in Acht.«

»Wovor?«

Er hält mir die Tür auf, hinter der die Musik lauter wird. »Wirst du schon sehen.«

Während Flynn mich hineinführt, schicke ich Bridget kurz eine Nachricht, dass ich heute Nacht wohl nicht umgebracht werde, und verstaue mein Handy in der Handtasche. Meine ganze Aufmerksamkeit gilt nun meinem Begleiter, der mir erst die gut besuchte Rollschuhbahn zeigt, die sich um eine künstliche kleine Tropeninsel wickelt, ehe wir uns in Richtung Gastronomiebereich wenden, wo Seniorengruppen sitzen und Wein, Bier oder einfach nur eine Cola trinken. Es ist eigentlich alles genau wie früher an diesen Orten, nur dass der Altersdurchschnitt heute deutlich höher liegt.

»Lust auf Burger?«, fragt Flynn mich, als wir uns an einem Platz in der Nähe der Bahn setzen.

»Unbedingt. Ich sterbe vor Hunger.«

Er grinst und richtet sich schließlich auf, um nach jemandem Ausschau zu halten. Dieser *jemand* taucht binnen Sekunden bei uns auf und ist ein großer, breitschultriger Kerl, der verdammt viel Ähnlichkeit mit Flynn hat. Einzig der Blondton ihrer Haare unterscheidet sich und die Gesichtszüge unseres Gegenübers wirken etwas älter. Das könnte sein zuvor erwähnter Bruder sein.

»Du bist zu spät«, begrüßt der Fremde uns, wendet sich dabei aber eigentlich nur an Flynn. Mir schenkt er fast keine Beachtung, was ich ehrlich gesagt ziemlich erfrischend finde.

»Ich musste eine *Jungfer in Nöten* retten.« Flynn deutet auf mich. »Und jetzt muss ich dafür sorgen, dass sie nicht verhungert.«

Der Mann schaut zu mir und mustert mich von oben bis unten. Noch nie hat mich jemand so grimmig angesehen. Der Kerl ist das absolute Gegenteil von Flynn, der bisher die ganze Zeit so rüberkommt, als könnte ihm nichts die Laune verderben.

»Ich glaube, ich kenne Sie.«

Ich lächle. »Ich habe ein Allerweltsgesicht.«

Mehr braucht es nicht. Er zuckt gleichmütig mit den Schultern und reicht mir die Hand. »Alec Volt.«

»Mein großer Bruder, der Grumpy Cat als Vorbild hat«, ergänzt Flynn, der sich in seinem Stuhl zurückgelehnt und die Arme hinter dem Kopf verschränkt hat. Weil er nur ein schlichtes, schwarzes T-Shirt trägt, habe ich einen wundervollen Blick auf seinen Bizeps, der sich dabei unter der sonnengebräunten Haut anspannt.

»Freut mich.« Ich erwidere den angenehm festen Händedruck, ehe sich gleich darauf Alecs Aufmerksamkeit wieder auf seinen Bruder verlagert.

»Was wollt ihr essen?«

»Den allerbesten Burger in ganz New York City«, verkündet Flynn heiter. Seine Laune ist wirklich ansteckend. »Mit extra viel Käse.«

»Für euch beide?«

Flynn schaut fragend zu mir und ich nicke energisch. Seit er die Burger das erste Mal erwähnt hat, kann ich gar nicht mehr aufhören, an sie zu denken.

Alec nimmt noch unsere Getränkebestellungen auf – zwei Cokes mit Zitronenscheiben und viel Eis – und lässt uns dann wieder allein zurück.

»Angenehm«, sage ich und meine es auch so. Mag sein, dass Alec nicht jedermanns Geschmack ist, aber ich bin lieber von einem rauen Menschen umgeben, der ehrlich ist, als von einem, der sich und seine echte Meinung hinter einem künstlichen Lächeln versteckt.

»Ja, er ist ein Sonnenschein. Du solltest meine Nichte sehen.«

»Warum muss ich gerade an einen *Wednesday Addams*-Verschnitt denken?«

Flynn lacht, schüttelt dann aber den Kopf. »Nein, sie ist *wirklich* ein Sonnenschein. Immer gut drauf und nicht auf den Mund gefallen. Sie wird bald dreizehn und macht ihm das Leben manchmal etwas schwer.«

Ich verschränke die Arme auf dem Tisch und beuge mich vor. »Ist Alec alleinerziehend?«

»Ja. Er und Danielle haben sich vor vier Jahren getrennt. Sie kümmern sich abwechselnd um die Kleine.«

»Das ist bei dem Job bestimmt nicht leicht, alles unter einen Hut zu kriegen. Meine Mum war ebenfalls alleinerziehend.«

Flynns Blick wird sanft. »Geteiltes Sorgerecht?«

»Nein. Mein Dad hat sich kurz nach meiner Geburt aus dem Staub gemacht. Ich glaube, heute beißt er sich dafür manchmal in den Arsch.« Ich zucke mit der Schulter. Das Thema ist keines, das mich irgendwie unangenehm berührt. Es ist die Realität vieler Familien, nur, dass mein abwesender Vater von einer überambitionierten Mutter und später von einem noch motivierteren Agenten ersetzt wurde.

»Vermutlich.« Flynn zwinkert mir zu, ehe er zur Decke schaut. »Ich wünschte manchmal, ich könnte mehr für Alec tun, aber der Tag hat für uns alle leider nur vierundzwanzig Stunden.«

»Arbeitest du deswegen hier?«

»Ja, auch. Man wird als Taxifahrer natürlich nicht reich, aber hauptsächlich will ich dafür sorgen, dass Alec wenigstens ein paar Stunden mehr Zeit hat, um sich um andere Dinge zu kümmern. Er stand schon kurz vor einem Burn-out und …« Er zögert. »Damit ist nicht zu spaßen.«

»Stimmt.« Ich verziehe den Mund, weil mir eine Frage auf der Zunge liegt, bei der ich mir nicht sicher bin, ob es zu unhöflich wäre, sie zu stellen. Da Flynn aber bisher nicht den Eindruck erweckt hat, als wäre er schnell aus der Ruhe zu bringen, gebe ich mir einen Ruck. »Wie kommt es eigentlich, dass du Taxifahrer geworden bist?«

»Oh, hm. Ich glaube, das fing schon am College an.«

»Das Taxifahren?«

»Ja. Ich habe nachts immer ein paar Schichten übernommen, um meine Ausgaben zu decken. An Tagen, an denen ich keine frühen Vorlesungen hatte, fuhr ich in der Nacht Leute durch die Stadt. Und nach dem Studium … saß ich in einem langweiligen Bürojob, von neun bis fünf. Ich war so ein richtiger Bilderbuchbürohengst.« Darüber lachen wir beide, ehe Flynn einen tiefen Seufzer von sich gibt. »Ich hielt es kein Jahr aus. Es war einfach nicht meine Welt.«

»Also bist du zurück zum Fahren übergegangen?«

»Nicht sofort. Erst hab ich ein paar andere Jobs ausprobiert, doch mir wurde irgendwann klar, dass ich das echt gerne mache. Ich würde zwar im Büro mehr verdienen, aber auf Geld allein kommt es für mich nicht an. Solange ich über die Runden komme und etwas tue, das mir Spaß macht … ja, das macht mich glücklich, und ironischerweise finde ich das alles in einem gelben Taxi auf New Yorks Straßen.«

Die Art, wie er davon erzählt, lässt keinen Zweifel daran, dass er jedes Wort genau so meint. Dann fällt mir wieder ein, wie er mich vorhin fragte, ob meine Arbeit mich glücklich machte. Ich wollte so gerne aus voller Inbrunst *ja* sagen, aber es wäre gelogen gewesen, und das sorgte dafür, dass ich mich schuldig fühlte. Denn eigentlich liebe ich meinen Job. Nur die Art, wie ich ihn umsetze, gefällt mir schon lange nicht mehr, was dazu führt, dass mein letztes Buch über zwei Jahre her ist.

»So ging es mir früher mit dem Schreiben.« Ich reibe mir mit der Hand über den Oberarm und vermeide es, ihn anzusehen. Flynn hat diese seltsame Eigenschaft, dass man sich ihm anvertrauen will. Vielleicht, weil er mir das Gefühl vermittelt, nicht über mich oder meine Gedanken zu urteilen. »Ich konnte mir nichts Schöneres vorstellen, als eine Geschichte zu erzählen. Und als sich abzeichnete, dass es dort draußen Menschen gibt, denen meine Worte etwas bedeuten … die ihnen helfen, sich verstanden zu fühlen … keine Ahnung. Es kam mir vor, als wäre das alles, was ich mir vom Leben je gewünscht habe.«

»Und was hat sich geändert?«

»Das Leben selbst. Ich meine, ich hatte Glück. Viel Glück. Andere schaffen es nie, ihre Rechnungen von dem zu bezahlen, was sie so lieben. Aber heutzutage ist man als Autorin nicht allein in seinem Kämmerlein. Die Branche erwartet von uns, dass wir auf Social Media präsent und nahbar für das sind, was sie die Community nennen. Ich muss viel für Lesungen, Messen und Conventions reisen, dazu Interviews geben und meine Internetkanäle mit Inhalten füttern. Als ich meinen Agenten letztes Jahr darum bat, mir eine Auszeit zu ermöglichen, um mal runterzukommen, meinte er, ich könne jetzt nicht einfach abtauchen und *nur* schreiben.«

»Das klingt scheiße.« Seine Direktheit erwischt mich unvorbereitet. »Wenn einem so was liegt, ist es super, aber es sollte doch auch für weniger extrovertierte Autoren und Autorinnen die Möglichkeit geben, die eigenen Bücher an den Markt zu bringen.«

»Manche schaffen das problemlos, aber die Leute sehen mich – eine junge, erfolgreiche Frau, zu der die Zielgruppe aufschaut –, und das will jeder, so gut es geht, vermarkten. Es ist … nicht leicht. Für niemanden in der Branche. Es geht allen ums Geld, was ich verstehe, doch es dreht sich alles *nur* darum. Nicht mehr ums Glück.«

Flynn gibt ein leises Brummen von sich. Ihn scheint das genauso wenig zufriedenzustellen wie mich, aber ich kann niemandem die Schuld geben. Ich habe anfangs genossen, wie es lief, *weil* es lief. Weil es mein Traum war. Jetzt dagegen weiß ich nicht, wie ich die Suppe auslöffeln soll, die ich mir da eingebrockt habe.

»Ich bin mir sicher, dass du einen Weg für dich findest«, durchbricht Flynn die nachdenkliche Stille zwischen uns. »Schritt für Schritt. Nicht heute, nicht morgen, aber übermorgen könnte es so weit sein. Oder nächste Woche. Du wirkst auf mich wie jemand, der die Dinge in die Hand nimmt, wenn die Zeit dazu gekommen ist.«

Ich kann nicht anders, als zu lächeln. Keine Ahnung, ob er mit seiner Einschätzung richtigliegt. Bisher fühle ich mich eher wie eine Marionette, aber Pinocchio hatte schließlich auch irgendwann seinen Moment, in dem er sich von seinem Spielkreuz befreien konnte.

Irgendwann kommt mein Moment. Wenn Flynn daran glauben kann, dann möchte ich das auch.

Kapitel 4
LYDIA

Es ist schon lange her, dass ich in der Öffentlichkeit sitzen und ganz in Ruhe einen Burger essen konnte, ohne dabei beobachtet zu werden. Okay, auch hier, in der Rollschuhhalle, werden wir beobachtet. Aber nicht, weil die älteren Besucher wissen, wer ich bin, sondern weil Flynn und ich neben seinem Bruder die einzigen jungen Menschen sind. Es ist ein bisschen witzig, und die meiste Zeit vergesse ich ihre Blicke. Ich bin viel zu sehr damit beschäftigt, den herrlich saftigen Cheeseburger mit den salzigen Fritten zu genießen.

»Das ist wirklich der beste Burger von New York – und damit meine ich nicht nur die Stadt, sondern den ganzen Bundesstaat«, bestätige ich Flynn, der so schnell war, dass er nicht nur sein Essen verputzt, sondern inzwischen auch schon einen halben Milchshake getrunken hat.

Er grinst zufrieden. »Hab's ja gesagt. Obwohl ich finde, dass meine noch einen Tick besser sind. Alec brät die Patties zu lange.«

»Nein, sie waren perfekt«, widerspreche ich, denn dieses Meisterwerk verdient es, dass man es entschieden verteidigt.

»Warte nur ab«, sagt er mit einem Funkeln in den Augen. »Wenn ich dir mal welche mache, wirst du dein frühes Urteil bereuen.«

»Ich nehme dich beim Wort.«

Bei den letzten Pommes opfert sich Flynn und hilft mir dabei, den Teller leer zu essen. Als wir fertig sind und unsere Colagläser alle, fühlt sich mein Kleid an, als würde es an allen Ecken und Enden zu eng sitzen.

»Ich werde hier einziehen müssen«, stöhne ich und reibe mir ungeniert über den Bauch. Sofort denke ich an die passende Überschrift: *Lydia Colson reibt sich den Bauch – ist sie schwanger?* Ich schüttle leicht den Kopf. So etwas Dämliches.

»Weil wir dich nicht mehr durch die Tür bekommen?«, neckt Flynn mich, und ich lache leise, weil ich für alles andere viel zu satt bin.

»Oh ja.«

»Das ist aber schade«, erschreckt mich eine Stimme, die so dünn klingt wie altes Pergament. »Wir hatten gehofft, ihr würdet uns auf der Bahn Gesellschaft leisten.«

Ich schaue zur Seite und sehe dort fünf Damen stehen, die alle durch kurze, lockige Haare in verschiedenen Grauabstufungen und bunten Sportanzügen aus den Achtzigern hervorstechen. Ihr Alter ist schwer zu schätzen, was jedoch beeindruckt, ist, dass jede von ihnen auf ihren grellfarbenen Rollschuhen eine deutlich sportlichere Figur macht als jüngere Leute, die ich kenne.

»Mrs. Rutherford«, begrüßt Flynn sie mit einem breiten Lächeln. »Wie geht es Ihnen? Rocken Sie und Ihre wilde Clique wieder die Halle?«

Alle fünf Frauen wirken ganz verzaubert von ihm, was ich ihnen nicht verübeln kann. Ich kenne Flynn nicht besonders lange, aber auch ich bin gerne in seiner Nähe und unterhalte mich noch viel lieber mit ihm. Ein Mann, der mich so oft zum Lachen bringt, begegnet mir eher selten.

»Du weißt doch … Unkraut vergeht nicht«, erwidert Mrs. Rutherford und ihre Freundinnen schmunzeln. »Stören wir euch bei eurer Verabredung?« Sie sieht abwechselnd zu Flynn und mir. Ratlos schaue ich ihn an, aber sollte er sich in Erklärungsnot befinden, kann er das gut kaschieren.

»Wieso? Suchen Sie etwa immer noch nach einer Frau für Ihren Enkel?«

»Mein Jackson hat schon wieder ein Mädchen verloren.« Das ganze Leid einer älteren Frau über ihren Single-Enkel klingt in ihrer Stimme nach. »Das würde ich dir nicht antun wollen«, sagt sie an mich gewandt, was ich mit einem dankbaren Lächeln beantworte.

»Libby, lass dich nicht ablenken. Die beiden versuchen nur, sich zu drücken«, mischt sich eine der anderen Damen ein und deutet mit dem rot lackierten Daumennagel über ihre Schulter zur Rollschuhbahn.

»Von wegen drücken.« Flynn sieht mich herausfordernd an. »Lust, eine Runde zu drehen?«

»Sollte ich auf diese Frage jemals mit *nein* antworten, erschieß mich bitte.«

Tja, und keine zehn Minuten später stehe ich auf Rollschuhen am Rand der Bahn. Die Discomusik fährt mir sofort in die Glieder und Flynn braucht für meinen Geschmack viel zu lange, um in seine Schuhe zu kommen.

»Mit Schuhgröße fünfundvierzig ist das gar nicht so leicht«, rechtfertigt er sich nicht ganz ernst gemeint.

»Vielleicht hättest du bei einsfünfundachtzig einfach aufhören sollen zu wachsen?«, schlage ich vor und drücke mich von der Absperrung ab, ehe er etwas darauf erwidern kann.

Die Rollen gleiten über das gepflegte Holzparkett; von einer Sekunde auf die nächste bin ich ein Teil der Party. Um mich herum fahren Pärchen, Freundesgruppen oder Einzelpersonen für sich. Niemand sieht aus, als hätte er oder sie jemals irgendwelche Sorgen gekannt, und als ich meine erste Runde hinter mir hab, verstehe ich, wieso. Ich singe und tanze mit ihnen zu Oldies wie Abba, Bruce Springsteen und Roy Orbison. Irgendwann ist Flynn neben mir und wir fangen an, unsere schrecklichen Bewegungen gegenseitig zu kopieren, was dazu führt, dass wir uns übereinander totlachen, ehe wir wieder Luft kriegen und von vorne anfangen.

Mit jedem Meter, den wir dabei hinter uns lassen, fühle ich mich leichter. Als würde ich den Druck, der seit Monaten auf meiner Brust lastet und mich zu ersticken droht, Stück für Stück runterschütteln und mir damit eine Leichtigkeit zurückholen, von der ich nicht mehr wusste, dass es sie gibt.

Irgendwann sind sowohl Flynns als auch meine Kondition ausgeschöpft und wir rollen an den Rand, um den anderen nicht im Weg zu stehen. Sein Brustkorb hebt und senkt sich im gleichen schnellen Rhythmus wie meiner, während wir an der Wand pausieren.

»Sag mal«, fange ich an und suche nach den richtigen Worten, »halte ich dich hier irgendwie vom Arbeiten ab?«

Flynn schließt schmunzelnd die Augen, ehe er mich wieder betrachtet. *Eingehend* betrachtet. Es ist, als würde er nur mich sehen, und der bloße Gedanke überrollt mich wie ein Güterzug.

»Alec meinte, er hat alles im Griff.«

»Aber du-«

»Alles gut, Lydia. Wirklich. Meine Nichte ist heute wohl bei ihrer Mutter und Alec kann einen Abend auch mal ohne mich händeln.«

»Bist du dir sicher? Du verdienst doch nichts, wenn du nicht arbeitest.«

»Wie gesagt, Geld hat für mich nicht die höchste Priorität im Leben.«

Ich folge seinem Blick, der zu seiner Hand führt, die unter meiner liegt. Mir wäre es fast gar nicht aufgefallen, hätte er nicht so demonstrativ dahingesehen. »Oh Gott, sorry«, entfährt es mir. Als ich sie zurückziehen will, umschließt Flynn sie sanft mit seinen Fingern.

»Nicht«, bittet er mich, und ein warmes Kribbeln breitet sich in meinem Bauch aus. *Was passiert hier gerade?*

Wir sehen uns für ein paar lange Sekunden schweigend an, und bevor weder er noch ich genauer darüber nachdenken können, schließe ich den Abstand zwischen uns mit einem halben Schritt und küsse ihn.

Normalerweise bin ich nicht so forsch und lasse eher jemanden auf mich zukommen, als die Initiative zu ergreifen und einen bitteren Korb zu riskieren. Flynn strahlt jedoch keine Anzeichen aus, die dazu führen könnten, dass das hier vom schönsten zum schlimmsten Abend meines Lebens wird. Stattdessen legt er den Arm um meine Taille, und als ich nicht zurückschrecke, zieht er mich näher zu sich heran. Die Rollschuhe an meinen Füßen machen es ihm leicht. Der Kuss fühlt sich für einen Augenblick an, als hätten wir beide unser ganzes Leben nur darauf gewartet.

In seinem Arm werde ich weich wie Wackelpudding, während seine Lippen nach Vanillemilchshake schmecken und sein Körper eine angenehme Wärme ausstrahlt. Meine Hand wandert in seinen

Nacken, von wo aus meine Finger ihren Weg hoch in sein dichtes Haar finden.

Irgendwann, als der Damenclub an uns vorbeikommt und ein paar alberne Laute von sich gibt, lösen Flynn und ich uns voneinander, wobei ich in seinem Blick erkenne, dass er das genauso widerwillig tut wie ich.

Ehe es zu einer peinlichen Pause kommen kann, in der niemand weiß, was er als Nächstes tun oder sagen soll, hebt er die Hand und streicht mir behutsam ein paar Strähnen aus dem Gesicht.

»Ich habe noch nie jemanden auf einer Rollschuhbahn geküsst«, gestehe ich aus heiterem Himmel und blinzle perplex über meine eigene Redseligkeit.

Flynn reibt sich nachdenklich das Kinn. »Also, wenn ich die Grannys nicht mitzähle, dann …« Ich boxe ihm behutsam gegen den Oberarm, woraufhin er lacht. Noch immer liegt sein Arm um mich und er vermittelt mir nicht den Eindruck, als würde er sich so schnell zurückziehen wollen.

»Aber ohne Witz«, fährt er fort, und dieses Mal ist jeder Funken Humor aus seinem Blick verschwunden. »Ich hoffe, es war nicht das erste und letzte Mal.«

»Du meinst …«

»Ja.« Er kann nicht lange ernst bleiben. Er lächelt wieder, auch wenn es etwas unsicher wirkt. »Wenn du magst, würde ich dich nach heute Abend gern noch einmal wiedersehen.«

Zwei widersprüchliche Gefühle bauen sich in meiner Brust auf. Einerseits würde ich mir das ebenfalls wünschen, andererseits … was hätte das für eine Chance? Unsere Leben sind so unterschiedlich, und ich schleppe ein paar ziemlich große Koffer an Problemen mit mir herum.

Flynn legt Daumen und Zeigefinger an mein Kinn und bringt mich sanft dazu, ihn anzusehen. »Hey, ich will nur mit dir ausgehen. Ein ganz normales Date.«

»In meiner Welt gibt es keine normalen Dates«, erinnere ich ihn, falls er vergessen haben sollte, worauf er sich hier womöglich einlässt.

»Dann ist es an der Zeit, diese wieder zu etablieren.«

Ich ringe mir ein Lächeln ab, küsse ihn noch einmal flüchtig und ziehe mich danach etwas zurück. Sein so optimistischer Ausdruck weicht Verwirrung.

»Wo ist das Problem?«, fragt er leise, ohne jeden Nachdruck. Er will es wirklich verstehen und dass er es nicht ohne eine Erklärung kann, zeigt mir umso mehr, wie kompliziert das hier werden könnte.

»Das Problem ist, dass du normal bist, Flynn.« Es klingt harscher als beabsichtigt. »Ich meine … ach, verdammt.« Für jemanden, dessen Beruf das Wortejonglieren ist, bin ich gerade echt mies darin. »Ich kann nicht normale Dates haben. Oder mit Männern ausgehen, die nicht bekannt sind. Das … das funktioniert nicht.«

Er lehnt sich mit dem Ellenbogen an die Trennwand zwischen Gastronomiebereich und Rollschuhbahn. Sein Blick aus seinen blauen Augen durchdringt mich dabei. »Warum?«

»Weil jemand wie du diesem Druck nicht standhält. Sieh mich an – ich stehe seit ein paar Jahren in der Öffentlichkeit und komme damit immer noch nicht klar. Wenn wir ausgehen und es mehr wird, dann … dann landest du automatisch mit mir in der Presse. Solche Beziehungen haben nie eine Chance.«

»Lydia, ich will nur ein Date mit dir haben, und dass das geht, beweisen wir gerade, findest du nicht?« Er stößt sich ab und kommt auf mich zugerollt. Ich weiche nicht zurück, als ich seine Hände behutsam an meinen Hüften spüre. »Mag sein, dass das schwierig werden könnte, aber erzähl mir nicht, dass Beziehungen zwischen Promis die einzigen sind, die eine Chance haben. Davon abgesehen, dass wir nach wie vor über eine einfache Verabredung sprechen, was ich allerdings nur betone, weil es dich verschrecken könnte, wenn ich sage, dass ich mir schon die Namen unserer Kinder überlegt habe.«

Ich kann nicht anders, als zu lachen. Das scheint echt sein Ding zu sein – angespannte Situationen mit einem Witz zu bewältigen.

Ich meine – das war doch ein Witz, oder?

»Ich bin gerade ein wandelndes Wrack«, gestehe ich, obwohl der Teil in mir, der sich wirklich gern erneut mit ihm treffen würde, allmählich die Oberhand gewinnt. Die Angst, mich auf ihn einzulassen, mich möglicherweise zu verlieben und dann Gefahr zu laufen, dass es einmal mehr schiefgeht, ist aber nach wie vor präsent. »Mein Leben ist schön *und* schrecklich.«

Er zieht mich wieder an sich, doch statt mich zu küssen, umarmt er mich. Es ist eine so harmlose und zugleich tiefgreifende Geste, dass es mir die Sprache verschlägt.

»Du bist völlig okay«, flüstert er in mein Haar und streichelt mir über den Rücken. Ich erwidere die Umarmung und klammere mich an seinen breiten Oberkörper, als würde er mich vor dem Ertrinken bewahren. »Lass dir nicht von irgendwelchen Presseidioten oder Hatern einreden, dass es anders wäre. Wenn sie nicht über dich herfallen, dann über die nächste x-beliebige Person. Das hat nichts, absolut gar nichts, mit dir als Mensch zu tun.«

Ich hole tief Luft und atme dabei die zarte Restnote frisch gewaschener Wäsche gepaart mit einem würzigen Männerparfum ein. »Lass uns noch einmal ausgehen«, lenke ich ein und vergrabe mein Gesicht in seinem Shirt. Sobald ich mich löse, wird er dort ein paar unschöne Make-up-Flecken vorfinden, doch so, wie ich Flynn inzwischen einschätze, wird ihn das nicht interessieren. »Aber ich habe eine Bedingung.«

Er lässt mir gerade genug Raum, um mir ins Gesicht sehen zu können. »Schieß los.«

»Wir treffen uns wieder hier. In einem Monat, zur nächsten Seniorennacht.«

»In *einem Monat*?« Flynn zieht eine Grimasse, die mich zum Lachen bringt.

»Ich habe leider noch ein paar Termine, aber wir können facetimen, wenn das für dich passt.«

Er zögert nicht. Nicht eine Sekunde.

»Okay, ja.« Er nickt, mehrfach. »Ein Monat ist nichts, bis dahin können wir das Daten ja schon mal digital proben.«

»Klingt verrückt«, bemerke ich und spüre diese Wärme, die sich um mein Herz herum ausbreitet. »In einem Monat also. Du und ich, hier an Ort und Stelle. Und dann schauen wir mal, was daraus wird.«

Epilog
FLYNN

Einen Monat später.

Lydia Colson hat mein Herz im Sturm erobert. Was, seien wir ehrlich, nur fair ist, denn vor einem Monat habe ich ihren perfekten Hintern vor der Presse gerettet und sie damit in dieselbe Notlage gebracht. Keiner von uns hat erwartet, sich an jenem Abend zu verlieben, und ebenso wenig haben wir kommen sehen, was die darauffolgenden Wochen passieren würde.

Lydia reiste am nächsten Tag ab, weshalb ich sie ab da nur noch über meinen Handybildschirm sah. Wir übersprangen praktisch die Dating-Phase und führten eine Art Fernbeziehung, bei der wir uns anfangs hauptsächlich viel schrieben, ehe wir zu Telefonaten und schließlich zu täglichen Videocalls übergingen. Wir erzählten uns alles – über unsere Kindheit, unsere ersten Male, über unsere Ängste und unsere Wünsche. Wir gingen etwas zeitversetzt abends miteinander schlafen und wachten morgens miteinander auf, mit dem Unterschied, dass sie mehrere Hunderte bis tausend Meilen von mir weg war. Noch nie habe ich eine Frau vor einem ersten, offiziellen Date so gut kennengelernt wie sie, und als das Datum näher rückte, an dem ich sie endlich in echt wiedersehen würde, ging mir der Arsch ein bisschen auf Grundeis.

Aus der Ferne machte ich mir nie Sorgen, ob wir das alles zu schnell angegangen sind. Ob wir nicht ein paar Schritte ausgelassen haben auf unserem Weg. Ich habe keine Sekunde daran gezweifelt, dass ich Lydia wollte. Im Grunde war mir das schon klar gewesen, als sie in meinem Taxi saß und sich mir so offen und ehrlich und verletzlich zeigte, als würden wir einander bereits ewig kennen.

Aber nun, da ich vor der Rollschuhhalle stehe und auf sie warte, komme ich nicht umhin, nervös zu sein. Wird sie auftauchen? Wird es nach all den vielen intensiven Gesprächen seltsam zwischen uns sein? Wie wird es nach heute Abend weitergehen?

Ich sollte mir nicht so den Kopf über all das zerbrechen, auch wenn es vermutlich nur zeigt, wie wichtig sie mir geworden ist. Dass ich längst über den Punkt hinaus bin, an dem ich nur mit ihr ausgehe, um zu schauen, ob das zwischen uns Potenzial hat.

Ich verschränke die Hände hinter meinem Kopf und laufe auf und ab. Zehn Schritte nach links, umdrehen, zehn Schritte zurück. Meine Füße ziehen eine Bahn über den gepflasterten Weg vor der Halle, und gerade, als ich wieder das Ende meiner Linie erreiche, legen sich von hinten zwei nach Aprikosencreme duftende, weiche Hände auf meine Augen.

Ich lächle, was sich in ihrer Nähe – egal, ob durch das Handy oder live in Farbe – sehr natürlich anfühlt. »Das ist der schlechteste Überfall der Welt.«

Ich spüre, wie sie sich auf die Zehenspitzen stellt, ihren Körper an meinem Rücken hochschiebt und ihre Lippen meine Ohrmuschel streifen. »Na gut. Dann lasse ich dir dein Geld und stehle nur dein Herz.«

Ich drehe mich um. Ihre Arme verschränken sich hinter meinem Nacken und nichts an der Art, wie sie sich gibt, lässt vermuten, dass unser Treffen nach den letzten Wochen für sie irgendwie komisch ist.

»Ach komm«, necke ich sie und grinse. »Wir wissen doch beide, dass du das längst hast.«

Sie verzieht in gespielter Abneigung das Gesicht, ehe sie ein langgezogenes »Eww« ausstößt und lacht. »Das klingt richtig schlimm kitschig.«

»Oder? Aber wir wissen beide, dass du darauf stehst.«

Sie verdreht die Augen, doch bevor sie etwas erwidern kann, ziehe ich sie an mich heran und tue, was ich seit ihrer Abreise jeden Tag aufs Neue machen wollte: Ich küsse sie.

Lange und innig, um aufzuholen, was wir in der vergangenen Zeit verpasst haben. Ich lege alles in diesen Kuss hinein, was ich an Gefühlen aufbringe, und wenn es nach mir geht, werde ich nie mehr damit aufhören. Wer braucht schon Sauerstoff? Ich halte Lydia Colson in den Armen, eine Frau, die so unverhofft in mein Leben gerauscht ist, dass sich die Taxifahrt damals wie einer jener Momente anfühlt, an die man sich für immer erinnern wird, egal, wie das hier ausgeht.

»Sind die Senioren wieder da?«, fragt sie, nachdem wir uns zwangsweise voneinander lösen mussten, weil ein älteres Rentnerpärchen, das ich noch nicht kenne, an uns vorbei will.

»Nein, heute ist die Nacht der lebenden Toten«, antworte ich so trocken und ernst, wie ich nur kann, während mein Blick an ihren roten, vom Küssen leicht geschwollenen Lippen hängen bleibt.

»Ich liebe eure Themenabende«, steigt Lydia darauf ein und streicht sich das viel zu heiße Glitzerkleid glatt, mit dem sie mich bei unserem ersten Treffen schon hypnotisiert hat.

Entschlossen halte ich ihr den Arm hin, damit sie sich unterhaken kann. »Bereit, all deine Sorgen abzuschütteln?«

Sie ergreift die Einladung und schmiegt sich an meine Seite, als hätten wir es immer schon so gemacht. »Na klar. Oder glaubst du etwa, ich bin nur wegen dir hier?«

»Nein. Eigentlich dachte ich, du kommst, um die *wahren* besten Burger von New York zu probieren.«

Lydia kichert und ich lächle, während ich sie rein zur Rollschuhbahn führe, um *endlich* unser erstes, offizielles, stinknormales Date einzuläuten.

Eines, das sie mehr als verdient hat.

MIDNIGHT RAIN – *Taylor Swift (Janine's Version)*

Kapitel 1

Der Himmel war pechschwarz, als hätte der Mond beschlossen, sich für die Nacht zurückzuziehen. Das Musikzimmer ist der einzige Ort, an dem mein Vater und ich reden – oder eher, wo er redet und ich zuhöre. Der Flügel ist sein Zufluchtsort, seine Waffe gegen den Lärm der Welt. Doch heute bleiben die Tasten stumm. Es gibt keine Musik, die die Spannung zwischen uns mildern könnte.

»Bodyguard klingt wie ein Euphemismus für Babysitter.« Meine Stimme klingt schärfer als beabsichtigt.

Die schweren Samtvorhänge sind nur halb zur Seite gezogen, gerade genug, um das schwache Licht der Straßenlaternen ins Musikzimmer hineinzulassen.

»William Cain ist mehr als nur ein Bodyguard. Er ist unser neuer Sicherheitsberater«, sagt mein Vater mit einer Stimme, die keinen Widerspruch duldet. Sein Blick wandert zu einem Stapel Briefe auf dem Tisch, der zwischen uns steht. Drohungen, die ich bisher für überzogene Fanpost gehalten habe, und die im Altpapier landen sollten, statt unser Leben zu bestimmen.

»Sicherheitsberater?« Mir entkommt ein bitteres Lachen. »Alison, das hier ist kein Spiel«, sagt er und schiebt den Stapel näher zu mir. »Das sind keine harmlosen Worte. Diese Briefe sind gezielt an uns gerichtet. An unsere Familie.« Seine Stimme wird leiser. »Und vor allem an dich.«

Ein kalter Schauer kriecht mir den Rücken hinunter, doch ich lasse es mir nicht anmerken. Ich sehe die Briefe an, greife jedoch nicht danach. Das Letzte, was ich will, ist ihm zu zeigen, dass er mich damit erreicht hat.

»Dad, das ist Kensington.« Ich lehne mich zurück, die Arme verschränkt. »Hier wohnen Diplomaten und CEOs. Niemand wird über die Hecken springen und uns überfallen.«

Die Sicherheit dieses Viertels ist erdrückend. Kameras, biometrische Gates, Wachpersonal, das rund um die Uhr patrouilliert – ein goldener Käfig, der jeden Funken Freiheit erstickt. Mein Vater hat sich bewusst für diesen Ort entschieden, ich dagegen hasse es hier.

»Und trotzdem haben die Briefe zu uns gefunden«, erwidert er ruhig, was mich nur noch wütender macht.

»Es sind nur Worte irgendwelcher Verrückter, die sich wichtigmachen wollen. Mehr nicht.«

Mein Vater ist schließlich nicht Pedro Pascal, sondern komponiert klassische Musik. Die Menschen kennen vielleicht seinen Namen, doch ich zweifle ernsthaft, dass wirklich jemand sein Gesicht in einer Menschenmenge erkennen könnte. Bei mir ist das anders. Ich bin es, die ständig im Rampenlicht steht – eine Hassliebe. Die Presse interessiert sich für mich, weil ich *Alison Westwood* bin, die Tochter des »genialen Victor Westwood«. Nicht wegen meiner eigenen Leistungen, sondern weil die Leute es lieben, in das Leben derjenigen zu blicken, die mit einem berühmten Namen geboren wurden.

Ich weiß allerdings, dass er nicht nur wegen meiner Sicherheit diesen Bodyguard für mich will. Sondern auch, weil er mich gerne kontrolliert. Vielleicht spürt er irgendwie, dass ich mich distanziere. Wenn er mir nur zuhören würde, könnte ich es ihm vielleicht besser erklären.

Zum Beispiel, dass ich gar nicht auf die Juilliard will. Dass ich keinen einzigen Tag in diesem Elfenbeinturm verbringen werde, den er für mich ausgesucht hat. Ich habe es ihm noch nicht gesagt, doch ich weiß, dass der Moment kommen wird. Und wenn er es erfährt, wird er explodieren. Es ist sein Traum, nicht meiner. Ich will nicht der nächste Victor Westwood werden. Ich will einfach nur ich sein. Aber dafür müsste er mir erst mal zuhören – und das tut er nie.

Jetzt sieht er mich mit diesem Blick an, der mir das Gefühl gibt, eine naive Göre zu sein, die nichts von der Welt versteht.

»Ich brauche keinen Aufpasser«, sage ich schließlich und sehe ihm direkt in die Augen.

»Das steht nicht zur Debatte, Alison.« Seine Stimme bleibt ruhig, doch die Härte darin lässt keinen Raum für Verhandlungen. »William wird dafür sorgen, dass du sicher bist. Du weißt genau, warum.«

Ich höre die Sorge in seiner Stimme, auch wenn er versucht, sie zu verbergen. Doch sie macht mich nur wütender. Er tut so, als hätte er alles unter Kontrolle, aber diese Briefe zeigen doch genau das Gegenteil. Und was passiert, wenn ich im Herbst auf die Juilliard gehe? Soll ich dann mit einem Bodyguard über den Campus laufen? Der Gedanke ist absurd. Gleichzeitig weiß ich aber auch, dass er es genau so sieht. Entweder schickt er mich jetzt erst recht weg, damit ich außer Gefahr bin, oder er lässt mich gar nicht mehr aus den Augen. Beides ist keine Option für mich.

Ein Klopfen an der Tür unterbricht unser Gespräch.

»Kommen Sie herein«, ruft mein Vater, und ich spüre, wie ich mit jeder Sekunde kleiner werde. In mich zusammenschrumpfe, damit ich wieder in die Rolle passe, die er für mich vorgesehen hat. Die Menschen sehen immer nur den Glanz, dabei achtet niemand auf das Zerrbild, das sich dahinter verbirgt. Und mein Vater ist einer von ihnen.

Die Tür öffnet sich, und ein Mann tritt ein. Groß, breit gebaut, mit einer Präsenz, die den Raum sofort ausfüllt. Seine Uniform sitzt wie angegossen: ein schwarzes Hemd, perfekt gebügelt, das die breiten Schultern noch breiter wirken lässt, dazu eine dunkle Hose und robuste Stiefel. Er sieht aus, als könnte er mit einem einzigen Blick eine Schlägerei beenden. Braune, kurz geschorene Haare. Blaugraue Augen, die mich direkt einfangen. *A Daddy,* würde meine beste Freundin nun sagen. Ein Begriff, der mehr mit Ausstrahlung als dem Alter zu tun hat. Es geht um dieses etwas zu selbstbewusste, beschützende Auftreten, das manchmal auch verdächtig attraktiv sein kann. In diesem Fall würde ich ihr zustimmen.

»Das ist William Cain«, stellt mein Vater ihn ohne jegliche Emotion vor, als ob er gerade die Kaffeemaschine beschrieben hätte. »Ab sofort begleitet er dich, sobald du das Haus verlässt. Oh, und er wird ins Gästezimmer einziehen.«

William sagt nichts, sein Blick jedoch bohrt sich in mich wie kaltes Metall. Er mustert mich von oben bis unten, als würde er jede Kleinigkeit an mir bewerten – die Haltung, die Kleidung, vielleicht sogar meine Einstellung. Wahrscheinlich bereut er schon jetzt, diesen Auftrag angenommen zu haben. Sein Gesicht verrät nichts, doch ich kenne diesen Blick. Es ist einer, der sagt: *Die ist bestimmt eine Zicke*. Oder schlimmer noch: *Zeitverschwendung*. Ein unangenehmer Stich durchfährt mich. Es sollte mir egal sein, was er denkt, und vor allem sollte ich aufhören, etwas in seinen Ausdruck hineinzuinterpretieren. Mir wird bewusst: Ich bin sein Auftrag. Nichts an mir, keine einzige Facette meines Lebens, ist für ihn von Interesse, außer der Aufgabe, mich von A nach B zu bringen, ohne dass ich mich in Schwierigkeiten bringe. Na ja, oder eben um mich zu überwachen.

»Machen Sie sich keine Mühe«, sage ich mit gespielter Gelassenheit und wende mich ihm zu. »Mein Leben ist nicht spannend genug, um einen Aufpasser zu rechtfertigen.«

»Das bezweifle ich«, erwidert William mit einer Stimme, die so nüchtern ist, dass ich nicht weiß, ob es ein Kompliment oder eine Provokation sein soll.

»Ich will keinen Babysitter«, versuche ich es erneut.

»Es geht nicht darum, was du willst, sondern das, was du brauchst. Und das steht nicht zur Debatte, Alison. Du lebst unter meinem Dach, du bist noch viel zu jung, um das beurteilen zu können.«

»Ich bin doch kein kleines Kind mehr!« Meine Stimme zittert leicht, als ich das sage. »Im Herbst soll ich auf die andere Seite der Welt ziehen, um zu studieren, und jetzt traust du mir nicht zu, meinen Alltag allein zu schaffen?«

»Das ist etwas komplett anderes«, antwortet mein Vater und sieht mich dabei nicht einmal an. »William wird dafür sorgen, dass du sicher bist. Du weißt genau, was ich meine.«

Erneut drehe ich mich zu William um. »Was sind Ihre Qualifikationen?«

Seine vollen Lippen verziehen sich zu einem Lächeln. »Glauben Sie mir … Ich bin für diesen Job mehr als qualifiziert.« Während er spricht, nimmt er nicht eine Sekunde den Blick von mir.

»Genug, Alison«, unterbricht mein Vater unser Blickduell. »Es wird dich weniger beeinträchtigen, als du nun denkst. Probiere es erst einmal aus, ehe du urteilst.«

»Wir werden sehen.« Drei Worte, die meine Niederlage in dieser Diskussion festsetzen. Wie immer. Ich gehe einige Schritte auf William zu, teils, um ihn etwas näher zu betrachten, teils, weil ich endlich dieser Situation entfliehen will.

Er weicht keinen Schritt zur Seite, verschränkt die Arme vor der Brust und zwingt mich quasi, mich an ihm vorbeizuquetschen.

Alles an ihm, von der kurz geschorenen Frisur bis zu seinem kühlen Gesichtsausdruck, schreit: »Ich bin hier, ob du es willst oder nicht.«

Bevor ich mich komplett in meiner Wut verliere, atme ich tief durch und verlasse das Musikzimmer. Jedes weitere Wort wäre sowieso Verschwendung. Es macht keinen Sinn, weiter zu diskutieren. Mein Vater ist ein Mann, der gewohnt ist, die Kontrolle zu haben – und er wird niemals nachgeben, wenn es um meine Sicherheit geht. Aber das ist nicht der wahre Grund, wieso er darauf beharrt.

Vielmehr geht es ihm um mein Leben, um das Bild, das ich für die Welt abgeben soll: das Produkt ihrer Eltern. Doch was bleibt für mich übrig, wenn all das, was man von mir erwartet, nichts mit mir zu tun hat?

Die Wände des Flurs wirken mit einem Mal wie die Grenzen eines Labyrinths, aus dem ich nicht entkommen kann.

»Miss Westwood«, sagt William schließlich. Seine Stimme ist ruhig, fast beschwichtigend. »Ich verstehe, dass dies eine Umstellung für Sie ist. Doch ich bin nur hier, um meinen Job zu machen.«

Ich bleibe stehen und drehe mich zu ihm um.

»Und das bedeutet, mich rund um die Uhr zu überwachen?«, frage ich und stemme die Hände in die Hüften.

»Das bedeutet, sicherzustellen, dass Sie keine Risiken eingehen, die vermeidbar wären.«

»Und welche sollen das sein? Geben Sie mir nun vor, wen ich wo besuchen darf?«

Sein amüsiertes Lächeln sagt mehr aus, als jede Antwort es könnte. Es ist dieses Lächeln, das sagt: *Ach, noch so ein reicher, verwöhnter Promi-Teenie, der glaubt, die Welt liege ihm zu Füßen.* Ich kenne es viel zu gut. Diese Mischung aus amüsierter Überheblichkeit und der stillen Genugtuung, dass er mich längst durchschaut hat – oder glaubt, es zu haben. Wie falsch er nur liegt … Doch mir entgeht nicht, dass sein Blick immer wieder verstohlen zu meinen Lippen wandert.

Ein leichtes Kribbeln zieht über meine Haut, und ich hasse mich dafür, dass ich es überhaupt bemerke. Was auch immer das ist, es hat nichts mit mir zu tun und ist vollkommen unpassend. Wahrscheinlich ist es nur seine Art, mich weiter zu analysieren, aber mein Kopf fängt trotzdem an, sich auszumalen, ob er vielleicht … nein. Ich schüttle den Gedanken ab. Das ist einfach absurd, und doch gehe ich einen Schritt weiter und entscheide mich für Provokation.

»Gehen Sie nun mit mir auf Partys? Begleiten mich zu Dates?«

»Das ist nicht …«, beginnt er, sucht nach Worten und scheint keine zu finden.

»Sie könnten mein *Wingman* sein«, sage ich mit einem aufgesetzten Lächeln. »Oder vielleicht ist Ihre Nähe ja gar nicht so schlecht für einsame Stunden. In diesem Fall …«, ich gehe einen Schritt auf ihn zu, doch diesmal weicht er nicht zurück. Mein Herz schlägt schneller, jedoch nicht aus Angst, sondern aus einem verräterischen Funken Neugier. »… sollten wir uns duzen, damit es nicht ganz so unangenehm wird.«

Plötzlich legt sich eine Kälte über sein Gesicht, die mich wie ein Schlag zurück in die Realität holt.

»Ich bin hier, um Sie zu beschützen, Miss Westwood. Nicht, um Sie zu unterhalten.«

Ohne ein weiteres Wort öffnet er mir die Tür zu meinem Zimmer.

»Da darf ich aber noch allein reingehen, ja?« Mit schnellen Schritten laufe ich an ihm vorbei. Plötzlich fühle ich mich, als hätte ich diese Partie verloren, ohne die Regeln überhaupt verstanden zu haben.

Die Realität kehrt wie ein dunkler Schatten zurück, als ich in mein Zimmer trete und die Tür hinter mir zudrücke. Erst da erlaube ich es mir, wieder regelmäßig zu atmen. Mein Zimmer ist das perfekte Chaos. Überall liegen Notenblätter – manche ordentlich gestapelt, andere zerknüllt oder über den Boden verstreut. Einige davon habe ich gestern noch durchgespielt, andere sind die Reste von Ideen, die nie das Licht der Öffentlichkeit erblicken werden.

Morgen ist der Tag, an dem ich ins Studio fahren soll. Es ist der einzige Ort, an dem ich wirklich frei bin. Der einzige Ort, an dem meine Musik wirklich mir gehört – und nicht von den Erwartungen meines Vaters überschattet wird.

Irgendwie muss ich einen Weg finden, William abzuhängen. Er wird meinem Vater sonst mit Sicherheit alles berichten, und ich möchte auf keinen Fall, dass er etwas von meiner Zusammenarbeit mit den Komponisten erfährt.

Das wäre aus mehreren Gründen schlecht. Doch vor allem würde mein Vater so herausfinden, dass ich nicht vor habe, an die Juilliard zu gehen und damit nach Amerika. Ich will viel mehr als das. Etwas Eigenes.

Mit einer Komposition für eins der größten Computerspiele könnte ich das endlich schaffen. Es war perfekt. Etwas, was mir einen eigenen Namen in der Branche verschaffte und mich somit von meinem Vater abgrenzte. Genau aus diesem Grund habe ich so viel Zeit im Studio am anderen Ende der Stadt verbracht.

Mein Vater sieht für mich vor, dass ich im Herbst an die Juilliard gehe. Damit ich die Ausbildung erhalte, die seine Eltern ihm nie ermöglichen konnten. Ich weiß, wie wichtig ihm das ist … nur ist es sein Traum, nicht meiner. Diesen zu zerstören, kann ich jedoch noch nicht.

Mir bleiben also nur zwei Möglichkeiten: Entweder muss ich William auf meine Seite bringen oder es schaffen, ihm aus dem Weg zu gehen.

Ein leises Klopfen an der Tür lässt mich erstarren. William.

»Ich hoffe, Sie haben keine Fluchtpläne für heute Nacht, Miss Westwood«, sagt er durch die Tür. »Mein Zimmer ist übrigens gegenüber. Ich wünsche Ihnen eine angenehme Nacht!«

Kapitel 2

Der Morgen ist ungewöhnlich still. Normalerweise wecken mich das gedämpfte Klavierspiel meines Vaters oder das leise Klirren von Geschirr im Speisezimmer, heute hingegen herrscht eine fast beklemmende Ruhe. Natürlich greife ich zuerst nach meinem Handy. Vier neue Nachrichten. Es ist Routine. Der erste Griff zum Handy ist wie ein Anker, der mich in den Tag zieht, und gleichzeitig eine willkommene Ablenkung von den Gedanken, die sofort auf mich einprasseln, sobald ich die Augen öffne.

Bex
Das ist nicht dein Ernst.

Bex
Aber ist er … hot?

Ein Grinsen huscht über mein Gesicht. Ich habe meiner besten Freundin gestern noch von William erzählt. Der Gedanke an ihn lässt mich schlagartig wacher werden. Sein Blick, der mich konzentriert aus stahlblauen Augen ins Visier nimmt, sein Anzug, der seine breiten Schultern und die schlanke Taille auf eine Weise betont, die mich zugegebenermaßen etwas aus dem Konzept gebracht hat … Es ist kaum zu leugnen, dass er eine gewisse Ausstrahlung hat. Eine, die man nicht ignorieren kann, egal wie sehr man es versucht. Ehe ich mich zu sehr in dieser Erinnerung verliere, klicke ich auf die nächste Nachricht.

Nate
Kommst du heute ins Studio? Ich hab noch eine richtig gute Ergänzung für dein Stück.

Nate, der Studiobesitzer, den ich über eine Freundin kennengelernt habe, ist in der Branche bestens vernetzt. Er weiß genau, wie er seine Kontakte spielen lassen kann, und natürlich ist das auch für ihn von Vorteil. Wenn alles klappt, wird er derjenige sein, der sagen kann, er habe mein Talent entdeckt und gefördert. Aber ehrlich gesagt, ist mir das im Moment egal.

Die nächste Nachricht lässt mich fast laut aufschreien.

Nate
Habe nun endlich auch das GO von ARCADE bekommen, dass sie sich dein Demo anhören.

ARCADE. Mein Herz setzt einen Moment aus. Es ist, als ob die Welt für einen Augenblick stillsteht. Das ist meine Chance. Nicht nur irgendeine, sondern *die* Chance meines Lebens. Ganz kurz schleicht sich der Gedanke ein, ob ich das überhaupt schaffen kann.

Und was passiert, wenn es nicht funktioniert? Das ist einfach keine Option. Mit zitternden Fingern tippe ich bereits meine Antwort.

Ich
OMG NICHT DEIN ERNST

Meine Freude wird etwas gedämpft, als ich daran denke, dass es heute vielleicht doch nicht so leicht sein wird, ins Studio zu kommen. Ich muss es irgendwie schaffen, William abzulenken oder mich davonzuschleichen. Kurz denke ich an die Drohungen.

Es gibt Momente, da wische ich sie mit einer abfälligen Handbewegung aus meinem Kopf. *Das ist nur überzogene Fanpost. Niemand wird tatsächlich etwas tun.* Aber dann, mitten in der Nacht, wenn alles still ist, spüre ich die Kälte, die sie hinterlassen. Die Worte, die von Hass und Obsession triefen, schleichen sich wie ein ungebetener Gast in meinen Kopf. Ich will mir nicht eingestehen, dass ich Angst habe, aber sie ist da. Ein leises Flüstern, das ich nicht ignorieren kann. Noch ein Grund mehr für mich, ins Studio zu gehen, denn dort vergesse ich alles andere um mich herum. Dort bin ich sicher.

Entschlossen greife ich wieder zum Handy und antworte.

Ich
Ich komme auf jeden Fall, wahrscheinlich gegen späten Nachmittag? Wie lange bist du da?

Nates Antwort kommt sofort.

Nate
Schreib einfach, sobald du losfährst. Ich werde da sein. Heute wird Perfektion verlangt.

Er ist brillant, keine Frage, aber seine Energie kann erdrückend sein. Ständig will er mehr von mir. Mehr Fokus, mehr Details, mehr Melodien, mehr, mehr, mehr. Doch vielleicht ist es genau das, was ich brauche. Jemand, der mich antreibt, auch wenn es manchmal zu viel ist. Die Bedingungen zwischen uns sind einfach: Ich darf sein Studio nutzen, um dort meine Stücke aufzunehmen, und kaufe mir seine Verschwiegenheit, bis daraus wirklich was wird. Im Gegenzug dafür darf er sich im Nachhinein damit rühmen, mich von der klassischen Musik in die Gamingbranche hineingeholt zu haben.

Tränen der Freude sammeln sich in meinen Augen, und ich schließe sie kurz, um zu realisieren, was gerade passiert.

ARCADE ist nicht einfach nur ein Spiel. Es ist ein globales Phänomen. Ein gigantisches Rollenspiel mit einer offenen, lebendigen Welt, das Spieler auf der ganzen Welt verbindet. Es vereint atemberaubende Grafiken, emotionale Geschichten und eine orchestrale Musik, die tief unter die Haut geht. Musik, die ich vielleicht bald komponieren könnte. Ich erinnere mich noch genau an den Moment, als ich das erste Mal die epische Hauptmelodie hörte. Die weichen Streichinstrumente, die von einem dramatischen Chor und donnernden Percussions getragen wurden – es war, als ob ich die gesamte Geschichte des Spiels in einer einzigen Komposition erlebt hätte. Seitdem habe ich davon geträumt, selbst für solche Welten Musik zu schreiben. Doch mein Vater … Er hat nie verstanden, warum mich diese Spiele so faszinieren. Für ihn ist es Zeitverschwendung, Eskapismus, der nichts mit der »echten Welt« zu tun hat. Für ihn ist Musik nur dann wertvoll, wenn sie auf einer Bühne vor einem ehrwürdigen Publikum gespielt wird – Livemusik, nicht Videospiel-Soundtracks.

»Kein seriöser Musiker gibt sich mit so was ab«, hat er einmal gesagt, als ich ihm stolz eine meiner ersten Kompositionen vorgespielt habe, die vom ARCADE-Sound inspiriert war. Seine Worte brannten damals wie Feuer in meiner Brust, und ich habe es seitdem nicht mehr gewagt, ihm etwas zu zeigen, das wirklich von mir stammt. Die Juilliard wegen so etwas zu versetzen? In seinen Augen unmöglich.

Doch diese Nachricht von Nate … es fühlt sich an wie ein Lichtstrahl in dieser endlosen Dunkelheit. Wenn ARCADE mein Demo wirklich hören will, dann bedeutet das, dass jemand in der Branche meinen Stil versteht – und anerkennt. Dass mein Traum nicht gänzlich unerreichbar ist.

Mein Blick wandert zurück zu meinem Handy. In mir keimt die Hoffnung, dass mein Vater gestern vielleicht übertrieben hat. Vielleicht wird William nicht jeden meiner Schritte überwachen, sodass ich heute einfach unbemerkt an meinem Stück arbeiten könnte.

Extrem unelegant rolle ich mich aus dem Bett, öffne die Glastür und trete hinaus. Vom Balkon meines Zimmers aus kann ich die weitläufigen Gärten überblicken, die mein Vater so stolz zur Schau stellt. Ein endloses Meer aus Rosen, Lavendel und akkurat gestutzten Hecken. Der Frühling ist meine liebste Jahreszeit, der unser Anwesen jedes Mal in ein Postkartenmotiv verwandelt. Ich atme die kühle Frühlingsluft ein, versuche, meine Zweifel damit zu vertreiben. Doch dieser Moment endet schon bald, als mein Blick auf William fällt.

Er steht unten auf der gepflasterten Auffahrt, die Arme verschränkt, den Blick wachsam auf die Umgebung gerichtet.

»Wie eine verdammte Überwachungskamera auf zwei Beinen«, murmele ich. Als würde er meinen Blick spüren, dreht er sich um.

Etwas überfordert winke ich ihm zu. Selbst von hier oben erkenne ich, wie irritiert er dreinschaut.

Seine Anwesenheit ist wie ein Fremdkörper in dieser Kulisse. In seinem schlichten schwarzen T-Shirt und den dunklen Jeans wirkt er fehl am Platz zwischen den gepflegten Beeten und eleganten Skulpturen. Ich sehe, wie er mit jemandem am Handy spricht. Seine Bewegungen sind ruhig, aber zielgerichtet. Doch selbst während des Gesprächs nimmt er den Blick keine Sekunde von mir. Es ist, als hätte er Angst, ich würde herunterspringen.

Ich weiß, dass er hier ist, um uns zu schützen. Leider erinnert mich aber auch alles an ihm daran, dass ich noch weniger Kontrolle über mein Leben habe, als ich ohnehin zu glauben schien. Und der Tag heute ist viel zu wichtig, um auch nur ein Stück mehr davon abzugeben.

Kapitel 3

»Okay, Alison, du schaffst das«, murmle ich mir selbst Mut zu, während ich mich mit klopfendem Herzen daranmache, meine Sachen zu packen. In meinem Kopf klingt das Ganze wie ein dramatischer Thriller, in dem die Heldin sich durch gefährliches Terrain kämpft. In Wahrheit bin ich eine erwachsene Frau, die sich vor ihrem Babysitter versteckt.

Ich schleiche die Treppe hinunter, jede einzelne Stufe scheint mit Absicht zu knarren, als hätte William sie persönlich darauf programmiert, ihn zu alarmieren. Als ich die letzte erreiche, höre ich ein Lachen aus dem Büro – mein Vater. Perfekt, sie sind noch beschäftigt.

Mit schnellen, leisen Schritten mache ich mich auf den Weg zur Garage. Der Schlüssel baumelt in meiner Hand, und ich versuche, das leise Klirren zu unterdrücken. »Ganz ruhig, Alison«, flüstere ich mir zu, während ich mich langsam an der Seite des Hauses entlang bewege.

Plötzlich höre ich Schritte. Meine Kehle schnürt sich zu, als ich die tiefe Stimme von William höre: »Ich werde die Unterlagen noch einmal durchgehen. Einen Moment.«

Oh Gott. Ich ducke mich hinter den großen Rosenbusch neben der Garage und halte den Atem an. Die Zweige pieksen mich an den Armen, und ich beiße mir auf die Lippe, um nicht zu fluchen. William tritt aus der Terrassentür und sieht sich um, seine Stirn leicht gerunzelt.

»Ist da jemand?« höre ich meinen Vater aus dem Garten rufen.

»Ich dachte nur, ich hätte …« William bricht ab, zuckt dann mit den Schultern und kehrt um. Ich warte, bis seine Schritte wieder verklungen sind, ehe ich aus meinem Versteck hervorkrieche, mich kurz abklopfe und endlich in die Garage schleiche.

Mit pochendem Herzen steige ich ins Auto und starte es.

»Unfassbar, dass ich mich von meinem eigenen Zuhause wegschleichen muss«, murmle ich kopfschüttelnd, während ich auf die Hauptstraße einbiege.

Kaum habe ich die Tür des Studios hinter mir geschlossen, umfängt mich die vertraute Welt. Gedämpftes Licht fällt auf moderne Technik: ein Mischpult, große Lautsprecher, und an den Wänden hängen unzählige Notenblätter, manche akkurat sortiert, andere chaotisch verteilt. Es riecht nach altem Holz und einer Spur von Kaffee. In der Ecke steht ein Klavier, etwas in die Jahre gekommen, aber mit einer Patina, die ihm eine besondere Bedeutung verleiht. Hier bin ich frei. Hier beginnt das Kapitel, das meinen eigenen Weg prägen wird.

»Alison, da bist du ja endlich!« Nate, der Studioleiter, sieht von seinem Platz hinter dem Mischpult auf und schenkt mir ein erleichtertes Lächeln. Ich bemerke, wie der Toningenieur von seinem Platz in der Ecke kurz aufblickt, bevor er sich wieder seiner Arbeit widmet.

»Sorry, ich musste … aufpassen, dass ich nicht verfolgt werde«, sage ich, während ich versuche, die Anspannung in meiner Stimme mit einem Lächeln zu überspielen.

Er zieht eine Augenbraue hoch, sagt jedoch nichts dazu. »Spiel dich erst einmal ein. Wir haben heute viel vor.«

Ich nicke, lasse meine Tasche zu Boden gleiten und setze mich ans Klavier. Die Tasten fühlen sich vertraut an, wie alte Freunde, von denen ich weiß, dass sie mich nie im Stich lassen werden. Sobald die ersten Akkorde den Raum erfüllen, löst sich die Anspannung aus meinen Schultern. Die Melodie, die ich letzte Nacht geschrieben habe, nimmt Gestalt an, weich und zaghaft, bevor sie an Dynamik gewinnt.

In meinem Kopf bilden sich Melodien, die von düster zu hell wechseln. Ein Teil von mir fragt sich, wieso ich immer unterbewusst vor der Helligkeit flüchte. Wieso ich diejenige bin, die die Dunkelheit wählt, selbst wenn sie schmerzt. Genau danach fühlt sich diese Melodie gerade an.

Als das Stück endet, blinzle ich die Tränen in meinen Augen fort. Nate sagt nichts, ich weiß nicht mal, ob er überhaupt zugehört hat. Ich hole das iPad heraus und wähle die Datei mit der Sequenz aus, für die wir heute komponieren. Auf dem Bildschirm erscheint die Schlussszene des Spiels. Die Figuren finden nach einer langen Reise endlich zueinander, in einer weiten, offenen Landschaft, die von einer Mischung aus Melancholie und Hoffnung durchdrungen ist. Ich betrachte die Szene ein paarmal, während sich in meinem Kopf erste Melodien formen.

»Bist du bereit?« Nates Stimme erklingt über die schweren Kopfhörer, die ich mir aufgesetzt habe. Ich hebe den Daumen, hole tief Luft und lasse meine Schultern kreisen. Vor mir flimmert die Landschaft: sanfte Hügel, ein zarter Sonnenuntergang, Figuren, die sich zögernd aufeinander zubewegen. Es ist ein Moment, der Verletzlichkeit und Hoffnung einfängt – ein Balanceakt, den die Musik treffen muss.

Ich lege meine Finger auf die Klaviertasten. Die ersten Akkorde sind zögerlich, doch dann füllen sie den Raum, weichen den Figuren auf dem Bildschirm, unterstreichen ihre Bewegungen. Die Melodie baut sich langsam auf, getragen vom rhythmischen Puls des Klaviers. Nach einer Weile greife ich zur Violine. Der Klang ist klar, schwebt über der Klaviermelodie und verleiht der Szene eine dramatische Tiefe, die die Einsamkeit und gleichzeitig die Erleichterung der Charaktere einfängt.

»Stopp mal«, sagt Nate über die Kopfhörer und holt mich damit komplett aus dem Moment heraus. Ich senke die Geige und schaue zu ihm.

»Die Bridge – da fehlt was. Kannst du da vielleicht mehr Spannung reinbringen?« fragt er.

Ich nicke und spiele die Passage noch einmal, lasse die Töne diesmal eine stärkere Unruhe vermitteln, bevor sie sich in der Auflösung beruhigen. Der Basslauf unterstreicht die Dramatik, während ich zu den leuchtenden Hügeln auf dem Bildschirm blicke.

»Perfekt«, sagt Nate zufrieden, und ich spüre die Erleichterung in seiner Stimme.

Nach mehreren Justierungen wechsle ich erneut das Instrument, diesmal zur Geige, um harmonische Fülle hinzuzufügen. Es ist ein ständiges Wechselspiel zwischen der Musik und der visuellen Welt, die auf dem Bildschirm lebendig wird. Die Szene endet damit, dass die Figuren sich in die Arme fallen, während das Licht des Sonnenuntergangs sie umfängt.

Als der letzte Ton verklungen ist, herrscht einen Moment lang Stille. Dann beginnt Nate zu klatschen, und der Toningenieur stimmt ein. »Perfekt, Alison. Das wird großartig.«

Ich lächle erschöpft, aber zufrieden. Meine Finger gleiten über die Tasten, fast, als wollten sie noch ein letztes Echo der Melodie festhalten.

»Glaubst du, ARCADE wird sich schnell melden?« frage ich schließlich.

Nate lehnt sich im Stuhl zurück und nimmt seine Kopfhörer ab. »Ich denke, unsere Chancen stehen gut«, sagt er schlicht.

Unsere Chance, denke ich.

Meine Chance.

Darauf, endlich die Anerkennung zu bekommen, die ich mir ganz allein verdient habe.

Darauf, mir endlich einen Namen zu machen.

Darauf, alles ändern zu können.

»Kommst du zu uns, um über die Tonspuren zu schauen?«, fragt Nate, woraufhin ich mich von meinem Stuhl erhebe.

Als ich jedoch zu ihnen rüberkomme, setzt mein Herz für einen Schlag aus. William sitzt auf dem Sofa in der Ecke, von wo aus ich ihn hatte unmöglich sehen können. Sofort steigt mir Hitze in die Wangen. Sein Blick ist ruhig, aber intensiv.

»Was …?« bringe ich hervor. Ohne ein weiteres Wort gehe ich auf ihn zu, zerre ihn aus dem Raum hinaus.

»Was tun Sie hier?« Meine Stimme ist scharf und voller Wut.

William lässt sich mitziehen, auch wenn er sich natürlich einfach wehren könnte.

»Ich hab doch gesagt, dass ich in Ihrer Nähe bleibe«, erklärt er mit einer Gelassenheit, die mich nur noch mehr reizt.

»Haben Sie mich verfolgt?«

Ein Lächeln umspielt seine Lippen. »Ich mache meinen Job.«

»Ihr Job besteht darin, mich wie einen Eindringling in meinem eigenen Leben zu behandeln?«

William bleibt vollkommen ruhig, doch ich spüre, dass er meine Wut registriert. »Ihr Vater hat darauf bestanden, dass ich sicherstelle, dass Sie keine Risiken eingehen.«

»Risiken? Das hier?« Ich deute auf das Studio. »Das hier ist mein Leben, William. Und Sie gehören nicht hierher. Haben Sie etwa mein Auto verwanzt, um mich aufzustöbern?«

William hebt eine Augenbraue, seine Lippen zucken amüsiert. »Ich habe Sie wegfahren sehen, Alison. Und ihr Vater war so freundlich, mir diese Adresse mitzuteilen, damit ich … mal nach Ihnen sehe.«

»Das alles hier … ist ein sehr intimer Moment.« Ich schlucke. Das Gefühl, dass er in meine Privatsphäre eingedrungen ist, macht mich nervös. Meine Musik ist etwas, das ich nicht vielen Menschen offenbare – erst recht nicht in ihrem rohen, unfertigen Zustand. »Das ist noch nichts für die Öffentlichkeit, und schon gar nicht für meinen Vater oder jemanden wie Sie.« Panik kommt in mir hoch, weil er meinem Vater davon erzählen könnte … Wenn er überhaupt verstanden hat, was er hier gehört oder gesehen hat. Das alles schreit nicht gerade nach Juilliard-Vorbereitungen.

»Es war beeindruckend«, sagt er leise.

»Was?« Ich blinzle überrascht. In diesem Moment merke ich, dass ich ihn noch am Arm festhalte und lasse ihn schlagartig los. Wir stehen viel zu nah beieinander, also bringe ich sofort einen Schritt Abstand zwischen uns.

»Du hast die Szenen dort auf dem Bildschirm durch deine Melodie irgendwie so mit Emotionen aufgeladen«, fährt er fort.

»Das tut Musik für gewöhnlich«, erwidere ich, als wollte ich es kleinreden. Dabei will ich ihm einfach nur nicht zustimmen. Ganz sicher sage ich ihm nicht, dass dieses Kompliment mir sehr viel bedeutet und das Schönste ist, was jemand in Bezug auf meine Kunst sagen kann. Genau das möchte ich: Emotionen auslösen.

»Ich verstehe aber auch, warum Sie das vor Ihrem Vater geheim halten wollen.«

»Wer sagt, dass ich das möchte?« bluffe ich und versuche, etwas ruhiger zu atmen.

»Das sah mir nicht wie eine Bewerbung für Juilliard aus«, kommentiert er schlicht und verschränkt die Arme.

»Sie wissen gar nichts über mich«, entfährt es mir. »Nichts über Juilliard, nichts über all das hier.«

William bleibt unbeeindruckt angesichts meines emotionalen Ausbruchs.

»Alison Westwood. Geboren am fünfzehnten Juni, nächsten Monat werden Sie zwanzig Jahre alt. Diesen Herbst beginnen Sie Ihr Undergraduate-Studium an der Juilliard School in New York … na ja, oder vielleicht auch nicht, wenn ich Sie richtig einschätze.« Den letzten Satz unterstreicht er mit einem Lächeln. Dann fährt er fort: »Sie spielen Violine, Klavier und Geige – eine seltene Kombination. Bereits im Alter von vier Jahren haben Sie Stücke nach Gehör nachgespielt, die Ihr Vater komponiert oder interpretiert hat.«

In seiner Stimme schwingt Anerkennung mit, und aus irgendeinem Grund hasse ich das. Natürlich kennt er diese Fakten. Jeder tut das. Man kann sie in diversen Artikeln nachlesen.

»Das beweist doch nicht, dass Sie mich kennen«, sage ich bloß und verschränke die Arme. Als könnte ich mich so davor schützen, komplett von ihm durchschaut zu werden. »Das sind doch alles Fakten, die man online nachlesen kann.«

William neigt den Kopf etwas zur Seite, ich kann die Herausforderung in seinem Blick sehen.

»Okay, dann werden wir mal persönlich. Ihre Mutter hat Sie und Ihren Vater verlassen, als Sie gerade ein Jahr alt waren, sodass Ihr Vater nicht nur Ihre musikalische Inspiration, sondern auch Ihre wichtigste Bezugsperson wurde. Er liebt Sie über alles, aber wenn Sie mich fragen, übertreibt er es etwas mit der Kontrolle. Sie sprechen miteinander, ohne sich zuzuhören. Sie fühlen sich nicht ernst genommen und denken vermutlich, Ihr Leben wäre vorherbestimmt, weil Sie diesen Nachnamen tragen.«

Seine Worte treffen mich wie ein Schlag. Ich spüre, wie mein Atem stockt, und mein Herz beginnt, schneller zu schlagen. Sprachlos sehe ich ihn an, während meine Gedanken rasen. Woher … woher weiß er das?

»Was …« Mein Mund formt die Worte, die nicht herauskommen wollen.

Es ist, als hätte er mir einen Spiegel vorgehalten, einen, in den ich nie blicken wollte. Wie konnte er all das in so kurzer Zeit erkennen? Hat mein Vater ihm wirklich so viel über mich erzählt? Oder … war ich so durchschaubar?

»Ich denke, ich weiß genug über Sie, um meinen Job zu machen«, sagt er jetzt, seine Stimme tiefer, ruhiger. Sie klingt nicht mehr nach einer professionellen Barriere, sondern beinahe … mitfühlend. »Also bitte machen Sie es uns beiden nicht schwerer, als es sein muss.«

Ich schlucke schwer, versuche, meinen Blick von seinem abzuwenden, doch es gelingt mir nicht. Etwas in seinem Ausdruck hält mich fest – nicht Strenge oder Überheblichkeit, vielmehr etwas Unerwartetes: Verständnis.

»Jemand, der so viel über mich weiß, darf mich gerne duzen«, sage ich schließlich, weil mir alles daran unangenehm ist.

Langsam nickt er. »Einverstanden.«

»Wirst du meinem Vater hiervon erzählen?« Meine Stimme klingt mit einem Mal leiser, fast unsicher. Ich hasse, dass ich mich so verletzlich anhöre, kann es dennoch nicht verhindern.

Er mustert mich einen Moment lang, und dann, zu meinem Erstaunen, lächelt er – nicht herablassend oder spöttisch, sondern beruhigend. »Das wird nicht notwendig sein.«

Ich blinzle überrascht. »Warum nicht?«

William lehnt sich leicht vor, als wolle er sicherstellen, dass er meine Aufmerksamkeit hat. »Vorausgesetzt, du fliehst das nächste Mal nicht wieder vor mir. Ich bin niemand, vor dem du wegrennen musst, Alison.«

Die Art, wie er meinen Namen ausspricht … da ist eine Wärme darin, die ich nicht erwartet habe. Es ist fast so, als würde er ihn mit Bedacht verwenden, nicht wie ein Werkzeug oder eine Waffe, als vielmehr wie etwas, das mir gehört und das er respektieren will.

Ich starre ihn an, während ein seltsames Gefühl in mir aufsteigt – ein leiser, wenn auch unübersehbarer Hauch von Sicherheit. Nicht groß genug, um ihn völlig zu akzeptieren, aber gerade genug, um einen Funken des Zweifels an meiner bisherigen Haltung zu entzünden.

»In Ordnung, William«, sage ich schließlich. Meine Stimme klingt ruhiger, trägt aber eine leichte Vorsicht in sich.

Er nickt, fast so, als würde er mein kleines Zugeständnis als großen Sieg werten. Dann tritt er zur Seite, macht mir Platz, den Gang zurückzugehen, als wolle er mir zeigen, dass ich die Kontrolle habe.

»Und wer ist das?« fragt er beiläufig, doch seine Stimme hat einen prüfenden Unterton, der mir unangenehm ist.

William wirft einen kurzen Blick zu Nate, der sich mit dem Toningenieur unterhält. Ich hoffe inständig, dass sie durch die offene Tür nichts von unserem Gespräch mitbekommen haben.

»Das ist Nate«, sage ich kurz. »Er leitet das Studio.«

»Interessant.« William nickt, doch sein Blick bleibt auf Nate gerichtet, fast so, als würde er ihn einschätzen.

Nate lacht über etwas, das der Toningenieur gesagt hat, aber Williams Augenbraue hebt sich minimal, und sein Mund verzieht sich fast unmerklich. »Wie lange kennst du ihn schon?«, fragt er dann, seine Stimme ruhig, doch in seinen Augen liegt ein Schatten von Misstrauen.

»Ein paar Monate«, antworte ich schlicht. Warum interessiert ihn das?

»Ein paar Monate, hm? Er scheint … sehr engagiert.« William spricht das Wort »engagiert« so aus, als hätte es eine doppelte Bedeutung, die ich nicht ganz greifen kann.

»Er ist einfach nur professionell«, werfe ich schnell ein, worauf

William nicht direkt reagiert. Stattdessen bleibt sein Blick noch einen Moment länger auf Nate liegen, bevor er sich wieder mir zuwendet.

»Ich muss jetzt zu ihm, um die Musik aufeinander abzustimmen. Würdest du einfach draußen warten, wenn ich verspreche, nicht wieder zu fliehen?«

Ich werde nicht vernünftig arbeiten können, wenn ich weiß, dass er zusieht. Zu meiner Überraschung nickt er, und ehe ich etwas sagen kann, ist er so schnell verschwunden, wie er gekommen ist.

Kapitel 4

Zwei Tage sind seit der Aufnahme im Studio vergangen, und ich warte nach wie vor nervös auf eine Nachricht. Alles ist ruhig. Zu ruhig. Keine neuen Drohbriefe, keine unheilvollen Botschaften – nur diese unnatürliche Stille, die mich deutlich mehr in den Wahnsinn treibt als jede Form von Chaos.

Ich sitze im Musikzimmer meines Vaters am Klavier, die Finger ruhen auf den Tasten, ohne einen Ton zu spielen. Der Raum riecht nach poliertem Holz und alten Noten, und das gedämpfte Licht der Tischlampe taucht die Wände in warme Schattierungen. Seit mein Vater auf Geschäftsreise ist, fühle ich die Einsamkeit des Anwesens stärker als je zuvor. Es hallt in den leeren Fluren, klebt an den Wänden, schleicht sich in meinen Kopf.

Ein Klopfen unterbricht die Stille.

»Alison?« Williams Stimme ist gedämpft, aber selbst leise dringt sie wie ein Trommelschlag durch den Raum. Die Tür öffnet sich, und er tritt ein. Seine Augen scannen kurz den Raum, ehe er sich auf mich fokussiert. »Es ist spät«, sagt er leise, aber mit einem Hauch von Besorgnis in der Stimme. »Du solltest schlafen.«

Ich drehe mich zu ihm um, stütze mich mit einer Hand auf die Klavierbank und schüttele den Kopf. »Ich kann nicht.«

Er bleibt stehen, einige Schritte von mir entfernt. »Ist alles in Ordnung?«

»Ja … ich meine, nein. Ich weiß nicht.« Ich hebe den Kopf und schaue ihn an, spüre, wie meine Kehle sich kurz zusammenzieht, bevor ich impulsiv sage: »Wollen wir raus?«

Überrascht hebt er eine Augenbraue, doch dann nickt er langsam. »Gut. Aber zieh dir was Warmes an.«

* * *

Wenige Minuten später stehen wir auf den regennassen Straßen Londons. Die Themse schlängelt sich träge und dunkel durch die Stadt. Die Straßenlaternen werfen goldene Spiegelungen auf die Wasseroberfläche, während der Regen leise auf den Asphalt prasselt. London schläft nicht, auch nicht zu dieser späten Stunde. Das leise Brummen von Autos, das Rauschen des Flusses und der ferne Klang einer Sirene vermischen sich zu einer Kulisse, die fast hypnotisch wirkt.

William hält einen schwarzen Schirm über uns, während wir eng nebeneinander den Gehweg entlanglaufen, die Köpfe leicht geneigt, um den Schutz des Schirms nicht zu verlieren. Der Regen schafft eine seltsame Intimität. Jedes Mal, wenn eine Windböe die Tropfen näher zu uns treibt, rückt William ein Stück näher an mich heran.

Ich spüre die Wärme seines Arms neben meinem, den leichten Druck, sobald sich unsere Schultern zufällig berühren. Es ist nicht unangenehm. Ganz im Gegenteil.

»Ich hab London bei Nacht vermisst«, sage ich schließlich, meine Stimme klingt leise gegen das Trommeln des Regens.

»Warum?«, fragt er, ohne den Blick von der Straße vor uns abzuwenden.

»Es fühlt sich … echt an«, antworte ich. »Nicht wie tagsüber, wenn alles so hektisch ist. Nachts sieht man die Stadt, wie sie wirklich ist. Vertraut, aber auch … einsam.«

Er wirft mir einen Blick zu, und da ist er wieder – dieser Ausdruck in seinen Augen, den ich nicht ganz greifen kann. Es macht mich nervös, aber nicht so, wie ich es gewohnt bin. Eine gute Art von Nervosität. Weil er mich nicht nur beobachtet, sondern mich wirklich sieht. Jedenfalls fühlt es sich so an.

»Einsamkeit hat etwas Ehrliches«, sagt er schließlich. »Sie zeigt uns, wer wir wirklich sind.«

Ich betrachte ihn und merke, dass ich ihn anders sehe als noch vor ein paar Tagen. William ist nicht nur der unerschütterliche Bodyguard, den mein Vater engagiert hat. Da ist etwas an ihm, das ich vorher nicht bemerkt habe. Eine Seite, die ich vielleicht mögen könnte.

»Warum sind Sie wirklich hier, William?«, frage ich plötzlich, den Blick fest auf sein Profil gerichtet.

Er schweigt für einen Moment, den Blick auf das schimmernde Wasser der Themse gerichtet. »Weil ich dachte, dass ich das Chaos in meinem Leben kontrollieren könnte, wenn ich andere beschütze.«

Seine Stimme ist ruhig, gleichzeitig schwingt da etwas mit, das mich tief berührt. Ich beobachte, wie Tropfen von seiner Stirn in den Kragen seines Mantels laufen und seine Haare dunkler wirken lassen.

»Und hat es funktioniert?«, frage ich schließlich, leiser als zuvor.

Er wendet den Blick vom Wasser ab und sieht mich direkt an. Der Abstand zwischen uns scheint in diesem Moment nicht zu existieren. »Ich weiß es nicht«, sagt er ehrlich.

Für einen Moment ist da nur das sanfte Trommeln der Regentropfen auf dem Schirm, das leise Plätschern der Wellen und das matte Licht der Straßenlaternen. Ich merke, dass ich den Atem anhalte, als er näher kommt, um den Schirm tiefer über uns beide zu halten.

»Ich wollte nie, dass du dich unwohl fühlst, wenn ich da bin. Ich hoffe, du weißt das«, sagt er plötzlich.

Ich blinzle überrascht und schaue ihn an. »Das tue ich nicht … Jedenfalls nicht mehr.«

Er hebt eine Augenbraue, ein schwaches Lächeln umspielt seine Lippen. »Das ist ein Fortschritt.«

Ich lache leise, mehr aus Nervosität, und versuche, die plötzliche Wärme in meiner Brust zu ignorieren. »Wie alt bist du eigentlich? Du weißt alles über mich, bist selbst aber ein Mysterium. Ziemlich unfair, wenn du mich fragst.«

»Ich bin siebenundzwanzig«, antwortet er mit einem kleinen Schulterzucken.

»Sieben Jahre Unterschied«, murmele ich mehr zu mir selbst und lasse meinen Blick kurz über die Lichter der Stadt wandern. »Meine Glückszahl.«

Er lächelt schwach. »Dann hoffe ich, sie bringt dir mehr Glück als mir.«

»Vielleicht«, sage ich schließlich, »solltest du dir auch etwas Glück erlauben.«

Für einen Moment scheint der Regen um uns herum leiser zu werden, als hätte die Welt beschlossen, uns diesen Augenblick zu lassen.

Er schaut mich an, und ich spüre, wie mein Gesicht heiß wird, obwohl die Kälte immer noch auf meiner Haut haftet. Was ist es an diesem Mann, das mich so durcheinanderbringt? Es ist nicht nur seine Nähe oder die Art, wie er mich ansieht, als vielmehr die Tatsache, dass ich mich … gesehen fühle.

»Vielleicht«, murmelt er, dabei bin ich mir nicht sicher, ob er mir antwortet oder einfach nur den Gedanken laut ausspricht.

Wir bleiben noch eine Weile so stehen.

»Du bist nicht wirklich der Typ, der viel über sich erzählt, oder?«, versuche ich, den Moment aufzulockern.

»Und du bist nicht wirklich diejenige, die das akzeptiert«, erwidert er mit einem amüsierten Unterton.

»Stimmt«, gebe ich zu und lächle leicht. »Ich mag keine Rätsel.«

Er sieht mich an, und diesmal liegt ein Funke von Herausforderung in seinem Blick. »Vielleicht bin ich gar kein Rätsel, Alison.« Schließlich dreht William sich leicht zu mir, sein Blick wieder konzentriert, fast ein bisschen zu professionell. »Wir sollten zurück. Es wird spät.«

Ich nicke und folge ihm, als er den Schirm neu ausrichtet, sodass ich wieder unter seinem Schutz bin. Der Weg zurück fühlt sich kürzer an, wenn auch schwerer. Die Worte, die zwischen uns gefallen sind, hängen nach wie vor in der Luft.

Als wir schließlich die Tür des Anwesens hinter uns schließen, hallt der tiefe Klang der Standuhr durch den Flur. Zwölf Schläge. Mitternacht. William faltet den Schirm zusammen und stellt ihn in die Ecke, dann wendet er sich zu mir.

»Gute Nacht, Alison«, sagt er leise.

»Gute Nacht, William.«

Ich sehe ihm nach, wie er den Flur hinuntergeht, und spüre, wie sich meine Gedanken um das drehen, was er gesagt hat. Vielleicht ist er wirklich kein Rätsel. Vielleicht will ich nur, dass er eines ist – weil es einfacher ist, ihn so auf Abstand zu halten.

Kapitel 5

Ich sitze an meinem Schreibtisch, den Blick auf die Notenblätter gerichtet, die sich wie ein chaotisches Puzzle über der Oberfläche ausbreiten. Meine Finger verharren reglos auf den Tasten des Klaviers, als wären sie eingefroren.

Ein Windzug lässt die Vorhänge an meinem Fenster flattern, und ein kalter Schauder kriecht mir über den Rücken. Dabei habe ich das Fenster nicht geöffnet.

Mein Blick wandert durch den Raum, sucht nach einer Erklärung, doch alles bleibt still. Zu still. Mit zitternden Fingern ziehe ich mein Handy aus der Tasche und tippe eine Nachricht an Nate.

Ich
Was ist, wenn ich das alles nicht kann?

Seine Antwort kommt schneller, als ich erwartet habe.

Nate
Alison, wenn jemand das schaffen kann, dann du. Du bist die Beste. Vergiss das nie.

Ich will ihm glauben, wirklich, nur hallen in meinem Kopf die Worte meines Vaters nach – seine Zweifel, seine Erwartungen. Sie dröhnen wie ein unerbittliches Crescendo, das mich an den Rand der Verzweiflung treibt.

Ein Klopfen an der Tür reißt mich aus meinen Gedanken.

»Alison?« Williams ruhiger Ton schwingt durch die Stille, aber diese unausgesprochene Autorität darin reizt mich jedes Mal.

»Was ist?« rufe ich, bemüht, die Unsicherheit aus meiner Stimme zu verbannen.

»Würdest du bitte mit nach unten kommen?«

Es klingt nicht wie eine Bitte, sondern wie eine Anweisung. Widerwillig schiebe ich den Stuhl zurück und öffne die Tür. William steht im Flur, die Arme wie immer vor der Brust verschränkt. Sein Gesichtsausdruck wirkt ernst, seine Augen schimmern mit einer Härte, die etwas in mir zusammenziehen lässt.

»Ist etwas passiert?« frage ich, während ich ihn mustere.

»Dein Vater hat angeordnet, dass ich dich über etwas informiere.«

Ich rolle mit den Augen. »Noch mehr Kameras? Vielleicht ein elektrischer Zaun? Oder sollen wir gleich Wachtürme aufstellen?«

Sein Mundwinkel zuckt leicht, doch seine Miene bleibt beherrscht. »Wenn du Wachtürme willst, kann ich das arrangieren.«

»Sehr witzig«, murmle ich, folge ihm jedoch die Treppe hinunter.

Im Wohnzimmer fällt mein Blick sofort auf einen cremefarbenen Umschlag, der auf dem Couchtisch liegt.

»Das wurde heute geliefert«, erklärt William. Seine Worte sind kühl und präzise, was mich mehr beunruhigt, als ich zugeben will.

Ich greife nach dem Brief, doch William legt seine Hand auf meine. »Ich hab ihn bereits untersucht. Keine direkten Hinweise, keine Spuren.«

»Und warum zeigst du ihn mir dann?«, frage ich scharf.

Er hebt eine Augenbraue. »Weil du die Zielperson bist.«

Ich schnaube, ziehe den Umschlag an mich und öffne ihn. Auf dem einzigen Blatt Papier steht in makelloser Handschrift:

Du kannst dich in den Tönen verstecken, aber ich höre jede falsche Melodie.

Ein kalter Schauer läuft mir über den Rücken. Ich will es herunterspielen, doch irgendwas daran fühlt sich anders an. Persönlicher.

»Das ist lächerlich«, sage ich schließlich. »Es ist nur ein schlechter Versuch, mich einzuschüchtern.«

William verschränkt die Arme, sein Blick spricht Bände. Er glaubt es nicht. Tief in mir weiß ich, dass er recht hat.

»Wir erhöhen die Sicherheitsmaßnahmen«, sagt er schließlich. »Keine Diskussion.«

Ich will widersprechen, aber behalte die Worte schließlich für mich. Vielleicht weil er mich so unnachgiebig ansieht.

»Übrigens«, sagt William plötzlich, »Dein Vater wird früher zurückkommen. Er will … dich im Auge haben.«

»Es ist viel schlimmer, als ich dachte, oder?«

Wortlos nickt er. »Dein Vater weiß, dass du hier sicher bist. Und ich hoffe, du weißt das auch. Die Polizei ist bereits informiert.«

Ein Knoten bildet sich in meinem Magen. »Ich werde hier für immer festsitzen.«

»Dazu wird es nicht kommen«, sagt William. Seine Antwort kommt schnell, und irgendwie beruhigt es mich, dass wenigstens er sich so sicher ist. »Vertrau mir.«

»Einfach so?«, frage ich, kaum fähig, den Gedanken zu fassen, dass dies alles ist, was mir bleiben könnte. »In Ordnung.«

Die Worte in dem Brief schwirren in meinem Kopf. *Wer könnte hinter dieser Drohung stecken?* Ein Journalist, der sich eine Schlagzeile verspricht? Oder ist es jemand, den ich kenne? Vielleicht jemand aus meinem Umfeld, jemand, dem meine Musik ein Dorn im

Auge ist. Eine verärgerte Person aus der Branche, die glaubt, sich auf diese Weise bemerkbar machen zu müssen?

Mein Herz schlägt schneller, als die Fragen mich überfluten.

Ich atme tief ein, doch ein Gedanke bleibt: *Was, wenn wir gerade erst anfangen, zu verstehen, was hier wirklich auf uns zukommt?*

Kapitel 6

Um die Welt auszublenden, hilft Musik. In meinem Fall: Musik zu komponieren, denn das Stück muss angepasst werden, damit es zum Inhalt der Szene passt. Der Regen prasselt gegen die Fenster, während ich die letzte Note meines neuen Stücks auf das Notenblatt kritzle. Ein Sturm tobt draußen, heult wie ein unruhiger Geist.

Mein Handy vibriert auf dem Tisch. Eine Nachricht von Nate.

Nate
Bin gleich bei dir. Hast du die neueste Version fertig?

Ich runzle die Stirn. Wir hatten keinen Termin ausgemacht, und das Studio ist über eine Stunde entfernt. Warum ist er unterwegs? Wenn Nate so spontan vorbeikommt, muss es wichtig sein.

Als ich die Treppe hinuntergehe, höre ich Stimmen. Gedämpft, aber angespannt.

»Die Fingerabdrücke auf den Drohbriefen gehören dir, Nate. Als wir im Studio waren, habe ich dein Glas mitgenommen und einen Abgleich machen lassen.« William spricht ruhig, doch seine Worte haben einen durchschlagenden Effekt.

Ich bleibe auf halber Höhe der Treppe stehen, der kalte Schweiß bricht mir aus, während ich die Hand um das Geländer klammere. Mein Herz schlägt schneller, und ich komme nicht mit meinen rasenden Gedanken mit. Dennoch gebe ich kein Wort von mir.

»Das ist doch lächerlich!« Nate schnaubt, seine Stimme wird immer wütender. »Erst fängst du mich hier an der Tür ab, als wäre ich ein Krimineller, und jetzt so etwas? Wo ist Alison? Ich will mit ihr sprechen.« Er tritt einen Schritt auf William zu, als wollte er ihn beiseiteschieben.

»Nein, das wirst du nicht«, erwidert William scharf und blockiert ihm den Weg.

Nate ballt die Fäuste, seine Wut ist fast greifbar. »Du willst mir also unterstellen, dass ich hinter all dem stecke? Warum sollte ich so etwas tun? Du weißt nicht, was ich alles für sie getan habe! Was ich alles für sie geopfert habe! Ihr Vater sollte sie doch nur hierlassen, in Sicherheit, bei mir. Es wäre doch alles …«

»Sie ist nicht deine Marionette, Nate«, unterbricht William ihn.

»Und was bist du dann? Ihr Babysitter?« Nates Stimme wird lauter. »Ich hab sie unterstützt, als niemand sonst an sie geglaubt hat. Wenn sie jetzt an die Juilliard geht, war das alles umsonst!«

»Es geht hier nicht um dich«, entgegnet William. »Sie hat das Recht, selbst zu entscheiden.«

»Selbst entscheiden?« Nate lacht bitter. »Das sagst du so leicht, mit deinem beschissenen Soldatenkodex. Du weißt gar nicht, was es bedeutet, für einen Traum zu kämpfen.«

»Pass auf, was du sagst«, erwidert William, macht einen Schritt auf Nate zu.

Ich trete vor, und die knarrenden Stufen lassen beide aufsehen.

Unsicher schaue ich zwischen den beiden Männern hin und her. »Was geht hier vor?«

»Alison«, beginnt Nate, doch ich unterbreche ihn.

»Was meint er damit, Nate?« frage ich leise, und will das alles nicht glauben.

Sein Blick wirkt schuldbewusst. »Alison, du musst mir zuhören. Es war nie böse gemeint, aber du hast nie verstanden, dass du ohne mich nichts bist. Du kannst nicht einfach gehen und mich zurücklassen, das war so nicht abgemacht.«

»Was?« Ich starrte ihn fassungslos an. »Aber …«

»Er steckt hinter dem letzten Drohbrief, und ich schätze auch hinter allen anderen«, klärt William mich auf.

Ein lautes Lachen kommt über Nates Lippen, das mir eine Gänsehaut bereitet. Er kommt näher, doch William stellt sich schützend vor mich.

Abwehrend hebt Nate die Hände, doch sein Blick brennt mich beinahe nieder. »Du weißt, dass du nicht an die Juilliard gehörst. Du hast dich nur beworben, um deinem Vater zu gefallen, und eigentlich wolltest du doch gar nicht dorthin. Also dachte ich, ich helfe etwas nach … Ich hab immer gesagt, dass du für ARCADE komponieren sollst, du bist viel besser als dieser elitäre Quatsch. Und doch hast du dich von deinem Vater und seinen dummen Vorstellungen blenden lassen. Die Drohungen, die Briefe … das war ein Weckruf! Dein Vater sollte dich hierlassen, damit du in Sicherheit bist.« Die Worte ›in Sicherheit‹ untermalt er mit Gänsefüßchen in der Luft. »Du hast nie verstanden, was du wirklich willst. Ich wollte immer nur, dass du Erfolg hast.«

»Du wolltest, dass du Erfolg hast … Durch mich«, korrigiere ich ihn. »Und was willst du von mir? Dass ich dir zuhöre, dass ich mich von dir lenken lasse?«

»Ja«, sagt er, als wäre es die dümmste Frage, die ich hätte stellen können und deren Antwort auf der Hand liegt. »Weil ich der Einzige bin, der wirklich weiß, was du zu bieten hast. Ohne mich wirst du nie frei sein. Ich weiß, wie du tickst. Du hast es immer schon zugelassen, dass ich die Entscheidungen für dich treffe. Sieh doch mal hin. Deine Musik … dein Erfolg … das kam alles von mir. Wir sind ein gutes Team, findest du nicht?«

Ich will widersprechen, merke jedoch in diesem Moment, dass alles, was er sagt, eine Lüge ist. Ich habe immer für mich selbst entschieden – auch wenn ich es mir nie eingestanden habe.

»Du bist … vollkommen durchgedreht«, sage ich schließlich und empfinde nichts als Wut für diesen Mann, dem ich so vertraut habe.

Er reißt die Augen auf, und ich meine, darin Tränen zu erkennen. »Alison, bitte, hör mir doch zu …«

»Geh«, fordere ich ihn leise, aber bestimmt auf.

Er zögert, doch als William einen Schritt auf ihn zugeht, dreht er sich wortlos um und verschwindet.

William bleibt, die Anspannung weicht deutlich von seinen Schultern. »Es tut mir leid, Alison.«

»Keine Ahnung, was hier gerade passiert ist«, sage ich ehrlich und schüttle den Kopf.

»Das war sicherlich nicht leicht für dich.«

»Aber richtig«, sage ich, und zum ersten Mal glaube ich es auch.

Kapitel 7

Der Morgen, an dem ich mich entscheide, fühlt sich an wie der Beginn eines neuen Lebens. Es ist eine Woche vergangen, seit ich meinem Vater die Nachricht geschrieben habe, dass ich nicht an die Juilliard gehen werde. Er hat meine Entscheidung – zu meiner Überraschung – akzeptiert, als er meine Stücke gehört hat. Zum ersten Mal hat er mir zugehört und mich für meine Musik und meinen Mut, für mich selbst einzutreten, respektiert. Vielleicht hat uns diese Zeit doch nähergebracht, als ich dachte. In gewisser Weise haben wir beide Frieden gefunden, jeder auf seine Weise.

Heute fahre ich mit William wieder ins Studio. Ein Schritt weiter, weg von den Schatten der letzten Zeit.

William steht in der Tür, ruhig wie immer, als wäre nichts geschehen. Die Dunkelheit, die Nate mit seinen Drohungen verbreitet hat, scheint sich jedoch nur langsam zu verflüchtigen. Vor allem jetzt, da keiner weiß, wo er steckt.

»Bereit?«, fragt William, als er mich ansieht.

»Er wird nicht da sein, oder?«, frage ich schließlich leise, obwohl ich die Antwort längst kenne.

William nickt, sein Blick geradeaus gerichtet. »Er ist verschwunden. Laut dem Toningenieur ist er beruflich unterwegs, keine Spur von ihm hier. Aber die Polizei ist dran.«

Wir fahren gemeinsam ins Studio, doch die Stille im Auto fühlt sich heute anders an. Nicht schwer oder bedrückend, sondern voller unausgesprochener Worte, die wir beide nicht auszusprechen wagen. William hat mir keine weiteren Details zu Nate verraten, ich habe aber auch nicht gefragt.

Ich atme tief ein. »Okay, dann bin ich bereit.«

* * *

ARCADE hat mir – *als Notfallersatz für Nate* – ein neues Team zur Seite gestellt, damit ich nicht nur ein, sondern gleich mehrere Stücke für das Spiel komponiere. Es fühlt sich alles surreal an – eine neue Umgebung, neue Kollegen, neue Anforderungen. Es fühlt sich professioneller an, weniger persönlich, aber vielleicht ist das auch besser so.

Als die ersten Töne meiner Melodie durch die Lautsprecher dringen, suche ich Williams Blick. Er steht am Rand des Raums, still und wachsam wie immer. Doch diesmal hat er ein Lächeln auf den Lippen, ein kleines, fast stolzes. Er ist heute mitgekommen, weil ich es wollte – nicht, weil er muss. Mein Vater hat eingesehen, dass Sicherheit nicht immer Kontrolle bedeuten muss. Für einen Moment atme ich tief ein und schiebe die Gedanken an den Abschied von William beiseite. Ich gehe zum Klavier und setze mich. Die Tasten unter meinen Fingern fühlen sich vertraut an, und als ich die ersten Akkorde anschlage, ist alles für einen Moment leichter. Die Melodie fließt, die Musik trägt mich fort – so wie sie es immer tut, wenn alles andere schwer wird.

* * *

Als wir die erste Pause machen, mein Kopf vor lauter Arbeit raucht, entscheiden William und ich, ein Stück um das Gelände zu laufen.

»Ich kann's kaum glauben, dass mein Vater gleich kommt. Denkst du, er wird es mögen?«

William sieht mich an, sein Blick ruhig, aber irgendwie auch aufmunternd. »Er wird es lieben, Alison.«

»Und du musst wirklich schon los?«, frage ich, obwohl ich weiß, dass heute sein letzter Tag ist. Er ist nur zur Unterstützung mitgekommen, und mein Vater und ich haben gemeinsam entschieden, dass seine Dienste nicht mehr nötig sind. Obwohl ich versucht war, dagegen zu argumentieren, damit er bleibt, hat William schnell zugestimmt, als es um seine Freistellung ging. Irgendwie macht mich das trauriger, als es eigentlich sollte.

»Ich brauche auch einen Neustart«, sagt er schließlich, ruhig, aber mit einer Tiefe, die mehr verrät, als er sagt. Wir haben nie darüber gesprochen, dass dies uns eine echte Chance geben würde, uns selbst besser kennenzulernen – ohne die Rollen, die wir bis jetzt gespielt haben.

»Und was jetzt?«, frage ich leise, fast, als würde ich mir die Antwort selbst erhoffen.

»Jetzt gehst du deinen Weg«, sagt er, ohne zu zögern. »Und ich meinen.«

Ein Teil von mir möchte ihn bitten zu bleiben, möchte sagen, dass sein Platz hier ist – nicht als Bodyguard, sondern als jemand, der mich versteht. Gleichzeitig weiß ich aber auch, dass das nicht möglich ist. Unsere Leben verlaufen in unterschiedlichen Bahnen, und das war von Anfang an klar.

»Danke«, sage ich schließlich, meine Worte kaum mehr als ein Flüstern. »Irgendwie hat es doch geholfen, dass du da warst.«

William tritt einen Schritt näher, seine Hand ruht kurz auf meinem Arm. »Du bist stärker, als du denkst. Vergiss das nicht.«

»Der große Abschied«, scherze ich, obwohl mir gar nicht danach ist. Aber irgendwie muss ich diese Situation ja überleben.

»Wir sehen uns sicher wieder.«

»Ist das ein Versprechen?«, frage ich, mit einem Hauch von Hoffnung zwischen den Worten.

Ein Lächeln erscheint auf seinen Lippen. »Wenn du das gerne möchtest, dann ja.«

Er streckt mir die Hand entgegen, und zum ersten Mal berühren wir uns bewusst. Keiner von uns lässt los. Ich trete einen Schritt näher und ziehe ihn in eine kurze Umarmung, die er, ohne zu zögern, erwidert, bevor wir uns wieder lösen.

Als er sich abwendet und geht, bleibt sein Versprechen bei mir.

* * *

Die Wochen nach der Premiere meines Soundtracks für ARCADE vergehen wie im Flug. Nicht nur ein Stück, sondern gleich mehrere, die das Spiel jetzt mit meiner Musik tragen. Meine Kompositionen – die Klänge, die die Spieler durch die Welten begleiten – sind mehr als nur Hintergrund. Sie sind lebendig, sie sind ein Teil des Spiels. Zum ersten Mal bin ich nicht mehr nur die Tochter von Victor Westwood. Jetzt bin ich Alison Westwood, die Komponistin, deren Melodien die Spieler in ARCADE genauso mitreißen, wie sie es bei mir tun.

Mein Handy summt, ein leises Geräusch, das die Stille durchbricht. Ich greife danach, bereit, die nächste Benachrichtigung über ein Interview oder eine Einladung zu ignorieren, doch die Nachricht bringt mein Herz zum Stolpern:

> **Unbekannt**
> Es klingt vielleicht komisch, aber …
> Wenn ich jetzt vor deiner Tür stehen würde, würdest du aufmachen?

Kein Name, keine Erklärung. Ein anonymes, geheimnisvolles Echo aus der Vergangenheit, das sofort einen kalten Schauer über meinen Rücken jagt. Mein Magen zieht sich zusammen, und ich spüre, wie die Stille um mich herum dichter wird. Für einen Moment überlege ich, die Nachricht zu ignorieren. Aber da kommt schon die nächste.

> **Unbekannt**
> Oh, hier ist William.

Erleichterung und … Vorfreude durchflutet mich. Seit unserem letzten Treffen sind nun drei Monate vergangen. Fast eine Ewigkeit, weil sich mein Leben seitdem so verändert hat.

Barfuß laufe ich durch den Flur zum Eingang. Meine Hand zögert kurz am Griff, bevor ich ihn schließlich drehe und die Tür öffne.

Und da steht er.

William.

Mit einem schüchternen Lächeln auf den Lippen, das ich noch nicht von ihm kenne.

»Du?«, frage ich, mein Herz rast immer noch, obwohl ich versuche, es zu ignorieren. »Was machst du hier?«

Er seufzt und fährt sich mit der Hand über den Nacken. »Ich hab dich gesehen. Im Fernsehen, meine ich. Aber …«

Ich ziehe eine Augenbraue hoch. »Aber?«

»Das hat nicht gereicht.«

Luft holen, Alison. Tief Luft holen. »Und du dachtest, du kommst einfach her und … was?«

Bitte, sag es. Ich muss es hören.

»Und sage dir das, was ich dir vor drei Monaten hätte sagen sollen«, antwortet er jetzt und kommt näher. »Ich mag dich, Alison. Ein bisschen zu sehr, um es dir nicht zu sagen.«

Mein Herz randaliert. Am liebsten würde ich ihm sofort um den Hals fallen, aber halte mich noch zurück.

»Das trifft sich gut, denn … ich mag dich auch, William.«

Er seufzt. »Ich habe jahrelang in einer Umgebung gearbeitet, in der alles überwacht und abgesichert war. Das ist eine ganz andere Art von Herausforderung. Für Gefühle gibt es keinen perfekten Sicherheitsplan.«

Wir sehen uns einen Moment lang an, doch dann kann ich es nicht länger aushalten. Ich überbrücke die letzten Zentimeter zwischen uns und ziehe ihn in eine Umarmung. Für einen Moment bleibt er einfach stehen, seine Hände ruhen beinahe unmerklich auf meinem Rücken. Doch dann zieht er mich enger an sich, und all die Worte, die ich hätte sagen können, verschwinden.

Als ich mich schließlich zurücklehne, ist er mir so nahe, dass ich beinahe in seinen Augen versinke. »Also, wirklich – warum jetzt?«

Er zögert einen Moment. »Weil ich endlich gemerkt habe, dass ich dir nicht aus dem Weg gehen will.«

Überrascht von seiner Offenheit blinzele ich. »Besser spät als nie, oder?«

»Darf ich reinkommen, oder ist dir vielleicht lieber nach einem Mitternachtsspaziergang am Wasser?«

Die Erinnerung an diesen Abend kommt sofort zurück und lässt mich lächeln. Schnell hole ich meine Jacke und trete wieder zu ihm hinaus.

Unsere Gespräche über die letzten Monate kommen fast von selbst. Wir reden über alles, was die letzten Monate passiert ist, und irgendwie fühlt es sich … vertraut an, mit ihm hier entlangzulaufen.

Irgendwann, als wir weitergehen, merke ich, wie er langsamer wird, und dann, fast vorsichtig, seine Hand nach meiner sucht. Die Berührung ist so zart, dass ich für einen Moment nicht sicher bin, ob es wirklich passiert oder ob mein Herz es sich einfach nur wünscht.

»Ist das okay?«, fragt er leise, und seine Stimme hat diesen Hauch von Unsicherheit, der mich überrascht. Er streicht mit dem Daumen über meinen Handrücken, und der sanfte Kontakt lässt mich für einen Moment den Atem anhalten.

»Ja«, sage ich schließlich, fast ein wenig überrascht von der Klarheit in meiner Antwort. Ich spüre, wie sich ein kleines Lächeln auf meinen Lippen ausbreitet. »Das ist okay.«

Die Welt da draußen mag noch genauso chaotisch und unberechenbar sein wie immer, aber hier, mit ihm, ist alles für einen Augenblick ruhig.

Und manchmal ist da diese Melodie, die neu ist – eine, die nicht nur aus Schmerz geboren wurde, sondern aus Hoffnung.

Und vielleicht,
ganz vielleicht,
aus Liebe.

WILDEST DREAMS – *Taylor Swift (Valentina's Version)*

12

Wenn es eine Sache gibt, die mich in einen verdammten Zwiespalt bringt, sind es die Schichten nach einem Eishockeyspiel der Bentley Falcons. Einerseits, weil es dann voll, laut und stressig in dem Laden wird, in dem ich arbeite. Dem Schuppen, der von dem Team schon seit ihrer ersten Saison im Jahr 1977 als Glücksbringer-After-Match-Location auserkoren wurde. Eishockeyspielen und ihrem Aberglauben sei Dank, wird das Currito niemals pleitegehen.

Andererseits, weil es die wenigen Abende sind, in denen ich Jasper Cole so nahe wie sonst nie komme.

Während ich die Bestellung abarbeite, die einen Haufen Borritos und Softdrinks beinhaltet, schiele ich immer wieder zu der langen Tischreihe in der Mitte des Restaurants, die bis auf den letzten Platz besetzt ist. Und um sie herum sitzen an den übrigen Tischen ihre Bewunderer. Studierende, die nach ihrer Aufmerksamkeit lechzen, während das Team nur auf sich selbst konzentriert ist, lacht und grölt, high von ihrem heutigen Heimsieg.

Und mitten unter ihnen ist Jasper Cole. Teamcaptain, Jahrgangsbester, feuchter Traum des halben Campus. Seine dunklen

Locken liegen perfekt, seine Nase ist ein klein wenig gebogen, seine Lippen voll, außerdem bilden sich Grübchen auf seinen Wangen, wenn er lacht. Was er ständig tut. Weil er der Sonnenschein dieser Universität ist und selbst die Professoren den Boden zu seinen Füßen anbeten. Und er ist heiß. So heiß, dass ich nicht anders kann, als aufzublicken, als sein Lachen das aller anderen übertönt.

Es ist lächerlich, aber ja, verdammt, auch ich habe einen Crush auf diesen Typen, mit dem ich bisher nicht mal ein einziges Wort gesprochen habe.

Meine beste Freundin und Kollegin Natalie tritt neben mich und stöhnt genervt, während sie sich gegen die Arbeitsplatte lehnt. »Ich hasse diese Schichten. Wieso müssen Eishockeyspieler nur so viel essen?«

»Vielleicht sind sie noch im Wachstum.«

»Von was? Ihrem Ego?«

»Meinst du, das kann noch größer werden?« Ich tue so, als würde ich ernsthaft überlegen, nur um einen weiteren Blick zu Jasper Cole rüberwerfen zu können. Das hier ist lächerlich. Dennoch kann ich einfach nichts dagegen machen.

Sie schnauft. »Glaub mir, wenn etwas bei einem Kerl wachsen kann, dann ist es sein Ego oder die Beule in seiner Hose. Vor allem, wenn man Ersteres genug streichelt.«

»Oh bitte, lass uns damit aufhören«, jammere ich lachend und würde mir am liebsten die Ohren zuhalten, wenn ich nicht gerade dabei wäre, einen Burrito mit Hähnchenbrust und Salat zu füllen.

»Tu mal nicht so prüde. Ich hab genau gesehen, wie du Jasper Cole angestarrt hast.«

»Hab ich gar nicht.« Plötzlich ist der Burrito in meiner Hand wieder viel interessanter geworden.

»Und so was von. Du hast immer noch Sabber am Kinn.« Ihre Stimme vibriert vor unterdrücktem Lachen.

Ich widerstehe dem Drang, mir mit dem Unterarm übers Kinn zu wischen, und tue unschuldig. »Quatsch. Ich hab lediglich rübergesehen. Wer würde das nicht? Ich meine, schau dir unsere restliche Kundschaft an?«

Wir blicken gleichzeitig über den Tresen hinweg in den Restaurantbereich, der voll besetzt ist. Ausnahmslos alle starren auf den großen Tisch in der Mitte. Als wäre das Team das Zentrum des Universums. Total lächerlich. Und doch kann ich mich diesem Sog ebenfalls nicht entziehen.

Natalie stöhnt leise, als eine Studentin an die Kasse kommt, um etwas zu bestellen, und geht zu ihr rüber, was mir eine kleine Verschnaufpause von ihren bohrenden Fragen verschafft. Natalie und ich kennen uns seit dem Kindergarten. Unsere Familien sind Nachbarn und sie hat mir schon in dem gemeinsamen Sandkasten, den unsere Väter in der großen Einfahrt aufgestellt haben, regelmäßig die Schaufel über den Kopf gezogen. Ich liebe sie. Echt. Aber manchmal ist sie einfach wie die nervige große Schwester, die ich nie hatte. Viel zu neugierig. Und seit ich mal im angetrunkenen Zustand gestanden habe, dass ich vielleicht ein klein wenig für den Captain unserer Eishockeymannschaft schwärme, zieht sie mich jedes Mal auf, wenn auch nur das Thema sein Herrschaftsgebiet streift.

Oh, du isst ein Eis. Spielt Jasper Cole nicht auf Eis?

Oh, du frierst. Ist es nicht kalt, wenn man in der Eishalle rumsteht und seinem Crush zujubelt?

Oh, du magst dieses dunkelblaue Kleid? Gehört die Farbe nicht auch zum Trikot der Falcons?

Über mir blinkt eine neue Bestellung auf dem kleinen Bildschirm auf, die auch in dem hinter mir liegenden Kochbereich angezeigt wird, wo wir heute heillos unterbesetzt sind. Eine Bowl. Die Studentin bekommt eine Nummer, mit der sie sich zu einer Gruppe rechts in der Ecke am Fenster setzt.

Ich erwische mich dabei, wie ich wieder zu Jasper Cole hinüberschiele und lächeln muss, als er lauthals über irgendwas lacht.

Gott, wie kann man nur so gut aussehen?

Ich wette, ich werde schon wieder von ihm träumen. Das passiert mir immer, wenn ich ihn sehe. Mein Gehirn produziert dann im

Schlaf all diese schmutzigen Bilder, von denen ich verschwitzt und erregt mitten in der Nacht aufwache.

In diesem Moment schiebt sich jemand in meinem Blickfeld, und mein Lächeln sackt sofort wieder in sich zusammen. Es ist ausgerechnet Ella Thompson, Kapitänin des Handball-Teams und meine persönliche Nemesis, die vor mir steht und ihre Unterlippe inklusive eines mitleidigen Augenaufschlags vorgeschoben hat. »Wie süß. Steht der kleine Nerd etwa auf einen Sportler? Hast du in der Highschool nicht diese großen Reden geschwungen, wie dumm all diese Muskelprotze doch seien?« Sie spricht so laut, dass sich einige Köpfe zu uns umdrehen.

Meine Wangen brennen vor Verlegenheit, und ich neige den Kopf so, dass meine schwarze Arbeitscap den anderen Gästen hoffentlich den Blick auf mein Gesicht versperrt. »Willst du was essen? Oder nur dein Gift versprühen?«

Sie lächelt, weil ihr nichts was anhaben kann. Selbst wenn mein Spruch origineller oder schlagfertiger gewesen wäre, würde sie mich nicht anders ansehen. Ella ist der Typ Mensch, der es gewohnt ist, zu gewinnen. Das war auch der Grund, warum ich sie in der Highschool so cool fand und mich mit ihr anfreundete, als sie gerade neu in die Stadt gekommen war. Natalie hat sie sofort durchschaut, doch ich brauchte deutlich länger, um zu erkennen, dass Ella nur jenen eine treue Freundin ist, die ihr einen Vorteil bringen. Und leider habe ich keine Pluspunkte an mir, wie etwa reiche Eltern. Offenbar ist die Mittelschicht mit weißem Reihenhaus unter ihrer Würde. Zudem hatte mein großer Bruder kein Interesse an ihr, was für sie Grund genug war, um mir das letzte Highschool-Jahr zur Hölle zu machen. Dass er nichts mit ihr anfangen wollte, lag laut ihr nur daran, dass ich eifersüchtig war – was zu richtig ekelhaften Gerüchten über mich und meine Familie führte.

Ich habe Ella gehasst und damals gelernt, dass man nur wenige Worte braucht, um jemanden dort zu treffen, wo es so richtig wehtut.

Einen kurzen Moment lang hoffe ich auf ein Wunder, eine Tornadowarnung, einen verdammten Bären, der durch die Tür spaziert.

Doch nichts, was Ella davon abhalten könnte, zum Todesstoß anzusetzen, passiert. »Schlag ihn dir besser direkt aus dem Kopf. Du bist sowieso weit unterhalb seiner Liga.«

Ich will ihr sagen, dass sie eine Bitch ist. Dass sie keine Ahnung von Jasper hat, der einfach nur nett ist. Dass sie sich verpissen soll. Stattdessen starre ich sie an. Kalt, ohne eine Miene zu verziehen und ihr die Genugtuung zu geben, dass ihre Worte etwas mit mir machen. Ich starre sie so lange an, bis es unangenehm wird. Sie zieht ihre Nase kraus und wendet sich als Erste ab. Ja! Da hast du es, du blöde …

»Freak«, murmelt sie, und all meine innerliche Freude verpufft, während ich wieder rot werde. Rot vor Wut, und rot vor Scham. Ätzend.

Natalie läuft mit einem Rollwagen voller Tabletts mit Resten an mir vorbei. »Was wollte die denn von dir?«

»Schlechte Laune verbreiten«, erwidere ich und wickle den nächsten Burrito etwas zu fest ein.

»Also alles wie immer.« Natalie schiebt mit einem Schnauben den Rollwagen in Richtung Küche.

Währenddessen brodelt es in mir. Ich bin kein Freak. Ich bin zwar nicht so beliebt wie sie, aber ich habe Freunde. Und viele Bekannte, weil ich in allen möglichen Clubs bin. Statt auf dem Sportfeld zu schwitzen, lese ich, schreibe Gedichte, singe in einer Band und spiele Theater. Ich bin sehr viel cooler, als sie sich eingestehen will.

Wieso lasse ich dann zu, dass ihre Worte an mir nagen? Wieso gebe ich ihnen dann so viel Raum in meinem Kopf?

Weil sie unrecht hat. Ich bin nicht unterhalb Jaspers Liga. Nur weil er ein Sportler ist, ist er nicht der König des Campus. Er ist ein ganz normaler Kerl, der einfach unfassbar gute Gene hat.

Wenn ich wollen würde, könnte ich sicher mit ihm ausgehen.

Nur wollte ich das bisher einfach nicht.

Weil er zwar wie ein guter Kerl wirkt, aber ich die Gerüchte um ihn kenne. Er liebt Dates, mit vielen verschiedenen Frauen. Alle schwärmen davon, was für ein Gentleman er ist, und bisher habe ich noch keine Beschwerden über seine Performance im Bett gehört. Doch das ist nichts, was ich will. Ich möchte nicht nur eine Nacht mit ihm, denn ich kenne mich. Ich würde mich verlieben und es würde wehtun.

Außerdem habe ich gehört, dass er bereits einen Vertrag in Chicago unterschrieben hat. Wir haben kurz vor Ende des Semesters, er ist also so gut wie weg. Vermutlich werde ich ihn nie wieder persönlich sehen.

Einen Moment lang erstarre ich, als mir das bewusst wird.

Jasper Cole wird weggehen. Er wird gehen und eine Erinnerung hinterlassen an jemanden, den ich mal von Weitem angehimmelt habe, weil ich mich nie getraut habe, ein Wort mit ihm zu wechseln.

Scheiße, bin ich armselig.

»Hör auf zu grübeln«, meint Natalie, als sie an mir vorbeiläuft. Nun mit einem leeren Rollwagen.

»Ich grüble nicht.«

»Tust du wohl.« Sie wedelt mit ihrem Zeigefinger und deutet auf die Burritos vor mir. »Die sind für das Team. Kannst du die eben rüberbringen?«

»Klar«, sage ich und drehe die letzte Tortilla ein.

Dann straffe ich meine Schultern und nehme das Tablett in beide Hände, bevor ich hinter dem Tresen hervortrete und auf den Tisch zugehe. Mein Puls ist augenblicklich bei eintausend, und ich spüre meinen Herzschlag in meinem Hals, als ich schlucke. Wieso bin ich plötzlich so nervös? Selbst bei Auftritten habe ich so gut wie nie Lampenfieber. Lächerlich. Ich werde mir nicht wegen eines Kerls ins Hemd machen. Ich gehe da jetzt rüber, lächle Jasper Cole an und beweise mir selbst, dass er absolut keine Stufe über mir steht.

Selbstbewusst ziehe ich meine Schultern nach hinten und gehe mit schnellen Schritten auf die Gruppe zu. Sie machen mir Platz, damit ich das voll beladene Tablett einfach in ihre Mitte stellen kann, einige von ihnen pfeifen bei meinem Anblick. Weil ich entgegen Ellas Behauptungen gar kein Freak bin, sondern eigentlich ganz hübsch.

Doch Jasper schaut nicht in meine Richtung. Er greift sich einen Burrito und wickelt ihn aus der Folie, redet weiter mit seinem Teamkameraden, als wäre ich gar nicht da.

Eine Sekunde, so lange bleibe ich stehen, bevor mir das bewusst wird und ich wieder hinter den Tresen fliehe.

Meine Wangen sind hochrot, als ich mich neben Natalie stelle, die mich fragend anschaut. »Alles klar?«

»Klar«, stoße ich aus und würde am liebsten im Erdboden versinken.

Meine Freundin muss nur eine Augenbraue heben, damit die Wahrheit aus mir herausbricht.

»Irgendwie hab ich gedacht, Jasper würde mich bemerken, wenn ich vor ihm stehe. Doch da war nichts.«

»Weil du fett Currito auf deiner Brust stehen hast«, erwidert sie, als wäre das selbstverständlich. »Der Pöbel ist unsichtbar, vergessen? Glaub mir, würde er dich in einem sexy Kleid sehen, würde er den Boden vollsabbern.« Neckisch stößt sie mich mit dem Ellenbogen an. »Er ist ein Idiot.«

»Vielleicht«, erwidere ich und muss lachen. »Möglicherweise bin ich das auch.«

»Das bist du.« Sie legt einen Arm um mich. »Aber du bist meine Idiotin. Was meinst du, sollen wir später noch was trinken gehen?«

»So wie wir stinken?«

»Dann werden wir wenigstens nicht angemacht.«

Das bringt mich zum Lachen und das wiederum hilft mir, diese kleine Niederlage zu schlucken. Scheiß drauf, bald ist Jasper weg und die Geschichte nur noch eine blöde Erinnerung.

* * *

Leider bleibt die Erinnerung und wird nur umso intensiver, je mehr Tage vergehen.

Ich hasse, wie sehr sich Ellas dämliche Kommentare in mein Selbstbewusstsein gegraben haben. Es ist lächerlich, dass ich ihr überhaupt so viel Platz in meinen Gedanken einräume. Doch ich kann diesen winzigen Keimling in meinen Kopf einfach nicht ignorieren, den sie mit ihren fiesen Worten dort eingepflanzt hat.

»Kannst du bitte aufhören zu stöhnen? Das klingt ja, als würdest du dir einen Porno reinpfeifen und solo mitmachen«, ruft Natalie von der anderen Seite unseres Wohnheimzimmers aus, wo sie sich auf ihrem Bett ausgestreckt hat und eigentlich ebenfalls ins Lernen vertieft gewesen ist. Obwohl leise Musik aus ihren Kopfhörern dringt, genauso wie eine Stimme, die ich aus Hunderten heraushören könnte. Einfach nur, weil sie hier ständig rauf und runter singt. Über Natalie hängt ein fettes Taylor-Swift-Poster, um das Dutzende Armbänder drapiert hängen, die sie mit anderen Fans auf dem Konzert in Philadelphia getauscht hat. Auch jetzt trägt sie ein Oversizeshirt mit Taylors Gesicht darauf, das mich vorwurfsvoll ansieht, weil ich es gewagt habe, sie zu unterbrechen.

Ein Lachen bricht aus mir heraus, und ich klappe das Psychologiebuch zu, dessen Seiten ich sowieso nur angestarrt habe. »Sorry.«

»Was ist los?« Natalie setzt sich auf und streckt sich mit einem Gähnen. »Nervös wegen der Prüfung morgen?«

»Nein, das wird schon.« Denn in der Hinsicht hat Ella recht. Ich bin ein Nerd. Jemand, der es liebt zu lernen und Wissen in sich aufzusaugen.

»Was ist es dann?« Sie greift nach ihrem Handy und tippt darauf herum, was mir Zeit für meine Antwort verschafft. Natalie weiß alles über mich und kennt mich in- und auswendig. Sie würde mich nur kurz für meine Unsicherheit auslachen und mich dann ablenken, indem sie sich bescheuerte Gerüchte über Ella ausdenkt, die es sowieso niemals durch unsere Tür schaffen würden.

»Uhhh«, stößt sie plötzlich aus und springt von ihrem Bett auf, um zu mir rüberzulaufen und sich neben mich plumpsen zu lassen. Dabei hält sie mir ihr Handy unter die Nase. So nah, dass ich blinzelnd zurückzucke. »Schau mal. Jasper Cole und seine WG schmeißen morgen eine offene Abschiedsparty.«

»Offen?«, frage ich verblüfft und starre auf den digitalen Flyer, auf dem sogar das Haus zu sehen ist, das Jasper mit fünf weiteren Teamkollegen bewohnt.

»Ich weiß! Das letzte Mal hat die schiere Anzahl der Gäste drei Mal die Cops auf den Plan gerufen. Das Haus ist quasi aus allen Nähten geplatzt. Ich wollte schon immer sehen, wie die Villa von innen aussieht. Wir müssen hingehen!«

»Du willst doch nur prüfen, ob der Federal Stil auch im Inneren erhalten geblieben ist.« Das House of Falcons ist das Zuhause der Eishockeyspieler, das kurz nach der Gründung des Teams und mithilfe eines prominenten Spenders aus der Profiliga gebaut wurde. Schon seit der Besichtigung des Campus ist Natalie ganz heiß darauf, es einmal von innen zu sehen.

»Bitte, bitte, bitte.« In einer übertriebenen Geste faltet sie ihre Hände ineinander, bevor sie plötzlich grinst. »Du könntest deine letzte Chance bei Jasper nutzen.«

»Da werden sicher hundert Studentinnen mit demselben Ziel sein.«

Natalie merkt sofort, dass ich nicht direkt rundheraus abgelehnt habe. »Na und? Keine ist wie du.«

»Wie bin ich denn?«

»Erwartest du jetzt etwa, dass ich dir Komplimente mache?« Sie hebt bedeutungsvoll ihre Augenbrauen.

Zuerst will ich verneinen, doch dann schürze ich die Lippen. »Doch. Hau mal raus. Ich könnte mal wieder ein paar nette Schmeicheleien vertragen.«

»Okay, du bist die reinlichste Person, die ich kenne. Aber nicht im guten Sinne«, fügt sie schnell hinzu, als ich schon lachen will. »Das grenzt ja schon fast an eine Störung. Ich meine, ist dir aufgefallen, wie akkurat dein Make-up im Badezimmer aneinandergereiht liegt? Ich sag's dir, das ist nicht normal. Benutzt du dafür eigentlich ein Lineal, oder bekommst du die exakt gleichen Abstände auch so hin?«

»Ich glaube, wir sollten mal über die Definition des Wortes Kompliment sprechen. Du bist echt nicht gut darin. Und außerdem ist es absolut nicht normal, sein ganzes Zeug in ein Glas zu stopfen und zu hoffen, dass es nicht bei dem nächsten Eyeliner, der dazugesteckt wird, auseinanderplatzt.«

»Das ist nur ein einziges Mal passiert. Zudem war es kein Glas, sondern ein Pappbecher. Und jetzt hör auf abzulenken. Also, sollen wir auf diese Party gehen, damit du dir endlich Jasper Cole klarmachen kannst?«

Ich zögere. Habe ich das wirklich nötig?

Offenbar schon, wenn du so lange für die Antwort brauchst, flüstert die Stimme meines gekränkten Egos.

Ich denke an Jasper, wie er lacht und wie mein Herz immer ein klein wenig schneller flattert, wenn ich auch nur in seine Nähe komme. Mist, ich bin echt ein bisschen verknallt in ihn. Außerdem ist das wirklich die allerletzte Möglichkeit, ihm überhaupt jemals nahezukommen. Es wäre die Gelegenheit, ihn mir endlich aus dem Kopf zu schlagen. Und aus meinen Träumen.

Ich beiße mir auf die Unterlippe und zögere die Antwort hinaus, obwohl ich sie eigentlich längst kenne.

»Sag Ja«, flüstern Natalie und das kleine Teufelchen in meinem Kopf gleichzeitig, und ich gebe nach.

Scheiß drauf. Was soll schon passieren, außer dass ich mich völlig lächerlich mache? Aber dann habe ich wenigstens eine Antwort auf die Frage: Was wäre, wenn. »Okay, lass uns hingehen.«

Natalie streckt völlig übertrieben die Faust in die Höhe. »House of Falcons, ich komme!«

Lachend schiebe ich sie von meinem Bett. »Und jetzt müssen wir wirklich lernen.«

Natalie tanzt auf ihre Seite des Zimmers zurück und singt dabei lauthals *Wildest Dreams*. Sofort sehe ich mich in einem roten Kleid, wie ich ihn verführe und ihn mit der Erinnerung an die beste Nacht seines Lebens zurücklasse. Und plötzlich weiß ich ganz genau, was ich morgen Abend anziehen werde.

* * *

»Da macht jemand ernst.« Natalie betrachtet grinsend mein eng anliegendes rotes Kleid, das in der Mitte meiner Oberschenkel endet und alles an meinem Körper betont. »Und du bist sicher, dass er das wert ist?«

»Was genau?«

»Das alles. Du machst nichts ohne Gefühle. Ich will nur nicht, dass er dir wehtut.«

Vor Rührung schiebe ich die Unterlippe kurz vor. »Ich weiß nicht einmal, ob ich überhaupt eine Chance habe. Aber ich schwöre dir, meine Gefühle bleiben draußen.«

Sie lacht. »Er wäre ein Idiot, dich nicht zu bemerken.«

»Außerdem ist diese Party doch die perfekte Gelegenheit, um dieses Kleid anzuziehen. Es verstaubt schon sicher seit einem Jahr in meinem Schrank.«

»Richtig«, stößt sie aus und runzelt finster die Stirn. »Du erinnerst dich aber schon noch, dass ich es dir geschenkt habe und du es nuttig genannt hast?«

»Nicht nuttig«, stelle ich klar und überlege, ob ein roter Lippenstift zu viel sein könnte. »Es ist ein Aufreißerkleid.«

»Also perfekt«, erwidert sie und nimmt mir den Lippenstift aus der Hand. »Den packen wir wieder weg. Du willst ihn aufreißen und ihm keine Angst machen, Vamp.«

Ich lache und schnappe mir meine kleine Handtasche, in der meine Geldbörse, Handy, Taschentücher, Kondome und Pfefferspray liegen. Dad hat mich schwören lassen, dass ich Letzteres mitnehme, wann immer ich ausgehe. »Fertig?«

»Wir sind echt früh dran«, murmelt meine Freundin nach einem Blick auf die Uhr.

»Es ist beinahe zehn Uhr. Um diese Zeit gehe ich normalerweise ins Bett.«

»Richtig. Das kannst du morgen auch gerne wieder tun. Heute aber hast du eine Mission. Du wirst Jasper Cole flachlegen und dann endlich aus deinen feuchten Träumen entlassen.« Protestierend öffne ich den Mund, doch sie deutet mit ihrem Finger auf mich.

»Wir teilen uns ein Zimmer. Du kannst mir absolut nichts verheimlichen.«

Das habe ich bereits befürchtet. »Okay, lass uns einfach gehen. Und wenn er mich nicht bemerkt, habe ich wenigstens einmal dieses Kleid ausgeführt.«

»Du hast das Adjektiv vergessen.«

»Wovon?«, frage ich unschuldig und mache mich daran, in meine Sneaker zu schlüpfen. Die hübschen mit der süßen Schleife an der Ferse.

»Dieses hübsche, heiße, whatever Kleid.«

»Nö, passt schon«, erwidere ich und weiche lachend ihrer Hand aus, mit der sie mir einen Klaps auf den Oberarm geben will.

Wir verlassen das Wohnheim und werden von einem Freund von Natalie abgeholt, der uns mit dem Auto mit zur Party nimmt. Wir müssen ein paar Straßen weiter halten, weil alles zugeparkt ist. Vor dem Haus tummeln sind unzählige Gäste mit roten Bechern in der Hand. Die meisten rauchen. Ein Pärchen knutscht unter der Trauerweide und gibt verdächtige Stöhngeräusche von sich, und alle Fenster des Gebäudes sind hell erleuchtet.

Die Fassade ist aus schlichtem grauem Putz, die Fenster weiß und die Läden schwarz. Beeindruckend sind jedoch das hervorstehende Vordach und die griechisch anmutenden Säulen, die sich über die gesamte Höhe des Hauses erstrecken und über der Haustür einen Balkon halten.

Natalie saugt den Anblick wie ein Schwamm in sich auf und ihre Augen leuchten immer heller, je näher wir kommen. Als wir dir Verandastufen hochgehen, lässt sie ihre Finger über eine der Säulen gleiten, wofür ich sie ein bisschen auslache.

Die Tür steht offen und wir treten in den breiten Eingangsbereich, von wo aus mehrere Türen abgehen und eine Treppe nach oben führt. Und einfach überall sind Menschen. Sie tanzen, trinken, lachen und drängen sich in jede Ecke des Hauses.

Wir brauchen ewig, bis wir uns einen Weg in die Küche gebahnt haben, wo sich die Getränke befinden. Ein großer Getränkespender mit dunkelroter Flüssigkeit steht auf dem Tresen, von der ich im Leben nichts anrühren würde. Dafür entdecken wir Bier im Kühlschrank, der bis oben hin mit Getränken gefüllt ist.

Wir bedienen uns und schlagen uns dann zum Wohnzimmer durch, aus dem uns Musik entgegendröhnt. Die Möbel wurden an die Wände geschoben, und irgendjemand war so schlau und hat Malervlies auf dem Boden ausgelegt, auf dem jetzt schon unzählige Flecken zu sehen sind. Was mir aber am schnellsten auffällt, ist, dass hier einfach überall das schwarz-weiß-blaue Wappen der Bentley Falcons zu sehen ist. Weil an allen Wänden eingerahmte Trikots von ehemaligen Spielern hängen.

Ein neuer Remix eines Britney-Spears-Songs ertönt, woraufhin Natalie mich sofort auf die Tanzfläche zieht, während sie bereits aus Leibeskräften mitsingt.

Ich lache und lasse mich von ihrer guten Laune anstecken, auch wenn ich lange nicht so textsicher bin. Dennoch erwische ich mich immer wieder, wie ich mich umsehe und Ausschau halte. Nach Jasper.

Ist es nicht in allen Filmen so, dass genau in dem Moment, als die Frau sich beim Tanzen gehen lässt, der Kerl auftaucht und sie ganz verzückt beobachtet?

Nun, hier ist es offensichtlich nicht so.

Wie soll er mich auch entdecken? Die Hälfte der Tanzenden ist größer als ich, und das einzige Licht auf der Tanzfläche sind zuckende Punkte. Ich bin so gut wie unsichtbar in dieser Menge. Etwas, das ich normalerweise begrüße, heute jedoch nicht. Heute ist alles anders. Weil ich eine Mission habe.

»Was hältst du davon, wenn wir uns das Haus einmal anschauen?«, rufe ich über die laute Musik hinweg und Natalie nickt sofort begeistert.

Wir kämpfen uns wieder zurück aus dem Wohnzimmer und dann durch den Flur in einen weiteren Salon, in dem sich mehrere Feiernde um einen Kicker und einen Billardtisch drängen. Natalie hingegen hat gar keinen Blick für all die Gesichter, sondern erzählt etwas über Kolonialismus, eingewanderte Architekten und ihren Einfluss auf den Stil dieses Gebäudes. Ich kenne sie gut genug, um zu wissen, dass sie stundenlang so weitermachen könnte. Sie kann mindestens genauso viel über Stuck, Säulen und Fassadenmaterialien sprechen wie ich über meinen neuesten Bookboyfriend. Also lasse ich sie, nicke immer wieder und streue regelmäßig ein »Oha« ein, während ich Ausschau halte. Ich entdecke einige meiner Kommilitonen, viele Sportler und unzählige fremde Gesichter. Aber nirgends ist Jasper zu sehen. Je weiter der Abend voranschreitet, desto frustrierter werde ich.

Das hier sollte meine Nacht werden. Ich wollte allen anderen, allen voran mir selbst, beweisen, dass ich kein Niemand bin. Doch wenn es so weitergeht, verlasse ich diese Party schlimmstenfalls, ohne ihn überhaupt gesehen zu haben.

Irgendwann verlassen wir das Gebäude, weil Natalie sich die Fassade genauer ansehen möchte, und landen im Garten. Er ist so verwinkelt angelegt, dass wir erst nach einigen Schritten das Poolhaus sehen, in dem ebenfalls gefeiert wird. Die beiden Gebäude werden von dem großen Becken getrennt, in dem einige Leute Wasserball spielen oder an den Liegen knutschen. Meine Güte, liegt heute irgendwas in der Luft, oder was ist hier los?

Ich überfliege die Anwesenden – und dann sehe ich ihn. Jasper. Er trägt eine dunkle Shorts und ein helles Shirt, was seine gebräunte Haut betont. Seine dunklen Locken sind zerzaust, nur von einem Cappy gebändigt, und er grinst auf diese unverschämt süße Art, die meinen Magen sofort dazu bringt, Purzelbäume schlagen zu wollen.

Doch dann schiebt sich eine Hand in mein Blickfeld und ich erstarre. Neben ihm, so dicht, dass sie genauso gut auf seinem Schoß sitzen könnte, sitzt Ella. Sie ist diejenige, die ihn zum Lachen gebracht hat und ihn nun unter ihren langen, dunklen Wimpern hinweg anhimmelt.

Sofort wird mir schlecht.

»War ja klar.« Natalie schnalzt mit der Zunge und ist offenbar meinem Blick gefolgt. »Vergiss ihn.«

»Ja. Das sollte ich tun.« Wenn ich das nur könnte. Stattdessen füllt sich mein Bauch mit Steinen, und ich fühle mich wie damals, als meine ältere Schwester meine Lieblingspuppe gestohlen und kaputt gemacht hat, und es mir auch noch unter die Nase rieb, nachdem unsere Eltern mich für meinen Wutausbruch ausgeschimpft haben. Genauso fühle ich mich gerade. Weil es so unfassbar ungerecht ist.

Wie dumm von mir, zu hoffen, ihn irgendwo allein antreffen zu können. Ernsthaft, was habe ich mir nur dabei gedacht?

»Hätte man sich denken können«, grummelt Natalie neben mir und stößt mich mit dem Ellenbogen an. »Aber eine gute Sache hat es.«

»Und die wäre?« Ich kann dieser Situation absolut nichts Gutes abgewinnen, denn gerade jetzt fühle ich mich wie eine absolute Idiotin. Es ist, als wäre hier und jetzt inmitten dieser Party eine Blase um meinen Kopf herum geplatzt, die mich nackt und klebrig zurücklässt.

»Na ja, wir können den Stock aus deinem Hintern ziehen und endlich richtig Party machen.«

»Welchen Stock?« Empört wende ich mich ihr zu, nur um ihrem breiten Grinsen zu begegnen.

»Jetzt kannst du dich endlich mal so richtig gehen lassen. Jasper ist Geschichte und damit ist auch jeder Grund hinfällig, warum wir nicht so richtig die Sau rauslassen sollten.« Sie deutet an mir vorbei zum Poolhaus, aus dem lauter Gesang dringt. »Klingt ganz nach Karaoke, nicht?«

Ein Lachen bricht aus mir heraus, denn dieses eine Wort reicht, um meine Laune wieder schlagartig zu heben. Anders als die meisten Menschen liebe ich Karaoke. Meiner Meinung nach ist eine Party erst dann gelungen, wenn alle so richtig laut mitgrölen.

Ich versuche, nicht zu Jasper und Ella hinüberzusehen, als wir an ihnen vorbeigehen, und zwinge mich, stur geradeaus zu blicken. Das Poolhaus hat eine gläserne Wand, vor der eine Reihe eingetopfter Palmen steht. Als wir näher kommen, kann ich sehen, wie voll es in dem länglichen Raum ist, obwohl die meisten Gäste auf dicken Sitzsäcken liegen und jubeln.

Über einen Fernseher flimmern die Liedtexte und die Sänger stehen auf zwei Stühlen und halten Mikrofone in der Hand. Gerade sind es zwei Jungs, die lautstark einen Song von Justin Biber performen.

Natalie und ich bleiben einen Augenblick lang stehen und verschaffen uns einen Überblick. Rechts die moderne Bar mit Spiegelwand und links die Glasfassade mit Blick auf die Palmen und den dahinter blau schimmernden Pool.

»Das ist armselig«, murmelt Natalie, als die Jungs torkelnd mit ihren Hintern wackeln und das Publikum vor Lachen grölt. »Lass uns ihnen zeigen, wie man eine richtige Show hinlegt.«

Ich lasse mich von ihr zum Tresen schieben, wo sie dem Barmann sagt, welchen Song wir performen wollen. »Ihr seid dann direkt die Nächsten.«

Das Lied endet und uns werden die Mikrofone in die Hand gedrückt, bevor uns auf die Theke raufgeholfen wird. Gott sei Dank trage ich Sneaker!

Im nächsten Moment beginnen die ersten Klänge von Taylor Swifts *Shake it off* und die Menge jubelt. Ich werfe Natalie ein Grinsen zu, weil es so klar war, dass sie diesen Song nimmt.

Und dann singen wir los, tanzen und bewegen unsere Hüften. Und ich liebe jede verdammte Sekunde davon.

Die Zuhörer jubeln nur noch lauter und fordern am Ende sogar lauthals eine Zugabe. Natalie winkt ab und deutet auf mich. »Ihr wollt doch alle nur sie hören.«

Gelächter und wieder Gegröle, dieses Mal zustimmend. Ich lache ebenfalls, trunken von all dem Zuspruch, und lasse Natalie den nächsten Song auswählen.

Ich umfasse das Mikrofon. Mein Herz klopft vor angespannter Vorfreude und ich kann nicht aufhören zu grinsen, als Natalie kurz vor Beginn des nächsten Songs noch mal auf mich deutet. »Sie ist übrigens die Leadsängern der Pixies. Wenn ihr mehr von ihr hören wollt, schaut unbedingt nächstes Wochenende im *Golden Hour* vorbei. Da haben sie ihren nächsten Auftritt!«

Ich lache und mache einen Daumen hoch, als im nächsten Moment das Lied mit deutlich ruhigeren Klängen beginnt. Ich brauche drei Sekunden, bis ich es erkenne, und rolle dann grinsend mit den Augen, bevor ich mit der ersten Strophe von Taylors *Wildest Dreams* beginne.

Ich schließe meine Augen und singe von diesem Mann, der so groß, böse und verdammt schön ist. Einem Mann, der sich an mich erinnern soll, auch wenn eine Beziehung zu ihm nicht von Dauer sein wird. Meine Stimme wird mit jedem Wort eindringlicher, mitgerissen von der Sehnsucht des Textes und der Leidenschaft für diesen Menschen, der sich noch in seinen wildesten Träumen an mich erinnern soll.

Beim Refrain öffne ich meine Augen wieder und entdecke Jasper in der Tür. Sein hypnotisierender Blick ist auf mich gerichtet. Dunkel und intensiv. Und ich kann nichts anderes tun, als zu singen, meine Stimme rau vor Dringlichkeit, während ich nicht aufhören kann, ihn anzustarren.

Unsere Blicke verweben sich miteinander, während ich singe, als würde es um ihn gehen. Um ihn und mich. Um diese plötzliche Sehnsucht, die zwischen uns hin und her schwingt. Während alles um mich herum verschwimmt, sehe ich nur noch sein schönes Gesicht. So verdammt schön.

Da ist kein Lächeln auf seinen Lippen. Nicht so wie sonst. Stattdessen starrt er mich an, als wäre ich eine Sirene, die ihn mitten auf dem Meer dazu bringen könnte, ins Wasser zu springen. Verzaubert. Überrascht. Erfreut.

Mein Herz rast vor Aufregung und Überwältigung. Meine Hände zittern plötzlich, weil sein Blick so intensiv wird, dass er sich bis in meine Brust frisst.

Meine Stimme wird lauter, als ich den Höhepunkt des Songs erreiche und meine Augen wieder schließe, ihm und meiner plötzlichen Aufregung entkomme.

Sobald die letzten Worte auf meinen Lippen verklungen sind, wird es kurz vollkommen still, bevor lauter Applaus ertönt, der völlig übertrieben ist, weil alle um mich herum total betrunken sind. Dennoch lächle ich und meine Wangen glühen nahezu, als ich das Mikrofon an den Barmann abgebe und mir von ihm von der Theke helfen lasse.

Mein flatternder Herzschlag hat sich noch nicht beruhigt, als ich ein paar Komplimente entgegennehme und mich dann wieder in Richtung Ausgang arbeite. Nicht, weil ich der Aufmerksamkeit entkommen wollen würde, sondern weil Jasper noch immer in der Tür steht.

Ich gehe auf ihn zu, weil er mich ansieht. Wirklich ansieht. Er sieht mich und nicht nur eine Kellnerin oder eine Kommilitonin. Und das kann ich nicht einfach ignorieren.

Als ich ihn erreiche, macht er mir keinen Platz, damit ich an ihm vorbeigehen kann. Stattdessen lächelt er dieses Tausend-Watt-Lächeln, das ich schon so oft an ihm gesehen habe und das nun ganz allein mir gehört. Es ist ein Lächeln, das direkt in meinen Bauch fährt und dann mitten zwischen meine Schenkel. Ein Lächeln, das so süß und nett und zugleich so verdammt verführerisch ist. »Hi.«

»Hi«, erwidere ich und bin überrascht, wie fest meine Stimme klingt.

»Lust auf einen Drink?«

Oh. Mein. Gott. Jasper Cole lädt mich auf einen Drink ein. Ich schaffe es irgendwie, cool zu bleiben, obwohl meine Knie plötzlich ganz weich werden. »Gern. Überrasch mich.« Dann gehe ich an ihm vorbei und habe absolut keine Ahnung, woher dieses krasse Selbstbewusstsein kommt, mit dem ich auf die Hollywoodschaukel zusteuere, die sich gegenüber des Pools befindet.

Ich höre ihn in meinem Rücken leise lachen, und das Geräusch jagt kleine Schauer über meine Wirbelsäule. Meine Gliedmaßen sind Pudding, als ich mich in die weichen, hellen Kissen sinken lasse. Langsam schaukle ich vor und zurück, während mein Herzschlag sich langsam beruhigt. Von hier aus kann ich den Weg vom Haupthaus sehen, den blau glitzernden Pool und auch das Poolhaus, aus dem bereits der nächste Song dröhnt.

Und natürlich sehe ich auch Jasper, der sich gerade von der Bar abwendet und mit zwei Dosen in der Hand nach draußen kommt. Er braucht nicht lange, um mich zu entdecken, und ein kleines Lächeln schleicht sich auf seine Lippen.

Sein Gang ist lässig und entspannt. Er ist ganz in den Farben der Bentley-Universität gekleidet. Mit blauer Hose und passender Cappy, auf der in großen Lettern der Universitätsname steht, und dazu ein weißes Shirt und weiße Sneaker. Alles an ihm sieht lässig aus, selbst als er sich neben mich auf die Hollywoodschaukel setzt und mir eine geschlossene Dose hinhält. »Fruchtig. Süß. Prickelnd. Das wurde mir als das beste Getränk für die Frau verkauft.«

Ich schaue auf die pinke Dose herunter und lache. »Wow. Das sieht echt nach einem Barbie-Getränk aus. Ich bin nur eher der Biertyp.«

»Wirklich?« Er hebt eine Augenbraue und nimmt mir die Dose ab, bevor er mir seine eigene in die Hand drückt. »Wie gut, dass ich nur cool wirken wollte. Eigentlich stehe ich voll auf dieses süße Zeug.«

Er sagt es so ernst, dass ich nicht anders kann, als schallend loszulachen.

Grinsend öffnet er den Drink und nimmt einen Schluck, bevor er leise stöhnt. »Perfekt.« Dann hält er mir mein Getränk hin.

Ich lache noch immer, als ich das Bier öffne und dann anstoße. »Danke.«

»Gern. Ich hab schon lange drauf gehofft, dass mich jemand tauschen lässt. Nicht, dass ich an der Bar noch Coolnesspunkte verliere.«

»Ich glaube nicht, dass jemand wie du Punkte verlieren kann.«

»Ist das etwa ein Kompliment?«

»Eine Feststellung«, erwidere ich und lehne mich auf der Schaukel zurück, während die Anspannung in meinen Schultern sich langsam löst. »Der große Jasper Cole könnte vermutlich im Kleid auf eine Party kommen und am nächsten Tag würde die halbe Uni ihm nacheifern.«

»Der große Jasper Cole?« Belustigt hebt er eine Augenbraue, während er sich ebenfalls zurücklehnt und sein Bein hebt, sodass sein Knöchel auf dem Knie aufliegt. »Das klingt ja schon fast nach Verehrung.«

»Oh, ist dir etwa noch nie aufgefallen, wie eure Fans euch ansehen?«

»Ich hab nicht so den Blick für meine Umgebung, sondern konzentriere mich lieber auf die Leute in meiner Nähe. Mein Team ist wie eine Familie. Wir verlassen uns aufeinander, und gerade während der Saison sind sie, neben dem Studium natürlich, das Einzige, worauf ich mich wirklich fokussiere.« Sein Blick hypnotisiert mich und ist so intensiv, dass ich darin zu ertrinken drohe. Er sieht mich an, als würde er alles über mich wissen wollen. Als wäre ich gerade das absolut Interessanteste auf der Welt. Als wäre er nirgends lieber als mit mir. Ich habe gehört, dass er diese Wirkung hat, dachte jedoch immer, dass es nur Gerüchte wären. Doch nun sitze ich hier und ertrinke in seiner Aufmerksamkeit, die so intensiv ist, dass ich sie inhaliere wie eine Verdurstende.

»Ehrbar.« Ich trinke einen Schluck, nur um mich kurz abzulenken, und lasse den Blick über den Garten schweifen. Ich entdecke Natalie an der Poolbar, wo sie mit ein paar Kommilitoninnen spricht und ihren Daumen in meine Richtung reckt. Ein überdrehtes Lachen will sich meine Kehle hinaufbahnen, doch ich ersticke es schnell mit einem weiteren Schluck.

»Und du bist Sängerin?«

»Ja. In einer Band«, antworte ich, nicht ohne Stolz. »Wir hoffen nicht auf unseren großen Durchbruch, aber es macht Spaß und ist ein toller Ausgleich zum Studium. Ich weiß nicht, ob man es mit eurem Spiel vergleichen kann, aber wenn ich auf der Bühne stehe, vergesse ich alles. Die Welt und all ihre Probleme rücken in den Hintergrund, bis da nur noch Musik ist.«

»Mir geht es ähnlich auf dem Eis. Dann sind da nur noch das Team und der Puk. Für ein paar Stunden ist einfach alles möglich.«

Wir lächeln einander zu und es fühlt sich an, als wäre da ein Band geknüpft worden. Weil wir genau wissen, wie der andere sich fühlt und wir für diesen einen Augenblick auf genau einer Wellenlänge sind.

Vielleicht auch für diese Nacht.

Plötzlich ist der Gedanke da. Genau vor mir. Er ist so präsent, dass mein ganzer Körper zu prickeln beginnt.

Ich sitze hier mit Jasper Cole und wir flirten – verdammte Scheiße. Er steht auf mich!

Das sehe ich in seinen Augen. Daran, wie er sich mir fast vollständig zugewandt hat, mit einem Arm über die Lehne, sodass seine Hand mich berühren könnte, wenn er sich nur ein klein wenig weiter vorbeugen würde. Ich sehe es daran, dass er nicht ein einziges Mal den Blick schweifen lässt, selbst, als ein Platschen vom Pool ertönt, genauso wie das Kreischen mehrerer Studentinnen.

»Aufregend«, flüstere ich, als mir klar wird, dass wir uns mitten in einem Gespräch befinden. Da ist plötzlich wieder dieses nervöse Flattern in meiner Brust. Dieses Zittern in meinen Fingern, weil mir bewusst wird, dass ich genau da bin, wo ich mich seit Beginn des Studiums hingeträumt habe. Neben Jasper Cole, dem begehrtesten Studenten der Universität und Inbegriff meiner Träume. Shit. Ich muss was sagen. *Irgendwas.* »Ich mag Eishockey.« Oh nein. Wie viel einfältiger will ich denn noch klingen? Ich. Mag. Eishockey. Das hört der Kerl sicher jeden Tag mindestens fünfmal.

Er lacht und setzt die pinke Dose an seine Lippen. Oh Mann, er hat echt nicht gelogen, als er sagte, dass er das Zeug mag. Warum macht ihn das nur noch heißer? Wie ist das überhaupt möglich? »Und ich mag Musik.«

Wieder lache ich. Offenbar kann ich in seiner Nähe nichts anderes tun, als zu lachen. »Erzähl mir etwas von dir.«

Er hebt seine Augenbrauen, als hätte ich ihn überrascht. »Was denn?«

»Wir könnten mit deinem Lieblingsgericht anfangen.« Das klingt so sehr nach einem ersten Date, dass es einfach nur noch peinlich ist. Wieso fällt mir nichts Besseres ein? Wieso bin ich nur wieder so nervös? Ich meine, er will mich. Was brauche ich mehr? Ist es dann nicht egal, was seine Lieblingsfarbe oder sein Leibgericht sind? Können wir nicht einfach zu dem Teil überspringen, in dem wir uns gegenseitig die Klamotten vom Leib reißen?

Allein bei dem Gedanken daran, seine Hände auf meiner Haut zu spüren, wird mir sengend heiß und ein Pulsieren setzt in meiner Mitte ein.

Er verzieht nachdenklich den Mund, jedoch, ohne den Blickkontakt zu lösen. Wow. Der Kerl ist wirklich intensiv. »Pizza, würde ich sagen. Meine Vorfahren sind aus Italien.«

Ein Lachen bricht aus mir heraus. »Und dann ist es automatisch Pizza?«

»Was ist falsch an Pizza?«, fragt er mit einem Grinsen, das anscheinend durch absolut nichts erschüttert werden kann.

»Weil es ein Klischee ist. Meine Vorfahren kommen aus Griechenland und Deutschland. Deshalb bin ich noch lange kein Fan von Weißwürsten und Fetakäse.«

»Kein Feta? Das ist enttäuschend. Hast du schon mal Spinat mit Feta auf Teig mit würziger Tomatensauce gegessen?«

»Versuchst du mir gerade eine Pizza zu verkaufen?«

»Hast du mich ein Klischee genannt?«

»Touché.« Ich proste ihm zu, trinke einen Schluck und genieße die Wärme, die sich in meinem Bauch ausbreitet und die Aufregung ein klein wenig lindert. »Lieblingsfarbe?«

»Pink.« Er zwinkert mir zu und nippt an seiner Dose. Offenbar versucht er, mich aufzuziehen. Und ich muss gestehen, dass es zieht. Vielleicht auch nur, weil er es ist.

»Ich liebe Pink. Was hältst du von dem Barbie-Film?«

»Ich mag Margot Robbie. Sie ist ziemlich heiß. Wusstest du, dass du ihr ähnlich siehst?«

»Kein bisschen«, schnaube ich und mache eine kreisende Handbewegung um mein Gesicht. »Alles an mir ist eher Selena Gomez.« Rund, weich, mädchenhaft. Margot Robbie ist eine Frau durch und durch.

»Erwischt. Die meisten lieben das Kompliment.«

»Oh, also greifst du für mich in deine Trickkiste?«

»Oh ja.« Seine Augenbrauen hüpfen. »Ich mag es, dass du so unbeeindruckt von mir bist.«

Würde Natalie das hören, würde sie an ihrem Getränk ersticken. Ich und nicht beeindruckt? Offenbar muss ich eine bessere Schauspielerin sein, als ich dachte. »Tja, wenn jemand fragen würde, würde ich auch behaupten, dass ich dich aufgerissen hätte und nicht andersherum.«

»Es wäre nicht einmal gelogen.« Er rutscht ein klein wenig näher. »Ich war mir fast schon unsicher, ob du überhaupt Interesse an mir hast.«

Ernsthaft? Ich sollte vielleicht mein Hauptfach wechseln. »Ist das so?«

»Ja. Du hast da diese Nummer rausgehauen mit deiner Wahnsinnsstimme und einfach jeden Kerl in dem Poolhaus zum Sabbern gebracht. Ich kann froh sein, dass du mich überhaupt angesehen hast.« Er übertreibt maßlos. Und dennoch sauge ich jedes Wort auf wie ein Schwamm. Seine Hand rückt näher und seine Fingerkuppen streifen meine nackte Schulter. »Und dann hast du mich einfach losgeschickt und bist gegangen, als wäre es dir scheißegal, ob ich dir folge.« Seine Finger malen Kreise und ich erschaudere, während das Ziehen in meiner Mitte immer stärker wird. »Ich bin beeindruckt von diesem Selbstbewusstsein.«

»Ach ja?« Meine Stimme ist atemlos, ich inhaliere jedes seiner Worte und weiß nicht, ob ich mich schlecht fühlen sollte, weil dieses Bild von mir in seinem Kopf so falsch ist. Die Person, von der er spricht – das bin nicht ich. Das kann nicht ich sein. Das Mädchen vom Land, die einen fetten Studienkredit im Nacken hat und ihr Taschengeld mit dem Verkaufen von Burritos dazuverdient. Die Studentin, die immer Mittelmaß sein wird, egal, wie viel sie lernt. Das Mädchen, das nur wenige Freunde hat, weil sie großen Gruppen nichts abgewinnen kann. Das Mädchen, das dieses Kleid wie eine Verkleidung trägt, weil sie damit unbedingt einen Jungen beeindrucken wollte.

»Ja.« Er neigt den Kopf ein wenig mehr und seine Berührung wird deutlicher, bis seine Hand auf meiner Schulter liegt. »Weiß du, das ist meine letzte Nacht hier an der Bentley, bevor ich die Ostküste für eine lange Zeit verlasse.«

»Du klingst wie einer der Typen, die am nächsten Tag wieder zur Army zurückkehren müssen und nicht sagen dürfen, wo sie eingesetzt werden, weil die Mission so streng geheim ist.«

Wieder lacht er, und mir wird bewusst, dass ich es bin, die ihn dazu bringt. »Nicht streng geheim. Nur ein bisschen Eishockey in Windy City.«

»Freust du dich schon?«

»Sehr. Es ist ein wahr gewordener Traum«, antwortet er leise und lächelt sanft, bevor er seine Dose mit einem Zug leer trinkt und sie auf den Boden stellt. Danach wendet er sich wieder vollständig mir zu. »Das bedeutet, dass ich nur noch knapp sechzehn Stunden an diesem Ort habe.«

Meine Augenbrauen heben sich. »Du darfst gerne zum Punkt kommen.«

»Sechzehn Stunden können eine lange Zeit sein, um sich besser kennenzulernen.« Er neigt den Kopf ein wenig und kommt mir näher. »Schöne Unbekannte.«

Mein Herz flattert und ich halte den Atem an, als er kurz vor mir innehält, wartet, ob ich den Rest der Distanz überwinde. Vor Aufregung atme ich tief ein, inhaliere den Duft seines maskulinen Parfums. Meine Hände greifen voraus, in sein Shirt und ich ziehe ihn an mich. Weil ich ihn küssen will. Ihn küssen muss.

Unsere Lippen treffen aufeinander, die Berührung ist weich und drängend. Seine Hände umfassen mein Gesicht. Seine Beine berühren meine. Ich will in dem Kuss ertrinken, will ihn vertiefen, aber komme aus dem Takt. Er küsst so schnell, bewegt seine Lippen so gekonnt, und als seine Zunge vorschießt, ziehe ich mich schwer atmend zurück.

Einen Moment lang starre ich ihn an, weil dieser Moment so ganz anders war, als ich ihn mir immer ausgemalt habe.

Er war …

Grottenschlecht.

Ich presse eine Hand auf meinen Mund und unterdrücke ein Lachen.

Jasper sieht verwirrt aus, dann lacht er ebenfalls und reibt sich den Nacken. »Sorry, Babe, ich war wohl ein wenig gierig.«

»Babe?« Ich weiß nicht, ob ich lachen oder mich schütteln soll. Verdammt, er kennt nicht einmal meinen Namen. Er weiß nicht, wer ich bin. Sieht nur diese schöne Unbekannte, als die er mich bezeichnet hat. Die Studentin, mit der er seinen krönenden Abschluss an der Bentley feiern will.

Mit einem Mal fällt es mir wie Schuppen von den Augen. Er hat nicht eine einzige Frage zu mir gestellt. Er war nur geblendet von meiner Stimme, meinem Äußeren und der Tatsache, dass ich offenbar seinen Jagdtrieb geweckt habe. Das ist der einzige Grund, warum er mir hinterhergelaufen ist.

Wow. Wieso fühle ich mich mit einem Mal so schmutzig?

»Gibt es einen Kosenamen, den du bevorzugst?«, fragt er leise, sanft und lockend. Und ja, er ist gut in diesem Spiel. Er gibt mir das Gefühl, sich voll und ganz auf mich zu konzentrieren. Dabei interessiert er sich kein bisschen für mich.

Offenbar bin ich genauso, wie Natalie mich beschrieben hat. Ich mache nichts ohne Gefühle. Oder zumindest nichts mit einem Kerl, der sich offenbar einen Dreck für meinen Namen interessiert. Vielleicht ist das hier auch ein Spiel für ihn. Und irgendwie ist es das auch für mich.

Nur wird mir genau in diesem Moment bewusst, dass ich mir für Spielchen zu schade bin. Selbst, wenn es um Jasper Cole geht.

Ich rücke von ihm ab und trinke mein Bier. »Ich fand es echt nett mit dir«, höre ich mich sagen, ehe ich darüber nachdenken kann, und stehe auf. »Aber ich wollte jetzt noch ein bisschen feiern gehen.«

Irritiert runzelt er die Stirn und ist offenbar so verwirrt von meinen Worten, dass er einfach sitzen bleibt. »Was? Aber … Habe ich irgendwas falsch gemacht?«

Ich schüttle den Kopf und lächle ihn besänftigend an, während ein Gefühl von Macht mich durchfährt. Weil ich mit einem Mal diese dumme Schwärmerei losgeworden bin. Weil ich diejenige bin, die ihm einen Korb gibt, obwohl ich bis vor wenigen Stunden noch nicht sicher war, jemals eine Chance bei jemandem wie ihm zu haben. Weil es sich richtig anfühlt, genau hier aufzuhören.

Jasper Cole wird von manchen verehrt wie ein Gott. Und es wäre eine Lüge zu behaupten, dass es mir nicht auch manchmal so gegangen wäre. Weil jemand wie er für jemanden wie mich einfach unerreichbar gewesen ist.

Ich war mir sicher, dass ich immer weit außerhalb seiner Liga spielen würde. Allein aufgrund dessen, dass wir absolut unterschiedliche Interessen haben. Doch offenbar braucht es für ihn nicht mehr als ein hübsches Gesicht und eine schöne Stimme, um mich wenigstens als Partnerin für eine Nacht in Betracht ziehen zu können.

Und dann dieser Kuss. Ein Kuss, für den andere Verbrechen begehen würden. Ein Kuss, von dem ich geträumt habe. Ein Kuss, der bewiesen hat, dass wir einfach überhaupt nicht zusammenpassen.

Ich bin mir ziemlich sicher, dass es an mir liegt. Nicht, weil ich mich für eine schlechte Küsserin halte. Sondern, weil Jasper Cole nie mehr war als ein Traum. Das vor mir ist kein Popstar, der nur mit Vor- und Nachnamen angesprochen wird. Das hier ist Jasper. Ein Kerl, für den ich mal geschwärmt habe. Aber das ist jetzt vorbei.

»Es liegt nicht an dir. Viel Erfolg in Chicago.« Ich lächle ihn an, wende mich ab und gehe dann auf das Poolhaus zu.

Natalie kommt mir mit verwirrt geweiteten Augen entgegen. »Was ist los? Hat er sich wie ein Arsch benommen?« Sie kneift ihre Brauen zusammen. »Soll ich ihm einen Denkzettel verpassen? Glaub mir, ich hab keine Angst, einem Typen wie ihm die Meinung zu sagen.«

Ich hake mich bei ihr unter und führe sie in Richtung Haupthaus. »Nein, schon okay. Mir ist nur klar geworden, dass ich was Besseres verdient habe.«

Natalies Mund klappt auf und sie starrt mich an, als würde mir in ebendiesem Moment ein zweiter Kopf wachsen. »Nachdem du mit ihm geknutscht hast, oder vorher?«

»Währenddessen.«

Darauf lacht sie so laut, dass sie ihren Kopf in den Nacken wirft. »Na, endlich!«

In diesem Moment kommt Ella auf uns zugestürmt. Sie öffnet ihren Mund, vermutlich, um mir zu sagen, dass ich mich von Jasper fernhalten soll. Doch ich komme ihr zuvor und deute mit dem Daumen über meine Schulter. »Jasper ist da hinten. Er hat dich gesucht.«

Argwohn schießt über ihre Züge, die noch verkniffener werden als vorher, bevor sie hollywoodreif ihre Haare nach hinten wirft und schließlich kommentarlos an uns vorbeirauscht.

»Du bist zu nett.«

»Nein«, erwidere ich und lächle meine beste Freundin an. »Ich weiß nur, wie es sich anfühlt, einem Traum hinterherzujagen, der nicht mehr ist als das. Und jetzt lass uns tanzen. Ich will das Kleid nicht umsonst angezogen haben.«

»Du wirst immer besser. Heute gibst du dem Sonnyboy der Uni einen Korb.« Natalie schlingt im Laufen einen Arm um meine Schulter. »Und nächstes Wochenende schleppst du einen Bad Boy ab.«

»Übertreib es nicht.«

Sie lacht noch, als wir schon längst wieder im Haupthaus sind und die Party so richtig beginnen lassen.

HOW YOU GET THE GIRL – *Taylor Swift (Jennifer's Version)*

13

»Schalt mal einen Gang runter, Emma.«

Meine beste Freundin Shelly zieht eine Augenbraue nach oben und mustert mein Zettelchaos auf dem Couchtisch. Eigentlich wollten wir uns bei mir für einen gemütlichen Fernsehabend treffen, aber mein Kopf ist viel zu voll, um mich auf einen Film zu konzentrieren.

»Wie soll ich einen Gang herunterschalten, wenn die gesamte Organisation des städtischen Sommerfests auf meinen Schultern lastet? Du weißt genau, wie wichtig das hier ist.«

Wichtig für die Stadt, und auch für meinen beruflichen Erfolg. In zwei Monaten beginnt mein Jahrespraktikum als Assistentin des Bürgermeisters Daniel Sparks, und das hier wird meine erste Bewährungsprobe, immerhin hat Daniel selbst dafür gesorgt, dass ich das Fest leiten darf. Nach fünf Jahren im Festkomitee und einem, in dem ich freiwillig das Winterfest mitorganisiert habe, hatte ich einen Vertrauensbonus bei ihm. Und doch oblag die Führung des Festkomitees noch nie einer Studentin, ich kann also schon jetzt beeinflussen, wie zielführend dieses Praktikum bei Daniel sein wird.

Ich habe den Plan, danach permanent im Rathaus von *Nelson* zu arbeiten. Vorzugsweise auf der Stelle von Marge Fisher, die in genau elf Monaten in den Ruhestand geht und Daniel derzeit als Veranstaltungskoordinatorin unterstützt. Zeige ich also früh mein Organisationstalent, das mir glücklicherweise in die Wiege gelegt wurde, geht mein Plan im besten Fall auf.

»Ich weiß, wie viel dir das Fest bedeutet, aber du gehst noch an der Planung kaputt.«

Ich beiße mir auf die Unterlippe und nicke, obwohl ich ihr eigentlich widersprechen will. Weil ich daran nicht kaputtgehe, … sondern mich damit rette.

Jeden Tag einhundert To-dos zu bewältigen ist immer noch besser, als mich mit der Tatsache zu beschäftigen, dass meine erste große Liebe mich vor sechs Monaten verlassen hat.

»Mist, tut mir leid. Jetzt hast du wieder diesen Gesichtsausdruck.« Shelly sieht betroffen zu mir, legt ihre Hand auf meine. »Ich wollte dich nicht an Gavin erinnern.«

»Ist das so offensichtlich?«

»Eher verständlich. Ich weiß doch, dass du ihn vermisst.«

»In den letzten Tagen war es besonders schlimm«, gebe ich zu.

»Schon klar. Immerhin hattet ihr auf dem Sommerfest vor fünf Jahren euren ersten Kuss.«

Die Erinnerung treibt nach oben wie eine Boje, obwohl in mir ein Sturm aufzieht.

Fünf Jahre.

So eine lange Zeit.

Gavin und mir wurde schnell prophezeit, dass junge Lieben meistens dann scheitern, wenn die Collegezeit beginnt und man sich räumlich trennt. In den letzten Jahren war es meine größte Angst, dass sich diese Prophezeiung bewahrheiten würde. Gavin war nicht wie ich in Nelson geboren und hatte früh davon geredet, fürs College wegzuziehen. Und doch ist er geblieben, hat sich an einem kleinen Community College zwei Orte weiter eingeschrieben, das ich auch besucht habe. Wo wir zusammen studieren konnten.

Wir haben über unsere gemeinsame Zukunft gesprochen, haben alles geplant. Ich wollte beim Bürgermeister und er nach seinem Studium als Controller arbeiten. Hier in der Nähe.

Und dann kam das Jobangebot aus New York …

Keine Weizenfelder, keine bunten Sommerfeste, stattdessen graue Betonwüste und ein Streit über seine eigenmächtige Zusage, die alles zunichtegemacht hat.

Der Sog der Erinnerungen zerrt an mir, mein Magen zieht sich zusammen. Sofort steigen Tränen auf, dennoch lasse ich nichts davon richtig zu. Die ersten zwei Monate nach seinem Weggang habe ich fast nur im Bett gelegen, die Decke angestarrt und mich gefragt, wie das alles passieren konnte. Erst nach der Praktikumszusage konnte ich langsam nach vorne sehen.

Gavin jagt in New York nun seinen eigenen Träumen hinterher, also beschloss ich, das auch zu machen.

»Ich brauche diese To-dos«, bringe ich hervor. »Sonst drehe ich durch. Ich will mich nicht wieder so fühlen wie vor vier Monaten.«

»War auch wirklich nicht schön anzusehen.« Shelly verzieht das Gesicht. »Ich finde es trotzdem nicht gesund, nur noch zu arbeiten.«

»Aber es gibt noch so viel zu klären. Der Zeitplan, die Dekoration. Teddy von der Feuerwehr hat mir meterdicke Anweisungen zum Brandschutz überreicht, die unbedingt eingehalten werden müssen, und ich muss noch immer festlegen, in welcher Anordnung die einzelnen Stände aufgebaut werden sollen. Du weißt genau, dass es letztes Jahr viel Kritik dazu gab, dass zwei Losbuden nebeneinanderstanden, woraufhin man die Organisation bemängelt hat.«

»Die Leute in Nelson haben wirklich zu viel Freizeit, wenn sie sich mit so etwas beschäftigen können.«

»So wie vorletztes Jahr, als die Buttertörtchen im *Sugarpearl* aus dem Angebot genommen werden sollten. Mann, war das ein Aufschrei.«

»Stimmt. Die Leute haben so lautstark darüber diskutiert, dass die arme Jerikka doch eingeknickt ist und die Törtchen auf der Karte gelassen hat. Dabei ist es doch *ihr* Café.«

Wir beide grinsen uns an, denn im Grunde lieben wir genau das an dieser Kleinstadt. Nelson ist ein wenig eigensinnig. Aber auch loyal, charmant und hilfsbereit – hier steht man füreinander ein. Allein nach meiner Trennung wurden zehn Kuchen und drei Aufläufe zu meinen Eltern gebracht, um Anteilnahme auszudrücken.

Für mich sind diese neuntausend Einwohner eine Familie. Die weiten Weizenfelder und die Stadtfeste bedeuten für mich Freiheit und Leben. Für *andere* ist die Stadt offenbar so klein, dass sie sich eingeengt fühlen und gehen.

»Also schön«, seufzt Shelly. »Wie wäre es, wenn wir jetzt noch eine Stunde an deinem Stand-Plan arbeiten und dann endlich den Film gucken, für den ich mich extra in meine Jogginghose geschmissen und Muffins gebacken habe?«

»Du bist ein Schatz.«

»Das werde ich über dich vermutlich nicht mehr so schnell sagen, wenn du mich immer dazu bringst, zu arbeiten.«

Shelly schnappt sich einen meiner Notizzettel, auf denen eine Übersicht der Spielbuden steht.

Nur noch eine Woche, bis der Stadtkern von Nelson wieder zur bunten Spielwiese wird und Hunderte von Touristen anlockt. Wir feiern viele Feste, kommen gerne zusammen, aber das im Sommer war immer meine liebste Zeit im Jahr. Mit dieser ganz eigenen Art von Magie.

Es schmerzt zuzugeben, dass es sich dieses Mal anders anfühlt, nur weil *er* nicht mehr da ist.

* * *

Ich stehe in der sengenden Hitze und sehe dabei zu, wie die einzelnen Stände aufgebaut werden. Schmetterlinge sowie Sonnen aus Styropor und Plastik zieren nun den Festplatz und eine Bühne wurde direkt vor unserem Stadtpavillon aufgebaut. Dort wird Daniel seine Eröffnungsrede halten und die Grundschule einen einstudierten Tanz aufführen. Später am Abend, wenn der Pavillon von

Lichterketten erleuchtet sein wird, wird eine Coverband auftreten und hoffentlich für Stimmung sorgen.

Unter *dem* Pavillon, wo Gavin und ich uns vor fünf Jahren zum ersten Mal geküsst haben. Er hat nach Zuckerwatte geschmeckt … nach Herzklopfen. Jetzt fühlt es sich eher nach einer Magengrippe an, daran zu denken.

Eifrig sehe ich mich um. Eins unserer größten Fahrgeschäfte, die Liebesgrotte, befindet sich bereits im Aufbau. Morgen wird der Festplatz nicht wiederzuerkennen sein, dann dominieren bunte Lichter die Kulisse, und Touristen strömen durch die Stadt. Unser B&B und die zwei Hotels in den Nebenstädten sind bereits ausgebucht.

Einige von uns sind lieber unter sich, doch Touristen sind wichtig für die Stadtkasse. Daniel sagt immer, dass man im Gespräch bleiben muss, um als so kleine Stadt nicht unterzugehen.

Hinter mir ertönt die Türglocke vom *Sugarpearl*. Jerikka, die Besitzerin des Cafés, steckt ihren Kopf zur Tür heraus.

»Du musst langsam überhitzt sein und kannst sicher eine Pause gebrauchen, oder? Eine kalte Limonade und ein Stück Kirschkuchen gehen aufs Haus.«

»Das ist eine tolle Idee«, erwidere ich und wische mir ein wenig Schweiß von der Stirn.

Jerikka kann man solche Angebote ohnehin nicht abschlagen, ohne dass sie spätestens heute Abend mit der Stärkung vor meiner Tür stehen und darauf bestehen würde, dass ich ihre Großzügigkeit annehme.

Ich will gerade reingehen, als ein Lkw vorfährt. Mit zwei Stunden Verspätung kommt endlich die Firma, die das Riesenrad aufbauen soll.

»Sieht aus, als müsste meine kleine Erfrischung noch etwas warten.«

»Limo und Kuchen sind für dich reserviert. Komm einfach, wenn du Zeit findest.«

Sie zwinkert mir zu, ehe sie wieder ins Café geht. Vor der Glasvitrine, in der sie ihre Kuchen und Törtchen ausstellt, hat sich bereits eine Schlange gebildet.

Ein Teil von mir würde sich auch gerne in den klimatisieren Raum begeben und den Tag genießen, nur würde dann niemand die weiteren Aufbauarbeiten beaufsichtigen, und eine Verzögerung im Zeitplan ist gerade einfach nicht drin. Ich wedle mir Luft zu, dann wende ich mich an die Männer, die gerade aus dem Lkw steigen.

Wir arbeiten seit Jahren mit demselben Familienunternehmen zusammen und das Riesenrad steht immer an derselben Stelle. Trotzdem muss ich sichergehen, dass sie die Markierungen auf dem Boden nicht überschreiten. Der Toilettenwagen wird erst heute Abend geliefert und muss genau daneben passen.

Nach meiner Einweisung machen sich die Männer sofort an die Arbeit, die Stützpfeiler auszuräumen.

Aus der Ferne beobachte ich sie und gehe dabei meine To-dos durch. Dekoration, *check*. Buden- und Bühnenaufbau, *check*. Essens- und Getränkestände, *check*. Riesenrad und Liebesgrotte, *im Aufbau*. Ich kontrolliere noch mal jede Standnummer und gleiche sie mit unserem Plan ab. *Check*.

»So weit, so gut«, murmle ich zu mir selbst.

Die Sonne brennt sich förmlich in meinen Nacken und ruft nun wirklich nach der versprochenen Limonade. Fürs Erste habe ich mir eine Pause verdient.

Die Türglocke kündigt mein Kommen an. Köpfe recken sich in meine Richtung, um zu sehen, wer der neue Gast ist.

Ein paar der mitleidigen Blicke verwirren mich. Vielleicht fühlen sie sich schuldig, weil ich da draußen auf dem Platz ackere, während sie hier sitzen und ihren Kuchen genießen? Ober habe ich mir die Nase verbrannt? Die Haut am Nasenrücken spannt ein wenig.

Jerikka kommt auf mich zu.

»Ich denke, jetzt habe ich etwas Zeit«, sage ich grinsend.

Ihre Lippen werden schmaler. »Hätte ich das gewusst …« Sie fährt sich durch ihre dunklen Locken. »Wieso hast du nicht gesagt, dass er wieder da ist?«

»Wer ist wieder da?«, frage ich verwirrt.

Wieso starren mich alle an?

Jerikka wird ein wenig blasser. »Du weißt es nicht?«

»Was weiß ich nicht? Langsam machst du mich nervös.«

Ihr Blick schweift zu der Kuchenvitrine, vor der sich nach wie vor eine Schlange bildet. Von dort aus werden Bestellungen an Jerikkas Mann herausgeben.

Da sind Betty Torres, Frank Steel und seine kleine Tochter Dawn. Caren und Kate Hinton und Zack Allen. Und dunkelgrüne Augen, die mich überrascht ansehen und mein Herz auf einen Höhenflug bringen … nur, damit es danach auf dem Boden zerschellt.

»Gavin.« Meine Stimme war noch nie so dünn, noch nie so krächzend. Es passt zu dem Mitleid, das mir von allen Seiten entgegenspringt.

Als er auf mich zukommt, kann ich nicht atmen. Ich kann mich nicht rühren, obwohl ein Teil von mir am liebsten wegrennen würde.

Jerikka legt mir eine Hand auf die Schulter, ehe sie geht, und ich wünschte, sie würde bleiben, denn nun stehe ich allein vor dem Mann, der mir das Herz gebrochen hat, und das sich immer noch viel zu sehr nach ihm sehnt.

»Hey, Em.« Seine Stimme ist wie eine wärmende Decke und Nagelkissen zugleich. Er ist der Einzige, der mich so nennt.

Seine dunklen Haare sind ein wenig länger und fallen ihm nun lässig in die Stirn. Vor sechs Monaten hatte er auch noch nicht diesen kleinen Bart, der ihm etwas sehr Markantes verleiht und seine tannengrünen Augen betont. Sie hatten schon immer etwas Hypnotisierendes, heute könnte ich mich erneut darin verlieren. Plötzlich sind da keine Pläne und Vorbereitungen mehr in meinem Kopf, sondern nur noch zwei Fragen.

Wieso ist er hier?

Wieso ist er überhaupt gegangen?

Die Antwort auf die zweite habe ich bis heute nicht verstanden. Nicht richtig. Ich dachte immer, wir wären seelenverwandt und würden die Sicherheit, die die Idylle und die Beschaulichkeit von Nelson einem schenken, genießen, dabei hatte es sich für ihn offenbar angefühlt, als würde er eingesperrt sein. Das hier war ihm zu wenig, ich war ihm nicht genug. Nur das unbeantwortete *Wieso* quält mich.

Noch immer sehen alle zu uns, als wären wir ein Autounfall, bei dem sie ihre Sensationsgier ausleben können. Bloß nicht wegsehen, sonst verpasst ihr noch etwas von meinem persönlichen Drama. Aber so sind Städte wie Nelson eben: Wir leben zusammen und informieren uns gerne über die anderen, weil wir uns nur so beistehen können.

Nur wieso hat mich dann keiner vorgewarnt, dass Gavin herkommen würde? Seine Eltern müssen doch davon gewusst haben.

»Was machst du hier?«, finde ich meine Stimme wieder.

»Ich …« Er sieht zu den anderen, dann vergräbt er seine Hand in einer Hosentasche. »Sollen wir vielleicht draußen reden?«

Bei der Vorstellung, gleich allein mit ihm zu sein, stolpert mein Herz vor Nervosität. Aber auch ich will nicht auf dem Präsentierteller stehen.

»Okay.«

Er hält mir die Tür auf, und ich trete wieder in die Hitze, die jetzt lediglich gedämpft zu mir dringt. Stattdessen sind da Erinnerungen, befeuert von den Buden, die darauf warten, dass das Fest, das Gavin und ich immer geliebt haben, beginnt. Die Schmetterlinge, die den Festplatz schmücken, sind bei dem Gedanken eindeutig auch in meinem Bauch zu finden.

Wir gehen um die Ecke, weg von der gläsernen Fassade des Cafés. Um uns herum herrscht noch immer das hektische Treiben des Riesenradaufbaus, doch wir stehen einfach an einer Steinmauer und sehen uns an. Jede Sekunde, in der ich weiter in seinen Augen versinke, keimt neue Hoffnung in mir auf. Hoffnung darauf, dass er vielleicht für immer zurückkommen will. Auch wenn es nichts an der Tatsache ändern würde, dass er gegangen ist.

»Also?«, frage ich. »Wieso bist du in Nelson?«

Mit gequältem Gesichtsausdruck sieht er zu mir. Mehrfach setzt er zum Sprechen an und sagt trotzdem nichts, sein Adamsapfel hüpft auf und ab.

»Ich wollte … also …«

Er grinst schief, wie er es immer getan hat, sobald seine Gedanken zu schnell waren, um Worte für sie zu finden. Dieses kleine Detail an ihm zu sehen ist bitter-süß. Ich hänge irgendwo zwischen beflügelnder Sehnsucht und fesselndem Schmerz.

»Das Sommerfest war immer unsere Lieblingszeit des Jahres«, sagt Gavin nun leise.

Der Schmerz überwiegt.

Jedes seiner Worte ist wie ein Messerhieb, der mich daran erinnert, was wir hatten und was nun nicht mehr existiert. Er kann nicht einfach herkommen und meinen Plan, ihn zu vergessen, auf den Kopf stellen.

»Ein *Uns* gibt es aber nicht mehr«, gebe ich zurück.

Fast sieht es aus, als würde er denselben Schmerz spüren. Die Wahrheit tut wohl selbst dann weh, wenn man sie verursacht hat.

»Ich denke, das hier war keine gute Idee«, sage ich bestimmt. »Ich bin dieses Jahr Vorsitzende des Festkomitees und habe noch viel zu tun. Ich kann mich jetzt nicht mit der Vergangenheit beschäftigen, wenn ich gerade im Begriff bin, meine Zukunft anzugehen.«

Bei dem Wort *Vergangenheit* zucke ich selbst zusammen, dennoch mache ich mir bewusst, dass es besser ist, die Dinge beim Namen zu nennen. Es ist besser, einfach weiterzumachen, weil ich mir Liebeskummer gerade nicht erlauben kann.

»Genieß deinen Besuch hier«, ergänze ich knapp, ehe ich mich umdrehe und gehe.

Er sagt nichts, während ich mir vornehme, ihn ein für alle Mal hinter mir zu lassen. Trotzdem brennen die Tränen in meinen Augen, als ich ins Café zurückgehe, wo Jerikka bereits an der Tür auf mich wartet.

»Hab dir beides zum Mitnehmen eingepackt, damit du dich nicht mit der Meute auseinandersetzen musst«, flüstert sie mir zu. »Einen Brownie findest du auch noch da drin. Den esse ich selbst immer am liebsten, wenn ich einen schlechten Tag habe.«

»Du bist eine Lebensretterin.«

Dankend nehme ich den Proviant und gehe damit zurück zur Riesenradstelle. Gavin kann ich zwar nicht mehr sehen, dennoch habe ich plötzlich das Gefühl, seine Anwesenheit noch spüren zu können. Seinen Duft wahrnehmen zu können.

Zum ersten Mal habe ich den Gedanken, dass Nelson doch zu klein sein könnte. So klein, dass es niemals möglich sein wird, ihm aus dem Weg zu gehen.

* * *

Mehr als vierundzwanzig Stunden sind vergangen, seit ich auf Gavin gestoßen bin. Der Schock sitzt mir noch in den Knochen, als habe seine bloße Anwesenheit sechs Monate Liebeskummer-Bekämpfungsstrategien in Luft aufgelöst. Plötzlich sind da so viele Erinnerungen, Bilder, Gerüche – alles, was in den letzten fünf Jahren in meiner Seele gespeichert wurde, will mich nun gefangen nehmen.

Meine Mutter hat gestern Abend noch vorbeigeschaut, um sich davon zu überzeugen, dass ich klarkomme. Eine richtige Antwort hatte ich darauf nicht.

Für heute lautet meine Mission, mich einfach vom Sommerfest treiben zu lassen und irgendwie empfänglich für die Magie zu sein. Daniel hat die Feierlichkeiten vor einer Stunde mit einer Rede eröffnet. Nun schwappt die ausgelassene Stimmung bereits wie eine Welle über die Leute, und ich hoffe, dass ich mich ebenfalls von ihr forttreiben lassen kann. Es wäre jetzt genau das Richtige.

Owen Grayson, einer unserer ältesten Einwohner, hat mal gesagt, dass das Fest jung hält, und so tauscht er auch diesmal seinen Rollator gegen eine Fahrt im Riesenrad. Seine Frau Pamela isst derweil haufenweise Zuckerwatte, obwohl sie sonst immer auf ihren Zuckerkonsum achtet.

Ich dachte immer, Gavin und ich würden auch mal so enden – noch im hohen Alter zwischen Fahrgeschäften und Spielbuden umherschlendernd, immer auf der Suche nach Romantik und Freude.

Was für ein Irrtum.

Die Hitze fühlt sich an, als würde man gegen eine Wand laufen. Die Luft ist dick, man spürt die Wärme in jedem Atemzug. Deswegen sind wohl die Schlangen an den Wasserspielbuden am längsten – eine Abkühlung kommt gerade wie gerufen.

Jerikka spaziert auf mich zu, in der Hand hält sie eine Plastikrose, die sie vermutlich an einem der Stände gewonnen hat.

»Wirklich ein tolles Fest. Noch schöner als letztes Jahr.«

»Dann haben sich die schlaflosen Nächte wohl bezahlt gemacht.«

»Wenn du mich fragst, solltest du immer die Organisation übernehmen.« Jerikka mustert mich ein wenig ernster. »Ich hoffe, dir geht es besser? Kommst du damit klar, Gavin wiederzusehen?«

»Aber sicher.« Mein Lächeln fühlt sich etwas wackelig an.

»Ist Gavin denn nur zu Besuch da?«, fragt nun mein alter Englischlehrer Frank Thomson, der unser Gespräch mitangehört hat. »Oder zieht er wieder hierher?«

Mir entfährt ein Seufzen. »Ich fürchte, dass müsst ihr ihn selbst fragen.«

»Ich hatte ja gehofft, Chalia und George hier zu treffen und sie zu fragen, aber ich konnte sie noch nirgendwo entdecken.« Sofort sieht Frank sich nach Gavins Eltern um, während ich für meinen Teil froh darüber bin, dass er sie nicht findet.

Wobei ein Teil von mir sie gerne zur Rede stellen würde, weil sie mich nicht wegen Gavins Rückkehr vorgewarnt haben. Chalia, George und ich waren uns einig, dass wir Freunde und gute Nachbarn bleiben würden, weil man sich in einer Stadt wie Nelson schlicht nicht aus dem Weg gehen kann. Und weil ich mich bei den beiden immer so wohlgefühlt habe. Sie haben mich stets wie eine Tochter behandelt. Wie jemanden, der eine Vorwarnung verdient hätte.

»Lassen wir Emma lieber in Ruhe«, sagt Jerikka. »Sie ist schließlich hier, um Spaß zu haben. Genau wie wir.«

»Deswegen hole ich mir jetzt auch etwas Süßes«, gehe ich sofort auf ihre Aussage ein. Besser, ich nutze die Gunst der Stunde, um abzuhauen und einem weiteren Verhör zu entkommen.

Ich schlendere weiter über den Platz und reihe mich schließlich in die Warteschlange des Slush-Standes ein. Ich bin die Nummer elf in der Schlange und nutze die Zeit, um das Gespräch und die Fragen auszublenden und mich stattdessen wieder treiben zu lassen. Neben dem Slush-Stand steht die Losbude, an der ein Tourist gerade einen riesigen Teddybären gewinnt.

»Weißt du noch, als wir vor zehn Jahren so einen Bären gewonnen haben?« Shelly hat sich zu mir gestellt, ich zucke kurz zusammen. »Aber unserer hatte eine rosa Schleife.«

»Die wir mit Stickern beklebt haben«, erinnere ich mich. »Und wir haben uns das Sorgerecht geteilt: Eine Woche hat er bei mir gelebt und eine Woche bei dir. Immer im Wechsel.«

»Ein Hoch auf Tante Jeanette, die damals mit ihrem Scheidungs- und Sorgerechtskrieg eine Inspiration für uns war.«

Wir lachen beide.

»Ganz schön was los heute.« Shelly lässt ihren Blick durch die Menge schweifen, ich tue es ihr gleich.

Bis ich einen dunklen Haarschopf entdecke.

Gavin steht vor einer der Spielbuden, an denen man mit Wasserpistolen auf Gegenstände schießen muss. Dadurch, dass er mir den Rücken zugedreht hat, sieht er mich nicht.

Kurz ist es mir unerklärlich, wie mir seine Anwesenheit entgehen konnte, denn plötzlich kann ich nichts anderes mehr spüren. Als wäre in meinem Körper ein Schalter, der alles andere lahmlegt, sobald Gavin in meiner unmittelbaren Nähe ist.

»Habt ihr noch mal geredet?«

»Würde das etwas ändern?«

»Ich denke, dass du eigentlich mit ihm reden *willst,* daher wäre es auf jeden Fall keine schlechte Idee. Bisher weiß niemand, wie lange er eigentlich bleiben will, also wirst du vielleicht nicht viele Gelegenheiten haben, um noch all die Fragen zu stellen, die dir ohnehin im Kopf herumschwirren.« Sie schielt zu mir. »Und jetzt sag mir nicht, dass da keine sind … oder dass du dich nicht danach sehnst, mit ihm zu reden. Wir kennen uns immerhin seit zweiundzwanzig Jahren, du kannst mir also nichts vormachen.«

Ich schürze die Lippen. »Was, wenn mir die Antworten nicht gefallen? Was, wenn er nur auf der Durchreise ist und morgen wieder verschwindet, und ich dann nur noch mehr leide, weil ich ihn wieder in meine Nähe gelassen habe?«

Selbst wenn es nur ein paar Sekunden wären: Es würde die Wunde, die sein Weggang hinterlassen hat, sofort wieder bluten lassen, denn der Schorf ist noch zu frisch, nur ein hauchdünner Film, quasi nicht existent.

»Ich weiß nicht, ob ich das schaffe.«

Noch mal sehe ich zum Wasserpistolen-Stand. Gavin bemerkt mich nach wie vor nicht, und vielleicht ist es besser so.

Shelly erwidert nichts darauf, auch wenn ich ihr ansehe, dass sie mich gerne umstimmen würde. Ich kenne sie auch gut genug, um zu wissen, dass sie meine Meinung nicht teilt. Dass sie mich am liebsten zu ihm bringen und mich so lange festhalten würde, bis ich ihn mit allem konfrontiere – weil sie denkt, dass es besser so wäre. Weil sie eine gute Freundin ist und weiß, wie sehr mich die Ungewissheit quält.

Doch nachdem Gavin es nicht für nötig gehalten hat, mir von dem Jobangebot zu erzählen, ehe er es angenommen hatte, war ich nicht mehr zu vielen Gesprächen bereit. Er hatte seine Entscheidung getroffen, und ich kam mir betrogen vor. Ich war so verletzt und wütend. Ich wollte seine Ausreden und lahmen Begründungen gar nicht erst hören, weil das Ergebnis seiner Tat ja doch dieselbe gewesen wäre. Er wollte nach New York, weg aus Nelson, weg von mir. Aber natürlich frage ich mich manchmal, ob ich ihm hätte zuhören müssen, statt mitten im Streit wegzugehen. Für mein eigenes Seelenheil. Um einen Schlussstrich zu ziehen. Vielleicht auch, damit wir irgendwann Freunde sein könnten, auch wenn der Gedanke daran mich noch mehr zerreißt als die Vorstellung, nie wieder mit ihm zu reden.

Weder Shelly noch ich sehen noch mal hin. Wir treten einfach in der Schlange vor, reden über das Fest und Shellys Arbeit in der Grundschule. Wir bestellen einen köstlichen Kirsch-Slush, der die Hitze ein wenig vertreibt. Dann überqueren wir gemeinsam den

Festplatz – weg von Gavin, weg von all der Sehnsucht und dem Herzklopfen.

Beim Dosenwerfen gewinne ich drei von vier Spielen, sodass Shelly mir Popcorn kaufen muss. Zusammen steigen wir ins Riesenrad und teilen uns die Snacks, während die Gondeln sich in Bewegung setzen. Von hier oben kann man die weiten Weizenfelder, die Nelson einrahmen, überblicken. Drei kleine Seen glitzern im Licht der untergehenden Sonne. In einer Stunde wird sich die Natur um uns herum zu dunklen Flecken und der Festplatz in ein Lichtermeer verwandeln. Dann kommt die Zeit, in der das Fest seine wahre Magie entfacht: wenn die Nacht grenzenlos erscheint und die Band zu spielen beginnt.

Letztes Jahr war es eine Countryband, dieses Jahr werden Cover gespielt. Die Band wird extra für den Bürgermeister sein Lieblingslied von U2 performen – meine persönliche Überraschung für ihn, an die er sich hoffentlich lange erinnern wird.

Beseelt steige ich aus der Gondel und schmeiße die leere Popcorntüte in einen Mülleimer. Shelly verabschiedet sich vor der Liebesgrotte von mir, da sie ihrem Freund Patrick eine Fahrt versprochen hat. Ein bisschen wehmütig sehe ich ihr hinterher, weil das auch eins meiner liebsten Fahrgeschäfte ist, aber alleine in einem der schaukelnden Boote zu sitzen und auf Herzfiguren und Amor-Statuen zu sehen, wäre demütigend. Lieber wende ich mich dem aufblasbaren Rodeopferd zu, vor dem eine Reihe Kinder in einer Warteschlange stehen. Ein Kind – es muss zu Besuch in der Stadt sein – versucht gerade, auf dem sich windenden Gefährt sitzen zu bleiben. Bei jeder neuen Bewegung, die das Pferd macht, geht ein Raunen durch die drum herum stehende Menge. Sie jubeln bei besonders guten Manövern, und selbst wenn die Kinder irgendwann fallen, applaudieren sie danach. Es ist genau die positive Energie, die ich gerade brauche, also verweile ich ein bisschen und stimme in ihre Anfeuerungsrufe ein.

Plötzlich tritt jemand neben mich. Ich muss gar nicht hinsehen, mein Körper und mein Geist erkennen Gavin sofort.

»Du hast das Fest wundervoll organisiert, Em.«

»Danke.«

Ich drehe mich zu ihm um, augenblicklich sind da wieder diese verdammten Schmetterlinge in meinem Bauch.

Er trägt heute ein weißes Shirt und dunkelblaue Shorts aus Jeans, zusammen mit hellgrauen Sneakern, die seine Eltern ihm letztes Jahr zum Geburtstag geschenkt haben. Ein Geburtstag, an dem ich noch an seiner Seite war.

»Du weißt ja, wie gerne ich organisiere«, sage ich lahm.

»Ich erinnere mich.«

Gavins Stimme nimmt mich ein, genau wie sein Blick.

»Em?«, fragt er vorsichtig. »Es tut mir leid, dass ich bei unserem letzten Treffen im Café so komisch war. Ich hatte nicht damit gerechnet, dich sofort nach meiner Ankunft zu sehen.«

»Im Gegensatz zu mir wusstest du immerhin, dass wir uns sehen würden. Ich hatte ja keine Ahnung, dass du kommst.«

»Ich weiß. Das tut mir auch leid.« Er schluckt schwer. »Die ganze Zeit über habe ich mir ausgemalt, wie ich mit dir reden und was ich sagen würde … aber in dem Moment, in dem ich dich gesehen habe, waren die Worte irgendwie verschwunden.«

»Das verstehe ich.«

»Wie … wie geht es dir?«

»Alles bestens«, serviere ich ihm dieselbe Lüge wie den anderen.

Gavins Mundwinkel zuckt traurig. »Bei mir nicht.«

Er geht einen Schritt auf mich zu, nun steht er direkt vor mir. »Ich vermisse dich«, flüstert er beinahe und mein Herz suhlt sich in diesen drei kurzen Worten.

Ich will sie so sehr erwidern.

Ich will ihm sagen, wie schwer es war ohne ihn und dass ich jeden Tag an ihn gedacht habe. Möchte ihm sagen, dass ich es liebe, wenn er mich *Em* nennt und dass ihm die längeren Haare stehen. Ich habe den Drang, den letzten Meter zu überwinden, seine Hand zu halten, ihn zu küssen. Ihm nah zu sein, genau wie früher. Ebenso, wie ich es geliebt habe, wenn er leise geseufzt hat, wann immer wir uns innig geküsst haben. Es war mein Lieblingsgeräusch auf der ganzen Welt.

»Ich habe dich auch vermisst«, erwidere ich ehrlich.

Gavin kommt noch ein wenig näher. Seine Hand legt sich auf meine Wange, mit dem Daumen streichelt er darüber und meine Knie werden weich. Da sind nur Gavin und ich und die Sehnsucht, die mich zum Zittern bringt. Die mich dazu bringt, mich selbst noch ein wenig vorzubeugen und mich dieser kleinen, sanften Berührung hinzugeben.

Gavins Lippen öffnen sich und ich sehe erwartungsvoll darauf, hoffe, bange um einen erlösenden Kuss, der alles, was zwischen uns zerstört war, wieder repariert.

Das ist doch der Zauber, zu dem das Sommerfest imstande ist: plötzlich wird alles wieder gut.

Oder?

Ich blinzle, genau in dem Moment, in dem Gavin einen weiteren Millimeter vorrückt und seine Lippen meine streifen.

Mein Körper und meine Seele rufen danach, es geschehen zu lassen. Doch die Stimme in meinem Kopf ist plötzlich laut, sie schreit mich förmlich an, es nicht zu tun.

Ich stolpere nach hinten und löse mich von seiner Berührung auf meiner Wange, befreie mich aus seinem Duft.

Dann schüttle ich den Kopf. »Das kannst du nicht tun«, bringe ich hervor. »Du kannst nicht einfach herkommen, mir an den Kopf werfen, dass du mich vermisst und so tun, als wärst nicht *du* es gewesen, der gegangen ist!«

Die leichte Röte, die unser Fast-Kuss auf Gavins Wangen hinterlassen hat, weicht Blässe. Traurig sieht er mich an, fast flehend.

»Es war ein Fehler … ich hätte nicht gehen sollen. Jetzt weiß ich es.«

»*Jetzt* weißt du es?« Meine Stimme hallt über den Festplatz.

Ich bin froh, dass die Livemusik zu spielen begonnen hat, denn so drehen sich nur ein paar Leute zu uns um.

Mein Herz rast, während ich Gavin ansehe und versuche, meine Gefühle in den Griff zu bekommen. Wie oft habe ich im Bett gelegen, weil ich vor Sehnsucht nach ihm nicht schlafen konnte, habe mir vorgestellt, genau solche Sätze von Gavin zu hören. Stundenlang habe ich mir ausgemalt, wie es wäre, wenn er seinen Weggang bereuen und zu mir zurückkommen würde, und nun, da es so weit ist, flammt die Sehnsucht, die ich mit aller Macht unterdrückt habe, auf. Sie frisst sich durch jede Faser meines Körpers und bringt mich dazu, wieder einen klitzekleinen Schritt auf Gavin zuzugehen. Gleichzeitig bin ich mir darüber bewusst, dass ich mich nicht noch mal in seiner Nähe verlieren darf.

Ich kann die aufsteigenden Tränen nicht verhindern. Tränen der Verzweiflung, der Wut. Sie werden durch seine Worte nur noch angefacht, denn egal, wie schön es ist, dieses Geständnis von ihm zu bekommen: Es fühlt sich an, als hätte er mit seinem Weggang einen Teil von mir zerschmettert und die Scherben einfach zwischen uns liegen gelassen.

»Du warst sechs Monate weg!«, spucke ich ihm förmlich entgegen. »Du hast entschieden, dass dir das Leben mit mir nicht reicht. Du hast mir mein verdammtes Herz gebrochen, und jetzt kannst du nicht einfach wieder herkommen, mir sagen, dass du mich vermisst, und alles wieder aufwühlen!«

Ein Donner in der Ferne untermalt meine letzten Worte.

Gavin zuckt zusammen, nun schimmern auch Tränen in *seinen* Augen. Kurz bringt es mich aus dem Konzept – ich konnte ihn noch nie weinen sehen. Doch er hat sich diese Tränen selbst zuzuschreiben.

Ein Blitz erhellt den Himmel. Dunkle Wolken ziehen über den Festplatz und fordern meine Aufmerksamkeit. *Das* ist jetzt wichtig. Diese Veranstaltung und das, wofür sie steht, wenn ich in zwei Monaten mein Praktikum beim Bürgermeister beginne. Gavin hat mit seinem Umzug nach New York einen Job uns vorgezogen, also werde ich das jetzt auch tun. Egal, wie viel Überwindung es mich auch kosten mag.

»Ich kann das jetzt nicht.« Energisch wische ich mir eine Träne von der Wange.

Ich drehe mich um und lasse Gavin einfach stehen.

Dabei spüre ich noch seinen Blick, er brennt sich förmlich in meinen Nacken, während ich zur Bühne gehe. Tränen laufen ungehindert über meine Wangen, obwohl ich es gar nicht will. Ich will nicht mehr seinetwegen weinen, ich will nicht um das trauern, was ich verloren habe. Ich will auch nicht, dass seine Worte in meinem Kopf echoen.

Ich habe dich vermisst. Es war ein Fehler.

Genauso wäre es ein Fehler, diese Sätze in mein Herz zu lassen, oder? Denn er sagt zwar, dass er mich vermisst, aber es reicht nicht. *Worte* reichen nicht.

Shelly steht vor der Bühne, auf der nach wie vor die Band spielt, während einige Zuschauende bereits den Pavillon verlassen. Erste Tropfen fallen auf die Wege.

Shelly mustert meine tränennassen Wangen. »Was ist passiert?«

»Ich erkläre es dir später«, erwidere ich kurz angebunden.

Gavin muss weg, weg, weg aus meinem Kopf.

Erst mal muss ich mich um die Wetterkrise kümmern. Der Regen nimmt zu und raubt mir die Sicht. Die Band hat nun aufgehört zu spielen und sieht unsicher nach oben, wo Blitz und Donner sich abwechseln. Lediglich sieben Sekunden liegen dazwischen, das Gewitter kommt direkt auf uns zu.

»Auf so etwas waren wir nicht vorbereitet«, sage ich zu Shelly. »Wieso stand denn davon nichts in den Vorhersagen?«

Ich bin sie doch gleich dreimal durchgegangen. Nirgendwo stand etwas von einem Unwetter, es wurde mir ein sternenklarer Himmel versprochen. Ich habe mich darauf verlassen!

»Wir könnten erst mal alle ins Feuerwehrhaus, um das Schlimmste abzuwarten?«, schlägt Shelly gerade vor, als Daniel auf die Bühne tritt.

Er ist wohl der Einzige, der bei dieser schwülen Hitze einen Anzug trägt.

»Sheriff Bill und ich müssen euch leider mitteilen, dass das Gewitter zunehmen soll«, sagt er durchs Mikrofon. »Deswegen müssen wir Sie alle bitten, den Festplatz zu verlassen und zurück in Ihre Häuser zu gehen.«

»Nein«, wimmere ich fast.

All die Arbeit, all die Vorbereitungen für einen Abbruch? Für *nichts*? Für Kummer und Tränen?

»Dann sollten wir wohl auch gehen«, sagt Shelly enttäuscht.

Sie gibt mir einen Kuss auf die Wange und verschwindet.

Ich selbst bleibe noch etwas ratlos vor der Bühne stehen, obwohl der Regen mir inzwischen dir Stirn hinunterrinnt. Dennoch wage ich es nicht, das alles aufzugeben, ebenso wenig, wie ich es wage, nach Hause zu gehen und mich dort mit meinem Herzen auseinanderzusetzen.

Daniel kommt auf mich zu, sein Jackett hat er schützend über seinen Kopf gespannt. »Emma, du solltest jetzt auch nach Hause gehen.«

Als es erneut blitzt, schrecke ich zusammen. Es klang verflucht nah.

Vier Sekunden bis zum Donner.

Daniel berührt meine Schulter und sieht mich bedauernd an. »Glaub mir, es fällt mir genauso schwer wie dir, jetzt alles abzubrechen, aber es nützt nichts. Und ich will ganz gewiss nicht, dass meine vielversprechendste Praktikantin vom Blitz getroffen wird.« Sein Spruch bringt mich zum Schmunzeln. »Geh ins Trockene. Vielleicht können wir ja morgen weiterfeiern, wenn das Wetter sich beruhigt hat.«

Wir nicken uns zu, und Daniel verschwindet im Regen.

Ein letztes Mal sehe ich auf den Platz, auf dem nach und nach die Buden geschlossen werden. Die letzten Fahrgäste steigen aus dem Riesenrad und laufen weg. Lichter werden ausgestellt, die Grotte ist stehen geblieben.

Jetzt hat dieser Abend endgültig seine Magie verloren.

* * *

Meine Haare sind noch nass von der Dusche, die die schrecklichen letzten Stunden von mir abwaschen sollte. Trotzdem fühlt sich mein

Magen an, als würden nun Maden statt Schmetterlingen darin herumwirbeln.

Neben mir steht ein unangerührtes Glas Wein. Ich würde ja doch nur meinen Kummer darin ertränken, und das war noch nie eine gute Idee. Fotos von Gavin und mir anzusehen auch nicht, trotzdem greife ich nach meinem iPad. Eigentlich hätte ich die Bilder längst löschen sollen, ich habe es nur nicht über mich gebracht. Immerhin sind das alles Erinnerungen, die mich früher mit Glück überschüttet haben.

Wie der Schnappschuss von uns beiden, der kurz nach unserem ersten Kuss entstanden ist. Wie jung wir noch aussahen, mit etwas runderen Wangen und verliebten Lächeln auf den Lippen. Gavin hat mich für das Foto auf die Wange geküsst und ich strahle übers ganze Gesicht, weil wir an diesem Tag beschlossen haben, endlich offiziell ein Paar zu werden. Wie aufgeregt ich war, wie enthusiastisch.

Es folgen Bilder vom Badesee, wo wir letztes Jahr mit unseren Freunden fast den ganzen August verbracht haben, um die Hitze, die über Kalifornien gerollt ist, auszuhalten. Auf dem Foto stemmt er mich an der Hüfte nach oben, während wir versuchen, die berühmte Szene aus *Dirty Dancing* nachzustellen und dabei kläglich scheitern. Beinahe kommt es mir vor, als könnte ich sein kehliges Lachen noch durch den Screen hören.

Es fehlt mir.

Alles fehlt mir.

Dabei wünschte ich, es wäre eine Lüge, dass ich ihn vermisse, weil es die Dinge leichter machen würde.

Ich habe dich vermisst. Es war ein Fehler.

Das Problem ist, dass *ich* nun keinen Fehler machen will. Die Angst, noch mal verletzt zu werden, sitzt tief in meiner Brust und hat mein Herz im Klammergriff. Ein Herz, das sich dagegen wehren will und gleichzeitig vom Kampf der letzten Wochen und Monate kraftlos ist.

Ob ich trotzdem noch mal mit ihm reden sollte?

Ob es wirklich besser wäre, ihm meine offenen Fragen zu stellen, damit ich endlich Frieden finden kann?

Die Entscheidung wiegt zu schwer, als dass ich sie heute treffen könnte. Die ganze Organisation, das Planen und die To-dos haben Spuren hinterlassen. Ich bin müde, gleichzeitig aufgewühlt wegen des Abbruchs. Traurig und enttäuscht, weil Daniel nicht sein Lieblingslied gehört hat und die Touristen nicht alles vom Sommerfest genießen konnten.

Kurzerhand lege ich das iPad wieder weg, diesmal mit dem Screen nach unten, sodass ich gar nicht erst in Versuchung gerate, mich weiter durch meine Erinnerungen zu wühlen. Stattdessen sehe ich raus aus dem Fenster, hinter dem noch immer ein Gewittersturm tobt und damit meine Stimmung widerspiegelt. Blitze und Donner dominieren den Himmel. Der Regen verklärt die Sicht auf die Nacht.

Die Straßen von Nelson sind verlassen, alle sind in ihren Häusern. Gavin muss hier auch irgendwo sein, vermutlich bei seinen Eltern drei Straßen weiter.

So nah und doch so fern.

Ich greife gerade nach dem Weinglas, um doch einen Schluck zu nehmen, als es an der Tür klopft. Es ist bereits nach Mitternacht, doch da meine Mom nur ein Haus weiter wohnt, wäre es nicht ungewöhnlich für sie, vorbeizuschauen. Sicher hat sie noch Licht gesehen.

Als ich vor einem Monat diese kleine Wohnung im Haus neben ihr bezogen habe, war es für mich der reinste Glücksgriff. Die Praktikumsstelle beim Bürgermeister hatte ich schon sicher, für meinen Studienabschluss fehlten nur noch die letzten Prüfungen, und ich hatte es geschafft, auf eigenen Beinen zu stehen und trotzdem in der Nähe meiner Familie zu sein.

Ich stelle mein Glas weg und öffne lächelnd die Tür, bin bereit, meine Mom in Empfang zu nehmen. Doch meine Mundwinkel senken sich im gleichen Augenblick wieder, als ich sehe, wer *wirklich* vor meiner Tür steht.

Gavin sieht aus wie ein Geist, wie eine Erinnerung, möglicherweise verursacht von den vielen Bildern, die ich mir angesehen habe. Dabei lässt ihn der Regen, der von seinen Haaren auf sein weißes Shirt tropft und ihn augenscheinlich frieren lässt, sehr real aussehen. Der Stoff seines Shirts ist längst durchsichtig geworden und gibt den Blick auf seine Bauchmuskeln frei.

»Woher weißt du, wo ich wohne?«, frage ich, obwohl er jeden aus der Stadt hätte fragen können.

»Mein Dad hat es mir verraten«, sagt er ein wenig atemlos. Er klingt, als wäre er hergelaufen. Durch den Regen? Bis zu mir? »Ich musste einfach herkommen. Es gibt so vieles, was ich dir sagen will. Ich wollte es schon im Café, aber dich wiederzusehen hat mich überwältigt. Und … ich fürchte, ich habe nicht die besten Worte gefunden. Du weißt, dass das immer *deine*, nicht meine Stärke war.«

Ich erwidere nichts, sehe ihn nur abwartend an.

»Ich habe die falsche Entscheidung getroffen und dich dabei sehr verletzt, obwohl doch gerade *du* der Mensch bist, den ich niemals verletzten wollte.«

»Wieso hast du es dann getan?«

Er seufzt schwer, fährt sich durchs nasse Haar, das danach ein wenig unordentlich daliegt. »Du weißt, dass ich immer zurück in die Großstadt gehen wollte – seit dem Moment, in dem meine Eltern vor zwölf Jahren entschieden haben, Chicago gegen Nelson einzutauschen. Ich habe nie ein Geheimnis daraus gemacht, dass ich mich schon immer danach gesehnt habe, irgendwann wieder zu gehen. Eigentlich wollte ich es schon fürs Studium tun, wollte immer an eine Uni in Chicago oder New York. Ich bin nur an unser Community College gegangen, weil *du* auch dort hingehen wolltest.«

Genau so war es. Er hatte sogar die Zusage aus Chicago, er hätte zurück in seine alte Heimat gehen können.

»Als du geblieben bist, dachte ich, wir hätten uns stumm etwas versprochen. Du hast gesagt, dass du mich liebst und mit mir alt werden willst, und bist geblieben, … nur um dann doch noch zu gehen? Es will nicht in meinen Kopf.«

»Weil es diesen Teil in mir gab, der sich das ganze Studium über gefragt hat, ob ich gerade eine großartige Chance verpasse, die andere in meinem Alter ergreifen. Neues sehen, reisen, über sich hinauswachsen. Ein Abenteuer. Als mir dann einer meiner Dozenten eine Stelle in New York vermittelt hat – ohne dass ich ihn darum hätte bitten müssen –, wusste ich, dass genau das die Chance ist, die ich nicht verstreichen lassen darf. Ich wollte nichts bereuen, es einfach mal wagen. Nur für mich.«

Er steht nach wie vor im Regen, dennoch bitte ich ihn nicht herein. Ich kann mich nicht rühren, kann kaum atmen. Mein Kopf ist längst in den letzten Winter gedriftet, hin zu unserem letzten Streit. Damals hat er mir gesagt, was für eine große Chance dieser Job in New York für ihn sei, doch ich konnte es nicht sehen, konnte mich nicht für ihn freuen. Vor allem, weil er das alles eigenmächtig entschieden hatte, ohne vorher mit mir zu sprechen. Aber wenn ich ehrlich bin, weiß ich auch nicht, was gewesen wäre, wenn er mich vorher gefragt hätte.

Hätte ich ihm geraten, diese Chance zu ergreifen?

Hätte ich ihn verstanden?

Ich bin doch eigentlich selbst ein Mensch mit strickten Zielen und Träumen. Wieso nur konnte ich das dann nicht bei ihm sehen, es nicht akzeptieren?

»Ich wollte dir bei deinen Träumen nie im Weg stehen«, sage ich, obwohl ich genau das getan habe.

Ich weiß es.

Ich habe immer gesagt, dass ich hierbleiben werde, habe mich nie auf Alternativen eingelassen. Ich dachte aber auch, dass wir beide im selben Boot sitzen würden. Mir war nicht klar, dass ich das Steuer in der Hand gehalten und ihm nicht zugehört habe, als er versucht hatte, die Richtung zu ändern.

Ich verstehe sein *Wieso*. Ich verstehe wirklich, warum er diesen Job annehmen musste. Er hätte nur früher mit mir sprechen müssen. Vielleicht hätte das einiges geändert, wenigstens den einen Streit verhindert.

Vielleicht.

»*Mir* tut leid, dass ich immer geglaubt habe, das Leben in Nelson wäre nicht genug.« Gavins Mundwinkel zuckt traurig. »Die Wahrheit ist, dass die große weite Welt mir trist vorkam ohne dich. Nichts kam mir bedeutungsvoll vor, nichts konnte ich genießen. Ich habe das Zirpen der Grillen vermisst … das Baden im See … die neugierigen Menschen in Nelson, die jedes Detail meines Lebens zu kennen scheinen. Dein Lachen … neben dir aufzuwachen … dich zu küssen und dir dabei zuzusehen, wie du den ganzen Tag durchplanst, während ich händeringend meinen ersten Kaffee suche.«

Unwillkürlich muss ich lachen.

»Ich will genau *das*, Em.«

Mein Herz rast bei diesem einen Satz. »Was, wenn es zu spät ist?«, frage ich dennoch. »Sechs Monate sind eine lange Zeit.«

»Ich habe kein Problem damit, dein Vertrauen zurückzugewinnen. Ich kann warten, kann dir beweisen, dass ich es ernst meine.«

Gavin geht einen kleinen Schritt auf mich zu, kommt endlich ein wenig ins Trockene und nimmt meine Hand.

»Du warst nie der Grund, wieso ich gegangen bin. Du warst der Grund, wieso ich hiergeblieben bin. Weil du *die Eine* bist, Em. Das warst du immer, und jetzt bin ich bereit. Jetzt weiß ich, dass der Plan, den ich damals nach dem Umzug geschmiedet habe, nicht mehr zu mir passt. Ich will nicht mehr in die Großstadt. Ich verpasse nichts, wenn ich hierbleibe. Ich *gewinne* etwas.« Sein Blick wird intensiver. »Ich weiß, dass ich dir das Herz gebrochen habe, und ich hasse mich dafür. Aber ich werde es an jedem einzelnen Tag wieder zusammenflicken, wenn du mich lässt.«

Meine Gedanken, mein Geist, mein Körper – alles schreit *Ja*.

Alles schreit danach, ihm zu verzeihen und mich einfach meinen Gefühlen hinzugeben, die ich in den letzten Monaten doch nur zu überspielen versucht habe. Dabei waren sie immer da, immer präsent. Immer quälend.

»Wir haben beide Fehler gemacht«, gebe ich zu.

Das ist die Wahrheit, die ich in den letzten sechs Monaten hinter meinem gebrochenen Herzen versteckt habe. Ich bin so gut darin, alles in meinem Leben vorzuplanen, dass ich mich festgefahren habe. Nicht nur mich … uns.

Dabei ging es mir immer nur darum, dass wir beide glücklich sind. Zusammen, aber auch jeder für sich. Mit eigenen Träumen, Wünschen und Möglichkeiten. Ich wollte ihm nie das Gefühl geben, sich und seine Vorstellungen aufgeben zu müssen, damit wir beide funktionieren.

Mein Puls schnellt in die Höhe, sinkt in den Magen, nimmt meinen ganzen Körper ein.

Fast meinen ganzen Körper.

Mein Herz hingegen ist damit beschäftigt, endlich der Sehnsucht nachzugeben. Ich ziehe Gavin zu mir, innerhalb weniger Sekunden überwinde ich die letzte Distanz zwischen uns. Er seufzt leise, voller Hoffnung, dann legen sich meine Lippen auf seine. Ich küsse ihn, wie ich es mir in den letzten sechs Monaten so oft vorgestellt habe. Küsse ihn noch inniger, als bei unserem ersten Kuss am Pavillon. Unsere Körper drängen sich aneinander.

»Du bist nass«, murmele ich lächelnd an seinen Lippen und löse mich schließlich von ihm. Nur ein kleines bisschen.

Gavins Augen blitzen amüsiert auf.

»Das hast du damals bei unserer Hebeübung auch gesagt …«

Mir ist sofort klar, was er vorhat. Damals hat er mich in den See gezogen, diesmal stolpern wir raus in den Regen. Wassertropfen durchnässen mich innerhalb von Sekunden, meine Pyjamahose saugt sich voll, weil ich in eine Pfütze getreten bin. Aber das alles ist unwichtig. Das Einzige, was zählt, ist Gavin und sein kehliges Lachen, das durch die Straßen von Nelson hallt. Der Klang ist meine persönliche Melodie des Glücks. Lange habe ich gedacht, sie nie wieder hören zu können.

»Wie geht es denn jetzt weiter?«, frage ich. Es ist die letzte Frage, die ich noch klären muss. »Führen wir eine Fernbeziehung? Oder ziehst du wieder her und bist dann doch wieder mit dir am Hadern?«

»Ich habe mich bei einer Medienagentur in Prescott beworben.«

»Prescott? Das ist nur vierzig Minuten von Nelson entfernt.« Nur ein Ort neben unserem Community College.

»Sie wollen mich als Controller, ich kann in vier Wochen anfangen. Es ist fast so gut bezahlt wie in New York, und ich wäre hier. Bei dir …« Er lehnt seine Stirn gegen meine, seine nassen Haare kitzeln mich. »Ich dachte, ich verlagere meine Träume einfach ein wenig.«

»Dann meinst du es wirklich ernst? Du willst dieses Leben mit mir? Hier?«

Ich muss es genau wissen, muss sichergehen. Ein für alle Mal.

»Ich werde dich für immer wollen, Emma Myers«, flüstert er mir ins Ohr und hinterlässt eine Gänsehaut auf meiner Haut.

Als wir uns diesmal küssen, mitten im Sommerregen, der mir mein Fest genommen, aber meine Hoffnung zurückgebracht hat, fühlt es sich weder nach einem Anfang noch nach einem Abschied an.

Sondern nach einem Versprechen.